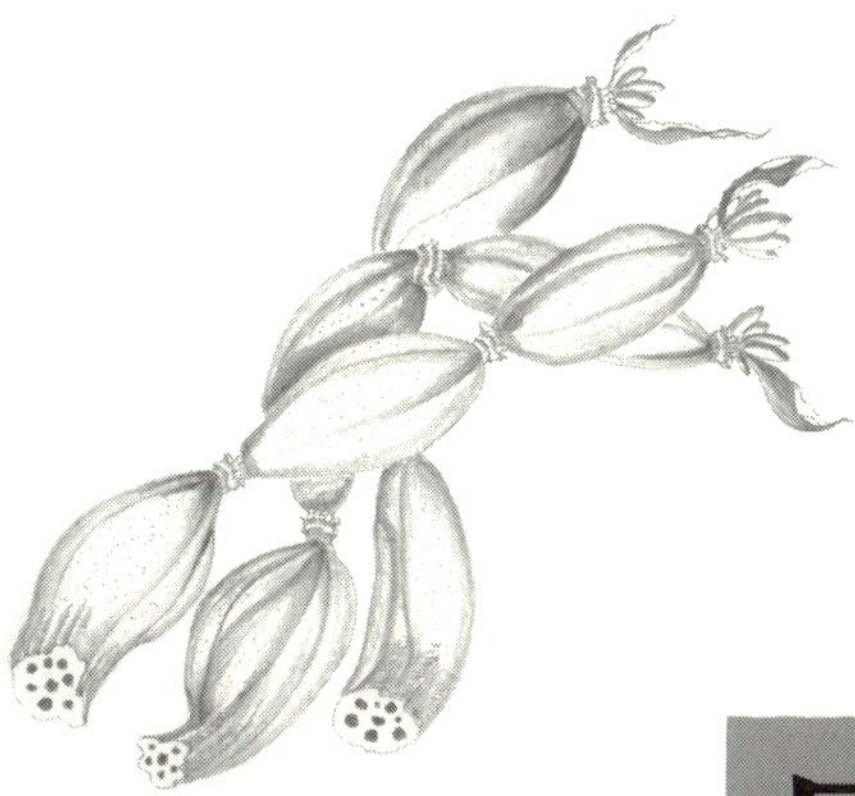

よくわかる日本料理用語事典

遠藤十士夫　監修

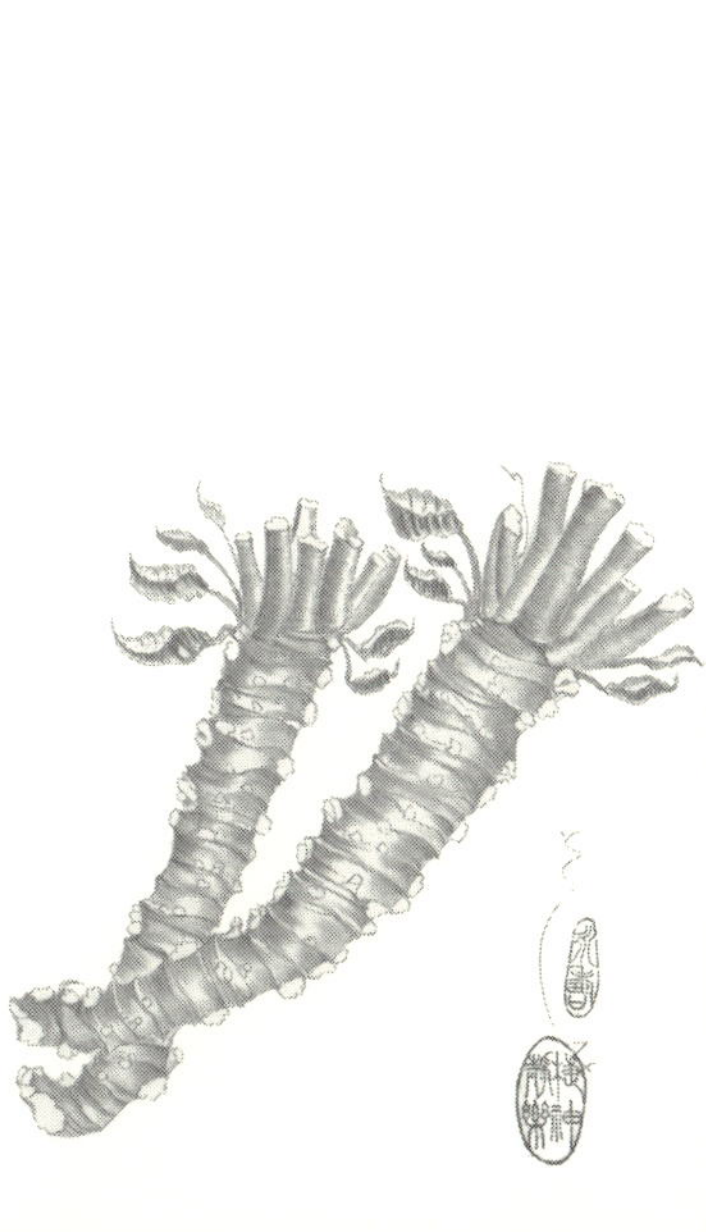

はじめに

日本料理・和食は先人たちの長い努力の積み重ねによって今日のような素晴らしい日本文化の一翼を担っています。幸いにも、平成25年（２０１３年）に、〝和食　日本人の伝統的な食文化〟がユネスコ無形文化遺産に登録され、日本料理・和食に対して、国内はもとより、海外からも関心がますます高まっています。

とはいえ、近年日本料理は新しい局面を迎えています。この20年ほどの国内の経済状況の変化の中で、日本料理店や料理人の仕事は厳しい環境におかれ続け、和食や日本料理を提供する側では、１９８０年代から９０年代前半までのバブル期とその後のデフレ期にかけて料理人の育成の短期化あるいは簡略化が続きました。それにより、料理人の基本知識の低下や欠如が指摘されるようになっています。また、とくに最近はインターネットの普及で多様な情報が手軽に調べられるようになり、日本料理や和食に関して誰が書いたか不明なもの、あるいは充分に調べられたかどうかわからない不確かな情報を、一般の人たちのみならずプロの料理人も鵜呑みにしてしまっている問題が新たに生じていると感じます。

本書は、そうした大きく変わりつつある時代の中で、日本料理をきちんと表現し、伝えていくには、日本料理で使う言葉や用語を、いま一度見直す必要があるのではないかという意図でまとめました。基本的な日本料理の用語を中心に、紛らわしい用語や間違って伝わっている用語については、本来の意味や変化していった経緯を、一料理人として私が長年研究してきた知識のほか、現場の多くの経験をもとに検討し解説するようにしました。約１８００語の中には、現在もう使わなくなった言葉や例もあるかと思いますが、温故知新の意味であえて入れています。

いまやｕｍａｍｉやｄａｓｈｉは国際的な言葉となり、世界的に和食の素材や料理がとり入れられて活かされる時代となっています。和食・日本料理を学ぶ人間は、同時に和食や日本料理を発信する側でもあります。料理用語をより正確に理解し、考えて使い、また伝える側になる一助として、本書を役立てていただければ幸いです。

監修者　遠藤十士夫

【本書をご利用になる前に】

● 本書は、日本料理に関わる用語や食材を中心に、1852語を収録しています。日本料理・和食の料理人や関係者、あるいは日本料理に関心の高い人が知っておきたい基本的な用語、食材をはじめやや専門的な用語について厳選してわかりやすく解説しています。

● 本書の特徴は、一般的な用語の他に監修者・遠藤十士夫氏の長年の研究および経験、さらにこれまで弊社で出版しました書籍の知識などをもとに、多くの項目を取り上げている点です。

● 見出し語は、現代かなづかいによる五十音順で配列しています。見出し語の表記はひらがな、もしくはカタカナです。

● 見出し語の（　）に含む部分は、見出し語の漢字表記を記しています。漢字表記は数通りが当てられるものがありますが、一般的なものを中心に記しました。古来の漢字や俗字を併記している場合もあります。

● 解説文の人名や食材、参考資料などの列記は順不同です。

● 野菜や魚などの食材の呼称は、地域や地方により異なる場合があります。

● 日本料理の用語が、関東と関西で異なることがあります。本書は主に、関東の仕事の視点から解説しています。

● 解説文のあとの矢印→は、合わせて参照することが望ましい項目や、関連する用語です。参考にしてください。

あいこ

山菜の一種で、香ばしさが魅力。学名はミヤマイラクサ。産地は東北で、手に入れることは容易ではなかったが、最近は東京の市場でたくさん出回るようになった。現在は畑で栽培しているが、味はやや落ちる。4月から5月には、この味を求めて東北まで旅する人もいるという。湿地を好み、杉山のほとりに多く自生し、木漏れ日を好む性質があり、イラクサ科のカラムシ（別名で苧麻《ちょま》）によく似ているものの、少し経験を積めば区別できる。

料理としては、茹でてフキのように皮をむき、胡麻油で炒める。鮮度がよいものは、茹で立てを塩で食べることもしばしばある。また、現代風にアレンジするには、カルパッチョに加えたり、マヨネーズ和えにするとよい。

あいづみしらずがき［会津身不知柿］

福島県会津地方原産の柿。渋柿なので、針打ちをして焼酎をかけ、樽柿として北海道に出荷されていた。現在の渋柿は、ドライアイスを詰めることで渋抜きをする。

あいそ

うぐいの別名。

→うぐい

あいでば［相出刃］

出刃庖丁と柳刃庖丁を組み合わせたような庖丁。出刃庖丁より刃渡りが長く、刃は薄い。出刃庖丁に比べて刃が薄いために扱いやすく、サワラやカンパチ、ハマチをおろすときに使う。おおぜいの料理を用意する、宴会客を迎える店や旅館などでは用意してあると便利。

→出刃庖丁（でばぼうちょう）
→柳刃庖丁（やなぎばぼうちょう）

あいなめ［鮎並］

春から夏にかけて特においしい白身魚。淡白な白身で、クセが少なく、美味な魚として知られる。

時季により持ち味が違い、走りの頃は、刺身や火取り、唐揚げや煮付け、木の芽焼きなどがよい。旬は旨味と脂が乗っているので、葛打ちをして椀種にする。出回りの最後の頃は、旬よりさらに旨味と脂が乗り、焼き物がよい。韓国からの輸入品も少なくない。

→火取り（ひどり）
→木の芽焼き（きのめやき）

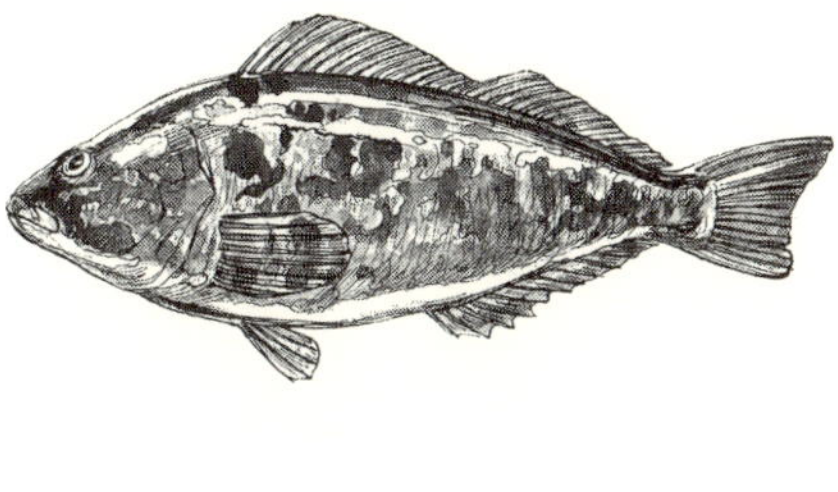

あいものや［合物屋・相物屋］

塩を合わせるという意味で、塩を振った干物の魚を扱う業者を指す市場言葉。干物の中でも、一夜干しのような、半生のものを指す場合もある。

あえごろも［和え衣］

和え物を作るときに、材料に混ぜて絡めるもののこと。調味料だけでなく、豆腐や魚卵、珍味、漬け物、納豆など多彩な材料を用いる。近年では、オリーブ油やトリュフ、キャビア、ソフトチーズといった食材も用いる。

あえもの［和え物］

下ごしらえした材料を、調味料や多様な食材を用いて和える料理。なめらかな舌ざわりや食材の歯応え、食材と和え衣が一体となった持ち味を魅力とし、材料の取り合わせと和え衣の出合いの〝和〟がよいものがおいしい和え物である。味は、塩分が全体で1％ほどになるように調える。

和え物の種類

酢味噌和え、木の芽和え、白和え、卯の花和え、ウニ和え、霙《みぞれ》和え、おろし和え、粉節和え、肝和え、梅肉和えなどがよく知られる。山吹和え、紫子和えも重要な和え物である。

和え物の技術

食材の下ごしらえが大切で、食材のクセや生ぐさみを抜いたり消したりする。アクがある場合は割り酢でさらしたり茹でてアク抜きをする。塩気のあるものの塩分を抜く、乾物を使うときは戻すなど、こまごまとした手間がかかる。火を通したら必ず冷めてから和える。

また、前もって和えると水分が出てよくないという料理書があるが、それは白和えやウドの和え物くらいで、それ以外はあらかじめ和えて置く方が味がなじんでおいしくなる。

あおじそ［青じそ］

シソ科の植物。日本料理では、刺身のあしらいや敷きづま、天ぷらや麺類の薬味、漬け物などに使われる。現在は一年中あるが、本来は6月が走り、7月から8月が旬、9月が名残で、それ以外の季節は使わないことがルールだった。赤ジソも同様である。いまはあまりにも何でも青ジソをあしらう風潮で、もう少し工夫や違いがあってもよいと思われる。

青ジソは体内で結石の原因となるシュウ酸を含むので、青ジソを使うときは、必ず塩もみしたり、刻んで揚げるなどしてシュウ酸を抜いてから使う。昔の仕事では、現在のように青ジソを生葉のまま使う扱いはなく、例外は七夕のとき、フッコの刺身に添えるような場合で、1週間だけ生のまま先端の芽の部分を使った。若芽は穂ジソ、その花が咲きかけたものは花ジソとよぶ。

青ジソのことを大葉ともいうが、大葉は商品名なので、正式には青ジソである。

あおだいこん［青大根］

中国大根の一種で、デパートの食品売り場や東京の市場で手に入るようになった比較的に新しい大根。外皮が緑で、中も緑色で色が美しい。価格は通常の大根程度で、ビタミン大根、緑大根、支那青大根などともよばれ、長野県では以前から使っていたようだ。

形は大根だが、水分が多く、煮物よりも漬け物向き。緑色の鮮やかさは見事で、数日たっても色が飛ばないので、あしらいに活躍しそうである。外皮が緑で中が赤い紅芯大根も同様に使え、これも中国大根の一種。

あおに［青煮］

ワラビやゼンマイ、フキ、インゲン豆、ハス芋などを青々と煮上げた料理のこと。煮過ぎると色が飛んでしまうので、火加減を注意し、煮汁と材料を別々に分けてから煮汁に漬け込むなどの配慮が必要な料理。

あおみ［青味］

椀物や煮物に使う、野菜類のあしらいのこと。ホウレン草や小松菜、絹サヤ、春菊、浜チシャ、菜の花、チシャトウ、三つ葉、貝割れ菜、セリ、ワラビ、嫁菜などを使う。

現在はなかなか通じなくなったが、白ズイキやホワイトアスパラをあしらいに使うときも、青味の役割を果たすので、献立には青味と表記する。

→浜萵苣（はまちしゃ）

あおめ［青芽］

芽ジソともいう。青ジソの二つ葉で、刺身の立てづまに使う。独特の香りとプチっとした食感がある。本来は初夏から盛夏が旬である。

→つま

あおやぎ［青柳］

かつて、上総国青柳村（千葉県市原市）でとれたことから青柳の名がある貝。殻から出した赤い足が、人間の舌をだらりと出しているように見えることから、バカ貝とよばれることもある。舌切りともいう。

すし種の小柱やあられそばのあられは、この貝の貝柱。また、かき揚げはそもそも小柱を使うものだった。

旧暦の3月3日頃（新暦で3月末）が

味がとてもよい。

あおゆず［青柚子］

→柚子（ゆず）

あおよせ［青寄せ］

料理に色を付けるために仕込む、野菜から取り出した色素のこと。木の芽味噌や和え物の衣に、ホウレン草や小松菜、パセリなどを材料にして仕込む。

仕込み方は、青菜の緑色が濃いところを当たり鉢ですり混ぜ、水を加えて漉す。これを火にかけ、青味が浮いてきたらすくい取ってさらしにのせ、味噌や衣に混ぜる。ミキサーにかけて細かくしてもよい。

さまざまな青い野菜があるが、小松菜はホウレン草よりも緑色が濃い。また、パセリの緑色は、加熱しても変色しないというように特性がある。パセリ1束で30人分が取れる。小松菜以外の青味は、翌日使う場合は砂糖をまぶして置くと、変色しない。

→木の芽味噌（きのめみそ）

あおりいか［障泥烏賊］

刺身で食べるなら最も味がよいといわれる人気のイカ。大型で、生きたまま水揚げされるために市場価格も高い。旨味が強く、すし店や高級料理店で使われる。

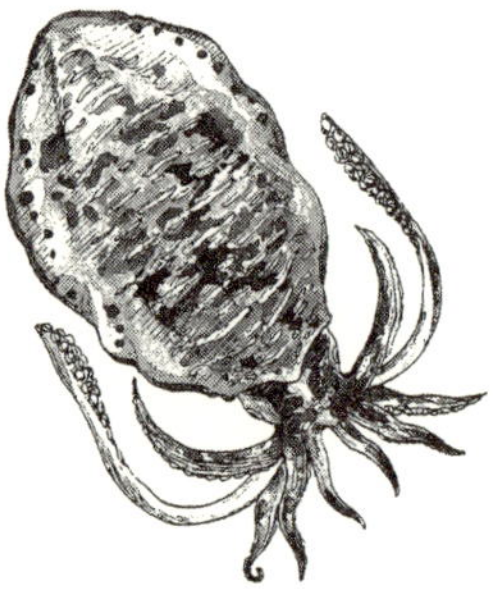

あおる

食材を熱湯の中に入れて火を通すこと。湯がく、茹でる、湯取るも同様である。

あかあまだい［赤甘鯛］

→甘鯛（あまだい）

あかうめす・あかうめず［赤梅酢］

青梅に等量の塩を加え、重石をして漬けて白梅酢を作り、後に赤ジソを加えて漬けた赤い液体。赤ジソは、当たり鉢で塩を加えてもみ、充分にアクを取ってから加える。これに生姜や茗荷、亀戸大根、カブなどを漬けるとおいしい。料理にほのかに赤い色を付けたいときにも使う。

→白梅酢（しらうめす）
→亀戸大根（かめいどだいこん）

あかおろし［赤おろし］

→もみじおろし

あかがい［赤貝］
身が赤いことが特徴の貝。刺身や高級なすし種になる。旧暦の3月3日頃（新暦では3月末か4月の頭頃）が味がよい。似た貝にサトウ貝があり、赤貝を本玉とよび、サトウ貝は白玉やバッチなどとよぶ。
→本玉（ほんだま）

あかじ［姥嘉鯊］
常磐（福島県から茨城県沖）でとれる、キンキ（キチジ）とよく似たカサゴ科の赤い魚。同じ赤でも、色がややくすんでおり、姿はキンキほどぽってりとしていない。白身で脂肪が多く、煮物や椀物、焼き物にする。
→キンキ

あかじそ［赤じそ］
→青じそ（あおじそ）

あかだし［赤出汁］
カサゴのような白身魚の中骨を焼いて出汁を取り、八丁味噌を溶いた味噌汁のこと。関西の料理である。とんかつやステーキ、すき焼きなどにとても合う。
関東の赤出汁は、出汁はカツオ節で取り、八丁味噌と桜味噌を7対3、もしくは8対2で合わせた味噌を使う。

あかなべ［赤鍋］
銅鍋のこと。色が赤いのでこの名がある。
→銅鍋（どうなべ）

あかね［茜］
カニやエビ、人参などの赤い材料を使った料理に付ける名前で、古くから使われている。茜焼き、茜和えなどがある。

あかねそう［茜草］
ホウレン草のこと。根元が赤いために付けられた。正月の献立に入れるときに茜草と表現する。

あかむつ［赤鯥］
日本海側では、ノドグロ、ノドクロともいう。日本海産で、北海道でとれるキンキと甲乙つけがたい味のよさで知られる。高級魚のひとつで、日本海や千葉県以西の太平洋側でとれる。
上質の脂を含んだ白身魚で、熱を通しても身がやわらか。そのため、料理は、刺身、すし種、焼き物、昆布じめ、田楽、汁物、鍋物、煮付け、蒸し物と極めて広い。養殖はできないのでますます超高級魚となるだろう。韓国からの輸入ものも少ない。

→きんき

あかめ〔赤芽〕

赤ジソの二つ葉。刺身の根締めに使う。

→根締め（ねじめ）

あかめいも〔赤目芋〕

インドネシアのセレベス島（現スラウェシ島）から伝来したとされる里芋。親子兼用品種で、子芋も大きい。芽が赤いことから、赤目芋、または赤芽芋とよばれる。ほかの里芋ほどぬめりがなく、調理がしやすい。含め煮が代表的である。

あがり〔上がり〕

3つの意味があり、出来上がった料理、死んでしまった魚、すし店のお茶を意味する。

あがりざけ〔上がり酒〕

日本料理店では、職人のまかないに、昼にはお茶と味噌汁、仕事が終わったら酒を出す習慣があり、その酒のことを上がり酒とよんだ。酒は熱燗で、お銚子2本と決まっていた。

上がり酒は決して無駄なものではなく、それを口にしながら、職人たちは、翌日の打ち合わせをしたり、若い職人に仕事を教えたりした。昭和40年代を境に、経営者が売上げや原価などの数字に敏感になり、いまではあまり見られなくなった。

あく〔灰汁〕

藁灰や木灰を水に浸し、上澄みをすくった液のこと。これを使って食材の持つえぐみや苦味、渋味などを抜く下ごしらえをしたことが転じたのか、食材の持つ不愉快な味そのものもアクとよぶ。

かつて、炭火で料理することが当たり前だった頃は、灰はいつでもあった。水5升に灰1升を加えて煮立て、2〜3日そのままにし、その上澄みをすくって放置して沈殿させる作業を3回ほど繰り返して作る。こうしてできたアクを一升瓶に詰めて常備した。アクを作るための灰は、備長炭の灰が最も向いている。

アクは強いアルカリ性で、昔は洗濯や染色にも使っていた。料理の世界では、青物の色出しや、フキや山菜などの苦味を抜くために使う。使い方は、下茹でするときの茹で水にアクを加えて加熱し、その後きれいな水にさらしてアク抜きをして調理をする。また、お多福豆を煮るときは、煮汁にアクを加えると豆の煮方に失敗がない。重曹で代用することもできるが、どうしても数粒の豆が上手に煮えずに残る。

炭火が普通だった時代に比べ、いまはアクが入手しにくい。しかし重曹はアクに比べてとてもパワーが強く、量の加減がなかなかむずかしい。使い過ぎると食材がやわらかくなり過ぎたり旨味まで抜いてしまったりするので、注意深く使う必要がある。

あくあらい［灰汁洗い］

木造建築の天井やカウンターなど、無垢の木の部分の染みや汚れ、日焼け、カビなどをアクを使って落とす作業のことで、日本家屋には欠かせない。通常はプロの業者に頼むが、日本料理店によっては従業員で行うところもある。数時間でできる仕事ではなく、1軒の料理店なら、3日ほどかかる。

あくぬき［アク抜き］

食材の持つえぐみや苦味、渋味などを抜く下ごしらえをすること。

かつて、炭がいつでもあった時代には、灰に水を加えて煮立て、その上澄みを使ってアク抜きをしていたが、熱源がガス、そして電気となった現在では灰が入手しにくいので、重曹を使うことが主流である。

重曹は、アクに比べて強力で、わずかな加減の調節がむずかしい。使い過ぎると食材がやわらかくなり過ぎたり、旨味そのものまで抜いてしまうので、注意して使う。

→灰汁（あく）
→重曹（じゅうそう）

あくみず［灰汁水］

アクを加えた水のこと。山菜や青菜の下茹でに使う。

→灰汁（あく）

あげだし［揚げ出汁］

豆腐をひと口大に切り、水切りをした後、衣として小麦粉や片栗粉をまぶして油で揚げた料理。大根おろしやネギの小口切りを薬味にし、醤油をかけて味わう。豆腐を使う料理の代表的なもの。日本料理店でもよく作り、好まれる料理である。

あげなべ［揚げ鍋］

揚げ物用の鍋のこと。油の温度を一定に保つために、厚手で深さがあり、鍋底の平らなものがよいとされる。

材質は、鉄の鋳物や銅、砂鉄がよいといわれる。

あげに［揚げ煮］

材料をいったん油で揚げてから煮る料理のこと。材料のクセをやわらげたり、揚げることで煮崩れを防いだり、あっさりした材料にコクを加えたりする。

材料は、青魚や芋類、茄子《なす》、豆腐、飛龍頭、クワイなど。いったん揚げたら、熱湯などをかけて油抜きをする。油揚げを開いて中に詰めたり、ほかの材料を油揚げで巻いて揚げてから煮含めるものもある。

あけびのめ［木通の芽］

アケビのつるから出る新芽。やらわかく、独特の風味がある。炒めたり、お浸しにして食べる。味わえる時期が短く、喜ばれる。

　東北では、地域によってはアケビの芽を木の芽といい、山椒の若芽のことではない。3月上旬から5月に使う。

あげもの［揚げ物］

　魚介や野菜、肉類を、熱した油で揚げた料理。衣を付けずに素揚げにしたり、衣を付けて揚げたりする。本来の日本料理の献立には揚げ物として独立した料理はなく、前菜や先付の一品として添えることが主流である。

　調理法そのものは単純だが、材料や手順、衣、油の温度によって揚がり方が変わるので、上手に揚げ物をするのはむずかしい。現在は電磁調理器で温度管理をして揚げ物ができるようになり、仕事がしやすくなっている。

揚げ物の種類

　日本料理では、天ぷらや金ぷら、竜田揚げ、精進揚げが代表的。色粉や青寄せ（緑色を付けるために小松菜などから取り出した色素）で色付けをした衣を絡めたり、衣にウニや海苔を加えるなどアレンジは限りがない。
→青寄せ（あおよせ）

揚げ物の技術

　揚げ物の衣は後からはがれることがある。これは打ち粉が適切でないために起きる現象である。材料が魚介のときは小麦粉でよいが、野菜が材料のときは、打ち粉は片栗粉にする。片栗粉をまぶすことで、材料と衣の間にすきまができずにきれいに揚がる。また、打ち粉を振るとき、材料を下に並べ、茶漉しを使って30㎝ほどの高さから茶漉しの縁を叩いて粉を落とすと、少しの量の粉で均一に打ち粉を振ることができる。

揚げ物を色よく揚げる

　黄色の色粉や青寄せを加えた衣は、色よく揚げないと価値がない。よい色に揚げるには、いくつかのコツがある。

　まず、衣を作るとき、ステンレスのボウルは避け、ガラスや磁器のボウルを使う。ステンレスのボウルを使うと衣が黒ずみ、鮮やかな色に揚がりにくい。

　衣は、小麦粉に水を1対0.5の割合で合わせ、赤や黄色の色粉や青寄せやウニなどの材料を溶き込んで泡立て器でよく練る。この衣は、20分ほどかけて泡立て器で充分練り、小麦粉のコシを出し、これをさらに30分ほど寝かせると、衣が落ち着いてなめらかになる。油の温度は120℃ほどの低めにして焦げ目がつかないように注意し、早めに取り出して余熱で火を通す。

　青寄せの衣を作るときは、小松菜やパセリの青寄せを使うとよい。ホウレン草と違い、特にパセリは鮮やかな緑色が出る。黄色い色を出すときは、くちなしを加えたり、黄色の色粉を使う。人手がある頃は、クルマエビの皮を煎って衣に加えていた。揚げる際は、細い串に刺して揚げ、余分な衣ははさみなどで切り取って形を整える。

揚げ油の温度

プロ向けでも家庭向けでも、揚げ物の油の温度は、１８０℃が適温と説明している場合が多いが、活けものや鮮度のよい材料の場合は、１３０℃ほどから１５０℃ほどで揚がるようである。

１３０℃ほどの温度で揚げるのは、さつま揚げやエビのパン粉揚げ。１３５~１４０℃ほどにしているのは、松茸の天ぷらである。さまざまな野菜の素揚げやかき揚げ、活けエビの天ぷらは１５０℃ほどが最適だろう。竜田揚げも１５０℃が適温。最も温度を高くする必要があるのは穴子の天ぷらで、水分が出やすいためだがそれでも温度は１７０℃くらいで、一般的にいわれる１８０℃はかなりの高温といえる。

油の温度は、目と手の感覚で判断できるように経験を積む。油は高温になるほどさらさらとし、低いほど動きが重い。適温の１３０~１５０℃になると細かい泡が出る。また、機器の温度表示は、フライヤーにしてもコンベクションオーブンにしても、実際と表示温度にズレがある。全面的に頼ることは避ける。

あさあさだいこん［あさあさ大根］

宮中の料理で、姿のまま漬けた浅漬けの大根のこと。三方に盛り付けて出される。

→三方（さんぼう）

あさがおちゃわん［朝顔茶碗］

朝顔の形に開いた、浅めの抹茶茶碗。涼やかな形から夏使いのものとされる。

あさくらに［朝倉煮］

有馬煮とも書き、山椒の実の入った煮物のこと。兵庫県養父《やぶ》市八鹿町《ようかちょう》朝倉でよい実山椒が育つことに由来する。

あさじあげ［浅茅揚げ］

アサツキをすりおろして小麦粉を加えて練って揚げたもの。春先の料理で、一品料理として出す。

あさり［浅蜊］

日本各地の湾に生息する、最も親しみのある二枚貝。殻付きで、汁物にしたり酒蒸しにしたり、むき身にして深川飯や和え物にする。和食だけでなく洋食でも使われる。近年では輸入ものが約半分で、その多くは中国産や韓国産。国産品は高価となった。

アサリは大腸菌や好塩菌などが多いので、水洗いをていねいにする。また、砂をはかせるには、濃度３％ほどの塩水を使う。旬は1月から4月。

あじ［鯵］

青魚の中では比較的にクセが少なく、刺身をはじめ、あらゆる料理に向く使い勝手のよい魚。3月からおいしくなり、初夏から夏にかけての献立に使う。以前は大衆魚だったが、関アジをはじめとするブランドアジが登場し、漁獲量が減少するに連れ、よいものは高級魚並みになっている。

入手しやすいのは韓国産などの輸入アジや養殖のアジだが、味の面では天然ものよりどうしても劣る。それは、身だけではなく頭や中骨でも同様で、天然ものならば、頭や中骨も含めて食べ尽くせるが、輸入ものや養殖ものでは味わいが落ちる。

高級魚といい切れない魚だけに、隅々まで使い切る仕事はあまりしないが、漁獲高の減少が心配される魚なので、天然ものはすべてを味わい尽くすことも考えたい。

あじしお［味塩］

素塩と同じもの。塩とうま味調味料を7対3で合わせ、当たり鉢で充分すり合わせ、絹篩《きぬぶるい》でふるう。

→素塩（もとじお）

→篩（ふるい）

あじのあつかいかた［鯵の扱い方］

アジは、姿造りがとてもポピュラーな料理。姿造りには、頭を付けたまま三枚おろしにする。頭を付けたままおろすには、基本の三枚おろしと同じように、上身・下身ともに最初に輪郭に沿って切り目を入れて、背側から身をそぎ取ればよい。腹を開いて内臓を取ると見た目が見苦しいので、先につぼ抜きをしてエラと内臓を抜く。これは、アジの口から割り箸を差し込んで、エラと内臓を引っ張り出す方法である。このおろし方は、中骨を活用したいときも便利。中骨が頭付きの状態でおろせるので、見栄えのよい骨せんべいを作ることができる。活け造りにする場合は、内臓を取らずに身を三枚におろす。そうすれば中骨に内臓と頭が残り、生きた状態を保つことができる。

姿造りにするとき、よく、つまようじを短くしたものを胸ビレの下に入れて形を整えることがあるが、そのようにしなくても、胸ビレの一部を裂き、それを丸めてエラ蓋に差し込めば、胸ビレが戻る力が働いて胸ビレがきれいな形に立つ。

アジの中骨は、１００ｇほどのアジなら5本、１５０ｇほどの中くらいの大きさなら7～8本抜くと安心して提供できる。

→つぼ抜き（つぼぬき）

あじのたいひこうか［味の対比効果］

ある味に、少量であっても別の味が加わることで、最初の味が強まること。あんに砂糖だけでなくわずかの塩を加えると、甘味が際立って感じられ、そうした効果を指す。

あしらい

煮物や焼き物、小鉢料理に添えるもの。細かくよび分けると、焼き物ならば鉢前、煮物ならば天盛りなどを指す。吸い口や薬味はあしらいに入らない。椀物や刺身ではつまとよび、あしらいとはよばない。

煮物や焼き物、小鉢に添えるあしらいは、料理を飾るというより、料理をよりおいしくし、消化を助け、殺菌などの効果を狙うためのものである。そのため、口にしても安全でなければならない。料理とのバランスを欠き、あしらいを華美にし過ぎると、肝心の料理が死んでしまい意味がなくなってしまう。

焼き物では、主役が魚介や肉類などのときは、消化を助けるアルカリ性のものを添える。酸味があるものが多く、レモンやスダチ、酢取り生姜、梅、酢取り蓮根などがよく使われる。

煮物も同様で、主役の消化を助けるものをあしらうのが原則。マダイには木の芽、兜煮《かぶとに》には牛蒡《ごぼう》や木の芽、生姜などがよく見受けられる。野菜が主役のときは、栄養を補うようタンパク質のものを添えるとよく、エビやカニをよく使う。

揚げ物は揚げ物だけで構成し、あしらいは添えないことがしきたりである。

あしらいの仕事は、追い回しという下働きの仕事のときに、切り方や盛り方を見て覚える。戦前はあしらいものを使う時期について細かくいわれたが、いまはそれほどいわれなくなった。

↓鉢前（はちまえ）↓天盛り（てんもり）
↓吸い口（すいくち）↓薬味（やくみ）↓つま

あじろがた［網代形］

網代とは、杉や檜、竹などの細い薄板を互い違いにくぐらせて編んだ道具で、天井や笠などに使う。この形のように組み合わせた料理に付けられる名前。

あすかのこんだて［飛鳥の献立］

飛んでいる鳥を見て、まだ捕まえていないのに、料理の献立に入れることを指し、成功する前から次の計画を立てることをいう。時季的に無理な食材を入れたものや、見栄を張った献立、流行に走って地域に根づないような献立も、〝飛鳥の献立〟とよんで、いましめとする。

あずきな［小豆菜］

北海道から九州まで、日本の野山に自生している山菜で、正式な和名はナンテンハギ（南天萩）。秋になると南天のような赤い実を付ける。実際はソラマメ属に分類されている。

摘んだ葉を茹でるときにアズキに似た香りがすることからアズキナとよばれるようになったという。同様の理由で、北海道のユキザサという山菜もアズキナとよばれる。

春（3月から4月）にお浸しや椀づまに使う。春と秋には茶花として茶室に活ける。

あずけばち［預け鉢］

懐石料理の献立で供する、4~5人分を盛り合わせた煮物のこと。お客に鉢を預けて取り回してもらうのでこの名がある。本来は会席料理の献立には入らないが、料理数が多い献立でよく見かけるようになった。懐石料理のとき一汁三菜の後で出す料理で、会席料理ならば煮物のタイミングで提供する。進め肴、強肴《しいざかな》ともよぶ。

アスタキサンチン

自然界に広く分布している、天然の赤い色素。エビやカニ、サケの赤い色素はこのアスタキサンチンである。カロテノイドの一種であり、抗酸化作用が期待されている。

アスパラガス

和え物や焼き物、サラダ、天ぷらなどにする。春から初夏の野菜。奈良時代から日本にあり、当時は食用ではなく魔よけとして玄関に植えたといわれる。

食用としたのは、栽培が始まった明治以降。かつては茎を軟白栽培したホワイトアスパラガスが、缶詰として多く生産された。現在は軟白栽培しないグリーンアスパラガスが出回り、ミニサイズもある。

あぜまめ［畦豆］

田の畦に植える大豆のこと。畦に植えると年貢がかからないことが、栽培の理由だったという。日本各地であり、中でも山形と新潟の豆は味のよさで知られる。8月から10月の献立に使う。

あたり［当たり］

料理の味付けを意味し、料理人の符牒のひとつ。当たりを見るなどと使う。

あたりごま［当たり胡麻］

油が出るまでていねいにすった胡麻のこと。味や風味、コクをもたらす、日本料理には欠かせない重要な食材。白と黒があり、和え物や豆腐類に使う。すり胡麻ともいうが、〝する〟という言葉を嫌い、当たるに置き換えて当たり胡麻という。

あたりばち［当たり鉢］

食材をすりつぶすための道具。すり鉢のことだが、〝する〟という言葉を避け、当たるという言葉に置き換えて使われる。

最近はフードプロセッサーが当たり鉢に代わる仕事をする時代になったが、それでも、とろろ芋をすりおろしたり、田楽味噌を練ったりという仕事は、当たり鉢でないとできない仕事。糝薯《しんじょ》なども、当たり鉢で仕込んだ生地のなめらかさには捨てがたいおいしさがあり、決してフードプロセッサーでは出せない口当たりである。
かつては、直径50～60㎝ほどの当たり鉢と、長さ1・5～2mのすりこ木を使い、3人掛かりで当たり鉢の仕事をした。

あたりめ［当たり目］

スルメの別のよび方。当たり鉢や当たり胡麻と同様に、当たると置き換えて使うようになった。

あたる［当たる］

当たり鉢ですり混ぜること。〝する〟という表現の方が一般的であるが、現場では当たるという表現を使う。

あちゃら［阿茶羅］

酢漬けの一種で、南蛮酢に魚や野菜を漬け込んだもの。南蛮酢はネギや唐辛子を加えた甘酢を指す。阿茶羅漬けともいう。
→南蛮酢（なんばんず）

あつもの［羹］

日本料理では、熱い汁物をかつてはあつものとよび、冷たい汁は冷汁とよんでいた。
さらには、精進物の野菜を汁の実とすると羹《こう》、肉などを使うと臛《かく》とよび分ける。訓読みではどちらもあつものと読む。

あてじお［当て塩］

すぐ焼く魚にする塩のこと。分量は魚の鮮度や脂の乗り具合で変える。

あてだま［当て玉］

砥石を手入れするための砥石。砥石は、使っていると中心が凹んで使い物にならなくなってしまう。そうならないように、当て玉という手入れ用の砥石で庖丁用の砥石の面をこすって平らにして直す。
当て玉は中砥で、合成の砥石を手入れするときは合成の当て玉、天然ものの砥石を手入れするときは天然ものの当て玉を組み合わせる。
当て玉も、庖丁用の砥石と同様に使う前日から水に入れてひと晩浸してから使い、使った後は充分に干す。

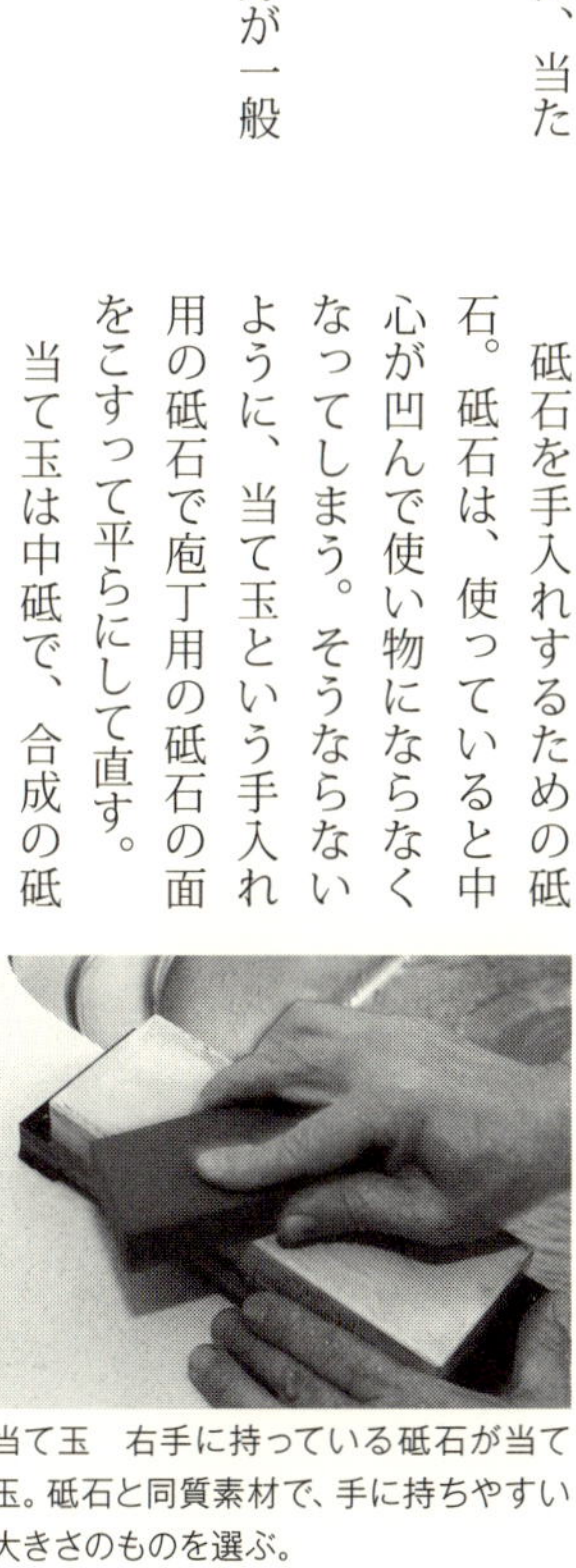
当て玉　右手に持っている砥石が当て玉。砥石と同質素材で、手に持ちやすい大きさのものを選ぶ。

あてる［当てる］

材料に塩を振ること。当て塩ともいう。下ごしらえの言葉ではなく、魚などに塩を振ってすぐ焼くときに使う言葉である。

アトランティックサーモン

太平洋ザケともいわれ、養殖されているサケの生では生食ができ、価値が高い。チルドで流通している。

ノルウェーで最初に養殖が始まり、ヨーロッパで養殖が盛ん。最近ではオーストラリアでも養殖されるようになり、タスマニアサーモンというとオーストラリア産のアトランティックサーモンのこと。

あなご［穴子］

長物としてウナギと並ぶ魚。江戸前のすしや天ぷらには重要な魚で、羽田沖のいわゆる江戸前が逸品とされる。とりわけ、1本50gほどのメソッコとよばれる若魚が好まれる。

ウナギに比べるとアナゴは比較的におろしやすく、扱いやすい。大型のものは蒸し物や照り焼きにする。体表にジストマという寄生虫がいるので、必ず火を通し、生では食べない。さばいた後はいったん白焼きにしてアナゴ独特の皮の香ばしさを引き出し、煮物や八幡巻き、アナゴご飯、吸い物などにする。旬は夏。

↓めそっこ

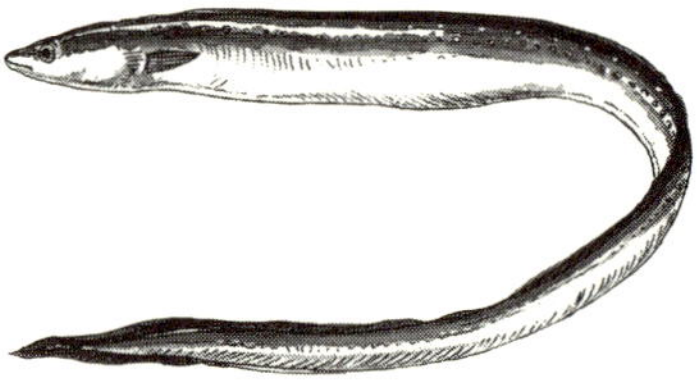

アニサキス

主にサケ、サバ、サンマ、アジ、イカ、タラ、ヒラメなどの魚介類から感染する寄生虫。激しい腹痛を引き起こす。刺身など食材を生で提供するときは、目でよく見てアニサキスがいないかを確認し、内臓を取り除くことが大切。目では見えない場合もあるので注意が必要になる。もし目で確認できたら、その食材は刺身にしない。

加熱だけでなく、充分に冷凍すれば死滅させることもでき、サケを凍らせて食べるルイベは、理に適った食べ方といえる。

あぶらぎり［油切り］

揚げた材料をざるなどに広げ、熱湯をかけて余分な油を切ること。がんもどきや厚揚げ、油揚げで行う仕事。

かつては古い油のくさみを取るためだったが、現在の油は精製度が高く、くさみはない。しかし油切りをすることで材料に煮汁がしみるようになるので、欠かせない下ごしらえである。

あぶらに［油煮］

揚げ物のこと。日本料理には本来は揚げ物という言い方はなく、油煮、または油皿《あぶらざら》と表現した。

あぶらぬき［油抜き］

いったん揚げた材料を煮る前に、油分を適度に抜く下ごしらえのこと。材料の上から熱湯をかけたり、熱湯にくぐらせたり、ときには茹でて、余分な油分を抜く。油分を減らすことで、油のくさ味を抜いたり味のしみ込みをよくする効果がある。

あぶらひれ［油鰭］

背ビレと尾ヒレの間にあるヒレ。マダイやコイにはなく、アユやサケ特有である。

あぶらもの［油物］

天ぷらや揚げ物のこと。日本料理の献立に書くときは、油皿《あぶらざら》とし、揚げ物、油物と書かない。

あま［甘］

砂糖や味醂など、甘い調味料のこと。「甘をきかせて」という言い方をする。

あまえび［甘海老］

ホッコクアカエビの通称。タラバエビ科で身がやわらかくて甘く、とろりとしている。刺身やすし種として生食する。立冬から立春の献立に入れる。

あまご［天魚］

サケ科の淡水魚で、ヤマメに似ている渓流魚。体長は30㎝未満。体側に朱色の斑点があり、淡白でありながら、ほのかな香りがあり、京都では上質の料理になくてはならない。塩焼きや甘露煮などにして、1月から4月の献立に入れる。箱根以西に分布する。

ヤマメとアマゴが同じものという人もいるが、アマゴは身が赤く、ヤマメは白い。また、アマゴは生食するが、ヤマメは生食はしない。斑点の数も違う。

→山女（やまめ）

あまざけ［甘酒］

米や粥に米糀を混ぜ、ひと晩でできる甘い酒のこと。一夜酒ともいう。雛祭りの白酒の代わりに使うことがある。アルコール分はほとんど入っていないので、子どもでも飲める。日本料理店では出さない。

あまず［甘酢］

酢、塩、砂糖、醤油を混ぜた合わせ酢の一種。酢取り蓮根や酢取り生姜、もずく、ところてんなどに使っている。現在は甘味が余分になってきているためか、砂糖の量をかつての半分以下にして仕込むことが多くなった。

あまだい［甘鯛］

養殖ものがないため、入手がむずかしい高級魚。京都ではグジともよばれる。若狭グシは、若狭でとれたアマダイのことを指す。

アマダイの種類は、白皮アマダイとよばれる白いアマダイと、赤アマダイ、黄アマダイがある。黄アマダイの一夜干しを興津ダイという。

身がやわらかいせいか生食より加熱して食べる手法が豊富で、中でもウロコを活かした料理の仕方が焼き物に伝わっており、魚を食べ尽くす先人の意気込みを後世に伝えている。すき取ったウロコに素塩を振り、天日で干してから焼くとカリカリしておいしい。カルシウムを豊富に含み、栄養価の高い一品として昔は価値が高かったのではないだろうか。

また、アマダイには酢押《すびて》という刺身に似た古い料理がある。皮付きのまま割り酢で洗って身を引いたもので、茶事の向付によく使われる。若狭焼きもアマダイの代表的な料理。煮切り酒に少量の醤油と昆布などを加えて若狭地を作り、ここにアマダイを浸して味を付け、酒をかけながら焼く。

→酢押（すびて）→若狭焼き（わかさやき）
→若狭地（わかさじ）

あまだいのあつかいかた［甘鯛の扱い方］

アマダイは、焼き物や蒸し物などの加熱調理をして提供することが多い。身がやわらかいがマダイよりも骨が硬く、力にまかせて切り分けるのではなく、関節を探し当てながらおろすのがコツ。頭がおいしく味わえるので、マダイと同じように大切に扱い、頭に身を付けて落としながら身を三枚におろす。

また、ウロコを活かした献立が古くからあり、ウロコを付けたまま調理をする数少ない魚である。ウロコで手やまな板がすべりやすく、布巾を敷いて作業をする。

どの魚も、腹骨にすだれ骨が付いているが、アマダイはほかの魚に比べてすだれ骨が丈夫なので、必ず取り除く。中骨は、1～1・6㎏のもので、手でさぐって頭の方から片身16本ずつをはずす。こうしておけば、子供にも安心して提供できる。

頭を割るときは、骨が硬くて真っ二つには割れないので、中心を1㎜ずらして関節の間に庖丁の刃を入れると割りやすい。アマダイの頭を干すときは、赤い側を下にして、赤の体色がとばないよう気を付ける。

→すだれ骨（すだれぼね）

あまに［甘煮］

栗やサツマ芋、豆類、金柑、柚子を砂糖で煮たり、砂糖蜜で含ませること。栗やサツマ芋、クチナシで鮮やかな黄色に着色して仕上げる。煮物として、また、魚の焼き物の鉢前（焼き物や小鉢に添えるあしらいのこと）として使う。

甘さの加減は、冬は材料の重量に対して40％ほどの量の砂糖を加え、夏は32％ほどを目安にして加える。

→鉢前（はちまえ）

あまみそ［甘味噌］

酢味噌や山椒味噌、辛子酢味噌、木の芽味噌、田楽味噌のベースとなる汎用性の高い合わせ味噌。コクと甘味が強く、酢を加えればぬたに、卵黄を加えれば田楽にと、応用の幅が広い。
八丁味噌を使った甘味噌の例を紹介すると、材料は、八丁味噌100g、さくら味噌500g、砂糖600g、胡麻油120㎖、サラダ油100㎖、味醂100㎖、粉山椒12g。すべての材料を当たり鉢に入れてよくすり混ぜ、鍋に移して火入れをし、砂糖が溶けたらよく練り上げて冷めてから保存容器に移す。サラダ油を加えることで、味にコクが出て、見た目につやが出る。味噌のやわらかさを保つポイントにもなる。保存は常温でよい。

↓酢味噌（すみそ）↓田楽味噌（でんがくみそ）

あみがさゆず［編笠柚子］

半分に切った柚子を甘く煮て、2つに折って編み笠のように形づくったもの。正月になくてはならない一品で、甘味やあしらいに用いる。甘く煮ることから何年も保存可能である。
正月の献立では編み笠柚子とするが、暮れの献立に入れるときは木の葉柚子と表現を変える。また、基本として折り詰に用いるときも木の葉柚子という。

あみたけ［あみ茸］

傘の裏側が網目状になっているキノコ。椀物や和え物、ご飯物に使う。8月から10月の献立に使う。

あめだき［飴炊き］

川魚の仕事で、コイやフナ、スッポンを味醂、醤油、砂糖、水飴で作る煮汁で濃いめに甘く煮る煮物のこと。甘露煮よりも甘く、飴煮ともいう。

↓甘露煮（かんろに）

あめに［飴煮］

↓飴炊き（あめだき）

あやめかぶ［あやめ蕪］

実の上の部分が紫色で下の部分が白色のコントラストが美しい小カブ。中は白い。甘味があってやわらかいのでサラダや漬け物に向く。最近では店頭でも多く見かけるようになり、入手しやすくなった。あやめ雪カブ、サラダカブともよばれる。

あゆ［鮎］

サケ科。形が優美でウロコが細かく、5月から11月まで使う魚。
アユは、川魚の王といわれ、清流だけにすむように思われるが、現在、東京の神田川や埼玉県の柳瀬川など住宅が密集する場所の川にもたくさん遡上して生息し、必ずしも清流を好むとは限らない。
5月から6月に出回る若アユは、姿焼きや背越しという料理にする。アユの背越しは骨がやわらかいうちに出し、6月まで活けのアユを使って料理する。養殖のアユは脂が多い。生きたアユを骨付きのまま薄く切り、湯洗いにして氷水に入れ、蓼酢や蓼醤油、蓼塩などで味わう。7月に入ったら、脂が乗ってくるので、若狭地に浸して焼き物、煮浸し、洗い、椀物、ご飯物にする。8月に入ったら、ウロコを引いて調理をする。10月、11月になると、アユは産卵を控え、子持ちとなり、煮たり粕漬けにしたりする。また、ウルカの仕込みも重要な仕事である。

料理人に教えるために「鮎棲むところに蓼あり、蓼茂るところに鮎棲む」という言葉があるが、アユ料理にとって蓼はなくてはならない野草。アユだけでなく、川魚のほとんどは、蓼を必要とする。かつて、利根川をはじめとし、全国各地でアユのジストマ（寄生虫）が原因の肝臓障害が発症していた。原因がわからない頃は、風土病として恐れられたが、アユの生食が原因と判明して以来、生食を控えたことで、病人は激減した。蓼酢をたっぷりと付けて食べれば、その心配はほとんどないと思われる。

鮎という文字の語源について、日本書記に、神功皇后が戦勝祈願に衣手の糸をほぐして釣りをしたところ、アユが釣れた故事から魚偏に占うと書いてアユと読ませるようになったと記述があるが、アユはそんなにのんびりした魚ではないので疑問を感じる。

アユを香魚や年魚と書くことも多く、海から遡上して晩秋になると一年で死んでしまうとよくいわれるが、3〜4年はきれいな姿で成長していくアユもあるという。ただし、一般的に年魚といわれるので、婚礼では使わないこと。

→蓼酢（たでず）→若狭地（わかさじ）
→洗い（あらい）→うるか

あゆのあつかいかた［鮎の扱い方］

アユは姿焼きが代表的な食べ方。さらに、三枚におろしてフライやご飯物、天ぷらに、背開きにして干物に、筒切りにして背越し、土瓶蒸しや吸い物にと、さまざまな楽しみ方がある。現在流通しているアユのほとんどが養殖もので、かつて主流であった天然ものとは骨の硬さや内臓の食べ方に違いがあり、その違いがわかっていないと、素材を活かし切ることができない。農林水産省の最近の資料では、京都市場に入荷するアユは、99％が養殖もので占められているのが現実である。

養殖アユの中骨は、天然ものよりもろいのに硬く、天然もののようにするりと中骨が抜けない。そのため、養殖のアユの中骨は、三枚におろしてからはずす方がよいだろう。

ときどき、背開きがよいか腹開きがよいのかと話題になるが、原則はどちらでもかまわない。伝統的に腹開きを嫌うケースが多いので、背開きの方が無難だろう。

アユは体表にジストマ（寄生虫）の心配があるため、蓼の葉を加えた水で洗い、ウロコ引きをていねいにする。内臓の活用はウルカが代表的で、9月の落ちアユを使って仕込む。卵巣と腸のウルカは天然もののアユでないとおいしくないが、白子ウルカは養殖アユからも仕込める。

アユを使ったご飯物やお茶漬けは、海苔を合わせず、蓼を組み合わせる。

→背越し（せごし）→うるか

あら

魚の中骨やヒレ、すだれ骨、頭のこと。上身《じょうみ》以外をすべてアラと考えられている場合が多いが、正確には、ウロコや内臓、エラはアラに含めない。

魚は、まずウロコや内臓、エラを取り、水洗いして身をおろす。この、水洗いをした状態から上身と下身をはずした残りの部分がアラである。これらを調理するときは、単独でも、アラとしてまとめて使う場合でも、くさみをきちんと抜く下ごしらえが共通で、湯振りをしたり、塩を当てる。

アラとしてまとめて使う料理は、煮付けや、汁物、油で揚げる料理法がある。よく粗煮《あらに》はアラを使った煮物といわれるが、煮物のひとつであり、アラを使うことではない。

→湯振り（ゆぶり）→粗煮（あらに）

あらい［洗い］

鮮度のよい魚を庖丁で引いてから、氷水や水、湯で洗い、提供する手法。フッコ、マダイ、コイ、コチ、ハゼ、ボラ、ヒラメ、シマアジ、カレイ、フナ、アマゴ、ヤマメ、アユ、ウグイなどで用い、活けの魚を使うことが条件である。

氷水で洗うことを〝氷洗い〟、40℃ほどのぬるま湯で洗うことを〝洗い〟、少し熱いくらいの湯で洗うことを〝湯洗い〟といって仕事を分ける。

洗いは夏に供し、春や秋は提供しない。唯一の例外はコイで、コイに限っては一年中洗いにして出すことができる。献立に書くときは〝洗い〟とし、正月の献立では、〝清水洗い〟と表現する。

川魚や生魚の洗いには、蓼酢や蓼味噌、蓼醤油、木の芽味噌、山椒味噌、山椒酢味噌などを添えて出す。イワナはジストマの恐れがあるので洗いにはしない。

→氷洗い（こおりあらい）
→湯洗い（ゆあらい）

あらいかた［洗い方］

料理人の仕事の中で最初の段階の修業のこと。使い走りの次の段階で、職人とは認められず、雑用も多い。この期間に野菜の洗い方、魚の水洗い、材料の産地、鍋洗い、器の扱い方などをいろいろと学ぶ。

あらだき［粗炊き］

→粗煮（あらに）

あらに ［粗煮］

粗炊きともいい、煮魚を煮る手法のひとつ。使う魚は、マダイがほとんどである。天盛りは絹糸生姜や木の芽を用いる。

粗煮《あらに》・粗炊きという料理は、魚のアラを使う煮物といわれることがあるが、粗煮・粗炊きのアラは魚の名称ではなく、煮染《にし》めと同じ程度の塩分の濃さに煮る煮物を示し、含め煮より濃く、旨煮より薄い0・95〜1・1％の塩分濃度に仕上げる。

マダイの場合の手順は、①魚に湯をかけて湯振りをする。②鍋に水と酒を入れ、酒洗いをしたマダイを加える。③牛蒡《ごぼう》や生姜、筍、ウドなども入れ、味醂、砂糖、醤油を少しずつ加えながら、マダイと野菜類を煮上げる。④最後に醤油を1滴落として香りを加える。

煮汁を沸かさず水から煮ることが、ほかの煮魚のやり方との大きな違いである。現在は、養殖魚を使うことが多くなってきたため、胡麻油やニンニクを少し加え、コクを出したりくさみを消す工夫をする。

→絹糸生姜（きぬいとしょうが）

あらぶし ［荒節］

カツオを掃除し、燻して水分を抜いたもの。これを削ると花カツオになる。本枯れ節は、これにカビ付けをしたもので、荒節より手間がかかり、旨味が格段に強まって金額も高い。

→鰹節（かつおぶし）

あらまき ［粗蒔き］

あら巻きザケという言葉があるように、サケを保存するための塩の振り方。塩を手に持ち、手のひらを上に向け、材料から約10㎝の高さで、指の間から落とす。表面を覆うようにたっぷりと振る。塩は1回振るだけではなく、まず、魚を並べる前に粗蒔きをし、魚を並べてから再度塩を振る。

塩の振り方には、ほかに紙塩、尺塩などがある。この粗蒔きの場合は言葉に塩を付けず、粗蒔き塩とよばない。

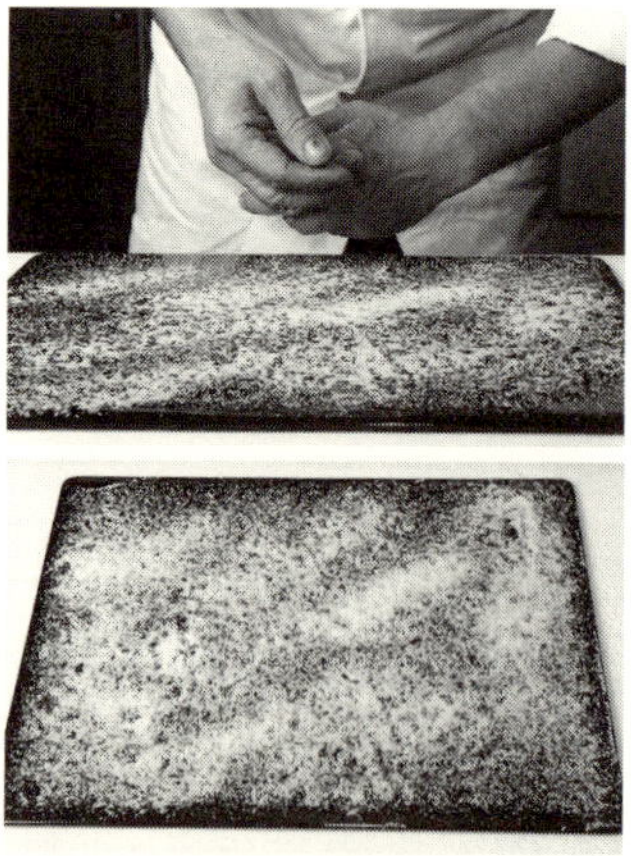

粗蒔き塩　10cm ほどの高さから塩をまく方法。サケを保存するための塩の振り方で、塩を持った指の間からたっぷりの塩を振り落とす。

あらみじんぎり ［粗みじん切り］

みじん切りよりやや粗めの切り方のこと。

→みじん切り（みじんぎり）

あられぎり［あられ切り］
野菜類を、3～5㎜の角切りにすること。

ありたやき［有田焼き］
佐賀県有田で焼かれる磁器。その昔、伊万里の港から大量の磁器が出荷され、伊万里の名でもよばれる。色彩が豊かな有田焼きの絵付けは、江戸時代の初期にオランダ東インド会社から注文を受けて、輸出用製品を作ったことから発達した。約400年の歴史を持つ窯業地で、酒井田柿右衛門と今泉今右衛門の窯もここにある。

ありのみ［有りの実］
梨のこと。梨は無しに通じ、縁起がよくないことから、日本料理では梨とはいわず、有りの実とよぶ。

ありのみぼうちょう［有りの実庖丁］
梨を半分にし、さらに三等分に切ってから、1回の庖丁で皮をむき取る切り方。庖丁目がなく、角がシャープに残るので、見た目に美しいむき方である。また、重ねやすくて盛り付けがしやすいことも特徴。
リンゴ庖丁と勘違いされることがあるが、実はリンゴは日本に入って歴史の浅い果物で、梨の方がずっと古くからあるため、有りの実庖丁の名前が付いている。
一見すると手間がかかるむき方に見えて、実際は、短時間で早く多くの量をむくことができ、仕事としては合理的なむき方である。

有りの実庖丁　梨の天地を切り落とし、縦半分に切りって3等分し、種の部分をまっすぐ切り落としてから、1回の庖丁でひと息で皮をむく。重ねることができ、安定した盛り付けができる。

ありま［有馬］
神戸の北部に位置する有馬温泉で有名な町。有馬が山椒の産地だったことにちなんで、実山椒を使った料理に有馬の名が付けられた。しかし異説もあり、八代将軍徳川吉宗に仕えた旗本、大名の有馬兵庫頭《ありまひょうごのかみ》の江戸屋敷が江戸の瀬田にあり、その界隈で山椒が採れたためこの名があるともいわれる。ただ最近では、有馬温泉でも地元の在来種を探し出し、復活させる取り組みをしているという。

アルミなべ［アルミ鍋］
現在、日本料理店で多く使われている打ち出し鍋。手作業で打ち出し、厚みのあるものが上質。アルミ鍋は軽くて熱伝導がよく、錆びにくいことから手入れがしやすく、戦後、日本料理店に普及した。しかし、磨いた後、酸化皮膜がはがれて黒ずむので、その後の渋切りの手順が必要になる。

渋切りとは、アルミ鍋の黒ずみを取ることで、これをしないと、出汁はうまく引けないし、白い材料が白く煮上がらない。

→渋切り（しぶきり）

あわせず［合わせ酢］

酢にさまざまな調味料や材料を混ぜて加えた調味料で、酢の物や和え物に使う。もともとは橙やスダチ、カボスなどの柑橘系の汁を搾って醤油と合わせていた。

合わせ酢の種類は多く、二杯酢、三杯酢、八方酢、加減酢、胡麻酢、土佐酢、ポン酢などをはじめとして、15種類以上あり、使う材料ごとに合わせ酢があった。昔と変わってきているのは砂糖の量で、特に甘酢は、以前の作り方では甘過ぎて敬遠されてしまう。修業時代から比べると、半分にまで減っている。

酢の物用に仕込むときの合わせ酢は飲めることが基本で、飲めないほど酸っぱくしない。飲める酢というのは、酢1に対し、出汁6～7が基本である。

→酢の物（すのもの）

あわせみそ［合わせ味噌］

何種類かの味噌を合わせ、練り混ぜること。味噌汁に使うときは、カツオ節も加えて混ぜる。

あわび［鮑］

種類は多く、日本では、クロアワビ、エゾアワビ、マダカアワビ、メガイアワビをひとくくりにしてアワビとよんでいる。アワビの旬は夏で、エゾアワビは冬から春にかけて。アワビの中ではクロアワビが高級品とされ、サイズが大きく天然ものは特に高価。韓国で養殖される輸入品が多い。

アワビは青と赤と区別され、青は雄貝ともよばれ、クロアワビを指す。赤は雌貝ともいわれ、メガイアワビを指す。青や雄というのは、貝殻の色からのイメージであり、実際の雌雄ではない。

生で食べるならクロアワビといわれ、刺身がおいしく水貝が代表的だろう。とれたては水貝にし、少し時間がたったら酢を落として酢貝にする。ただし、アワビを刺身にするときは、よりおいしくするために蒸してから庖丁をすることが正式の仕事である。生のまま出すのは、いってみれば漁師料理。メガイアワビは蒸すとやわらかくなる性質があり、ステーキなどの加熱調理に向く。

アワビは身に雑菌が少なく、昔は冷蔵庫に入れなくても中毒は起きなかった。ただし、食べる時期は、7月から秋の彼岸まで。秋の彼岸を過ぎると味が落ちる。

→水貝（みずがい）

あわゆき［淡雪］

淡雪とは春の雪で、そのままにしておくと消えてしまって趣があることから、そのイメージを持つ料理にこの名を付けることがある。特に水羊羹、卵白を泡立てたもの、やわらかく作った豆腐を使った料理に付けられることが多い。

あん［餡］

あんには、菓子に使うあんと、料理に使うあんがある。菓子に使うあんは、漉しあんやつぶあん、白あんがある。料理でいうあんは、出汁を醤油や味醂で調味し、葛粉や水溶き片栗粉を加えてとろみを出したもので、鼈甲あん、吉野あんなどがある。煮物やご飯などにかける。

→鼈甲（べっこう）　→吉野（よしの）

あんかけ

葛粉か片栗粉でとろみを付けたくずあんを、たっぷりとかけた料理。煮物や蒸し物、卵豆腐、ご飯、うどんなどにかける。体が温まり、冷めにくいので冬場の料理。蓋付きの器で提供する。

あんきも［鮟肝］

アンコウの肝臓。アンキモはタラの白子などと同様、ほんの数十年前までは安く、捨てられるぐらいの価値のないものだったが、現在は漁獲量が減り、高価な珍味としてすっかり価値が高くなった。

アンキモをおいしく仕込むポイントはいくつかある。血が生ぐさみの原因なので、生で買って来たら血管をていねいに取り除くことと、茹でてくさみを消すことである。血管を取り除いたアンキモは、熱湯に2％の塩を加え、酒、ネギ、生姜を入れてその中で茹でる。熱が通ったら火を止め、煮汁ごと冷めるまで待ち、1週間のうちに使い切る。蒸すより茹でる方が、独特のくさみが消え、やわらかくおいしく仕上がる。

→鮟鱇（あんこう）

あんこう［鮟鱇］

姿があまりよくないので、庶民が食べる魚だったことから戦前は下魚であり、昭和30年代までは茨城などの産地では大衆的な魚だった。しかしいまでは、値段も高くなり大変な人気ぶり。価値が大きく変わり、出世した魚といえよう。歯と中骨以外はすべて食べられる経済的な魚で、身がやわらかくて扱いづらく、つるし切りにする。この手法はアンコウ独特で、さばいた身は、七つ道具とよばれる。

アンコウの柳身（正肉）は味噌漬けにして焼くとおいしい。

また、頬肉は鮮度がよければ薄造りにするとよい。酢味噌や共酢を添える。味噌漬けもおいしい。太平洋産のアンコウの味がよく、茨城・大洗産が美味。ボストン産もよい。立冬（11月上旬）から立春（2月上旬）の献立に使う。
→吊るし切り（つるしぎり）
→鮟鱇の七つ道具（あんこうのななつどうぐ）

あんこうなべ［鮟鱇鍋］
アンコウと、ネギ、豆腐、コンニャク、大根、セリなどを味噌仕立てで煮た鍋物。冬場にとても人気が高い。

あんこうのななつどうぐ［鮟鱇の七つ道具］
アンコウの可食部のことで、トモ（胸ビレと尾ヒレ）、ヌノ（卵巣）、肝、エラ、皮、水袋（胃）、柳身（正肉）のこと。アンコウは肉よりも皮や臓物がおいしいといわれ、食べられるところが多い。
→鮟鱇（あんこう）

アントシアニン
紅色系の色素。水溶性で、アルカリ性で色が濃くなる性質がある。そのため、酢を加えると鮮やかな紅色に発色する。赤玉ネギや小豆、新生姜、赤ジソ、イチゴ、茄子《なす》、紫キャベツ、ビーツなどに含まれる。

あんにん［杏仁］
桃や杏、スモモの種を割った中にある核のこと。きょうにんとも読む。やや扁平の形で、薄皮で包まれ、内部は白い。これを粉に挽いて菓子材料に用いたり、中国料理に使う。3月3日の桃の節句には、核を煎じた杏仁湯を飲むもので、杏仁には、血圧を下げ強心健胃の効能があるといわれている。
また、白梅酢に漬けておくと長く持ち、常備菜となり、あしらいに活用できる。常備菜にするには、取り出した核を2％の濃さの塩水にひと晩漬けて皮をむいて洗い、白湯3対白梅酢1の割り酢に漬ける。
→白梅酢（しらうめす）

あんばい［塩梅］
塩と梅のこと。塩と梅酢は調味の基本といわれ、そこから塩と梅酢の加減がちょうどよい状態を指す、「塩梅がいい」という言葉が生まれた。

あんぴ［鮟皮］
鮟鱇の皮を干したもの。水に戻して椀物に使う。その様子がくるくると丸まって矢車（風車）に似ているという理由から、献立では矢車鮟皮と書く。

あんぽがき［あんぽ柿］

硫黄を使って渋柿を燻して蒸したもの。果肉はゼリー状になり、甘味が強い。

いいむし［飯蒸し］

強飯、おこわのことで、餅米《もちごめ》を蒸したもの。日本料理店では飯蒸しとよび、アワビ、栗、銀杏、サケ、鴨、蓮の実、キノコなど、季節の食材を餅米に加えて蒸す。

会席料理では、この食事が出たら、もうご飯は出しませんという合図となる。おしのぎとして出す場合もある。祝儀の席ではたいていエビやカニが入り、不祝儀では必ず小豆や大福豆を具にする。

→強飯（こわめし）　→おしのぎ

いか［烏賊］

イカ類は世界で500種ほどあり、日本近海では130種ほどが知られる。日本は世界で知られるイカの消費国で、最も多く消費するのは、スルメイカやアカイカ。味がよいことから日本料理店で使うのは、アオリイカやケンサキイカが多い。甲イカはすし種によく使われる。料理は刺身、焼き物、煮物、酢の物、すし種、椀種、干物などで、用途は広い。

近年は漁獲量が激減する年もあり、価格が異常に高騰することが増えてきた。

→鯣烏賊（するめいか）　→障泥烏賊（あおりいか）
→剣先烏賊（けんさきいか）

いかけや［鋳掛け屋］

銅製や鉄製の、鍋や釜の穴をふさぐ職人のこと。

いかだ［筏］

筏のように材料を組んで並べた料理に付ける名前。鰻店では、サイズが小さいウナギを2、3尾串打ちにした状態を筏とよぶ。特に天然ものの場合は小さいウナギの方がおいしいため、贅沢とされる。

いぐさ［藺草］

畳表に使われる植物。料理の世界では、ちまきなどの料理を巻くときに使い、結糸《ゆわいそ》ともよぶ。塩を加えたぬるま湯にいったん浸すと丈夫になり、叩くといっそう丈夫になる。

→結糸（ゆわいそ）

イクラ

サケの卵をほぐして卵をばらばらにし、塩味を付けたもの。イクラという言葉は、ロシア語の魚の卵を意味する言葉に由来する。

日本料理では、秋の食材として欠かせず、ご飯物や、先付に使う。卵をほぐすとき、湯を使うと生ぐさくなるので、水を使ってほぐすことがコツである。

いけ［活け］

庖丁を入れるまで生きていた魚のこと。

いけじめ［活けじめ］

市場まで魚を生かして運び、そこでしめて血を抜くこと。魚河岸では、頭部かエラの下、尾に庖丁で素早く切り込みを入れ、針金を脊髄に刺して〝神経抜き〟をして瞬時にしめる。素早く行うことで魚の体内に疲労物質の乳酸がたまらず、魚の鮮度の落ちを防げる。この手法は浜でも行い、そのときは〝浜じめ〟、または〝野じめ〟ということがある。

それが昭和35年（1960年）頃に頭と尾に切り目を入れるしめ方を活けじめとよんだ。昭和45年（1970年）頃からは、神経抜きのことを活けじめとよぶようになり、活けじめという言葉にさまざまな意味が生じている。

→神経抜き（しんけいぬき）

いけづくり［活け造り］

魚の内臓を付けたまま、中骨を傷付けないように三枚におろし、身を食べよく引いて中骨に戻して盛る技法。魚の姿を見せ、鮮度のよさを伝えることができるので、喜ばれる刺身である。

本来はコイの料理に用いる手法だったが、いまはマダイやアジなども活け造りにして出すようになった。

いこみ［射込み・鋳込み］

材料の中に、別の材料を差し込むこと。回りの材料は丸い形をしていること、中身は回りの材料より格が高いものであることが決まりである。回りの材料は、キュウリや牛蒡《ごぼう》、ウド、筍、茄子《なす》など。焼き物が多く、蒸し物もある。

いしがきだい［石垣鯛］

イシダイによく似た高級魚。体側に石垣状の模様がある。神奈川から南のものが美味で夏の献立に入れる。

いしかりなべ［石狩鍋］

サケを具材にして作る鍋物。北海道の郷土料理で、石狩川のサケが有名なことからこの名前となった。

いしかわいも［石川芋］

子芋用の品種で、やわらかくて淡白。衣被《きぬかつ》ぎとして蒸して食べることが多い。一般の里芋より早く、5月から市場に出回る。

→衣被ぎ（きぬかつぎ）

いしだい［石鯛］

マダイに形が似ていることから名前が付いた、あやかりダイ。味がとてもよく、養殖魚の質がまだ上らないために超高級魚で磯釣りの人気魚である。
刺身や焼き物、潮汁、すし種、蒸し物として夏の献立に入れる。

いしづき［石突き］
シイタケなどキノコ類の軸の先の部分。原木や地面に接着している硬いところで、調理をするときは取り除く。キノコによっては、石突きがないものもある。

いしもち［石持］
本名のシログチより、イシモチという方が一般的な魚。グチともいう。
身は、あっさりした白身で、刺身や煮付け、塩焼き、揚げ物、干物に向く。かまぼこの主役の魚でもあり、すり身や椀種にもよい。夏が旬。

いしやき［石焼き］
渓流の淡水魚や、牛肉を焼く、原始的な趣のある焼き物。石は平らなものを選び、それを熱して発熱させ、材料をのせて味噌や醤油などで調味する。
石は、業務用に購入した製品ならばよいが、自分で調達する場合は注意が必要。石の性質によっては加熱することで割れる石、冷やすことで割れる石などがあるため、地元の石材店などに聞き、確かめた上で調理に使用する。

いせえび［伊勢海老］
伊勢地方でよくとれたことからこの名があるが、昭和初期は鎌倉エビとよんでいた。北限は茨城県。立派な髭と曲がった腰は長寿を象徴し、甲羅は武者の甲冑を連想させ、鮮やかな朱赤はめでたさの表現であり、祝儀の献立ではとても喜ばれる材料である。洗い、塩焼き、鬼殻焼き、具足煮、活け造りなどに料理する。
戦前は、多くとれたことから大衆的な材料であり、価値も現在のようには高くなかったが、これも大いに出世したもののひとつ。養殖がむずかしく、国産ものは量が少ないため、価値は上がる一方だ。
加熱するなら国産もの、生食ならニュージーランド産もおいしい。立冬（11月上旬）から立春（2月上旬）の献立に使う。
↓鬼殻焼き（おにがらやき）　↓具足煮（ぐそくに）

いそべ［磯辺］
海苔を使った料理に付ける名。磯辺和え、磯辺焼き、磯辺煮、磯辺揚げなどがある。関東では、炙った餅に醤油を付け、海苔で包んだものを指すことも多いが、海苔は春の季語であり、春から初夏の料理を指す。

いたかいしき［板掻敷・板皆敷］
杉の板を薄く切ったもの。刺身を盛るときに使い、生もののにおいが器に移るのを防ぐ。器に合わせて切り、1〜3枚を組み合わせて使う。4枚は避ける。

板によっては色が濃い部分と薄い部分に分かれているものがある。慶事では避け、色が分かれていない板を使う。洗って再利用することはない。

いたずり［板ずり］

キュウリやフキ、アスパラガスなどの色出しをするために、塩を振ってまな板の上でころがし、塩を行き渡らせること。皮がやわらかくなり、フキは皮がむきやすくなる。塩味が付くことで、合わせ酢や和え衣の味も絡まりやすくなる。

いたどり［虎杖］

山野に自生しているタデ科の山菜。若いものを茹でたり、皮をむいて塩漬けして和え物に使う。初夏の献立に入れる。料理以外に、砂糖漬けの菓子にもする。砂糖に漬けると緑色になり、食感はパリパリする。

名前の漢字は、茎に虎のような模様があることから付いたといわれる。

いたまえ［板前］

調理場で、献立を立て、刺身を引き、料理全体の味をチェックする役割を持つ職人。料理長のことである。

花板ともよばれ、カウンターのある店ならカウンターに立つ。お客によばれれば座敷で挨拶をする。仕入れや器の選択、活けてある花の管理など、仕事は多岐に渡り、料理に全責任を持つ。

→花板（はないた）

いために［炒め煮］

油と相性がよい材料を炒めてから、煮汁を加えて煮汁がなくなるまで煮る方法。油の旨味により材料の持ち味が引き立つ。牛蒡《ごぼう》や蓮根、山菜のきんぴらが代表的である。茄子《なす》、人参、ピーマン、コンニャク、ゼンマイ、切り干し大根、ひじき、おからなどの調理に用いる。

いちごづくり［苺造り］

赤貝独特の刺身の手法のこと。赤貝の裏側、または表側に斜めに格子状の切り目を入れてポンとまな板に打ち付けると、切り目が開いて赤貝がふくらみ、イチゴのような形と色になる。これに由来する。

いちじゅうさんさい［一汁三菜］

一つの汁、三つのお菜という意味で、和食の基本と形とされる。懐石料理では、最初に出す汁、飯、向付、煮物椀、焼き物のことを指し、飯や香の物は勘定に入れない。

→汁（しる）→飯（めし）
→向付（むこうづけ）→煮物椀（にものわん）

いちばんだし［一番出汁］

椀物や椀盛など、吸い地に用いる出汁。昆布とカツオ節で引く繊細なもので、出汁の香りを生かす椀物用の吸い地、芝煮や沢煮などの汁気の多い煮物、含め煮に使う。材料は、4ℓの水に対し、カツオ節80g、昆布50gが基本となる。

この一番出汁は、季節によって出汁の材料の配合を変える。一番出汁を引くときの基本の昆布とカツオ節の量は右記の通りだが、これは春や秋にはよいものの、夏と冬では配合を変え、一年を通して同じではない。

春の彼岸から秋の彼岸までは夏場の時期で、昆布の量を控えることが原則。春を過ぎると昆布の風味は重く感じ、控える味の方がお客に好まれるためである。また、昆布を使うと出汁はとても傷みやすくなり、それを避ける意味もある。夏場の折り詰め用の煮物は、昆布は使わないことはもちろん、出汁も使わず、水から煮るほどである。しかし、昆布が入らないからといって決して薄い出汁にはならない。塩を強めに使い、さわやかな味にして提供する。

秋の彼岸から春の彼岸の時期は、夏場と逆に昆布とカツオ節を多めに使い、昆布の旨味が印象に残る風味にする。秋を過ぎると昆布の旨味をおいしさとして強く感じるように味覚が変化するためで、それに合わせて昆布の量も増やす。

出汁用の昆布は、いまは養殖ものが一般的で、産地にこだわることは以前ほど意味がなくなっている。

出汁に使った昆布やカツオ節は、乾かしてから土佐酢などに漬け込んで漬け物代わりに食事に添えたり、佃煮や甘露煮に活用する。

→昆布（こんぶ）→佃煮（つくだに）
→甘露煮（かんろに）

いちもんじ［一文字］

金属でできたヘラの一種。卵焼きを返すときや、あんをまとめるとき、味噌床の表面をならすときなど、なくてはならない道具。ほとんどがステンレス製。

いちもんじづくり［一文字造り］

マグロを刺身にするとき、1㎝×1㎝×5㎝の直方体に切ること。まっすぐに引くために魚の身に無駄があり、盛り付けたときも量が多く見えないので、贅沢な切り方である。萬屋調理師会の浜口市松がした仕事で、その門弟が引き継いでいる。現在はあまり見られなくなった仕事。

いちもんじもり［一文字盛り］

料理を、横一列、または縦一列に盛り付けること。前菜で用いることが多い。

いちやぼし［一夜干し］

魚などをひと晩風に当てて干すこと。

いちょういも［公孫樹芋・公孫樹薯］

形が平らで、扇状に広がり、公孫樹の葉のような形をしている山芋の一種。関東では、大和芋という名で出回ることが多い。長芋より粘りが強い。

→大和芋（やまといも）

いちょうぎり［公孫樹切り］

大根やカブ、人参などを切るときに、縦に十文字に四つ割し、小口から切ること。形が公孫樹の葉に似ていることからこの名がある。銀杏もいちょうと読むが、銀杏は料理の世界では実を指し、葉を指すときは公孫樹と表現する。

いっぽんしめじ［一本しめじ］

滅多にない美味なキノコ。ダイコクシメジ、アブラダイコクともいう。汁物や煮物に向き、醤油味と合う。秋（8月から10月）の献立に入れる。

毒キノコのクサウラベニタケやツキヨダケとよく似ているので注意する。

いとがき［糸掻き］

カツオ節を細く削ったもの。煮物やお浸し、和え物の天盛りにする。ガラス片を利用して削ることが最適で、割れた電球の破片が実は最適の道具。糸ガツオ、糸花ガツオともいう。血合い抜きよりも血合い入りのカツオ節の糸掻きの方が味はよい。

いとこに［従兄弟煮］

小豆に蓮根、またはカボチャなどを組み合わせて煮る料理。普段はあまりやらない組み合わせの煮物のこと。お事汁が変化したという説もある。かつて小豆は貴重品であり、基本は大納言を指した。

→お事汁（おことじる）

いとづくり［糸造り］

細造りともいう。身の薄い魚介や小魚を刺身に引くときの切り方で、サヨリ、イカ、キスなどを糸のように細く切る。

いとみつば［糸三つ葉］

一般的に出回っている三つ葉。京三つ葉ともいう。葉と茎が緑色なので青三つ葉ということもある。

水耕栽培の普及によって通年栽培され、スポンジ状の床ごと根付きで出荷される。旬は特にない。味と香りに定評があり、お浸しや和え物に向く。

いなかじるこ［田舎汁粉］

粒あんで作った汁粉のこと。関西ではぜんざいという。これに対し、漉しあんの汁粉は御膳汁粉で、これは関東でのよび方である。お茶屋では献立に甘水《かんすい》と書き、漉しあんの汁粉を意味する。

→甘水（かんすい）

いなかに［田舎煮］

野菜を、カツオ節の出汁と醤油で直炊きする煮物。素朴な材料と作り方から、この名がある。

いのしし［猪］

日本人にとっては、獣肉はイノシシが代表格。俗に山クジラというのは、肉食忌避時代の隠語。イノシシは、野生の1歳ほどの大きさのものが美味で、冬至前の20日間ほどの間にとれたイノシシを最高とする。

イノシシの代表的な料理であるイノシシ鍋は、イノシシ肉を熱湯で霜降りしてから大根、生姜、酒とともに6時間ほどやわらかくなるまで煮込み、セリやしらたき、牛蒡《ごぼう》などの野菜を入れて味噌で味を調える。ほかの肉と違い、よく煮る方がやわらかくなる。

イノシンさん［イノシン酸］

カツオ節の旨味成分のこと。

いもがら［芋がら］

→芋茎（ずいき）

いもずし［芋鮨］

山芋や里芋を蒸して皮をむき、裏漉しをしてすしのように調味をし、エビや小ダイ、キスなどをすし種にして握ったもの。前菜や口替わりに用いる。

いものこぼうちょう［芋の子庖丁］

長芋や大和芋などを切るとき、断面をまっすぐに切るための両刃の庖丁。

長芋や大和芋は、よく使われる片刃の薄刃庖丁で切ると断面にがたつきが出やすく、どうしても化粧断ちが必要になって結局、無駄が出る。この庖丁は断面をまっすぐに切り落とすことができるので無駄が出ない。大量に仕込むときなど、仕事が進みとても重宝する。大根を切るときにも役立つ。

注文をして作ってもらう庖丁だが、専門店で扱っているところがある。

いりざけ［煎り酒］

茶懐石の向付や酢の物、なますに使う合わせ調味料。料理にかけることはせず、下に敷くことが約束。

歴史は古く、醤油が普及するまではよく用いられたようである。寛永20年（1643年）に出た料理書、『料理物語』には作り方が紹介されており、「鰹一升に梅干し十五～二十、古酒二升、水少々、溜り少々を入れて一升に煎じ、こしさましてよし、また酒二升、水一升入れて二升に煎じ使う人もあり」と書かれている。自分で仕込んで作る。

→向付（むこうづけ）

いりじお［煎り塩］

水分を含んだ塩を、鍋で焦がさないように水分を飛ばして加熱し、サラサラにしたもの。

いりに［煎り煮］

炒め煮のこと。

→炒め煮（いために）

いろだし［色出し］

青味の野菜類を塩でみがいてから熱湯に通し、冷水に入れて色をよくする下ごしらえのこと。素材が持っている色を、もっとよく引き出す。色あげ、色止めという料理人もいる。

かつらむきにしたキュウリやそうじをした芽カンゾウ、白瓜の場合は、水の10～20％の重量の砂糖を加えて溶かし、それに浸したり茹でたりすると、塩を使う場合より深い緑色が出る。後で洗えば砂糖の甘さは抜け、味の問題はない。

いろどめ［色止め］

野菜類の持っている色の変色を防ぐこと。茄子《なす》が代表的で、茄子はミョウバンを使って紫色を保つ。ズイキやウドの白い色は、レモンなどの酢を加えて保つ。長芋は割り酢で茹でて白さを保つ。青菜を茹でて色出しをしてから氷水に入れることも色止めである。

→割り酢（わりず）

いわいこ［祝い粉］

粉山椒のこと。吸い口や酢の物によく使い、ウナギの蒲焼きには欠かせない。婚礼やパーティでといったお祝いの献立に使うとき、献立に〝祝い粉〟と表記する。

いわいざかな［祝い肴］

正月料理の、金団《きんとん》、田作り、巻き寿留女《するめ》、結び昆布、伊達巻きなどで、祝いの席で出す料理のこと。

→金団（きんとん）→田作り（たづくり）

→巻き寿留女（まきするめ）→伊達巻き（だてまき）

いわいばし［祝い箸］

正月や婚礼の際に用いる箸。柳の木を削り、両端は先端を丸く作る。

→柳箸（やなぎばし）

いわいまめ［祝い豆］

あえてシワが寄るように煮る黒豆の煮豆のこと。シワがあることが長寿を意味してめでたいとされ、お正月の前菜や長寿の祝いの席には欠かせない料理。

シワがなくふっくらと煮る黒豆を技術があると評価されることが多いが、〝祝い豆〟の方が、技術的にむずかしく、さらに、歯応えがあって黒豆としてのおいしさが上のようである。また、通好みの味わいでもある。

煮るときは、黒豆を戻さず、最初にすべての調味料を入れてしまい、煮ていくとよい。仕上げ前に豆を空気に触れさせるとシワが寄る。真っ黒な色は、重曹を使って出す。

いわかむつかりのみこと［磐鹿六雁命］

料理の祖神と崇められる、日本料理では重要な歴史上の人物。『日本書記』に、子供である日本武尊を失った第十二代景行天皇が安房の水門で大きなハマグリを見つけ、そのハマグリを磐鹿六雁命が膾《なます》にしたところ天皇がとても喜び、磐鹿六雁命は大膳職を賜わったとされる記述がある。子孫は代々、宮中大膳職を継いでいる。また、磐鹿六雁命は、高倍《たかべ》さまとして醤《ひしほっか》（なめみそのこと）や調味料の神としても祀られている。

→高家神社（たかべじんじゃ）

いわし［鰯］

イワシといえば、一般的にマイワシのこと。マイワシにはいろいろな名前があり、体側に黒い点があることから、ナナツボシの別名がある。成長の段階で名前が変わり、稚魚をシラス、12㎝以下の小型のイワシを小羽《こば》、15㎝前後を中羽《ちゅうば》、18㎝以上を大羽《おおば》ともいう。別の種類では、ウルメイワシ、片口イワシが知られる。

イワシは10～20年サイクルで漁獲量が変動し、近年では激減したため価格が上がり、決して大衆的といえなくなってきた。青魚の栄養が見直され、流通の進歩で鮮度がよいイワシが入手できるようになったいまは、刺身などの生食も好評で、活かし方を再考したい魚である。

刺身やつみれ、唐揚げ、オイル漬け、和え物などにし、5月から7月と、11月上旬から2月上旬の献立に入れる。5月から7月のイワシは、麦わらイワシとよぶ。

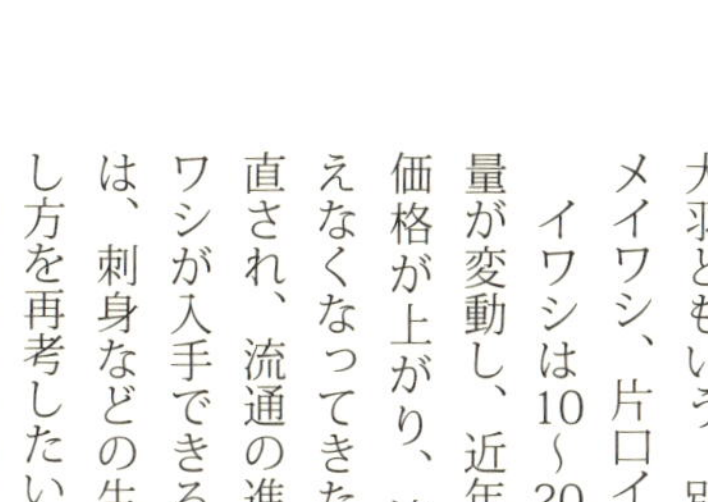

いわた［岩田］

紅白の材料を使い、帯状の形状にした料理に付ける料理名。代表例は、金時人参と大根で作る〝岩田なます〟、白玉を紅白に生地を作って重ねた〝白玉岩田〟である。岩田の由来は、安産を願って妊婦がお腹に巻く岩田帯から来ている。

いわたけ［岩茸］

山の岩壁に育つために、とることが困難な高価なキノコ。キノコとよばれるが、実は苔の仲間。乾燥品として出回り、香り

はない。水やぬるま湯で戻して、刺身のつまや酢の物、椀種などに使う。刺身の根締めにしたり、懐石料理の八寸にも使う。漢方では不老長寿として珍重される。使う時季は秋（8月から10月）。

→根締め（ねじめ）

いわな［岩魚］

サケ科の淡水魚。ヤマメやアマゴよりも上流に生息する渓流魚だが、養殖技術の発達のおかげで、食べる機会が増えた魚。価格が安いことや小ぶりで扱いやすいこともイワナのよさで、塩焼き、味噌焼き、甘露煮などにする。

→山女（やまめ）

→天魚（あまご）

いわなのあつかいかた［岩魚の扱い方］

基本のおろし方は、三枚おろしや背開き。姿で料理する場合向けのつぼ抜きである。つぼ抜きとは内臓の取り方の一種で、腹を切らずに口やエラ蓋からエラと内臓を取る方法。小型で内臓が小さい魚に適し、魚の腹を開かないので見栄えがよく、おろすときの効率もよい。イワナのような小型の魚は、三枚おろしも背開きも、まずつぼ抜きをして内臓を取り、それから三枚におろしたり、背開きにすると効率がよい。

また、鮮度がよいイワナほどぬめりがあってすべりやすい。これはヤマメでも同じことで、三枚におろすときは、面倒なようでも、上身や下身の輪郭に沿って切り目を前もって入れ、中骨から身をはずすことを基本とする。

→つぼ抜き（つぼぬき）

いんしょくじてん［飲食事典］

出版社の平凡社から昭和33年（1958年）に出版され、現在も出回っている料理に関する事典。著者は本山《もとやま》荻舟《てきしゅう》氏で、明治14年（1881年）生まれの小料理屋を営んでいた人物である。30年以上かけて個人で執筆し、完成を見ずに他界し、料理人の情熱がこもった著作となって世に出た。

昭和20～30年代は、料理についての情報があまりなく、そんな中、ほかの資料に類を見ない詳しさ、正確さがある事典であった。いまでこそ掲載されている数字が古くなり、情報の偏りも感じるが、一料理人が調べ上げた事典として特筆すべきものである。

インドまぐろ［インド鮪］

→南鮪（みなみまぐろ）

うかい［鵜飼い］

海鵜を操ってアユをとる方法のこと。全国各地の河川で行われている中で、特に岐阜県長良川の鵜飼いが有名である。長良川の鵜飼いは、歴史があり、明治時代以降、天皇家の御料場がある。鵜飼いは、中国から日本の福岡県朝倉市の原鶴温泉に伝わり、そこに赴任した茨城出身の防人によって、茨城県の川尻に伝えられたという説がある。川尻は、海鵜の渡来地として知られる。

うかし［浮かし］

初夏の風物詩の料理で、もともとは、梅酢に漬けた亀戸大根を水に浮かべたもの。本膳料理の献立にある古い仕事で、江戸時代にはすでにあったらしい。さっぱりしているので、酢の物替わりとして、焼き物の後などに口直しのために供すると喜ばれる。亀戸大根以外に、生で食べておいしい大根やカブで作ってもよい。

→亀戸大根（かめいどだいこん）

うきず［鵜傷］

鵜がとることでアユに付く傷のこと。鵜がアユを噛むことでアユは即死し、そうした状態のアユは、いわば活けじめにされたと同じ状態である。そのために、弱って死んだアユや生簀でやせていくアユより新鮮で大変味がよいとされ、価値があるとされる。

→活けじめ（いけじめ）

うぐい［石斑魚］

コイ科の淡水魚。産卵期になると婚姻色を帯び、3本の鮮やかな赤い線が腹部に現れる。地域によって呼び名が違い、一般的にはハヤ、群馬の奥地ではクキ、埼玉ではエダなどとよばれる。アイソもウグイの別名である。真冬には寒バヤとよばれ、釣り人にはとても魅力的な魚。東京では50㎝ほどに育つウグイもあり、その大きさになるとマルタとよぶ。

料理は、栃木では、木の芽田楽や甘露煮、ときには洗いにする。洗いは寒バヤに限るといわれ、とてもおいしく、酢味噌に山椒の粒を少量入れて供する。

北海道には八街《やちまた》ウグイ、蝦夷《えぞ》ウグイ、マルタウグイの3種類のウグイがいる。蝦夷ウグイは大型で、あまり食用に向かないが、都会のお客を喜ばせるために甘露煮や田楽にして出すことがある。

ウグイは酸性湖でも育つ、生命力の強い性質を持つ。青森県恐山の宇曾利山《うそりやま》湖は酸性湖で知られ、ウグイのみが生息している。

うぐいす［鶯］

エンドウ豆からうすい豆を使った、緑色の料理に付ける名前。立春を過ぎた頃に使い、それらの豆を使った椀物は、鶯椀という。ただし、正月に使うときは〝鶯〟ではなく〝ささなき〟と表現する。

うぐいすな［鶯菜］

小カブのことで、間引きした小さいものを使う。カブの実の形が鳥の鶯に似ていることからこの名がある。

新春に出回り、春を告げる存在で、正月の椀物の青味に使う。旬は1月である。粥に入れるときは、献立にすず菜と書く。

うぐいすぼね［うぐいす骨］

魚のエラ蓋の上にある、硬い骨のこと。

→魚の名所（さかなのめいしょ）

うこん［鬱金］

黄色の色を出すための天然の着色料。ウコンはショウガ科に属する植物で、カレーの色を出すターメリックのことである。たくあんの色出しや、風呂敷や器を包む布を染めるために使われてきた。ウコンで染めた布は虫がつかないといわれている。また、刀剣を献上するときは、厄除けの意味で、必ずウコン地で包むものだった。

うこんさはく［右紅左白］

料理やあしらいを紅白で用いるときの原則のこと。右に紅、左に白を配することが基本で、また、白は紅より上位とされ、結婚式などで紅白の料理を盛るときは、白を上にすることが基本である。

うじ［宇治］

お茶を使った料理に付ける名前。宇治茶は 静岡茶、狭山茶と並んで〝日本三大茶〟といわれる。

うしおじる［潮汁］

正式には、海水を使った汁のこと。海水の塩分濃度は3％強で濃いが、鮮度のよい魚介を使うと、体を使ったときにはとてもおいしい。

現在では、マダイやスズキ、クロダイなど白身魚のアラから出汁を取り、塩で調味した汁を指すようになった。出汁を取るときはグラグラと煮ると出汁が濁って雑味が出るので、火加減に配慮する。

うしおに［潮煮］

魚介から出汁を引き、塩で味付けをした煮物のこと。正式には、海水を用いて魚介から出汁を引き、酒を加える。魚介はマダイやスズキ、ハマグリなどを使う。魚はカマなどの骨付きが主である。この出汁を用いた椀物が潮汁。

→潮汁（うしおじる）

うじはし［宇治橋］

婚礼の献立で硯蓋に入れる、ひと手間加えた蒲鉾のこと。蒲鉾の表面に庖丁を入れてぎざぎざにし、色を付けた蒲鉾肉を詰める。紅い蒲鉾肉を詰めるときは、その上に鹿の子模様に糸がけをする。

→硯蓋（すずりぶた）→鹿の子（かのこ）

うしびて

キノコのろうじ茸のこと。長野や岩手でとれ、黒皮ともいう。うしびてとは牛のフンである。

食通に喜ばれるキノコで、独特のほろ苦さがあり、やみつきになるという。焼くとおいしい。秋（8月から10月）の献立に使う。

うすいた［薄板］

杉や檜、松などの生木を紙のように薄く削った木の板。魚の身の保存や、包装に使われる。魚の保存用に薄板を使うときは、まず、バットに薄板よりやや厚い経木を敷き、その上に薄板をのせる。魚を並べ、魚の上に薄板をかぶせる。ラップなどをかける必要はなく、その状態で冷蔵庫に入れて保存する。冷蔵庫がない時代にはこうして魚を保管していた。薄板に殺菌効果やほどよい通気性、水分を適度に取る性質があることを利用していたと考えられる。

上質な薄板はコストがかかるという理由で使わなくなっているが、おろした魚をよい状態に保ち、売れ残りがあっても数日は営業用に使える状態に保てるとなれば、決して高くはない。中落ちとして知られる中骨に付いた魚の掻き身は生ぐさくなりやすいが、これをおろしながら薄板に移して保存すると、魚のくさみが付きにくい。マグロなども色がよい状態を保てる。

また、薄板は、魚の保存に使うだけではない。煮物で、昆布などを煮るときに鍋底に敷いて材料が焦げないようにしたり、結糸《ゆわいそ》というひも状にして料理を結んだりする。湯葉をつるしたり、コイに巻く料理もある。ひも状にするときは、薄板を端から縦に裂いていったん水やぬるま湯をくぐらせ、木槌で全体を手叩いてよじり、ひも状にする。しなやかで丈夫で、料理を巻いたり鍋の中につるすときに重宝する。追いガツオをするときに、カツオ節を包むときも、この薄板から作るひもが役立つ。

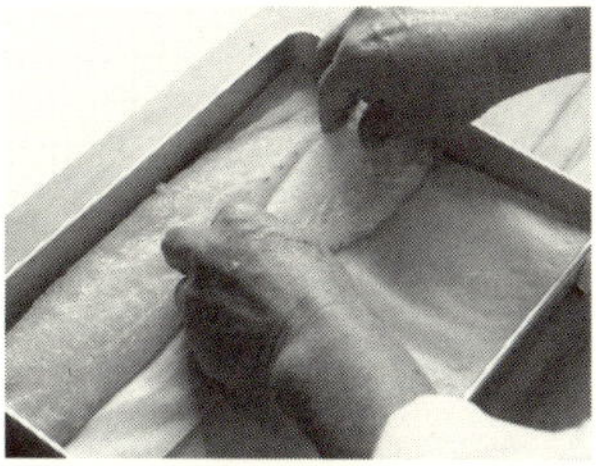
薄板の使い方例　魚の切り身を並べるとき、保存容器の大きさに合わせて薄板を切り、魚の身を並べる。並べたら上に薄板を再びかぶせる。薄板が魚の生ぐさみを吸収し、余分な水分も取る。この状態で蓋をし、冷蔵庫に収納する。

薄板は乾燥すると割れてしまうので、紙箱に入れて〝風邪をひかせない〟ようにして保存する。
→経木（きょうぎ）→結糸（ゆわいそ）

うすくちしょうゆ［薄口醤油］

濃口醤油に対して、色が薄い醤油のこと。色の薄さを生かして煮上げたいときや、汁の色を薄くしたい汁物に使う。塩分は、濃口醤油が約16％に対し、薄口醤油は18〜19％と濃口醤油より高いので、味が薄いということではない。

うすづくり［薄造り］

刺身の手法のひとつで、庖丁を寝かせて引きながらごく薄く切る。ヒラメ、オコゼ、マダイ、フグ、穴子などの身がしまった白身の魚に向く。そぎ切りより薄い。最近は薄造りといってもやや厚くする傾向がある。

→そぎ造り（そぎづくり）

うすばぼうちょう［薄刃庖丁］

野菜を切るための庖丁。刃は両刃で薄く、かつらむきに適している。形状には、先端が四角い関東型と、丸くなった関西型がある。

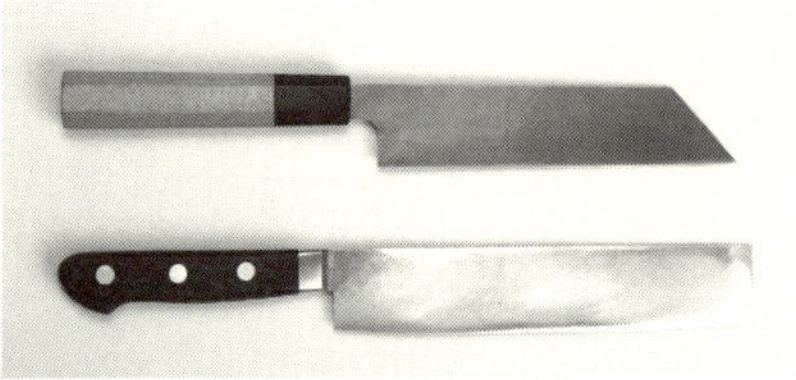

薄刃庖丁　上は人根などをまっすぐ切るための両刃の薄刃庖丁。松葉先に特徴があり、短冊に切り目を入れたり、松葉に切るときなどの細工物の仕事がしやすい。下は刃を極限まで薄くした特注の両刃の薄刃庖丁。この庖丁によって、生姜や百合根の仕込みが容易にできる。

うすみつ［薄蜜］

糖度が30％以下の、甘味を付けた浸し汁、または煮汁のこと。梅や柚子などに糖分を含ませる場合、最初から味が入らないので、まず、薄蜜を作って味を入れ、次に濃蜜に変えて味を含ませる。前菜に使うときは、甘味を抑えるために、薄蜜で甘味を入れ、濃蜜は使わないことがある。

→濃蜜（こいみつ）

うずみどうふ［埋み豆腐］

淡い味に煮た豆腐にご飯を盛り、銀あんをかけたもの。溶き芥子と海苔をあしらって供する。12月の茶事に用いる料理である。

埋みの名が付いた料理は、ほかに埋み飯、埋み粥があり、どちらもご飯と豆腐を組み合わせることが共通。埋み飯は、広島県や島根県の郷土料理ともいわれる。

うすらい［薄氷］

薄い氷の風情を表現した料理に付ける名前。初冬を表現する言葉で、11月頃の料理に用いる。

一例としては、大根を薄く切って茹で、半透明になったところを椀種にかぶせ、椀物として提供する。江戸時代に生まれた表現といわれる。

うちこ［内子］

カニの甲羅の中にある卵のこと。外にある卵は外子という。

うちびき［内引き］

魚の皮の引き方のひとつ。おろした魚の身の皮目をまな板に付けて頭側を左、尾側を右に置く。尾側の身と皮の間に庖丁の刃先を入れ、尾側の皮を左手で押さえ、皮に刃を押し付けるようにしながら右から左へと動かす。手が交差する形になり、刃を人に向けないやり方である。逆の動かし方を外引きという。

→外引き（そとびき）

うちみず［打ち水］

赤飯など、飯蒸しを仕込むとき、途中で打つ水のこと。純粋な水ではなく、水に、酒と塩を加える場合と酒と砂糖を加える場合がある。

塩を加えるときは、水３００mℓほどに酒30mℓ、塩を15ｇほど加えて溶かす。これは蒸してすぐ提供する場合である。砂糖を加えるのは、重箱に詰めたり折りに詰めて持ち帰ってもらう場合で、食べるまでに時間があるとき。この場合は、水３００mℓに酒30mℓ、砂糖を30ｇほど加える。

うちもの［打ち物］

野菜を細く刻むこと。

うつ［打つ］

日本料理の庖丁の使い方には、むく、切る、打つがあり、打つというのは、庖丁をまな板に垂直に落として材料を細く薄くすることを指す。野菜類をせん切りにすることはせんに打つともいう。葛打ちの打つは、材料に葛粉をまぶして叩いてのばすことをいう。

また、材料をほかのものに瞬間的に強く当てることも打つといい、骨切りした魚の切り目に粉を振るときに使う。よく知られるのはハモの葛打ちで、これは葛叩きともいう。

赤飯などの飯蒸しを仕込むとき、途中で水を加えることを打つといい、水を打ち水とよぶ。

うどんすき

具とうどんを一緒に煮ながら食べる鍋物。大阪『美々卯』の登録商標。

うなぎ［鰻］

ウナギ科の硬骨魚。万葉集に大伴家持が「石麻呂にわれ物申す夏やせに、よしといふものぞむなぎ取り召せ」と表現しているように、奈良時代から知られ、日本人との付き合いは長い。しかしその生態は最近解明されつつある段階に過ぎず、天然ウナギの数は減る一方で絶滅危惧種として保護が叫ばれる。出回っているウナギのうち養殖ものが9割以上。それも毎年のように価格が乱高下し、将来への不安は大きい。

料理は、蒲焼きをはじめとして、白焼き、う巻き、和え物、蒸し物、茶漬け、鍋物など幅は広い。関東は背開き、関西は腹開きと、下調理の仕方が違うことはよく知られる。

土用の丑の日はウナギの日としてすっかり定着しているが、ウナギ本来の旬は秋から初冬である。

うなぎぼうちょう［鰻庖丁］

ウナギをおろすことに向いた庖丁で、ウナギ裂き庖丁ともいう。地域によって形が違い、東京型、大阪型、名古屋型などがある。東京型は刃渡りが長いが、大阪型や名古屋型は刃渡りが短い。

うなもと

魚の頭の付け根の部分のこと。人間でいえばうなじに当たる。
↓魚の名所（さかなのめいしょ）

うに［雲丹・海胆］

カラスミ、コノワタと並んで三珍味のひとつ。よく発達した卵巣を生食したり、塩蔵したり、練りウニとして使う。日本人はウニ好きで世界の8割のウニを消費しているという。すし種、刺身、和え物、ウニ豆腐などに使われる。

国産のウニは、日本近海では140種ほどある。その中で食用のウニは、冷水系のエゾバフンウニとキタムラサキウニが漁獲量の8割近くを占める。産卵が9月から10月で、旬はその前の8月頃。そのため日本料理の献立では、正式には秋のものである。

ウニは、保存ができないので、塩を加えて保存性を高める。塩を加えたものは塩ウニ、それにさらにアルコールや調味料、酒粕などを添加したものが粒ウニ、練りウニは塩ウニにアルコールなどを加えて練りつぶしたもの。

また、ウニは形の身崩れを防ぐためミョウバンを添加して形を保つ。それらのウニを箱に並べたものが板ウニで、ミョウバンを使わずに出荷しているのが塩水ウニ。

ウニには雲丹、海胆の表記があり、雲丹は活けではないもの、海胆は活けを供するとき、献立で書き分ける。
↓塩雲丹（しおうに）↓粒雲丹（つぶうに）
↓練り雲丹（ねりうに）↓塩水雲丹（えんすいうに）

うにやき［雲丹焼き］

材料に生ウニをのせて焼いたり、当たり鉢でなめらかにすりおろしてから材料に塗って焼くこと。練りウニを使うときは、卵黄を溶きのばし、黄身焼きのように塗り重ねて焼く。古い仕事として昔からあり、白身魚、エビ、イカ、貝柱などに合う。
↓練り雲丹（ねりうに）↓黄身焼き（きみやき）

うねりぐし［うねり串］

↓踊り串（おどりぐし）

うのはな［卯の花］

おからのこと。豆腐を作るときの副産物で、豆乳を絞った残り。〝から〟という言葉を嫌い、〝うのはな〟か〝きらず〟という。〝きらず〟は庖丁で切る必要がない意味もある。卯の花和えや卯の花ずし、卯の花汁などの料理がある。

料理人にとっては大事な材料で、空煎りして昆布じめにした魚に絡める手法などは捨てがたい仕事。いまはなかなか教える時間がなく、扱いを伝えられない材料である。2月から4月の献立に使いたい。

うま

焼き物を焼くとき、金串を渡してのせる平らな台のこと。この台の高さや幅が合わないと金串がうまく渡せないことから、2つのうまが調和することが〝うまが合う〟の語源となったともいう。

うまだし［旨出汁］

吸い物のやや塩分を濃くしたもの。出汁を引き、味醂や醤油、塩を加えて追いガツオをする。小煮物用の出汁として使う。

→小煮物（こにもの）

うまに［旨煮］

弁当や折り詰、お節料理に入れる汁気のない煮物のこと。砂糖を使い、甘さが勝った濃い味付けにし、冷めてもおいしいことが特徴。

塩分濃度は、煮染めよりも濃く、甘露煮よりは薄く、1・2％ほど。保存性を高める場合は、出汁を一切使わず、水、砂糖、醤油、酒で煮汁がなくなるまで煮る。芋類や筍、人参などの根菜類を中心に、コンニャクや麩もよく使う。

→煮染め（にしめ）→甘露煮（かんろに）

うまみじお［うま味塩］

素塩と同じもの。

→素塩（もとじお）

うまみちょうみりょう［うま味調味料］

池田菊苗氏が明治末期にグルタミン酸がうま味の素であることを発見し、その発見をもとに製造された、日本発祥の調味料。成分はグルタミン酸ナトリウム。昭和40年代にからだによくないと世間を騒がせたが、天然材料で製造され、いまでは摂取について危険性はないとされている。

うま味調味料のすぐれている点は、わずかな量で味を一体化して奥行きのある風味を生み出すこと。料理人によってはうま味調味料を使うことをよしとしないが、カツオ節、昆布、魚などをはじめ多くの材料が天然ものではなくなり、ハウス栽培など人工的な作り方になり、持ち味が弱まっている時代には、上手に活用したい調味料のひとつだろう。

うみはらかわせ［海腹川背］

切り身や開きの魚の焼き方のこと。囲炉裏で魚を焼いた時代、海の魚、中でも青魚は脂肪が多く腹側から先に焼くと余分な脂分が抜け、さっぱりと焼き上がる。川の魚は比較的に味があっさりしているため背側から焼き、旨味が流れ出さないように配慮をするものだった。

しかし、時代が変わり、焼く道具も変わった。魚を焼くときの基本は、あくまで盛り付けたときに表になる側を後から焼くことである。したがって、上火で焼く天火ならば、下身を上にして先に焼き、下火で焼く炭火の焼き台ならば下身を下として先に焼く。

うみぶどう［海葡萄］

沖縄でとれる海藻の一種。ブドウの房状の実が付き、プチプチした食感が魅力。味は淡白。日本料理では、刺身のつまや酢浸し、椀づまに使う。

うめ［梅］

種類は、会津田島梅、豊後《ぶんご》梅、吉野の梅、青梅の梅、信州子梅、塩山梅、水戸の苦梅、小田原小梅、越生《おごせ》梅、七折小梅、南高梅などとても豊富。産地として、紀州や小田原、水戸が有名だが、日本料理で評価が高い梅の産地は、会津高田（福島）、青梅（東京）、塩山（山梨）、福知山（京都）、越生（埼玉）である。品種では、白加賀、見驚《けんきょう》、豊後梅。見驚は花も実もよいが、南高梅のように鈴なりには実を付けることはない。これらは江戸時代から評価が変わっていない。

梅干しによい梅と、料理や菓子によい梅は根本的に違い、産地を見る限り、海風が当たる場所より内陸の方が料理によい梅ができるようだ。上質の梅は契約栽培によって特定の店が買い上げるため、一般の人に知られることはあまりない。実際に使ってみると、紀州の南高梅は、梅酒にはよいが、料理には不向き。煮梅にしてもねっとりとならず、料理として使うのならば、先述の内陸の梅に限る。

梅の料理やあしらいの仕込みというのは、時季が決まっている。煮梅、青梅の色を生かして梅にく状にする梅のり、種を抜いて焼酎漬けにするかりかり梅、かつらむきして巻き戻し、細長くせん切りにする糸梅、煮梅を夜露に当ててねっとりとさせた茶菓子用の保科梅など、いろいろな梅の仕込みがあるが、どれも、6月10日から15日、16日までの5日間前後が、おおかたの地域で最もよい時期。それを過ぎてしまうと梅の実に歯応えがなくなってしまう。

梅や桃、桜の開花は、南からだんだんと北上していくが、梅の実を収穫する時期は、福島や宮城南部を北限、福岡を南限としてほぼ同時期という特性があり、そのため仕込みも、全国的に同じ時期になるようである。

うめじょうゆ［梅醤油］

刺身のつけ醤油のひとつ。土佐醤油、煮切り酒を合わせて、梅肉を少しずつ加えてのばす。青魚の刺身に合う。

うめす・うめず［梅酢］

青梅に塩を加えて漬け、しみ出した液体のこと。そのままでは色が白いので白梅酢、途中で赤ジソを加えたものは赤梅酢という。

→白梅酢（しらうめす）　→赤梅酢（あかうめす）

うめだごぼう［梅田牛蒡］

名前からすると一見大阪でとれる牛蒡のようだが、埼玉県春日部市の梅田地区で栽培されている太い品種の牛蒡のこと。皮がゴツゴツしているが、身はやわらかく、味と香りがよいことが特徴。旬は秋から冬。

うめびしお［梅醤］

琺瑯《ほうろう》鍋に梅干しを入れ、とろけるまで湯で煮てから裏漉しし、砂糖を加えて食紅を少々加え、とろりとなるまで煮たもの。刺身のつけ醤油や、椀物の香り、和え衣などに使う。

うめわん［梅椀］

締め卵と、4種類の初夏から早春の材料を入れる椀物。梅の花が五弁であることから付いた名前のようだが、梅は入れない。かつては卵がご馳走だったため、豪華な椀物とされた。関西から伝わる古い仕事。

→締め卵（しめたまご）

うらごし［裏漉し］

食材を漉す道具。多くの日本料理の調理場では、20種類ほどのさまざまな目の大きさの裏漉しを使っていた。裏漉しする部分の材質が馬の尾の毛の場合と、金属の場合があり、用途により使い分ける。裏漉しというと、まず、馬の毛の裏漉しを指す。

馬の毛の裏漉し器は、野菜全般や豆腐、茶碗蒸しの生地を漉すときなどに使う。特に代表格は豆腐で、豆腐の裏漉しは、馬の毛で漉したものが一番味がよい。馬の毛を拡大して見ると、短い毛が飛び出して枝分かれしている。そのため、同じ番号であっても金属製のものより細かく裏漉すことができ、また、金気もない。細かい分食材が空気に触れることで甘味が出る。1番から20番まである。

洗うときは、塩を振り、手のひらに力を入れないようにして、周囲から中心に向かっていねいに表面を洗い、水で流す。中性洗剤やたわしを使ってはいけない。

金漉しは百合根や豆類、芋類の裏漉し、漉しあんや糝薯《しんじょ》やすり流し、茶碗蒸しの生地を漉すときに使う。また、スッポンのスープなど、脂分がある材料を漉すときも、馬漉しでは脂分が

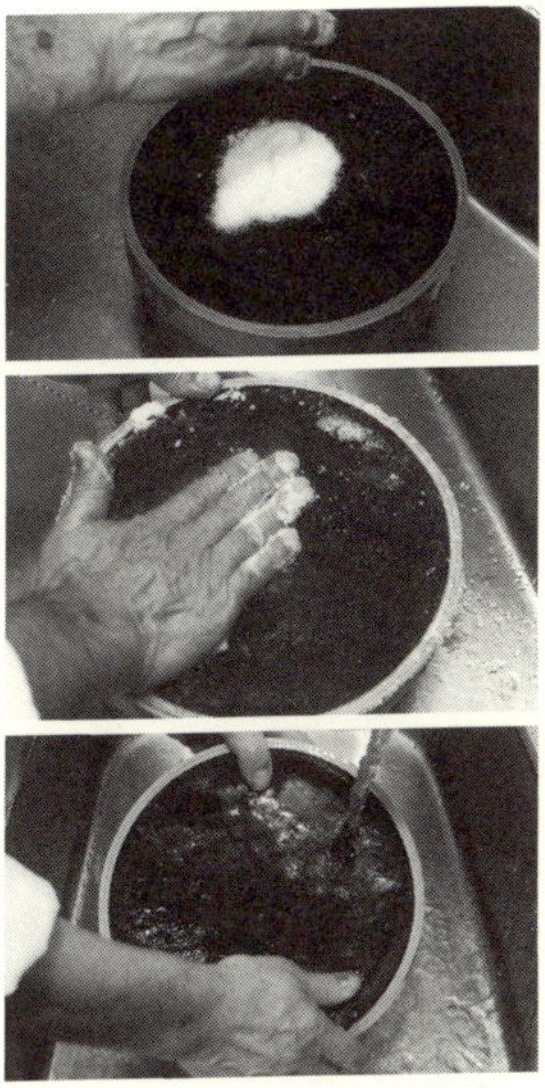

裏漉しの洗い方　裏漉しの中でも、馬の毛の裏漉しは、中性洗剤やクレンザーを使わず、塩で洗う。目が寄らないように気を付ける。

入ってしまうので、金漉しを使う。洗うときは、中性洗剤を付けてたわしで洗う。

うらじろ［裏白］

葉の裏が白い、シダの一種。葉を、鏡餅やしめ飾りに使う。鏡餅やしめ飾りは、橙やゆずり葉と裏白をともに飾り付けるもので、〝裏の城を代々譲る〟、つまり、裏にある城に住む若い主に城を代々譲るという御家安泰の意味が込められている。

うるか

アユの内臓で作る塩辛のこと。落ちアユを使って仕込むものが味がよいとされ、春（1月から4月）に出す。卵巣と精巣で作る子ウルカと、内臓で作る苦ウルカがある。

ウルカは鎌倉時代からあったことを裏付ける話がある。室町時代の連歌師、宗祇が、歌会に参加するために白河（福島県）を訪れた際、綿を背負った娘に出会った。「この綿は売るか？」と声をかけると、娘は「阿武隈の　川瀬にすめる鮎にこそ　うるかといへる　わたは有りけれ」と返したという。アユの〝うるか〟と〝売るか〟と掛け、内臓の〝わた〟と〝綿〟を掛け、〝近くの阿武隈《あぶくま》川に棲んでいる鮎に、〝うるか〟という〝わた〟があります〟という意味である。娘の機知と教養に驚いた宗祇は自信を失い、白河を離れたと伝えられ、現在も白河の街中に、〝宗祇戻しの碑〟がある。

→子うるか（こうるか）　→苦うるか（にがうるか）

うろこ［鱗］

魚類の体の表面をおおっている小さな組織片。ウロコは捨てるものではなく、料理として使うこともある。特にアマダイのウロコを焼く料理は、和食の仕事として古くからあり、料理人として知っておかないといけないことで、決して興味本位の仕事ではない。

マダイやコイ、キンキのウロコは、ウロコをすいてばらばらのまま油で揚げて塩を振ると、ビールのつまみになり、香ばしい。マダイ3本分から10人分ほどの量がとれる。

うわみ・したみ［上身・下身］

魚の頭を左、腹を下にして置いた場合、中骨より上の部分を上身、まな板に当たっている下の部分を下身という。

うんしゅうあえ［温州和え］

ミカンを使った和え物を指す言葉で、日本料理では比較的に新しく、昭和40年（1965年）以降に登場した。現在はミカンは珍しくないため、あまり使われなくなっている。

えごま［荏胡麻］

シソ科の一年草で、実はじゅうね、じゅうねんともよぶ。栽培が多い福島や飛騨では味噌に混ぜたり、薬味にしたり、生活に密着した使い方をしている。

日本料理店では、葉を天ぷらにしたり、実を胡麻の代用にした使い方をする。最近では、実からとれるエゴマ油が、健康によい成分を持つことが注目されている。8月から10月の献立に使う。

えちごみそ［越後味噌］

赤色系の辛口味噌で、赤い味噌に、粒状の米麹が見えることが特徴。

えどまえ［江戸前］

狭い意味では、江戸城の前のことで、日本橋や京橋を指す。それに加えてその前面の芝や大森、浦安当たりの東京湾内でとれた魚介などの材料をいう。

えどみつば［江戸三つ葉］

→切り三つ葉（きりみつば）

えどりょうり［江戸料理］

現在の東京湾の、魚介を使う料理から発達した料理。徳川家康の幕府開府以降に始まる。加工を主とする上方の料理に比べ、江戸料理は、材料の新鮮さを主とする。

江戸時代の最初は、京風を規範としていた料理が、徐々に鮮度のよい食材や大衆化した醬油を取り入れ、独自の発展を遂げたといえよう。江戸は、諸国からの勤番武士と移住者が集まり、職人が多かった町のため、食べ物は実質本位で、煮るものも焼くものも充分に火を通し、味が濃いことも特徴であった。天ぷらやウナギ、にぎりずしにその名残があり、これらが江戸料理として確立したのは文化文政期（1804〜1830）といわれる。

えびいも［海老芋］

京野菜として知られる根菜。芋の質が引きしまり、風味がよく、高級食材として扱われる。親から子へ次々と増え、縁起物として喜ばれる。京芋や唐の芋ともよばれる。旬は秋から冬。子芋はエビ子芋とよぶ

現在は、静岡県や千葉県が主産地となり、それにともなってエビ芋の性質が変わった。そのため、エビ芋を料理するときは産地がどこかを考える必要がある。京都のエビ芋と静岡や千葉のエビ芋とでは芋の性質が違うので、炊き方が違って来るからである。例えば、京都のエビ芋はデンプンが少なく、低めの70℃の温度で時間をかけてゆっくりと炊く。逆に、静岡や千葉のエビ芋はデンプンが多く、高温で沸騰を保って炊くとおいしく煮上がる。

エビ芋の代表的な料理は、白煮や含め煮。白煮にするときは出汁は使わないが、含め煮にするときはカツオや昆布の出汁を

使うとおいしくなる。棒ダラとの炊き合わせ料理、京都の〝いもぼう〟が有名。
エビ芋は孫芋がある。孫芋は、同じつるから枝分かれしてできた芋で、小さくて使いやすく、味もよい。
↓唐の芋（とうのいも）↓白煮（はくに）
↓含め煮（ふくめに）

えら［鰓］

オコゼのようにエラがとても硬い魚とアンコウは別として、どの魚もエラを食べられる。血が多いので、下ごしらえの手と時間をかけ、生ぐさみを抜くことが大切である。

やり方は、よく水洗いした後、塩を振ってひと晩置くことが基本。これを取り出して水分を拭き取り、こんがり焼いてさらに揚げれば、たいていの魚のエラはシャリシャリして歯応えよく食べることができる。

骨がやわらかいキンキや小型の魚のエラは、くさみを抜いた後に焼くだけで食べられる。甘辛く煮付けてもよい。

えんがわ［縁側］

ヒラメの上と下にあるヒレの付け根にある筋肉のこと。1尾から4本取れ、コリコリした食感と脂の旨味を楽しむ。形は、家の縁側に似ていることから、この名があり、エンペラ、ミミという人もある。

回転ずし店の人気からか、知名度が高まり、人気が高まったが、回転ずし店で提供しているのは原価の安いカラスガレイのエンガワである。ヒラメのエンガワは、量が少ないので原価も高い。

えんすいうに［塩水雲丹］

海水程度の塩水に浸した状態で流通している生ウニのこと。近年入手しやすくなった。ミョウバンを使って形を保っている板ウニよりも味がよい。

えんぺら

イカの胴の先にある三角の部分で、ミミともいう。

おいがつお［追い鰹］

野菜や戻した乾物をカツオ出汁で煮たり浸すとき、さらにカツオ節を加えて風味と旨味を強めること。差しガツオともいう。

カツオ節は、そのまま加えるのではなく、煮汁や浸し汁を濁らせたり汚したりしないように、ガーゼや寒冷紗《かんれいしゃ》で包んでから加えて味をひと晩なじませる。煮物に使うときは、煮ている途中に入れ、少々煮出してから引き上げる。最初から長時間煮出すとせっかくのカツオの香りが飛んでしまう。

おうぎぐし［扇串］

何本かの串を、扇状に広がるように打つ手法のこと。数尾の魚や、大きめの切り身を同時に焼くときに用いる。末広串ともいう。

おうす［お薄］

若い茶の木の葉から作る粉末の茶のこと。これに対し、樹齢50年以上の茶の木から取る葉で作る茶は濃茶という。

おうな［媼］

紅一色、または紅色が中心の料理に付ける表現のこと。女性を崇める場面で使う。婚礼の料理、敬老の日や古希といった高齢者を祝う献立にも使ってよい。

おうみしょうが［近江生姜］

大型の生姜で、細工をするのに最適の生姜。いろいろと加工をして、煮物や菓子、あしらいなどにすることに向いている。ガリとしてすし店で備える生姜は、この近江生姜の新生姜を甘酢に漬けたものである。

あしらいとしての切り方には多くの種類があり、その形状により、木の葉生姜、釣鐘《つりがね》など、名前が変わる。こうしたあしらいとしての新生姜は、辛味をコントロールすることが大切で、白水《しろみず》で湯がき、鍋止めして辛味を適度に抜いてから甘酢や浸し地に浸けて味を含める。辛味や繊維の強さはそのときによって違い、その見極めには経験が要る。

最近出回り量が減ったが、中国産の近江生姜の古根生姜にはとてもよいものがある。中身が充実し、黄色がとても濃厚で、あしらいに使うとても美しく仕上がる。

→生姜（しょうが）
→白水（しろみず）

おおうらごぼう［大浦牛蒡］

千葉県匝瑳《そうさ》市大浦地区で生産されている、直径30㎝、長さ1mにもなる巨大な牛蒡。

成田山新勝寺だけに毎年奉納され、全国から訪れる信徒に出す精進料理に、縁起物として使われる。匝瑳市の指定天然記念物で、門外不出で一般には出回っていない。

同じ畑では5年に1回しか収穫ができないという。旬は秋から冬。

おおしお［大潮］

干潮から満潮までの間で海面が上昇している上げ潮のことで、日本料理では、めでたいときに使う大根のつまを意味する。つまは、大根をかつらむきにし、巻き戻して2～3㎝ほどの輪切りにしてから、1カ所に切り込みを入れてひねって形づくる。

おおば［大葉］

→青じそ（あおじそ）

おかあげ［おか上げ］

食材を茹でたり煮たときに、ざるにあけて冷まし、水などはくぐらせないこと。食材を水っぽくしたくないときに行う。生あげともいう。

おかべ［岡部・お壁］

豆腐のこと。由来は、豆腐の表面が壁の色に似ているから、あるいは豊臣秀吉の兵糧奉行岡部治部右衛門《おかべじぶえもん》の名を取ったからなどといわれる。

おきうろこ

魚のウロコを使う料理。古くからあり、日本料理の料理人は知っておきたい仕事である。

作り方は、①生きたマダイやコイ、フナ、アラ、ハタ、キンメなどをウロコを付けたまま三枚におろし、さらにそのまま皮を引く。②ウロコが付いた皮に素塩をしてしばらくおき、まな板に並べる。③②に熱した油をかけて揚げる。ウロコが立ち、シャリシャリした歯応えになって香ばしい。

先付として提供してもよく、関東にある歴史のある料亭の数軒では、いまもこの仕事をしている。

→素塩（もとじお）

おきつだい［興津鯛］

黄アマダイの一夜干しをいう。アマダイには白皮アマダイとよばれる白いアマダイと、赤アマダイ、黄アマダイがあり、一般的には黄アマダイは水っぽく味が落ちるといわれるが、一夜干しにした興津ダイは美味で知られている。静岡県の興津で一夜干しにすることからこの名がある。

→甘鯛（あまだい）

おきつやき［興津焼き］

関西でいう若狭焼きのこと。アマダイを使って焼く。興津とは静岡県にある地名で、アマダイの産地である。

→若狭焼き（わかさやき）

→興津鯛（おきつだい）

おきな［翁］

白い料理を指す献立用語。ネギの翁漬け、翁ネギなどがある。翁ネギのことを白髪ネギと表現している場合が多いが、白髪は婚礼のときのみに使う表現で、通常の献立では翁を使う。翁を表現した料理は、どれも白板昆布を使う。

→翁煮（おきなに）　→翁巻き（おきなまき）

→翁蒸し（おきなむし）

おきなに［翁煮］

昆布出汁で炊いたエビ芋に、白板昆布を天盛りした料理のこと。翁は白い料理を指す献立用語で、どれも白板昆布を使う。

→白板昆布（しろいたこぶ）→翁（おきな）

おきなまき［翁巻き］

昆布を薄く削って白板昆布とし、それで巻いた料理に付ける名前。

おきなむし［翁蒸し］

材料に白板昆布を載せた蒸し物。白身魚やエビを使うことが多い。銀あんなどをかけ、おろしワサビやおろし生姜を薬味にする。

→白板昆布（しろいたこぶ）
→銀あん（ぎんあん）

おぐら［小倉］

小豆や大納言を使った料理に付けられる名前。小倉あん、小倉煮、小倉汁粉などがある。小倉の由来は、小倉百人一首で有名な、京都の小倉山にちなんでいる。小倉山はもみじの名所であり、もみじの葉によく見られる虫食いの様子を小豆に見立てたといわれる。

おぐらしるこ［小倉汁粉］

漉しあんに、砂糖漬けした小豆を混ぜた汁粉のこと。粒あんを使う田舎汁粉とは別のもの。

→田舎汁粉（いなかじるこ）

おこぜ［虎魚］

美しくない魚の代表のようにいわれるが、味がよい白身の高級魚。料亭ばかりではなく居酒屋でも使いこなすようになり、提供の場が広がっている。また、歩留まりが悪い分、扱う店や料理人が限られ、供給が安定している。

上身は、薄造りにするのが最も喜ばれる料理の方法。どのアラからもよい出汁が出るので、カマは吸い物や唐揚げに、頭や中骨は吸い物や味噌汁に、皮は湯引きして小鉢料理にして食べ尽くす。天ぷらにしてはもったいない。

おこぜのあつかいかた［虎魚の扱い方］

奇怪な形ながら、見た目よりもおろしやすい魚で、三枚おろしを基本とする。ウロコはない。なぜおろしやすいかというと、身はもちろん、頭もヒレも中骨も皮も、何かしらに料理としておいしく提供できるので、おおらかにおろすことが許されているからである。

背ビレに毒があり、注意しなくてはいけないが、現在では市販されるオコゼはほとんどといってよいほど最初から背ビレを切り取ってあるので、心配はあまりない。もし背ビレが付いたままなら、調理用のはさみで2㎝ほど切り取ればよい。

三枚におろす手順では、頭より先に内臓を取ることがポイント。これは、オコゼのからだの構造上、先に頭をはずしてしまうと、身が崩れ、内臓を取りにくくなるからだ。アイナメも同様で、身がやわらかい魚は、先に内臓を取ると覚えておく。

おことじる［お事汁］

江戸時代の年中行事のひとつ、お事始め（1月8日や2月8日頃）に作られる水戸地方の郷土料理の汁物。大根や人参、里芋、牛蒡《ごぼう》、豆腐に小豆なども加え、焼き味噌で味を付ける。

お事始めとは、全国的には2月8日の行事で、一年の農事の始まりを祝い、五穀豊穣を願う行事である。先に説明した料理を三方にのせ、田畑に供えた。地域により、お事始めは12月もあり、その場合は正月の支度を始める日であった。昭和30年代には身近に行われていた。

おこわ

→飯蒸し（いいむし）

おしき［折敷］

膳の一種で、オリシキを略したもの。オリとは木地を曲げたもので、シキとは物の下に敷いて台にするものを指し、足はない。木地には、檜や杉が使われる。これの塗り物が折敷膳である。

おしずし［押しずし］

押し枠を使って押して作るすしのこと。大阪ずしの仕事。箱ずしともよぶ。

おしながき［お品書き］

その日に提供できる料理を一覧に書き出したもの。料理の提供順を示してはおらず、お客に好みの料理を選んでもらうための書き物である。流れを考えて提供順に料理名を書き並べたものは、献立という。

おしのぎ［お凌ぎ］

昔から旅館では、お客が到着して夕食までに間があるとき、まんじゅうや土地の名産品を食べて空腹をしのいでもらうためにおしのぎが出されることがあった。おしのぎとは、しばらくの間空腹を〝しのぐ〟ための料理であり、それ以外の意味はない。

日本料理店などで出されるようになった、料理と料理の間に出されるおしのぎは、調理場の人手が足りなくて料理の間があいてしまうときや、次に出す料理を作るのに時間がかかってしまう場合に出すものなので、最初からお客に見せる献立の中に〝お凌ぎ〟と書いてしまうのはどうかと思われる。料理をスムーズに出すことができるならば、おしのぎは必要ない。しかし最近は、おしのぎも献立のひとつになりつつある。

おしのぎの料理には、特に決まりはない。腹持ちがよいように、飯蒸しやすしなどのご飯類や麺類などがよく出されるが、有り合わせの材料で料理の合間にさっと作って出してもかまわない。空腹をしのいでもらう気持ちがこもっていれば、すべておしのぎとなる。

おじや

炊いて洗ったご飯を、野菜とともに味噌味で煮込んだもの。雑炊とは別である。

→雑炊（ぞうすい）

おすまし［お清まし］

一番出汁を塩と醤油で調味した吸い物のこと。出汁の風味が決め手で、カツオ節や昆布をから引いた一番出汁を使い、塩、醤油で調味をする。使うごとに出汁を引くことが理想的。出汁の材料の割合は、季節によって変える。清まし汁、お清まし仕立てとはいわないことに注意。

→一番出汁（いちばんだし）

→椀物の調味（わんもののちょうみ）

おせちりょうり［お節料理］

お節料理のお節とは、節句を意味し、元旦は五節句のひとつである。特に、元旦のお節は季節の幸を神に供え、五穀豊穣、子孫繁栄、不老長寿を祈る料理であった。

昭和30年代の北関東の日本料理の店のお節料理は、基本は5人分で、ひとつの重箱に、5～13品を入れてよいとされた。

一の重は口取りで、口替わりともいった。中には、金柑、煮梅、羊羹、金団《きんとん》、蒲鉾、ごまめ、黒豆等を詰めた。二の重は鉢肴とよび、焼き物を7種類詰めた。木の芽焼き、かけ焼き、味噌漬け焼き、塩漬け焼き、照り焼き、ウニ焼き、黄味焼きなどである。三の重は旨煮を詰め、八つ頭、椎茸、香茸、筍、乾物、牛蒡《ごぼう》などを使った。四の重はなますで、タイの昆布じめ、ナマコ、コノシロの粟漬け、カブ、牛蒡などであった。五の重は唐来物《とうらいもの》とされ、カラスミ、リンゴ、杏などを詰めた。

クルマエビやアワビなどは入れるものではなく、それは、器の塗り物にクルマエビの殻やアワビの貝殻で傷が付くのを避ける配慮からだった。

現在、一般的にいわれるお節料理は、江戸時代の武家の祝い膳と、民間から発生したおめでたいものの語呂合わせの料理が取り入れられた形といえよう。

おだまきむし［小田巻き蒸し］

茶碗蒸しの生地にうどんを加えて蒸した料理。うどんが入るのでやや大きめの器で蒸す。

もともとはそば店の仕事で、日本料理店では行わなかった。言葉の由来は、苧環《おだまき》という糸を巻き取る道具から来ているようである。これは名前がよく、形も風情があって着物の文様や料理名にも使われている。しかし字がむずかしいために小田巻きの字を当てるようになったといわれる。

おちあゆ［落ち鮎］

子持ちアユのこと。アユは秋になると子を持ち、川を下る。そのため下りアユともいう。このアユを使って、ウルカを仕込む。身が錆び色になるので〝さび鮎〟ともいう。

→うるか

おちこいも［落ち子芋］

里芋や八つ頭の、親芋のまわりにある小さい芋のこと。畑を掘り返したときに出てくるので、旬の秋とは若干ずれがあり、季節外の価値を楽しむ材料でもある。この名を料理名にもする。衣被ぎが代表的な料理。

→里芋（さといも） →八つ頭（やつがしら）
→衣被ぎ（きぬかつぎ）

おちゃをひく［お茶を碾く］

お客さんがいなくて暇なこと。かつて遊女が、お客がいないときにお茶を碾いていたことから出た言葉らしい。おちゃっぴきともいい、「今日はおちゃっぴきだよ」などと使う。

おてまえ［お点前・お手前］

お客に出すために、人前で、お茶を点てる表現。

おとおし［お通し］

小鉢や先付の前に供する、酒の肴としての料理。箸付け、突き出し、正月には、箸染《ぞ》めともいう。珍味類を出すときは珍味、なめ肴ということもある。

おとしうめ［落とし梅］

6月1日に出す冷やし椀。梅干しを針打ちした後に昆布水や番茶でほどよく塩抜きし、椀種とする。小メロンや夏甘草、一つ葉が椀づまで、吸い口は黄柚子。熱いもので提供する場合もある。出汁は昆布。夏場は関東の料理では昆布を控えるが、この椀物は例外として昆布をたっぷり入れる。

梅干しを塩抜きするときには、ひと晩浸けて塩分を7割抜く方法と、1～2時間ほど浸けて塩分を残す方法があり、これは、ほかの献立との味の兼ね合いで決める。シンプルな椀物なので、献立に入れるときは、前後の料理とのバランスを吟味して出す配慮が必要である。

↓針打ち（はりうち）

↓昆布水（こぶみず）

おとしぶた［落とし蓋］

煮物をするときに使う、鍋よりもひと周り小さい蓋のこと。落とし蓋をして煮ると煮汁が少なくても全体に回りやすく、煮汁の蒸発を防ぐので、早く効率よく煮上がる。また、浮き上がる材料を押さえ、その結果煮崩れを防ぐ。

木蓋と紙蓋があり、木蓋は料理人が使いやすい大きさや重さのものを用意する。紙蓋は、かつては和紙をその場で作ったが、いまはアルミ箔やペーパータオルなどを使うことが多くなった。

浮いてしまう材料や昆布を押さえるときなどは、木蓋の持ち手に穴を開け、そこに金串を何本か通して鍋の中で扇状に広げ、金串がたわむ力を利用して押さえると材料が動かず形よく煮上がる。

↓木蓋（きぶた）↓紙蓋（かみぶた）

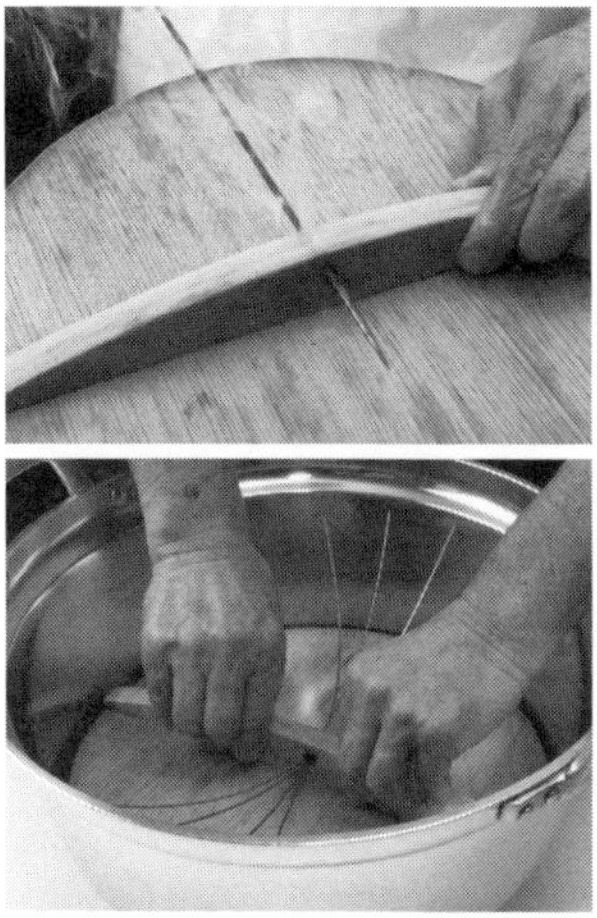

木蓋で作る落とし蓋　木蓋の持ち手に熱した金串で、数本の金串が通るほどの穴を開ける（写真上）。その穴に金串を数本通して材料の上に置き、金串を扇形に広げながら鍋に押し込んで固定させる。押さえる力を弱めるときは、金串の数を減らして調節する。

おとめ［乙女］

薄い桜色をした料理に付ける料理名。乙女和え、乙女漬けなどがある。季節は特に関係ない。

おどりぐし［踊り串］

海の魚の尾がはねているように打つ串の打ち方。下身側の目から串を入れ、裏側で一針縫うように串を通す。腹が高くなり、頭と尾が踊るような姿になる。うねり串ともいう。

おにおろし［鬼おろし］

おろし金の一種で、大根を粗くおろすときに使う道具。北関東の郷土料理の〝しもつかれ〟は、大根を鬼おろしでおろすものであり、独特の食感がある。

↓しもつかれ

おにがらやき［鬼殻焼き］

伊勢エビやクルマエビ、カニなどを殻付きのまま焼いた料理。付け焼きや照り焼きにする。大きいものは2つに梨割りにし、横串を打ってから焼く。

↓付け焼き（つけやき）↓照り焼き（てりやき）

→梨割り（なしわり）

おにすだれ［鬼すだれ］

通常の巻き簾《す》よりも太い、三角に削った竹をつないだすだれ。伊達巻きや厚焼き卵を整え、波状の模様を付けるために用いる。

ぎざぎざにすることで、折り詰めにしたときに通気性がよくなり、料理が傷みにくくなるという。竹の皮の表面が出ている方を外側にして使う。

おはぐろ［お歯黒・鉄漿］

黒豆を煮るときに、豆を黒く煮上げるために使われた添加物。昔の既婚の女性が歯を黒く染めるときに用い、ヌルデというウルシ科の植物に寄生する虫によってできたコブを粉末にして作る。

お歯黒を使うことが、黒く豆を煮る口伝のように伝わっているが、実際には、お歯黒を黒豆に加えても煮豆は真っ黒にはならない。重曹を加えることで真っ黒になる。

おはらぎ［小原木］

京都の大原女が頭にのせて売り歩いた柴のことで、束ねた柴に形状が似ている料理に付ける名前となった。湯葉やそば、牛蒡《ごぼう》、白魚などを束ねたものを指すことが多い。

おひたし［お浸し］

→浸し物（ひたしもの）

おぶし［雄節］

カツオの背節のこと。腹部の節は雌節という。

→鰹節（かつおぶし）

おぼろ［朧］

もともとは、朧月夜というように、かすんで見えるものをおぼろといい、おぼろ豆腐は、茹でた豆腐に吉野あんをかけた料理。

現在では、マダイや、ヒラメ、スズキなどの魚介の身を、いったん煮てから当たり鉢ですり混ぜ、先の煮汁で煎り、食紅でほんのりと桃色に色付けをしたもののこと。すしや散らしずしにのせて使う。似た表現にそぼろがある。

→そぼろ

おぼろこぶ［朧昆布］

乾燥させた真昆布を甘酢に浸して、表面を専用の刃を使って削った加工品。昆布の表面近くを削ったものがおぼろ昆布。芯の黄色い部分を削ると白板昆布という。椀種や煮物、和え物に使う。

おみきいか［御神酒烏賊］

神事に使われていた伝統のある料理。干した剣先イカを色紙（正方形のこと）に切り、酒に漬け込みながら戻したもので、冷蔵庫で3～4年は保存がきく。スルメを活用してもよいが、赤イカなどは身が厚くて向かない。色紙に切ることが、昔からのしきたりである。

→色紙（しきし）

おもてさんぶうらしちぶ［表三分裏七分］

魚は盛り付けたときに表になる方を後から焼き、そのときの火の入れ方の配分をいう言葉。先に裏になる方を7割方焼いて固め、次に表側を焼く。表になる方を後から焼くと、盛り付けたときに形が悪くなってしまう。また、裏側から脂が流れ出て、表側に回ってしまうことも理由である。

→焼き物（やきもの）

おやこ［親子］

親と子の材料を組み合わせた料理に付ける名。マダイとマダイの子、タラとタラコ、サケとイクラあるいはスジコ、ナマコとコノコ、鶏肉と卵などが代表的である。親子煮、親子和えなどがある。例外はフナとその卵を使うなますで、山吹なますとよぶ。

日本料理では、親子よりも〝子がらみ〟、または〝子づけ〟とよぶ方が歴史的には長い。

オランダ

材料を油で揚げてから、煮たり焼いたりした料理に付ける料理名。オランダ煮、オランダ焼きなどがある。洋食の手法がオランダを通して入ってきたことから付けられたのだろう。

オランダけし［オランダ芥子］

クレソンのこと。

おりづめ［折り詰］

木を折り曲げて作った箱に料理や菓子を詰めた、進物や土産用にする料理のこと。関東の仕事で、関西にはない。関西にあるのは仕出しである。

おりどなす・おりとなす［折戸茄子］

江戸時代からある茄子。静岡県静岡市の折戸地区で生産されている。徳川家康が好んだとされ、形は丸々とし、味は濃厚で煮ても焼いてもおいしく、漬け物にしてもよい上質の茄子。

おりべ［織部］

安土桃山時代の武将で茶人でもあった、古田織部の好みで焼かれた陶器の総称。古田織部自身が焼いた器ではない。

緑色の釉薬を全体にかけた総織部、瀬戸の赤津窯で焼かれた赤津織部、白土と赤土をつなぎ、白土に織部釉、赤土には白泥と鉄で文様を描いた鳴海《なるみ》織部、窯から急速に取り出すことで黒く発色させる黒織部、繊細な文様が魅力の弥七田《やしちだ》織部などいくつもの系統があり、厚手で、どっしりした重厚感、多様な形、斬新な意匠が魅力である。

豆腐料理の織部豆腐、織部焼きに色が似ているために名が付いたという織部饅頭など、織部に関連した料理用語は各種ある。

オレインさん ［オレイン酸］

植物油に含まれる脂肪酸のひとつで、強く加熱しても油がべたつかない性質があり、炒め物や揚げ物に向く。代表はオリーブ油。オレイン酸は、摂取しても血液中で酸化しにくい性質があり、老化を防ぐとされている。

おろしあえ ［おろし和え］

おろした大根やキュウリを和え衣に使った料理に付ける表現。時期は正式には春の彼岸から11月23日までで、冬場は霙《みぞれ》和えと表現し、おろし和えとはしない。また、カニなどの格調が高い材料と大根おろしを合わせると、献立では宮重和えと書くことがある。

→宮重（みやしげ）

おろしがね ［おろし金］

ワサビや生姜、大根などをおろす道具。おろし金は、食材ごとに使い分けるのが理想で、ワサビ用、生姜用、大根用、ニンニク用と、それぞれを準備するとよい。かつては、目立て屋という職人がいて、おろし金の目の立て方を微妙に調節してワサビ、生姜、大根とそれぞれをおろしやすくしたおろし金を用意できた。

現在はどれも同様に目を立てたおろし金しか手に入らないため、どうしても兼用になる。しかし、匂いが強い食材を使うので、基本的にはそれぞれにおろし金を用意する。また、おろし金にアルミ箔をかけると匂い移りを防ぐことができ、また、アルミ箔をかけることで、目が浅くなり、なめらかにおろせる。例えば生姜は、そのままおろすと、繊維がところどころ飛び出した、見た目も舌触りもよくないおろし生姜になるが、おろし金にアルミ箔をかけ、目をちょっと浅くして円を描きながらすりおろすと、なめらかなおろし生姜になる。上手な人は、アルミ箔がなくても、繊維が細かく香りのよいなめらかなおろし生姜をおろすことができる。

柚子も、おろし方を工夫してほしい薬味のひとつ。一般的には香皮だけをおろし、粒々した状態で添えることが多いが、皮だけでなく実に達する直前までおろすと、実の水分が加わってとろりとした状態になる。香りがよく、盛り付けやすく、何より味わいやすくなる。

→香皮（こうひ）

おろしに［おろし煮］

大根おろしを加えて、あっさりした味わいで煮る煮物の一種。大根おろしが食材のクセを消すため、クセのある魚が合い、中でもサバは代表的。身のやわらかいものを煮るときにも向いている。

おんせんたまご［温泉卵］

卵白も卵黄も半熟に茹でた、口当たりのなめらかな卵料理。約70℃の温泉に25分ほど入れておくと自然にできることから、この名前がある。温度卵ともいい、こちらは関西でよく使われる言葉である。

おんやさい［温野菜］

湯豆腐の野菜版とでもいう料理。水に昆布や酒を入れて鍋地を作り、小松菜、里芋、大根などを煮る。カツオ醤油、土佐酢で味わう。夏場に出しても喜ばれ、レタスやトマト、ブロッコリーやセロリを使うとおいしい。

かいがらやき［貝殻焼き］

鮮度のよい貝を食べやすく切り、酒や醤油を振ってから殻に戻して焼く料理。貝焼きともいう。アワビ、ハマグリ、帆立貝などは大変味がよい。ハマグリは殻からはずさずに焼く。サザエの場合は、つぼ焼きとよぶ。

かいこざんしょう［懐古山椒］

献立に登場する表現で、山椒の花の酢漬けのこと。4月から5月頃にとれる山椒の花を、針打ちして水に入れ、20～30分ほどおいていい香りを出してから酢漬けにする。漬けたものは正月から使い始める。

献立に花山椒と書かれることがあるが、四條流の料理書では、「水無月を越えたら献立に懐古山椒と書くべし」とあり、約束事になっている。水無月は旧暦の6月なので、現在の7月に当たる。

↓四條流（しじょうりゅう）

かいし［懐紙］

主に、茶事や会席料理で、和菓子をのせるときや、ちょっとした汚れを取るときに使う和紙。もともとは着物の懐に入れておき、現在のハンカチやティッシュ、メモ紙として使っていた。和菓子をのせるときは、慶事の場合、左前を上に、右下がりになるように二つ折りにする。

かいしき［掻敷・皆敷］

料理を盛る器代わりに料理に敷いた紙や木の葉で、正式には、柏の枯れた葉を使う。秋に集めておき、1年間使った。現在は、料理の下に敷く葉や板、紙を指す。

板掻敷は主に赤松で、和紙でできた掻敷は紙掻敷という。四條流庖丁書によると、掻敷にはヒバ、南天がよいとあり、南天には毒消しの作用があるといわれている。葉掻敷は、自然のものを、その材料の旬の時期の2～3ヵ月前に使う。焼き物や揚げ物の料理に掻敷を敷いてもよいが、煮物や蒸し物の場合には敷かない。茶懐石の料理のときは、どの料理にも掻敷を敷かない決まりがある。

現在、松茸のご進物にヒノキの葉を敷いたり、魚の干物に笹の葉を敷く様子を見かけるが、かつてはヒノキの葉は葬式饅頭に敷いたものであり、笹の葉は切腹をする人に酒を供するときなどに用いたため、本来は避けたい。

かいせきりょうり［会席料理］

現在、日本料理を提供するときの一般的な献立。酒をおいしく飲むための料理の構成で、酒に合う先付から始まり、椀物、刺身が提供され、その後に焼き物として皿鉢や鉢肴が出される。酢の物、煮物と続き、次に食事、汁、香の物と続き、水菓子、甘味かデザートが提供されるという流れが基本である。

現在、日本料理店や旅館、宴会場などの多くの店は、この構成を用いて料理を提供し、代表的な型のひとつといえよう。この会席料理は、江戸時代に発展した料理の構成が原型で、もともとは、室町時代に確立した本膳料理の後半の料理をコンパクトにしたと考えられる。それぞれの料理のよび方や提供の順番のちょっとした違いは、店や家、修業先などによって伝統や考え方、個性の違いがあるが、ある程度の枠は本膳料理をベースにして、共通のものが築かれているためだ。

なお、献立の品数を奇数にすると約束を主張する考えがある。この場合の料理とは、ご飯と香の物、甘味やデザートを省いたものだが、これは必ずしもその通りとは思っていない。婚礼では偶数や四の字を避けるのが常識だが、形式がはっきりした本膳料理を別として、現在のような会席スタイルの献立では偶数でも奇数でもかまわないだろう。

→本膳料理（ほんぜんりょうり）
→献立は奇数（こんだてはきすう）

かいせきりょうり［懐石料理］

本来はお茶をする人が、自分の茶室でお客をもてなす手料理のこと。濃茶を味わうための食事で、ごく簡単で素朴な料理なので、日本料理店の料理とは性質がまったく違うが、懐石を売り物にする店もある。

懐石という言葉は、禅僧が寒さと飢えをしのぐために懐《ふところ》に石を入れたことに由来し、空腹を凌ぐという意味で名前が付いたといわれる。安土桃山時代に千利休によって茶道の形式が確立し、精進料理の影響を受けて徐々に形が完成した。あくまでお茶を味わうための食事として茶事の一部であり、茶席に招かれた客が食べる食事である。

江戸時代には懐石料理の出張料理屋が登場している。懐石料理の構成は、流派によって、また茶事のテーマによって違いがあるが、飯、汁、向付、煮物椀、焼き物の一汁三菜、これに箸洗い、八寸、香の物、湯桶が加わった形が基本とされる。焼き物と箸洗いの間に強肴《しいざかな》や預け鉢という料理を出すこともある。

かいせきりょうりのあじのながれ［会席料理の味の流れ］

会席料理の献立全体の味の流れは、夏場（春の彼岸から秋の彼岸まで）は塩味を味の基調とし、冬場（秋の彼岸から春の彼岸まで）は、味噌や醤油ベースの甘辛味を基調とする。ただし、夏の土用のウナギの蒲焼きは例外である。

そもそも日本料理の味を献立の流れで考えると、前菜は、いろいろな料理を取り合わせて、椀物は薄い塩味、刺身は醤油味、酢の物は当然だが酸味、甘味やデザートは砂糖を中心とした味と、献立の半分は、味の枠組みが決まっている。これら以外の料理は、基本となる味の流れがあると、季節に合った味わいとなり、まとまりやすくなる。

かいとうげ［海藤花］

タコの卵のこと。海藻に産み付けたタコの卵が藤の花のように房になっているためにこの名がある。酢の物や椀種に使う。

かいどく［貝毒］

主に二枚貝（アサリ、カキなど）が毒を持った植物プランクトンを餌にして食べると体内に毒を持つ。その貝を食べることで起きる現象で、蓄積した毒そのものや、その毒による食中毒の症状を指して貝毒とよぶ場合もある。

かいやき［貝焼き］

→貝殻焼き（かいがらやき）

かいよせ［貝寄せ］

旧暦のひな祭りの頃、現在の4月上旬に出す貝の料理。ホッキ貝、ミル貝、赤貝、アオヤギなどが最もおいしい時季で、贅沢な料理である。貝類とウドを取り合わせ、レモン汁や素塩で調味をする。ワラビは合わせない。刺身や向付として供する。

かいわれな［貝割れ菜］

芽を出した双葉の大根のこと。かつての献立では、旧暦の8月1日の八朔《はっさく》に植えた大根の双葉を間引いて、9月下旬に早走りとして使った。

現在のように生のまま使うことはなく、湯がいてひと晩水にさらし、茹でて結び、椀物や煮物のあしらいにした。婚礼のハマグリの椀物の青味にもした。

かえしぼうちょう［返し庖丁］

魚をおろすとき、庖丁の刃を上に向け、手前から奥に押し出すようにして使うこと。

かえり［返り］

庖丁を研ぐとき、片面だけを砥ぐと、きちんと砥いだ庖丁の刃は、庖丁の先の方がわずかに反る。この反りのこと。

かえりあじ［返り味］

料理を味わうとき、口に入れたとたんにわかる味ではなくて、胃におさまってから、ゆっくりと全体の味が伝わってきておいしいと感じる味のこと。椀物が代表的な例である。

かおり［香り］

吸い口と同じ。

→吸い口（すいくち）

かおりとにおい［香りと匂い］

日本料理では、香りはよいものに使い、匂いは悪い場合に使う。そのため、よい香りとはいうが、よい匂いがするとはいわない。また、匂いがあるといえば傷んだり不快な風味を指す。

かがぶときゅうり［加賀太胡瓜］

金沢特産のキュウリで、長さは一般的なキュウリと同じだが直径は6～7㎝と太く、果肉が厚く、煮物にも使える。初夏から夏の献立に使う。

かがみびらき［鏡開き］

新年の行事のひとつ。1月11日に行い、正月に床の間に飾った餅を使って汁粉を作る。武家では明治3年まで鶴の肉を入れたという。

かき［牡蠣・蛎］

食用の二枚貝。生では世界各国で食べられる王様的な存在。日本では沿岸で22種類ほどが知られるが、市場で流通しているのはマガキがほとんど。養殖技術も確立され、出回っているマガキの90％以上は養殖もの。産地は宮城、広島、岩手、北海道が有名。

養殖のカキは、好塩菌や大腸菌が多い海域で育つことが多いので、生食用のカキであっても、低温管理はもちろん、殻も身も真水できちんと洗うていねいな仕事が重要である。提供時期は、秋の彼岸（9月下旬）から春の彼岸（3月下旬）まで。天然もののカキは夏が旬で、岩に付くため岩ガキという。

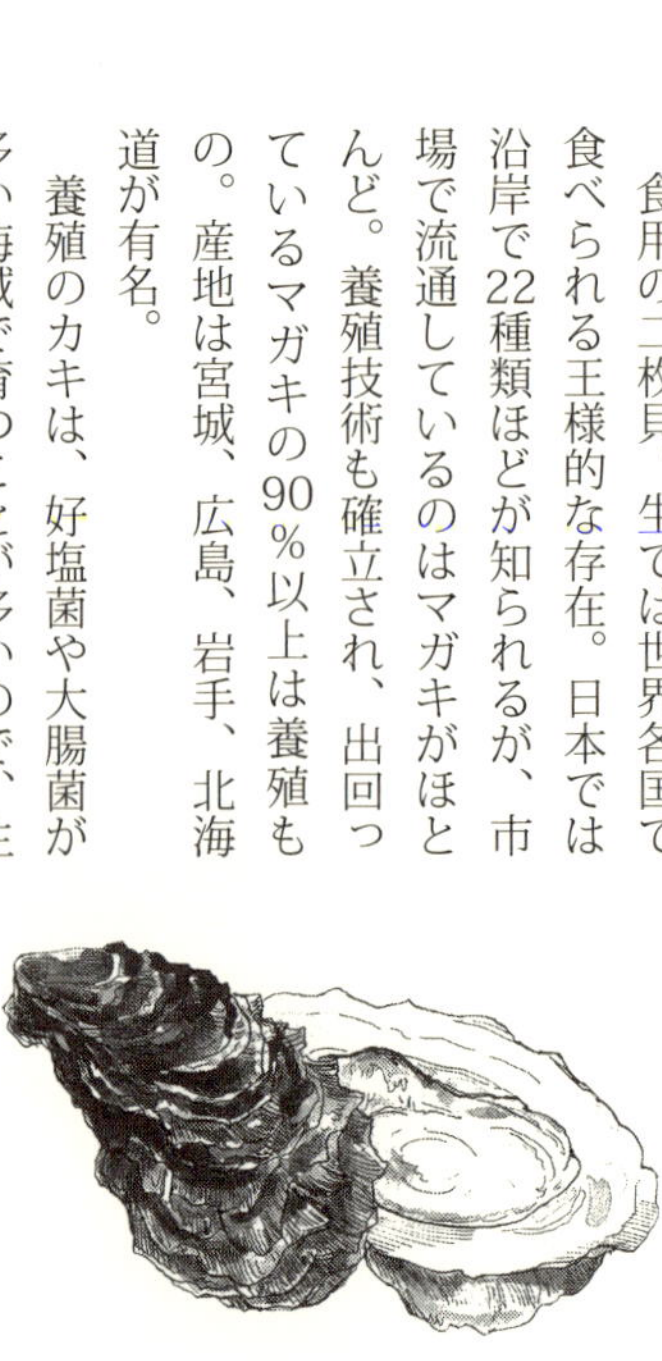

かき［柿］

東アジア原産の果樹。奈良時代から栽培され、里山に実のなる柿木や軒先にすだれ様につるされた柿は日本の秋の風物詩でもある。甘柿、渋柿の区別があり、品種も大変多い。ヨーロッパにもあり、〝ｋａｋｉ〟の名前が通じるという。

かつては子供のおやつに欠かせなかったが、その一方で、食物繊維やビタミンC、リコピンなどの栄養素が注目され、健康を気にする人には人気がある。渋味の成分はタンニン。タンニンはタンパク質と結合する力が強いため、柿のタンニンは日本酒を作るときのオリ引きに使われる。
日本料理では、なますや水菓子に欠かせない。

かきあげ［かき揚げ］
季節の材料を細かく切って衣を付けて揚げた料理と思われているが、実は、適当に組み合わせるものではない。
そもそもは江戸前の材料を使ったので、材料は小柱、三つ葉、芝エビ、貝類を使い、胡麻油を加えた白絞油で香ばしく揚げていた。そば店のかき揚げも同様である。日本料理の献立では、献立外の一品として出す。

かきしぶ［柿渋］
渋は未熟な果実や種子に含まれている成分で、その中でも代表的な渋が黒柿に含まれている柿渋である。塗料のようなもので、和傘に塗ったり漁師が網に塗って防水と防虫に使い、生活の中で大切に使われた。
タンパク質と結合する力があり、食の世界では、日本酒のオリを取ったり、魚の煮物に使うこともある。

かきたまわん［かき玉椀］
出汁にほぐした卵を落とした椀物。塩で味を調える。かき玉椀は、現在は贅沢に感じないが、卵がご馳走だった頃はとても人気があった。特に、土用シジミを卵でとじた料理は、夏ならではの組み合わせでよく売れた料理である。
調理は簡単に見えて、卵が固まるタイミングを摑むことがむずかしく、つゆが濁っても卵が固くなってもいけないので、技術が要る。日本料理店によっては、この料理で板前の腕をテストしている。ポイントは卵の扱いで、卵のコシを出し切るように、むらがなくなるまで充分に溶いてから布で漉す。これを〝卵漉し〟とよぶ目の細かい味噌漉しのような道具でタイミングを見計らって鍋に落とし、なめらかな状態に仕上げる。日本料理店によって、葛を引く、引かないの違いがある。
卵はコシがないものがよいので、新鮮な卵ではかえって上手にできない。数日たった卵を使う。

かきのは［柿の葉］
柿の葉を使った料理は、奈良や紀伊の郷土料理の柿の葉ずしが知られる。お浸しや天ぷらにするのもおいしく、お茶にしてもよい。春から初夏にかけてのやわらかな葉を使う。柿の種類は何でもよい。

かきぼうちょう［柿庖丁］
柿を水菓子として出すときのむき方。柿を半分に切り分け、さらにそれぞれ3等分に切り分けてから天地を落とし、1回の庖丁で皮をむく。切り分ける大きさは、女性の口で食べやすいことが目安となる。

一見すると手間がかかりそうだが、実際は、早く多くの量をむくことができ、仕事がしやすいむき方である。盛り付けがしやすいことも利点。

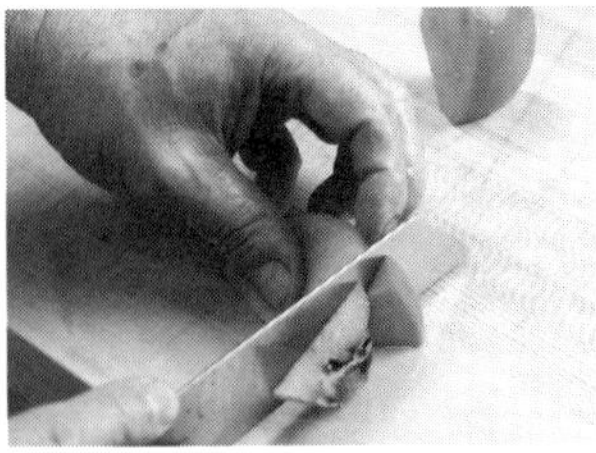

柿庖丁　へたを付けたまま縦半分に切り、食べやすく3等分か4等分にする。へたを切り落としてから1回の庖丁で柿の皮をむく。2かん、あるいは3かん付けで盛る。種は取らないままでよい。

かきみ［掻き身］

魚をおろしたときに出る、中骨に付いている身のことで、中落ちともいう。形にならない端身やくず身ともよぶ。端身だからといって捨ててしまっては、利益が出ない。わずかな量でも上手に活用すれば立派な一品ができるので、扱いに注意しておいしく提供したい。

赤身の魚の掻き身は、サラダに加えたり、山かけにしたり、丼ものにしたり、納豆和えなどに使う。白身の魚の場合は、生のままサラダに加えたり、焼いて和え物に加えればちょっとした小鉢料理にもなる。

掻き身は、時間が経つとどんどん生ぐさくなり、使いものにならなくなる。魚をおろす際は、掻き身用に経木などを脇に用意しておき、おろしながら生じる掻き身を集めておく。こうすると内臓や血が移ったりせず、別の料理に活用できる。

→経木（きょうぎ）

かきみだい［掻き身鯛］

高級な茶事の献立でお向に入れる料理。マダイをおろした身を刺身に引かず、庖丁の峯で掻き、削れた身をひとまとめにして盛り付ける。いったん昆布じめにする料理人もいる。煎り酒や酢味噌、木の芽味噌を添えて提供する。

→煎り酒（いりざけ）

かぎわらび［鉤蕨］

ワラビの形のこと。かぎワラビのかぎは鉤と書き、鉤とは先の曲がった金属製の器具で、物を引っかけるのに使う。その形に似ていることからこの名がある。初釜の椀盛や向付に、早蕨として使う。

→早蕨（さわらび）

かくぎり［角切り］

縦と横が同じになるように立方体に切ること。1㎝角に切るとさいの目とよぶので、それ以上に大きい角切りを指す。

かくしぼうちょう［隠し庖丁］

材料に火を通しやすくしたり、食べやすくするために切り目を入れること。表だけではなく裏側にも入れることは〝袱紗にする〟という。

→袱紗にする（ふくさにする）

かくしやき［隠し焼き］

→ほど焼き（ほどやき）

かくに［角煮］

豚の三枚肉をやわらかく蒸して煮た長崎の料理。煮漉しというマッシュポテトのようなじゃが芋料理を必ず付け合わせる決まりがある。

→煮漉し（にごし）

かけばん［懸盤］

本膳料理をのせる足付きの膳のこと。使う人の身分により、文様や塗り方が違い、貴人や大名などの武家が使う懸盤は梨地の唐草文様で家紋が入り、豪商や豪農などは決して懸盤は使えなかった。

江戸時代に多くの大名が使いてすばらしい仕事がされたものがたくさんあったはずだが、明治政府の廃城令によって道具類も処分され、ほとんどの懸盤が失われてしまったようだ。現在も残っているのは、冷泉《れいぜい》家、伊達家、姫路の池田家、水戸の徳川家といわれる。

→本膳料理（ほんぜんりょうり）

かけやき［かけ焼き］

材料に下味を付けずに素焼きして火を通し、その後、調味料を何回かかけながら焼いて、調味をすること。

照り焼きと似ているが、照り焼きは照りを出すことが目的であるのに対し、かけ焼きは、味を付けることが目的。材料に下味を付けてから焼く場合は付け焼きという。

→付け焼き（つけやき）

かげんじょうゆ［加減醤油］

醤油を出汁や酢で割ったもの。和え物や刺身に、醤油のままでは味が強いときに用いる。酢はレモンや柚子の搾り汁など柑橘類が多い。割り醤油ともいう。

かげんず［加減酢］

唐揚げや素揚げの料理に添える合わせ酢。出汁が加えてあるためにまろやかで、飲むこともできるくらいの味にする。

正式の加減酢は、出汁6、醤油1、酢1に、梅干しの種、カツオ節、煎り米を加えて煮立て、1割ほど煮詰めて布漉しし、粗熱が取れたら沈殿物を取って瓶で保存する。

これ以外に20種ほどあり、醤油と柑橘類の酢を等量で合わせて出汁で濃度を加減する作り方や、ポン酢醤油を出汁で割るもの、味醂を使わないもの、醤油を使わないものなどがある。

→ポン酢醤油（ぽんずしょうゆ）

かさねもり［重ね盛り］

そぎ造りにした刺身を、重ねるようにして小高く盛り付ける方法。

→そぎ造り（そぎづくり）

かさまやき［笠間焼き］

茨城県笠間の焼きもの。江戸時代、信楽から招かれた陶工、長右衛門によって始められ、関東では最古の歴史を持つ。明治以降は、当たり鉢や土瓶、火鉢などの日用のための焼きものを制作して市場を伸ばした。

かざりぎり［飾り切り］

料理を美しく見せるために、野菜や芋を、花や亀・末広などの季節やめでたさを表現する形に切ること。日本料理の料理人の間では、むきものとよび、技術の高さを表現する。

→むきもの

かざりぐし［飾り串］

食べやすくするためや、見栄えをよくするために打つ串のこと。例を挙げると、松葉の形をした松葉串や、先が二股になった田楽串などである。

かじか［鰍］

金沢のゴリとして知られる魚。河川に生息する。三月カジカともよばれ、春に味がよいので春の献立に入れる。甘露煮、から揚げ、山椒煮、洗い、味噌漬けによい。山菜料理のお店でよく提供する。

かじき［梶木］

家寿喜と書き、婚礼の献立には必ず刺身を入れる縁起物でもあった魚。身の色が変わりにくく、水気も抜けにくいため作り置きがきき、かつては旅館などで重宝されていた魚だが、滅多にとれなくなった魚である。

分類上はマカジキとメカジキに分けられ、マカジキは身が橙色で、刺身に向く。日本料理店では、5月から6月にメカジキを献立に入れることが多い。メカジキは身は淡い桃色で脂肪分が多く、照り焼きなど加熱調理に向く。カジキマグロという言い方が聞かれるが、マグロではない。

かしわで［柏手］

料理人のこと。かつて、柏の葉を盛って器にしたことから、それが転じて食饌に携わる人そのものを柏手というようになった。朝廷の膳部をつかさどるところは柏殿という。

かしわむし［柏蒸し］

桜蒸しと同じ手法の蒸し物。包む葉に柏を使う。

→桜蒸し（さくらむし）

かすじる［粕汁］

酒粕を加え、具だくさんにした味噌汁。寒い時季には体が温まり、喜ばれる。

かすづけ［粕漬け］

酒粕を主として酒や味醂、塩などで調味した漬け床に材料を漬けたもの。奈良漬け、守口漬け、ワサビ漬け、魚の粕漬けなどがある。酒の香りと旨味を楽しむ。

かすづけやき［粕漬け焼き］

酒粕に白味噌は酒や味醂を加えて調味して漬け床を作り、ここに材料を漬け込んで焼くこと。焦げやすいので火力を少し弱めて焼く。アマダイ、サワラ、マナガツオ、ブリ、牛肉などに向く。豚肉や野菜でもよい。

この漬け床に、さらにコノコや酒盗を加えるとたいへん旨味が増し、漬け床自体も珍味として利用できる。

かずのこ［数の子］

ニシンの卵。海のダイヤともよばれ、コリコリしておいしく価格も高い。卵が多いことから子孫繁栄の象徴として、正月のお節料理になくてはならないもの。

ニシンは5月に産卵し、それを干したり塩漬けにして、長期保存をする。生きたニシンからとる数の子は、形が角張っていて、カドコとよぶ。アイヌ語でカドとよぶことからカズノコになったという説もある。

かすみ［霞］

鋼《はがね》と鉄を貼り合せた、鋼と軟鉄の境に出る波紋。

通常のプロ用の庖丁は、刃の部分だけが鋼で残りは軟鉄でできており、こうした庖丁を砥ぐと、刃先の鋼の部分が鏡の様に光って、軟鉄の部分はつや消しの状態になる。そこに霞がかかったような波紋ができ、このことをかすみという。

かすみ研ぎ仕上げという、庖丁を研磨する方法のよび方でもある。

かすみじたて［霞仕立て］

シジミかハマグリで出汁を引き、葛などでとろみを付けた汁のこと。

かたくち［片口］

丸い鉢の、片側に注ぎ口が付いている器のこと。本来は、酒や醤油などを樽から別の容器に移すときに使った器。器の形状としては古く、懐石料理の向付にもよく使われる。現在はその形をしたものを、本来の目的と関係なくよぶ。
→向付（むこうづけ）

かたくり［片栗］

ユリ科の野草。根はらっきょうの細長いような形状で、そこから片栗粉を取る。百合根に似ていて、高級食材でもある。天ぷらや甘煮などにして春に出す。埼玉県が南限とされる。
→甘煮（あまに）

かたくりこ［片栗粉］

ユリ科の野草の片栗の根から取った粉のこと。澱粉質で、加熱するととろみが出る。片栗粉として出回ったが、現在は高価になったため、じゃが芋の澱粉から作る片栗粉が一般的。片栗の名は、葉が栗の葉と似ていることに由来する。

かたづまおり［片褄折り］

魚の切り身を焼くときに打つ、串の打ち方のひとつ。身の薄い魚や細長い魚の身の片方を内側に巻いて打つ。盛り付けたときに立体感が出るため、商品価値を高めたいときに使う。両側を巻いて打つと、両褄折りという。

かたば［片刃］

刃が片方だけ付いている庖丁のこと。片刃の庖丁は、薄く切ったり細かく切ったりする仕事に向き、両刃よりも切り口が美しい。

かちぐり［搗栗・勝栗］

笹栗（山野に自生する小さい栗）の実を乾かして、臼で搗《っ》いて殻と渋皮を取り除いたもの。

搗栗のカチは搗くの古語で、本来は搗栗と書く。勝ちと音が同じために縁起物とされて、武家の出陣や凱旋の酒盛り、正月の料理や婚礼といった祝儀の献立に使われるようになり、勝栗と表記するようになった。使うときは、ひと晩水に浸けて戻し、いったん茹でてから調理をする。

かつお［鰹］

黒潮にのって、南海から北上する魚。サバ科で、最も親しみのある魚のひとつ。金華山沖（宮城県石巻市）から銚子沖、初島沖まで鰯を追って回遊している。

関東では初ガツオとよんで、初夏のカツオを喜ぶが、実際には脂が乗っていないのでおいしいとはいい難い。カツオの本来の旬は10月で、その頃のカツオは萩ガツオ、仙台ガツオともよぶ。カツオをおいしく味わうには、10月以降のものがよく、10月10日以降はおろしてひと晩置くとおいしくなる。そのとき、一般的な三枚おろしや五枚

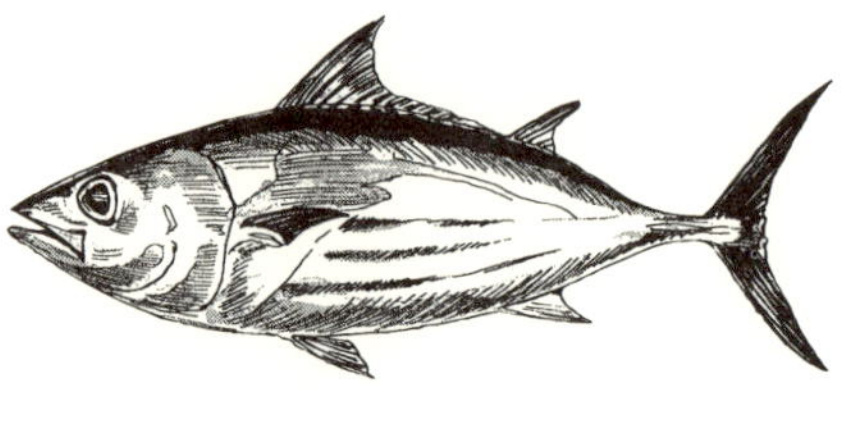

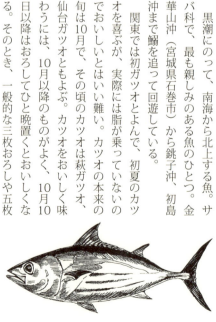

おろしではなく、すじおろしという部分的に身を取るおろし方をすることがある。

　食べ方は、叩きが最も代表的とされているが、それはもともと土佐の料理で、大正期以降に全国に広まったとされる。江戸時代、関東では三枚におろして腹側の皮を付けたまま、浅く庖丁を入れて辛子で味わった。中骨のアラ煮もおいしい。

　このところ温暖化のためか、カツオの北上ラインは金華山をさらにのぼり、北海道にまで達している様子で、漁場や収穫量にムラがあり、価格も安定しない。
　→すじおろし

かつおぶし［鰹節］

　煮たカツオを干した、日本特有の水産製品。この旨味は日本料理になくてはならない存在である。歴史的には、平安時代の書物『延喜式』には煮堅魚、煎汁という表現があり、煮堅魚はカツオのことで煎汁は堅魚で作った出汁のようなものを指す。調味料だけではなく、〝勝魚〟の名から、祝儀の贈答品として大事にされてきた。

　カツオ節の製法には、薩摩式、土佐式、伊豆式などがあったが、明治以降に各地の製法が混合して区別がなくなった。その後、焼津（静岡県）の大量生産の製法が標準となって現在に至る。

　ざっとした製法の手順は、①頭を落として内臓を取る。②三枚おろしや節おろしにする。三枚におろしたときの両側の身で作るカツオ節が亀節である。節おろしでおろすと本節となり、背の方を雄節、腹の方を雌節とよぶ。③おろした節を釜で煮て冷ます。④骨抜きをして形を整え、蒸籠に並べて火を入れる。この状態のものが荒節で、これを削って市販されているものが花カツオになる。⑤荒節の形を整えて干し、倉庫で保存してカビを生じさせる。⑥カビを落として再び保存する。⑦カビが出なくなるまで⑤のカビ付けと⑥の乾燥を繰り返し、完成させる。

　カビ付けをしていないものを荒節とよぶことに対し、カビ付けしたものは本枯れ節といい、荒節より手間がかかる分、旨味が強く、価格も高い。ここ数年来のカツオ節は、いったん冷凍したカツオを解凍して加工しているために、本枯れ節であっても昔のカツオ節には及ばないようである。
　→節おろし（ふしおろし）→荒節（あらぶし）

かっぽう［割烹］

　割は材料を割くこと、烹は火を用いて処理をすることを意味し、料理を指す。これを提供する店を割烹店といい、次第に、技法自体をよぶようになった。

かつらむき

　大根やウド、人参、キュウリなどを一定の薄さで長くむくことで、料理人の庖丁の技術の基本である。

　庖丁の技術は、野菜を切ると如実に現れ、その基本は、かつらむきから始まる。かつらむきは、大根を、長く、薄く、均一にむけるように練習する。最初は、厚くても、同じ厚さでなるべく長くむく。10㎝ほどの短めの大根から始めて、さまざまな薄さでむけるようになったら、徐々に、大根の長さを1㎝ずつのばし、より薄く、必要に応じてむけるように練習を繰り返す。最終的に20㎝くらいの幅の大根で、さまざまな薄さのかつらむきができるようになるまで練習する。

かつらむきのむき始めの場所は決まっている。大根の断面を見ると、まん丸ではなく、必ず多少楕円で、その輪郭には必ず山のように高くなっているところがある。そこからむくと、長く、無駄なくむける。

大根を薄くむくことは、それ自体はむずかしくない。むずかしいのは、均一の厚みで長くむくことである。たいがいが手元は厚く、先になるほど薄くなってしまう。これは庖丁の状態も影響し、刃に狂いがあってまっすぐではなかったり、刃こぼれがあったり、松葉先の砥ぎ方が足りないと、上手に庖丁が運ばないので、庖丁の手入れも大切になる。

重要な技術ながら、名前の由来ははっきりしない。京都の桂川の流れているさまからかつらむきの名が付いたといわれる。

→松葉先（まつばさき）

カテキン

お茶の渋味の成分で、タンニンの主成分。殺菌作用があり、口臭を予防する、食後の血糖値上昇をゆるやかにする、血液をサラサラにするなどの効果が期待されている。

→タンニン

かなぐし［金串］

魚の串打ちをするときや、熱して魚の皮目に当てる〝火取り〟の仕事をするときに使う道具。材質は鉄とステンレスがあり、長さも太さもさまざまである。断面が丸いものだけでなく、平たいものもある。

金串は串の先端が曲がったり鋭さがなくなってきたら、砥石で先端を研いで手入れをする。収納の際は、塩化ビニールでできた樋《とい》などを購入し、必要な長さに切り、底になる部分をふさいで木で作った蓋を取り付け、サイズごとに分けておくと使いやすい。

金串を使って魚などの皮目に穴を開ける針打ちの作業をする料理人がいるが、本来は針を使い、串は使わない。

→火取り（ひどり）　→針打ち（はりうち）

かなごし［金漉し］

食材を漉す裏漉しのこと。馬の毛を張った馬漉しと金属を張った金漉しがある。

→裏漉し（うらごし）

かのこ［鹿の子］

鹿の親子が、夕方に川を渡るときの鹿の背の模様から付けられた料理名。春の、色合いが赤と白を組み合わせた料理に用い、金時人参とササガレイ、またはカニとネギを和えた鹿の子和え、タラの白子にカニを加えた鹿の子蒸しなどがある。正月の献立でも使ってよい。

かのこづくり［鹿の子造り］

刺身を霜降りにしたとき、イカに限って鹿の子造りという。鹿の子とは、本来は赤と白を組み合わせた色の料理に用いる表現である。

→霜降り（しもふり）→鹿の子（かのこ）

かのこぼうちょう［鹿の子庖丁］

材料に、格子状の切り目を入れること。かまぼこに格子状に模様を入れるときの庖丁の技法。

由来は、鹿の親子が、夕方に川を渡るときの鹿の背の模様が格子状であることから付けられた。

→鹿の子（かのこ）

かばやき［蒲焼き］

ウナギで有名な焼き物。もともとはウナギを丸のまま串に差して焼いた様子が、水辺の蒲の穂に似ている様子から名が付いたといわれる。開いて中骨と内臓を取り出し、いかだ状にして串打ちをし、甘辛く焼くようになってからも、その名前を引き継いでいる。

かぶ［蕪］

原産は、アフガニスタン辺りの中央アジアや地中海沿岸といわれる。日本では、『日本書記』に記述があり、歴史は古い。春の七草のひとつとしてスズナともよばれる。各地の気候や風土に合わせて変異し、地方ごとに聖護院カブ、飛騨紅カブ、近江カブ、天王寺カブ、津田カブなどさまざまな品種がある。

料理は、かぶらずしや漬け物、蒸し物、含め煮、酢の物などが代表的。品種によって持ち味が違い使い分けが必要になる。小さいカブは皮がおいしく、生食や酢の物、漬け物向き。大きいカブは水気が多いので煮物に向く。11月20日頃の霜が当たる時期になると繊維がやわらかくなるので、それ前後で硬さが違い、特に漬け物にする場合は切り方を変える。

カブの煮物は煮方泣かせといわれる。やわらか過ぎても硬くてもいけないため、煮方にとって扱いがむずかしい。形は保ち、しかし舌でつぶせるやわらかさが最良で、カブの煮物が上手に作れるようになったら一人前である。

→聖護院蕪（しょうごいんかぶ）

かぶと［兜］

兜とは、魚の頭のこと。魚の兜は、カマス以外の魚ならたいてい食べられると考えて大丈夫で、兜煮、兜焼き、兜揚げ、兜蒸しなどの調理法がある。マダイやアマダイなどが特に珍重されるが、ほかの魚も兜はカルシウムに富み、目玉の回りや頬肉、唇の肉もとても味がよいので、捨ててはもったいない。

キンキやキンメダイ、マナガツオなど骨のやわらかい魚は、塩を振ってひと晩置き、それを焼くだけで香ばしく食べられる。サバやアジ、イワシやサンマといったやや骨が硬い魚の場合は、焼いた後にさらに油で揚げると、歯で簡単に噛み砕けるようになり、手軽なビールのつまみになる。

かぶとに［兜煮］

魚の頭を梨割りにして、煮付けた料理。魚1尾から2人分しか取れないため、格が高いとされる。マダイやスズキ、イシダイ、クロダイがおいしい。

↓梨割り（なしわり）　↓兜（かぶと）

かぶとやき［兜焼き］

魚の頭を梨割りにして、串を打ち、塩焼きにしたりタレをかけながら焼く料理。魚はマダイ、アマダイ、クロダイなどを使う。大きいので焼き加減に注意しながら充分に焼く。

↓梨割り（なしわり）

かぶらぼね［蕪骨］

クジラの上あごの軟骨のこと。先付や酢の物、刺身のツマによく使われ、昭和30年代に流行した食材である。脇役ながら、シャリシャリした独特の食感に魅力があった。切って塩漬けにしてあり、水洗いして使った。

かぶらむし［かぶら蒸し］

カブをすりおろして水気を絞り、卵の白身を加えて混ぜ、材料にかけて蒸した料理。アマダイ、マダイ、ヒラメと組み合わせることが多い。百合根や小柱に合う。銀あんをかけると口当たりがよくなる。おろしたカブをそのまま使うだけでなく、いったんおろしたカブを洗って熱湯を通し、カブ独特のにおいを抜いてから調理をするとよりおいしくなる。

本来は寺の薬膳料理といわれ、魚類は使わなかったという。カブではなく、大根をすりおろして使う場合もあり、そのときの料理名は宮重蒸しとする。

↓宮重（みやしげ）

かぼす

大分県が主産地の柑橘。スダチより大きく、まろやかな酸味を持つ。フグ料理や鍋物、椀物の吸い口にも使う。皮はあまり使わない。8月から11月に用いる。

かま［鎌］

魚のエラの下の、胸ビレの付いている部分。よく動かしている部分なので脂肪が多くても筋肉が引きしまり味がよいことで知られる。

カマを使う代表的な料理は、塩焼きや粗煮《あらに》、潮汁など。どの魚もカマの塩焼きは人気がある。塩焼きしたものを椀物に入れてもおいしい。粗煮は、醤油と砂糖をきかせた甘辛い煮付けにする。

→粗煮（あらに）　→潮汁（うしおじる）

かましたおとし［かま下落とし］

魚をおろすときの、頭を切り落とす方法のひとつ。

→たすき落とし（たすきおとし）

かまどびらき［竈開き］

新規開店をする日本料理店の行事で、将来の店の繁盛を願い、先祖に供養をする神事。意外に知らない人が多いが、平安時代から行われ、歴史は古い。

新規開店の日の午前中か、調理場が出来上がった日に、三方に食材を盛り、神棚や仏壇に飾り、蝋燭《ろうそく》に火をともして線香を上げる。線香を点けた蝋燭で点け木に火を移し、それを長提灯に移して調理場に運び、これで竈に火を点ける。

三方は3つ用意し、ひとつを〝海之さち〟として昆布、ホンダワラ、ワカメ、カツオ節、熨斗《のし》アワビを盛る。2つめを〝里之さち〟としてコイ、里芋、人参、牛蒡《ごぼう》、大根を盛る。3つ目は〝山之さち〟として、搗栗《かちぐり》、百合根、干しゼンマイ、干し椎茸、山芋〟を盛り、神棚か仏壇に飾る。

これらのほかに、日本酒と清水、塩をお供えする。竈に点火をしたのち、これらは下げてかまわない。

→熨斗鮑（のしあわび）　→搗栗（かちぐり）

かみかいしき［紙掻敷・紙皆敷］

懐紙を二つ、または三つ折りにして、刺身や焼き物、揚げ物に敷いて、料理の生ぐさみを取ったり、余分な油を取る用途に使う。茶事では、菓子を取り分けるときの敷き紙に使う。そのほか、温かい料理の蓋代わりにしたり、紙鍋にもする。

かみじお［紙塩］

おろした魚介に和紙をのせ、その上に塩を振り、間接的に塩をなじませてやわらかな塩味を付けること。品のよい薄い塩味が付く。

やり方は、まず、容器に合わせて2枚の端切らずを用意し、容器に振り塩をし、玉酒を酒霧をした和紙を1枚容器に敷く。

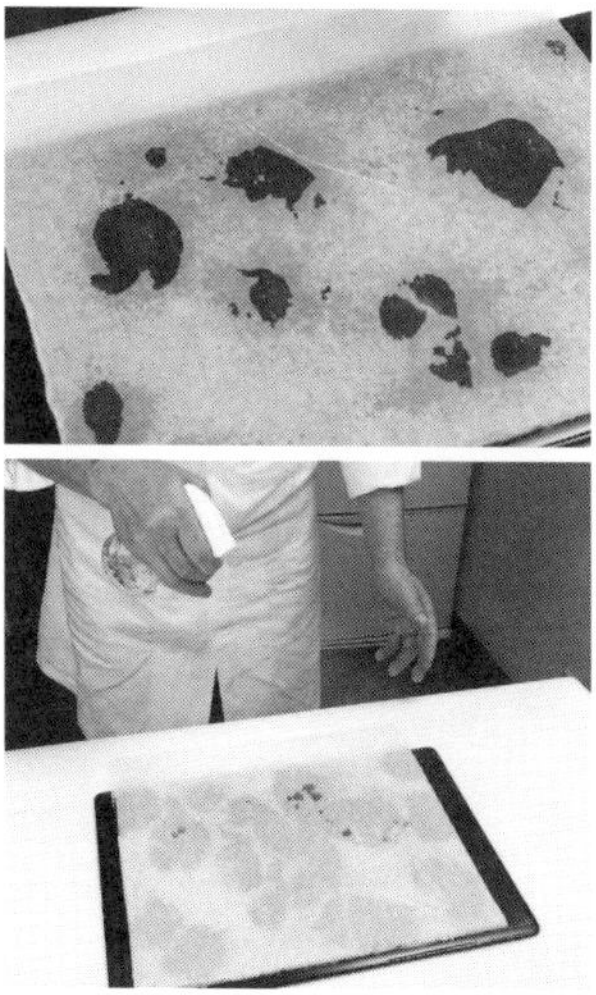

紙塩　食材を酒霧で湿らせた和紙で挟み、30㎝ほどの高さから、指でつまんだ塩をぱらぱらと振って間接的に塩を当てる方法。この塩の量は、振り塩よりも少ない。

魚介を並べ、もう1枚の和紙に酒霧をしてかぶせて食材を挟む。その上に振り塩をし、そのまま4～5時間置いて、塩を浸透させる。小柱やマダイ、ヒラメ、コチ、帆立、平貝、サヨリなど、貝類や淡白な白身魚に塩を振るときの手法である。懐石料理の向付に、この手法を取り入れる料理人が多い。

→端切らず（はしきらず）→振り塩（ふりじお）

→玉酒（たまざけ）→酒霧（さかぎり）

かみなりじる［雷汁］

豆腐や牛蒡《ごぼう》を胡麻油で炒め、煎り付けたものに出汁を張り、赤味噌を溶き込んだ汁物。豆腐を炒めるとバリバリと大きな音がすることから、雷の名があるといわれる。

かみなりどうふ［雷豆腐］

水気を切った豆腐を、フライパンで焼いたり、油で揚げると勢いよくバリバリという雷のようなびっくりさせられる大きな音が出る。その音が由来となったという豆腐料理。

かみなりぼし［雷干し］

白瓜やキュウリを使った仕事で、白瓜の種をくり抜き、真ん中を空洞にしてから白瓜に庖丁を当ててくるくると回して螺旋状に切り、1時間ほどそのままにしてから天日に干したもののこと。かつては夏の風物詩であった。

三杯酢で酢の物にしたり、ウニ和え、白和え、カラスミ和えなどにして夏場の料理として提供する。噛んだときにパリパリと心地よい音がすることから、この名があるといわれる。

かみぶた［紙蓋］

みつまたを材料とした和紙で作る落とし蓋。特に含め煮に欠かせないもので、水分の蒸発を防ぎながら、熱効率よく煮上げる効果がある。野菜の煮物や黒豆を煮るときは必需品であろう。紙蓋は料理人が自分で作り、〝端切らず〟とよぶ手漉き和紙を、丸く、もしくは四角に切り取って穴を開ける。鍋よりもひと回りかふた回り大きめに作り、表面をぴっちり覆って使う。アルミ箔やクッキングシートの落とし蓋は、かつての油紙に替わって使われるようになった。これらを落とし蓋に使うのは、材料を押さえる必要がなく、鍋の中のエネルギーを効率よく材料に伝えたいとき。煮崩れしてもかまわない惣菜やサバの味噌煮などが代表的である。

→端切らず（はしきらず）

かみわけ［髪分け］

魚の胸ビレのこと。

→魚の名所（さかなのめいしょ）

かめいどだいこん［亀戸大根］

江戸野菜ともいわれている細長い大根。硬くて辛味があることから漬け物に向く。赤梅酢に漬けると、亀戸大根の乙女漬けとよばれ、江戸の初夏の風物詩だったという。5月下旬から献立に入れる。

かめぶし［亀節］

カツオを三枚おろしにしたときの両側の身で作るカツオ節のこと。これに対し、節おろしでおろしたカツオ節は本節という。

↓節おろし（ふしおろし）

かもじ

かもじとは、女性が髪を結うときに詰める入れ髪のこと。おそらく、ネギや牛蒡《ごぼう》を髪のように細く切った様子が似ていることから料理の表現に使うようになったといわれるが、かもじという言葉には美しさはない。たぶん、町方の料理人の仕事の言葉として広まったのだろう。

和歌や漢文などの文学の教養がある武家の料理人の場合、そうした仕事は絹糸、金糸、白絹といい、そこから、細く切ったネギや牛蒡は、〝絹糸ネギ〟、〝白絹牛蒡〟と表現をしている。かもじという言葉は使わなかったと考えられる。

↓絹糸（きぬいと）

↓金糸（きんし）

かもなべ［鴨鍋］

鴨肉のすき焼き。青首とよぶ真鴨を使う。鴨肉を薄く切って、ネギや牛蒡《ごぼう》と組み合わせてすき焼き風に煮ながら食べる。

かよいぼん［通い盆］

通い膳ともよぶ。接客係が料理を運ぶための盆で、日本料理店では、黒の塗り物を使う。接客係は、料理をのせた通い盆を、〝目八分目《めはちぶんめ》〟の高さに持ち上げて運ぶ。これは巫女さんが三方などを目の高さにまで持ち上げることと同じで、その高さで運ぶと、盛り付けが崩れず、姿勢がよく、器も壊れない。

からあげ［から揚げ］

材料に小麦粉や片栗粉、葛粉などをまぶして揚げる料理。材料の旨味が逃げずおいしい。魚はカレイやカサゴ、メバル、アイナメ、オコゼ、鶏肉に合う。油の温度を低めにして2度揚げすると、骨までシャリシャリとして食べられるようになり、身離れもよくなる。塩を振り、レモン汁をかけたり、ポン酢醤油にもみじおろしを添えて提供する。

からいり［空煎り］

油を引いていない焙烙鍋に材料を入れて火を点け、煎って水分を抜くこと。

↓焙烙（ほうろく）

からかさぼうちょう［唐傘庖丁］

むきものに便利な庖丁。本来は和傘の唐傘の骨を削る刃物で、そのために唐傘庖丁の名がある。芋のえぐれたところをむくにも適している。自然薯などは、この庖丁でむくとアクが出ず、真っ白に煮上げることができる。

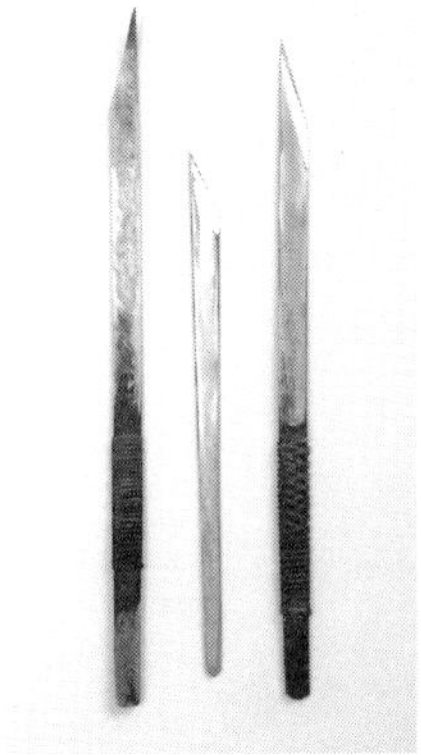

唐傘庖丁　本来は、和傘の骨を削るための道具。先端が軽く曲がってカーブが付いており、曲面をきれいにむくことができて便利。

からかね［唐金］

金属の材質のこと。戦前の高級な日本料理店では、銅や金、錫などでできた合金の鍋を使い、現在のようなアルミ鍋はなかった。その中で唐金とよばれる鍋は、昆布や梅を煮れば、品のよい青さが出て、金団《きんとん》を練っても焦げず、長時間加熱をしても持ち手が熱くならないなど、料理用に使いやすい性質を備えた理想的な鍋であった。醤油を1滴加えると、広がり方がほかの鍋とははっきりと違った。手入れがいらず、叩くと釣鐘《つりがね》のような音がする。また、腐食しにくく摩滅しにくく特質があるという。

現在、この鍋を作るとなると、技術的にむずかしく、とても高価になってしまうため幻の鍋。戦後、日立製作所からこの鍋の材質を分析したいという話があったと聞く。現在、宮内庁の大膳と民間に2つある。

からくさ［唐草］

タコやイカの切り方のひとつ。タコやイカを縦の斜めに庖丁目を深く入れて横に切り分け、さっと湯に通すと、唐草模様のようになり、酢の物や椀種、焼き物に使う。

日本では唐草はそれほど大事にされる文様ではないが、本来は吉祥文様で格が高く身分の高い人しか使えなかった。城持ちの武家の道具には、唐草文様が入っている。

→吉祥文様（きっしょうもんよう）

からしすみそ［芥子酢味噌］

甘味噌8に対し酢2を加え、溶き芥子を加えたもの。芥子は使う寸前に加える。貝類やエビ、タコ、イカなどに合う。コイの洗いにもよい。

→甘味噌（あまみそ）

からしみず［芥子水］

フキノトウや菜の花のアクを抜くときに使うもの。和芥子を水に溶き、そこに漬け込む。現在のハウス栽培のフキノトウや菜の花ではあまり苦味がアクがなく、抜く必要がなくなったので行わなくなっている。

からすみ［唐墨］

ボラの卵をていねいに血抜きをしてガラスで圧縮して押しを

し、生干ししたもの。中国の墨である唐墨に形が似ていることからこの名があり、唐墨の字を当てる。晩秋の献立に入れる。

鼈甲色のカラスミが上等で、長崎県五島列島産がもっともよい。黒いカラスミは下級品とされる。江戸時代には、肥前野母《ひぜんのも》のカラスミが珍味として高く評価されていた。日本料理の献立では晩秋に出す。近年は台湾のカラスミも人気で、ワインに合う持ち味がある。日本産のカラスミは、ややクセがあり、そのために熱燗に合う。

からつやき［唐津焼き］

佐賀県唐津市やその周辺の広い地域で焼かれている陶磁器。文禄・慶長の役（1592年～）で佐賀藩主の鍋島直茂らが朝鮮から連れてきた陶工が住み着いて作陶し、日本で初めて蹴りろくろや登り窯の技術を取り入れたといわれる。

かつては日常雑器が多く、唐津ものといえば、西日本で陶磁器の代名詞になっていた。現在は茶陶も多く、厚い上薬や鉄絵具で描かれた文様のあたたかい様子が人気である。

かればす［枯れ蓮］

枯れた蓮のこと。茶室に活けられているときは究極の侘《わ》び寂《さ》びの象徴で、枯れ葉を鑑賞する。マンサクや柏も同様に枯れ葉を楽しむもので、風流で格の高い表現とされる。器の文様にもある。

カロテノイド

野菜や果物に含まれている色素の総称。人参、トマト、ミカンなどの色は、それぞれカロチン、リコピン、クリプトキサンチンというカロテノイドで、強い抗酸化作用があるといわれている。

かわえび［川海老］

淡水にいる小エビ。ジストマの心配があるので、加熱調理をして食べる。唐揚げや佃煮、甘露煮などにする。

かわがに［川蟹］

モクズガニ、ズガニなどともよばれるカニ。河川に生息する。脚を広げると30㎝くらいあり、茹でると上海ガニと同様においしい。寄生虫の心配があるため、必ず加熱調理をすること。柿の葉が散る頃においしくなるので、晩秋から初冬の献立に入れる。これを叩いて味噌汁に入れる郷土料理が千葉県にある。

かわしも［皮霜］

刺身の手法のひとつ。魚の皮を引かず、皮を上にして抜き板などにのせ、布巾をかぶせて熱湯をかけて皮だけを霜降りにすること。

皮に旨味があるマダイやスズキ、キスで行い、マダイの場合はこの仕事をしたものは、松皮造りという。皮の旨味が増すとともに、生ぐさみが消える効果がある。霜降り、湯霜と同じ意味である。

→松皮造り（まつかわづくり）　→霜降り（しもふり）
→湯霜（ゆしも）

かわじりだい［川尻鯛］

川尻は、茨城県日立市の北部にある海辺の地で、そこでとれるマダイのこと。もみじだいともよばれる高級魚で、身の杉刺模様が真っ赤になる。春と秋の献立に使う。

かわじりふっこ［川尻福子］

茨城県日立市北部の地、川尻でとれるフッコのこと。東京の市場では、常磐物のスズキという。味がよくて知られる。

かわらからしな［河原芥子菜］

川の河口に自生する菜の花で、辛味が強くて大変美味。菜の花が虫に食べられないように突然変異して辛くなったのではないかと思われる。

春（2月から4月）にお浸しや汁物で提供する。

かわらけ［土器］

釉をかけない真っ白な素焼きの器のこと。神饌料理で用いる。いまは真っ白い磁器をかわらけというが、かつてはもっと赤っぽい色をした素朴な素焼きの器であった。現在でも神前結婚式の杯はかわらけであり、1回だけの使用にする。

→神饌料理（しんせんりょうり）

かわりごろも［変わり衣］

材料にさまざまな衣を付け、風味や色の違いを楽しむ揚げ物。カボチャや牛蒡《ごぼう》をせん切りにして衣にした蓑揚げや、春雨やそば、パンを衣にしたもの、チーズやカラスミ、練りウニや抹茶、青寄せ、ココアなどを溶き込んだ衣で揚げるものなどがある。

変わり衣の素材は、水分が少なく、クセのない淡白なものならよい。

→蓑揚げ（みのあげ）　→練り雲丹（ねりうに）
→青寄せ（あおよせ）

かんうちぼうちょう［寒打ち庖丁］

寒の時期に打つ庖丁。暦でいえば1月5日頃の小寒から1月21日頃の大寒の間に打たれた庖丁で、鉄がしまって強く、狂いがなく、切れ味のよい高品質な庖丁で知られる。

期間が短いために多くを生産できず、実績のある料理人でないと、注文に応じてもらえないことが多い。生産地は全国にある。柄の材質は、黒柿が最高である。

かんごおり［寒氷］
↓抜き型（ぬきがた）

かんすい［甘水］
漉しあんから仕込む汁粉のことで、格の高い献立の甘味として献立に入れる。汁粉は粒あんか漉しあんを使い、具は餅を入れることに対し、甘水は漉しあんで、具には小さめの白玉を使う。
器は小吸い物椀のように直径が9㎝ほどの小ぶりの専用の椀がある。匙は添えず、器のまま飲んでもらう。最後に出すので、塩を少しきかせると喜ばれる。

かんてん［寒天］

材料の天草を煮溶かして冷まし、寒中で干して作る食材。流し物や甘味には欠かせない材料で、長野の茅野市が生産地として有名。

寒天には、棒寒天、糸寒天、粉寒天と、形状によりいくつかの種類があり、プロの料理人が使うのは棒寒天。ほかの形状の寒天より弾力があるためだ。水に5時間浸してから使用する。また、寒天は、煮溶かしてから砂糖を入れる。これを逆にすると寒天が溶けず、ざらつきが出てしまう。基本の分量は、材料1升に対して棒寒天を6本使う。棒寒天は1本8gほどで、現在はやわらかい舌ざわりが好まれるので、寒天の量を控え、やわらかめに作るようになっている。

寒天を使う料理の中で最も技術を極めるものは水羊羹。口当たりはやわらかく、しかし切ったときはきちんと角が立たないといけない。使う粒あんは、塩をきかせて練り上げ、渋切りは通常の粒あんに比べて回数を減らし、渋をやや感じさせるようにする。一人前に仕込めるようになるには、20年かかるといわれる。

寒天は目新しさを感じにくい食材だが、ノンカロリーというのは女性客や健康を気にする中高年男性には大変な強みである。小松菜を寒天とゼラチンで寄せてデザートとしたり、和え物に取り入れるなど、工夫の余地がある食材といえよう。

↓渋切り（しぶきり）

かんなべ［燗鍋］
昔、酒は鉄鍋を火にかけて燗をし、その鍋のこと。現在では、別器で燗をして酒を移しかえ、酒を注ぐ道具をよぶ。

かんのんびらき［観音開き］
身が厚くて幅が狭い魚や肉などに、ほかのものを挟むときや身を広げるときの切り方。中央に切り込みを入れ、左右に身を開く。

かんぱち［間八・勘八］
アジ科で、ブリに似ている大型の魚。アジよりも体高があり、若魚の頭に上から見ると八の地の斑があるのでこの名がある。

姿がブリに似ていることから、ブリ、ヒラマサを合わせて〝ブリ御三家〟とよばれるが、カンパチはブリやヒラマサよりも天然ものの漁獲量が少なく、その中ではカンパチが最高級とされる。産地表示義務が生じて以来、養殖もののイメージが強いことで人気が下降気味のハマチに対し、カンパチは使われる機会が増えている。実はカンパチも養殖ものが主流だが、養殖魚のイメージが定着していないため好まれやすい。

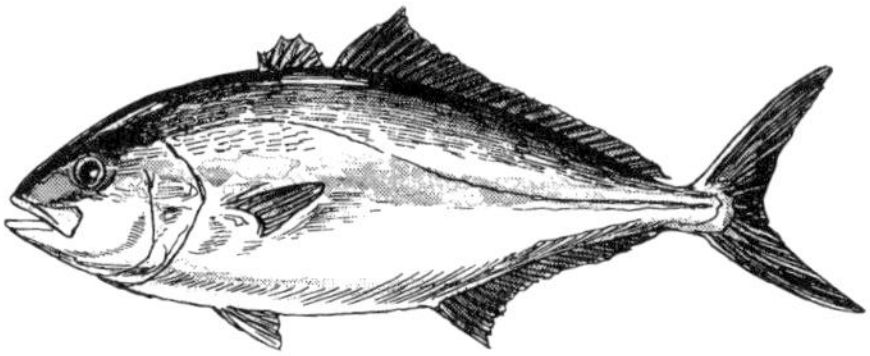

天然ものならば、天然もののカンパチの旬は夏から秋である。味わいは、ブリよりも脂がさっぱりして身に弾力があり、まず刺身が代表的な料理。すし種にはなくてはならない素材だろう。煮物、照り焼き、塩焼き、吸い物、さらには頭やエラ、内臓も食べ尽くすことができ、しかもおいしい。洋食では、カルパッチョやブイヤベースにも用いる。

かんぱちのあつかいかた［間八の扱い方］

基本のおろし方は、さまざまな料理を作るのに向く長おろし。長おろしとは、いわゆる三枚おろしだが、日本料理では、カンパチのおろし方は長おろしに分類される。

おろすときは、頭を落とす前にエラと内臓を取ることが、カンパチのような中型の魚を三枚におろすときの基礎のプロセス。そうすると身が内臓の血で汚れず、効率もよい。カンパチほどの大きさになると、頭も切り分ける必要があるが、小型のかんパチなら無理に切らなくてもかまわない。マダイやシマアジでも同様である。

→長おろし（ながおろし）

かんぶつ［乾物］

昆布、椎茸、ゼンマイ、フキ、かんぴょう、高野豆腐、寒天、ひじき、煮干し、スルメ、豆、干しアワビなどの保存食。これらを使った料理には、乾物独特の滋味と旨味がある。

乾物ほど、よいものと悪いものの差が大きい食材はなく、保存がきくからと適当に選んではいけない。中でも豆類は特に顕著で、新豆かひね豆かでやわらかくなるまでの時間がまったく違ってくる。新豆（収穫して1カ月以内のもの）なら水で戻すのに1日も浸せばよいが、それ以上を経過した豆は、3昼夜水に浸す必要がある。同様のことがほかの乾物にもいえるので、食材の旬を知り、なるべく新ものや、1年前に収穫したものを使う。ただし、昆布は例外。

買うときは、まとめて買うよりこまめに買い足す方が、乾物の保存状態を考えると理想的である。

かんみ［甘味］

会席料理で、最後に提供する甘い菓子のこと。昭和30年代までの献立では、関東では、甘味というと、羊羹かお汁粉かまんじゅうのどれかと決まっており、それだけ砂糖を強く使った甘いものが絶対的なご馳走だったといえよう。

その甘味に使うあん類は、和菓子店や製餡所から仕入れるものだったので、日本料理では甘味類のバリエーションや技術があまりなく、料理人にも甘味やデザートを作る技術が育つ土壌がなかった。しかし、お客、特に女性のお客にとって、現在、甘味やデザートは大変大事な一品。ほかの料理と同様に、甘味やデザートの技術は、和食の世界でも必要不可欠な技術となっている。

甘味を抑えながら、寒天やゼラチンを使ったもの、蜜漬けしたもの、野菜を活用したものに日本料理を生かす甘味のヒントがある。

がんもどき［雁擬き］

水切りした豆腐を裏漉しにかけ、キクラゲや銀杏、椎茸を入れ、油で揚げた豆腐の料理。精進料理から来ており、雁の肉に似せたことからこの名があるといわれる。飛龍頭と基本的に同じで、煮物やおでん種にする。献立に書くときは飛龍頭と表現する。

→飛龍頭（ひりょうず）

かんろに［甘露煮］

アユ、ワカサギ、モロコ、小ブナなどの小魚を、味醂と醤油を中心に、砂糖をきかせて煮上げたもので、塩分は１・９５％ほど。最近ではあまり仕込まない料理になったが、正月のお節として三が日には欠かせない料理だった。茨城県の古河市ではフナの甘露煮が伝統料理である。

甘露煮は、ほかの旨煮や煮染めなどと違い、調味料の分量がきちっと決まっている。ワカサギならば、材料１kgに対し、味醂２合、醤油２合、ザラメ80～90gを使う。伝統的な手法では、味を見て、調味料を少しずつ加えながら煮ていくが、最初から調味料をすべて入れ、煮汁がなくなるまで煮てもよい。そうすると焦げることがなく、魚の下に敷きざるや竹の皮などを敷く必要もない。

料理人によっては、つやを出すために水飴を使うこともある。また、アユならハラワタを付けた姿のまま煮るが、イワナやヤマメのときはハラワタは抜いて煮る。

→旨煮（うまに）　→煮染め（にしめ）
→敷き笊（しきざる）

きあげ［生揚げ］

材料を茹でて、水にさらさずにざるに取って冷ますこと。食材を水っぽくしたくないときに行う。おか上げともいう。

きあまだい［黄甘鯛］

→甘鯛（あまだい）

きくな［菊菜］

春菊に似ているが別の品種の野菜。春菊は、葉の先が菊の葉のようにぎざぎざし、苦味や香りなどのクセが強い。それに対し、菊菜は葉先に丸みがあり、味や香りや春菊よりも穏やかである。どちらも生食ができる。関東の日本料理店では、上質のすき焼きには春菊ではなく菊菜を使う。

きくみざけ［菊見酒］

9月9日の重陽の節句で飲む酒。重陽の節句の宴で盃に菊の花を浮かべて飲むと、長寿延命するといわれ、この行事がある。中国では昔から盛んで、日本では平安時代に盛んだったようだ。菊には強壮、造血の効果があるといわれている。菊は茹でて使う。

きさらぎしんじょ［如月糝薯］

如月の言葉通り、2月の献立で出す椀物。この場合の如月は旧暦を意味するので、現在は3月に供する。

椀種にヨモギと白身魚のすり身を使い、出汁は昆布をきかせて引く。ヨモギはアク水で茹でてから三日間水でさらしてから石臼で搗《つ》き、仕込みに手間がかかる。白身魚はヒラメやタイ、ハモを使うことが多い。

→灰汁水（あくみず）

きじしゅ［雉酒］

雉のささ身を強塩で塩漬けにして焼き、その肉に熱燗の酒を注いだ酒。雉肉のクセはなくておいしい。酒をいただくもので、雉肉は残すことがマナー。婚礼などのよい献立に入れる一品で、宮中の料理のひとつでもある。

→強塩（ごうじお）

きじやき［雉焼き］

雉のおいしさを模して、創作されたもどき料理の一種で、魚肉に醤油を付けて焼いた料理。精進料理では、豆腐を塩を付けて焼き、酒をかけた料理を雉焼き豆腐という。

きす［鱚］

キスといえば、白ギスを指し、小ぶりで淡白な白身魚。キスには青ギスもあるが、白ギスよりも大きく40cmほどになる。

白ギスの料理は、天ぷらやフライが一般的で、焼き物、火取って刺身などもよい。5月の走りの頃はまだ脂が乗っていないので、塩焼きかウ

ニ焼きに、6月から7月上旬が旬で、旨味が増して脂も乗るため、刺身がよい。最も味がよいのは名残の7月末から8月上旬。吸い物や茶漬け、芝煮にしたい。

冷凍された輸入ものが多く出回り、冷凍物を使うときは、うま味調味料を振って半日おくと、生のキスに味が近くなる。旬は初夏。

→火取り（ひどり）

→芝煮（しばに）

きず［生酢］

水やほかの調味料で割らない、そのままの酢のこと。

きすうもり［奇数盛り］

数が偶数にならないように盛り付けをすること。奇数は日本人が古くから好んだ数字で、日本料理も奇数を大事にして、奇数を重視する盛り方が基本となっている。タイ7カン、マグロ5カン、ヒラメ3カンというように、7、5、3のような組み合わせを好んで使った時代もあった。

しかしかつて、刺身は1点盛りで、タイならタイだけ、ヒラメならヒラメだけを器に盛っていた。それが、ひと皿の中で、いろいろな種類の魚介を味わいたいというニーズに応えようとして、何種類も食材を盛るように変化してきている。

基本的に大切なのは、お客の好みや器に合わせることで、2点盛り、3点盛りであっても量がちょうどよく、美しく失礼なく盛り付けてあれば、お客は刺身の数をわざわざ数えて食べるようなことはないだろう。ただし、偶数を嫌う結婚式などでは、常識として偶数を避ける配慮は必要である。

ぎすけに［儀助煮］

小ダイ、小ガレイ、小エビ、小アジなど、小魚を素干しにしてから煎って味を付け、乾燥させて白胡麻、芥子《けし》の実、唐辛子を混ぜたもの。明治時代に福岡の宮野儀助という人物が、それまで肥料とされていた幼魚を用いた商品として考案し、当時は珍重された。戦後は幼魚がとれなくなり作られなくなった。

ぎせいどうふ［擬製豆腐］

水切りした豆腐を裏漉しにかけ、下味を付けた人参や椎茸、キクラゲ、絹サヤ、つなぎとしての卵を合わせて生地とし、天火で焼くか蒸した手間の掛かる料理。精進料理から来ており、ウナギの蒲焼風にしたり、魚のように形づくったりすることがある。

きせつとあじ［季節と味］

料理には、季節によって特徴付ける味がある。春は苦味、夏は酸味、秋は渋味、冬は甘味とされ、春の苦味は山菜で、夏の酸味は梅や柑橘類、秋の渋味は柿や栗、胡桃など取り入れて表現する。冬の甘味は、大根やカブなど、冬ならではの甘味が出ている食材を使い、煮物や焼き物などの料理は甘味をきかせて仕上げる。

季節により、この味わいをどこに生かすかを考えて献立を組み立てることが、季節感を楽しませるポイントである。

きせわた［着せ綿］

重陽の節句の行事のひとつ。前日の夜に、菊の花の上に綿をのせておき、翌日の重陽の日の朝、綿に移った菊の朝露を肌に付けることで長寿を祈った。日本料理では、綿をのせたように見える料理の表現に使う。

きそぬり［木曽塗り］

長野県木曽の塗りもの。厚手で、輪島の優雅さや京ものの繊細さには欠けるが、料理を盛り付けると映える。丈夫で、長く使い込むと味わいが出る。

きちじ［喜知次］

→きんき

きっこう［亀甲］

器の、亀の甲羅のような六角の文様をいう。また亀の形をかたどったもののこと。俗に鶴は千年、亀は万年といわれ、長寿の象徴でめでたいとされ好まれる。

きっしょうもじ［吉祥文字］

吉や福をよぶために、料理にめでたい字を当てて表現すること。婚礼やお祝いなどの祝儀の献立で、巻き寿留女を満喜寿留女、焼き物を家喜物、フキを富貴、水前寺《すいぜんじ》水苔《のり》を寿《ことぶき》水苔《のり》、魚のカジキを家寿喜、酢の物を寿の物、カツオ節を勝男節、搗栗《かちぐり》を勝来などと献立に書く。

→巻き寿留女（まきするめ）
→搗栗（かちぐり）

きっしょうもんよう［吉祥文様］

吉祥文様とは、縁起がよいとされる動植物や物品を描いた図柄のこと。慶事や不老長寿、豊かさの表現として、着物や慶事の宴会などの調度品などにあしらわれる。日本料理では、器の絵柄で表現することが多い。

器での代表的な吉祥文様は、鍵、砂金袋、小判、まが玉、打ち出の小槌、唐草、雲鶴など。吉祥文様の付いた器は、これらの文様をいくつか組み合わせ、絵柄も色合いも華やか。使いこなすには、盛り付ける料理をシンプルにし、器と料理の両方が引き立つように配慮することがコツである。

きどり［木取り］

魚類を、無駄なく美しく刺身や切り身に庖丁をすること。本来は木材を用途に応じて必要な寸法に切り出すことを木取りといい、木目を生かし、無駄を出さずに木材を利用することが肝要で、この技法を料理に取り入れた言い方である。
　小口、面取りなど、料理の技法には、建築関係の用語を取り入れた言葉がいくつもある。

きぬいと［絹糸］
　蚕から取る糸。縫い物に使う場面を連想するが、料理にも大切な道具で、かつては日本料理の調理場に必ず用意してあるものだった。煮物で、取り出すものがあるときに結わいておいたり、茹で卵を切るなどに使う。茹で卵をきれいに切ることは、絹糸なしではできない仕事である。庖丁ではどうしても卵を押しつぶしてしまい、断面がゆがむ。絹糸を使うと卵にかかる力が小さくて済み、ほぼまん丸に、すぱっと切ることができる。
　また、三つ葉を束で茹でたり、そうめんを茹でるのには、絹糸が最適。輪ゴムを使う人が多いが、どうしても端を少し残さないときっちりと巻けないため、ロスが出る。絹糸を使うとかなりぎりぎりまで端で結わえることができ、ロスが最小限で済む。
　絹糸を使うときは、必ず糸を水でぬらしてから使う。〝葦原独活〟のウドを切るときも絹糸を使う。
　→葦原独活（よしわらうど）

きぬいと［絹糸］
　牛蒡《ごぼう》やネギ、生姜など、食材を細く切ったものに付ける名前。絹糸牛蒡、絹糸ネギなどと表現する。春の彼岸から秋の彼岸にかけての表現で、それ以外の時期は、金糸《きんし》と言葉を置き換える。

きぬかつぎ［衣被ぎ］
　秋を知らせる料理。形がよい小芋を選び、天地の3対7ほどのところに庖丁を回し入れて切り込みを入れて蒸す。皮をつまんで取り外し、塩を振って出す。形の可愛らしさが楽しい。仲秋の名月になくてはならない料理とされ、この月を鑑賞するときに、衣被ぎに萩の箸で穴を開け、その穴から月をのぞいて「月々に月見る月は多けれど、月見る月はこの月の月」と詠んだという。
　衣被ぎという言葉は、平安時代に身分の高い女性の、枲《むし》の垂衣《たれぎぬ》をまとった市女《いちめ》笠の装束に由来する。笠の形が芋と似ており、芋をその装束に見立てたものである。

きぬきせ［絹着せ］
　白っぽくふわりとしたものを料理にかけるときの表現のひとつ。秋の彼岸から春の彼岸までに使う。

きぬずれ［衣擦れ］
　小袖の裾が擦れるときの音や袱紗さばきの音のこと。日本料理では、料理のあしらいに使うかつらむきにした大根を、好みの長さにちぎったものも衣擦れという。食べやすいように幅5

㎝ほどにむいたかつらむきの大根を、適度な長さにちぎって冷水に入れ、何度か水を替えてにおいを抜き、大根の透明感が出たら水気を切って使う。主に刺身の盛り付けに使う。

きぬたまき［砧巻き］

白瓜をかつらむきにし、塩茹でしたクルマエビを巻き、黄身酢で味わう料理。5月から7月の初夏の料理である。

砧という言葉は、当時の相模の国の砧村、現在の東京都世田谷区砧の地名が由来で、当時は白瓜の産地だったという。砧村の八頭《やとう》家の人が、将軍家への献上の料理としてこの料理を考案し、地名をとって砧巻きとよぶようになったといわれる。

多くの料理書では、洗濯をしたり藁を打つ台と道具を砧といい、その形状から砧巻きと説明しているが、料理名というものは、文学的で美しい表現を付ける伝統がある。生活感のある道具を料理名に取り入れるとは考えにくいので、地名から来ていると考えられる。

きぬぶきん［絹布巾］

絹の布でできた布巾。和菓子の世界では、練り切りや茶巾にしぼるときに使い、菓子の表面のなめらかさを出す。日本料理でも、椀種を包むときや、梅酒などを漉すとき、冬瓜を煮るときなどに使い、用途は広い。

椀種を包むとき、絹布巾で白玉の生地を丸めるととても表面がつややかで美しいが、百合根を丸めるときは、かえってきれい過ぎて百合根の気配がないので、さらしを使って形を整える方がよい。漆器を拭くときに使うのも絹布巾である。

きのめ［木の芽］

山椒の若芽。春先に摘み取り、吸い物や焼き物のあしらいに使い、すがすがしい香りが魅力。

山野に自生し、都会のちょっとした林にもある。木の芽は季節により名前が変わり、春は木の芽、5月は香り葉、8月から9月は葉山椒という。9月より後は、日本料理の約束ごととして使わず、吸い口には、茗荷や柚子を使う。新潟の一部の地域では、木の芽というとアケビの新芽を指す。

→吸い口（すいくち）

きのめあえ［木の芽和え］

木の芽を当たり鉢でよく当たり、味噌や砂糖で調味し、ウドや筍、いかなどを和えた料理。春ならでの料理。

きのめみそ［木の芽味噌］

甘味噌に、当たり鉢でよく当たった木の芽を加えた合わせ味噌。イカと筍の和え衣や、川魚の洗いや田楽に使う。白味噌をベースにして、木の芽や青寄せを加えて仕込む方法もある。

→甘味噌（あまみそ）

きのめやき［木の芽焼き］

付け焼きの一種で、付け焼き用の調味料に木の芽を叩いて加え、そこに材料を漬けて焼く。アイナメやハモ、筍との相性がよい。

↓付け焼き（つけやき）

きはだまぐろ［黄肌鮪］

体表やヒレが黄色みを帯びた中型のマグロ。夏に日本に回遊して漁獲するので、ほかのマグロと違い、夏が旬。日本料理店では刺身にして供する。

きぶた［木蓋］

煮物をするときに使う、鍋よりもひと周り小さい蓋で、木でできたもの。煮ている材料が、鍋の中で動かないように押さえたいときに使う。重さは、煮方職人が、厚みを何寸にして欲しいと指定し、仕事に合った重さの木蓋を作ってもらうものだった。

料理するときは、木蓋だけでなく、木蓋の上にさらに小石などを煮物用の重石として置き、料理にかける重さを調整する。木蓋の材質は檜が基本。檜の香りは、ほかの料理に移ってもかまわないものだからである。

木蓋を使用したら、洗剤で洗ってからリンゴの皮やレモン、生姜の皮などを入れた水にひと晩浸し、翌日、干して乾燥させる。さまざまな煮物の中で、穴子はとてもにおいが強いので、専用の木蓋を用意する。

↓煮物の重石（にもののおもし）

きまつかわびらめ［黄松皮鮃］

↓松皮びら（まつかわびら）

きみおろし［黄身おろし］

大根おろしに卵黄を加えて混ぜたもの。脂肪が多いブリを焼き物にするときは、必ず黄身おろしを添えることが約束である。相性がよく、全体の味わいがまろやかにおいしくなる。

きみず［黄身酢］

白身の魚やエビ、タコ、イカ、貝類、キュウリによく合う、卵がとろりとした合わせ酢。卵黄6個、酢20㎖、味醂10㎖に塩1gを加えて湯煎にかけ、とろみが出てクリーム状になるまで混ぜて布漉しする。6月頃に雉の卵で作るとおいしい。

きみに［黄身煮］

材料に片栗粉か葛粉をまぶしてから卵黄を付け、酒を加えて薄く葛を引いた汁で煮る料理のこと。色が美しい煮物である。材料は、クルマエビやイカ、キス、アナゴ、白身魚などを使う。

きみむし［黄身蒸し］

→黄金蒸し（こがねむし）

きみやき［黄身焼き］

下ごしらえをした材料に、溶いた卵黄を塗り重ねながら、乾かすように焼き上げること。卵黄の色を生かし、むらなく焼き上げることが大切。イカや白身魚、エビ、はんぺん、かまぼこ、平貝などに合う。卵黄ははがれやすいが、酒塩を下ごしらえに使うとはがれにくくなる。

→酒塩（さかしお）

きも［肝］

日本料理では、アンコウやカワハギ、スルメイカ、オコゼ、マダイ、アワビなどの肝がよく使われる。中でもアンコウが最も味がよく、喜ばれる。カワハギも人気があるが、量が少ないのが難点。刺身にしたとき、作った身と肝とを供和えにするのがよく行われる手法である。

フグの肝は猛毒なので厳禁。キンキや穴子も、白子はよいが内臓は一般的にくさみがあって食べない。

→鮟肝（あんきも）

きもず［肝酢］

アワビやアンコウの肝を使う合わせ酢。肝を茹でて裏漉しし、三杯酢や黄身酢に混ぜて仕込む。カワハギやオコゼも同様にして使い、身とその肝が同じ種類のものは共酢和えという。

きゃくしゅ［客種］

椀物の、つまや吸い口のこと。必ずしも使う必要はなく、理にかなったものを入れる。例えばカニ糝薯《しんじょ》の椀物の場合、客種は生姜。主種はカニ糝薯で、副種は芽甘草である。必要なければ入れなくてもよい。

きゃくとしてのマナー［客としてのマナー］

日本料理を食べるときは、化粧や香水は出来る限り控える。指輪や長い爪は高価な漆器を傷付けやすいので遠慮する。長い髪は留めておく。器が高価なときは、指輪や時計ははずす。

お手前をいただくときは、待合で、懐紙で口紅を落としておく。日本料理店などで食事を味わうときも、食事が始まる前に口紅を落としておく。

器は手で持つことが基本である。一人分を盛り付けた器は、そのまま持って料理を味わう。盛り合わせになっている大きな鉢や皿の場合は器は持たない。必ず取り分け用の小皿に料理を移して食べる。そのため、料理を提供する側は、必ず小皿を用意しておく。店側に用意がなければ、お客は小皿を要求してかまわない。

料理を取り分けたり、料理を口に運ぶときに、片手を下に添えて煮汁などがこぼれないようにしている人を見ることがあるが、片手で受けてはいけない。手ではなく皿を受け皿として使い、衣装を汚さないようにする。

ギヤマン［義山］

透明で輝きのあるカットグラスを日本では切子といい、ギヤマンと称し義山と表記する。もともとはポルトガル語でダイヤモンドの意味。ダイヤモンドで削ることから由来したといわれている。カットの美しさを競うギヤマンに対し、カットがないガラスはビードロとよんだ。

切子には籠目、菊花紋、あられ紋などがあり、文様の美しさと技術の高さで知られる。夏場の器には欠かせない。日本では薩摩切子が有名だが、本来は江戸切子の技術が薩摩に伝わった。

きゃらに［伽羅煮］

フキや昆布を、醤油だけで煮る煮物のこと。煮物の中ではむずかしく、これが上手に煮ることができれば一人前といわれるほどである。煮物の中では最も塩分濃度が高く、佃煮以上で味は濃い。そのため、保存性が高い。

伽羅は香木のひとつで大変高価。色が黒いことから、黒っぽい料理に付ける表現となったと思われる。

きゃらぶき［伽羅蕗］

フキの代表的な料理。フキは〝フキ千珍〟というほど多くの料理法がある食材で、伽羅ブキは基本中の基本。5年間保存できるように作れたら一人前である。

伽羅ブキにするフキは細いフキの乾燥品が適している。乾燥させたフキをひと晩水に浸し、その水ごと8時間かけてゆっくり茹でて戻す。これを、醤油と酒のみで調味する。砂糖は使わない。塩分濃度は2・8％ほどが目安。乾物特有の歯ごたえや甘味を生かして仕上げる。

江戸時代から平成13年（２００1年）まで営業した箱根の名旅館『奈良屋』では、伽羅ブキが評判の一品で、味醂を隠し味に使っていた。

ぎゅうにくのみそづけ［牛肉の味噌漬け］

牛肉は、明治以降に普及したとされているが、実は江戸時代からあった。味噌漬けは、江戸時代に彦根藩の井伊家が初めて作ったものである。

当時彦根藩では、甲冑に必要な牛皮のために育てた牛の余った肉を、味噌漬けにしたり干し肉にして食しており、その頃は牛肉を薬と考えていたという。以降、彦根藩では牛肉の味噌漬けや干し肉を将軍家や大名への贈り物とした。水戸藩の幕末の藩主、徳川斉昭《なりあき》に贈ったとされる記録があり、中には感謝ばかりでなく、井伊直弼《なおすけ》が牛肉の献上を中止したときに催促したものが含まれるという。

ぎゅうひ［求肥・牛皮］

菓子の一種。やわらかくて弾力があり、白玉粉や水飴などで作る。見た目に牛の皮に似ているとして牛皮と表記されたが、江戸時代に肉食を忌避するという理由で、求肥に書き改められたという。自分で仕込めば甘さが調節でき、冷凍もできる。

ぎゅうひこぶ［求肥昆布］

餅菓子の商品名で、本来は龍皮昆布という。

→龍皮昆布（りゅうひこぶ）

きゆず［黄柚子］

→柚子（ゆず）

きょういも［京芋］

→筍芋（たけのこいも）

きょうぎ［経木］

杉や檜、松などの生木を削った木の薄い板のこと。経木には、紙のように薄く削った薄板と、もう少し厚く、張りのある厚みを持たせて削った板の2種類がある。薄い経木は包装や食材の保存や調理時に必要なひもとして、厚い経木は折り箱に使われる。どちらも、節のない国産の赤松が、最も品質がよい。

経木の名は、昔、紙が高価だった頃、紙の代わりに杉や檜の薄板にお経や記録を書き付けていたことに由来する。

→薄板（うすいた）

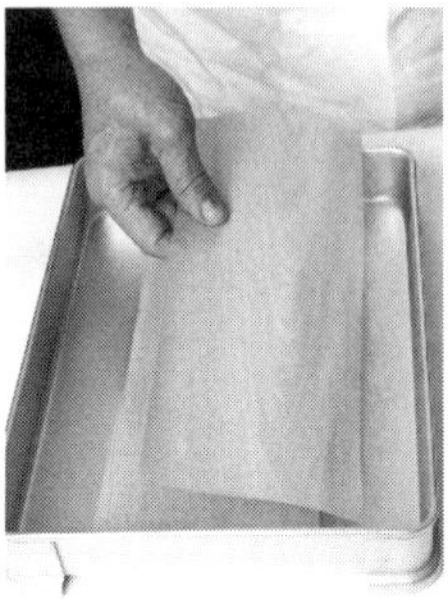

経木の使い方　魚の切り身を保存する際は、経木や薄板を使うことがおすすめ。保存容器の大きさに合わせて経木を切り、保存容器の中央に経木を1枚敷く。さらに2枚の経木を敷き、その上に魚の身を並べ、生ぐさみを吸い取るようにする。魚の余分な水分も吸収するので、切り身がよい状態で保存できる。

ぎょうとく［行徳］

塩のこと。料理人の符牒で、「行徳足りないよ」などと使う。行徳は、千葉県の行徳で、江戸時代から塩田があり、関東地方では最も規模が大きい製塩を行っていたという。関西では〝和泉〟とよんでいた。現在では使われていない表現。

きょうやき［京焼き］

京都で焼かれる陶磁器の総称。京都の清水から五条坂にかけての一帯は窯が築かれ、京焼きの中心地とされる。広範なものを指すため、ひと口では特色を説明しにくい。ごく薄手で華やかな絵柄があり、はんなりした意匠のものが京焼きならではといわれる。

ぎょくすい［玉水］

卵黄に水を加えて混ぜたもの。天ぷらの衣を仕込むときに用いる。

→天ぷらの衣（てんぷらのころも）

ぎょぞうめん［魚素麺］

魚のすり身をそうめん状にしたもの。魚は、マダイやヒラメ、ハモなどを用いる。その魚に卵白や浮粉、片栗粉、小麦粉、塩などを加えてよく当たり鉢ですり混ぜ、裏漉しにかけてから押し出し器や角《つの》で湯に落としながら茹で上げる。椀種にしたり、椀盛に用いる。

フードプロセッサーを使えばとても手軽に仕込めるようになったが、生地にコシを出すには、当たり鉢の方を使う方がよい。うおそうめんとも読む。

→角（つの）

ぎょでん［魚田］

田楽のように、魚を串に打ち、素焼きにしてから練り味噌を塗って焼く料理。木の芽味噌や白味噌、赤味噌を塗る。魚は、アユ、スズキ、コイ、マス、ヤマメなどを使う。

魚を使う料理は精進料理に入れないが、カジカの魚田に限り、精進料理として扱う。これは出羽三山の修行僧が決めたことという。

→木の芽味噌（きのめみそ）

ぎょどうもり［魚道盛り］

料理と料理、器と縁の間を適度に空けた盛り付けの方法。魚が自由に動き回ることができるということが名の由来である。

きよぶき［清拭き］

絹布巾で漆器を拭き上げること。質の高い塗り物は、洗った後に、つやを出すために絹布巾で仕上げ拭きをする。そのことを指す。

→絹布巾（きぬぶきん）

きよまさにんじん［清正人参］

セロリのこと。セロリは戦後に日本人が食べるようになったため比較的新しい洋野菜と思われがちだが、実は伝来した歴史は意外に古い。

そもそもは、豊臣秀吉が朝鮮出兵の際に、加藤清正が種を持ち帰ってきて、それ以降日本でも栽培されるようになったという。高麗人参がすでに平安時代に日本にあったので、秀吉は、恐らく高麗人参の種を持ち帰るように清正に指示したのではないだろうか。しかし清正が持って帰ったのはセロリの種で、その種から成長した野菜が清正人参とよばれるようになった。セロリは香りやクセが強いため、当時はおそらくそれほど好まれる野菜ではなかっただろうと想像される。

きよみずあらい［清水洗い］

洗いのこと。正月の献立では、洗いではなく〝清水洗い〟と表現し、マダイやボラを使った料理を供する。

→洗い（あらい）

きらず［雪花菜］

→卯の花（うのはな）

きりかけぼうちょう［切り掛け庖丁］

→すだれ庖丁（すだれぼうちょう）

きりつけほうちょう［切りつけ庖丁］

流し物やかまぼこ、厚焼き玉子を切り分けるの庖丁。刃は薄く、まっすぐ裁ち落とすために両刃である。

柳刃庖丁で代用していることが多いが、片刃なので、どうしても断面が斜めになる。料理の価値を下げないためには専用の庖丁で切る必要がある。庖丁の店で扱っていて、入手はむずかしくない。

→柳刃庖丁（やなぎばぼうちょう）

きりみつば［切り三つ葉］

根を切り取ってある三つ葉。軟化栽培し、茎が白いものが主流。秋から早春に使い、正月料理に欠かせない。吸い物や茶碗蒸しに使う。東京近郊が主産地で、江戸三つ葉ともいう。

ぎんあん［銀あん］

出汁に塩を加えて味を調え、水溶きの葛粉でとろみを付けるもの。水晶あんという料理人もいる。醤油を使って色を付けると鼈甲あんといい、葛あんとはいわない。

ぎんがわづくり［銀皮造り］

カツオとタチウオで行う刺身の切り方の技法。すだれ庖丁ともいう。特に初ガツオが代表的で、腹側の皮の銀を生かし、5回ほど切り目を入れて切り落とす。カツオは皮が硬く、秋が旬のカツオの場合、皮に庖丁目を入れないと食べにくい。

→すだれ庖丁（すだれぼうちょう）

きんかんたまご［金柑卵］

卵巣の中にある卵のこと。内臓卵ともいう。

きんき

節分前に最も味がよい高価な白身魚。北海道でとれる。キチジともよくよばれ、献立に書くときは、〝喜知次〟、〝吉寿〟などの字を当てることがある。立冬（11月上旬）から立春（2月上旬）に使う。ほかの魚にない上品な脂肪の旨味があり、高級魚としての風格を持つ。大きさは300gから500gほど。旨味はマダイよりも相当強い。

深海魚のため養殖はできず、天然ものしかない。加熱をして旨味を持つことが特徴で、刺身では食べない。揚げ物にもしない。料理は、焼き物や煮付け、干物、蒸し物が代表的。頭や中骨も焼けばおいしく、ヒレからはよい出汁が出るので、ほとんど残すところがない。湯注ぎやヒレ酒もよい。1尾分の頭と骨から14～15人分の味のよいすり流しができる。

↓湯注ぎ（ゆつぎ）　↓鰭酒（ひれざけ）

きんきのあつかいかた［きんきの扱い方］

キンキのおろし方には二枚おろしや筒切りがあるが、頭も中骨、ヒレもすべて使いこなすには、三枚おろしが最もよいだろう。一般的な三枚おろしは、内臓を腹から取り出すが、キンキのような小型の魚は、つぼ抜きという方法で口から内臓を抜くと、仕事がぐっと早い。その後、頭を落として身をおろせばよい。身をおろすときは、中骨に少々身が残ってもかまわない。中骨自体を一品料理として提供するので、中骨に適度に身が残っている方が喜ばれるためである。

すべてを味わえるキンキだが、内臓はくさみがあって食べられない。エラはよく洗って塩を振り、クセを取って焼けば食べられる。

キンキは赤い皮の美しさを大事にしたい魚で、どの魚も調理に入るときはまず塩を当てるが、このとき皮目を下にして空気に触れないようにし、せっかくの赤い色がとんでしまわないように注意する。

↓つぼ抜き（つぼぬき）

きんぎょく［錦玉］

婚礼料理の硯蓋に入れる料理のひとつ。琥珀色の寄せ物で、ゼリーと寒天を煮溶かして生地を作り、それを寄せる。天突きに入れて押し出し、金団《きんとん》にのせる。みやげものにする。

↓硯蓋（すずりぶた）

きんし［金糸・錦糸］

牛蒡《ごぼう》やネギ、生姜など、食材を細く切ったものの表現。金糸牛蒡、錦糸ネギなどと献立で表現する。秋の彼岸から春の彼岸の期間の表現で、夏場は、絹糸《きぬいと》と表現を変える。

きんしゅう［錦秋］

色とりどりに盛り付けた秋の料理に付ける名前。9月9日の重陽の節句以降に使い始めることが決まりである。菊の花びらとカニを合わせることが多い。

ぎんじょうしゅ［吟醸酒］

米を4割以上削った白米を原料に、5～10℃の低温で30日以上かけて発酵させた製法の日本酒。吟醸酒の中でも、米を5割以上で削って仕込む酒は大吟醸酒、醸造アルコールを使用しないで仕込む酒は純米吟醸酒という。

きんつぎ［金継ぎ］

割れたり欠けたりした器を、漆で接着し、金粉や銀粉で飾って修復する手法。金直し、金繕いともいう。基本的に土物の器に施し、石物である陶器は、相当な名品以外は金継ぎしない。これは日本にしかない独特の文化で、装飾を施しながら補修をすることで、器に新しい景色を加える。茶事の世界では、故意に器を破損させ、金継ぎをして器により風格を出すようなことも行われた。

プロに任せると、塗った漆を盛り上げるのにだいたい3ヵ月かかる。都内の器店か、輪島などの塗り物の工房に直接依頼する。

きんときしょうが［金時生姜］

根の塊は小さいが、筆の穂先の形をしていることが特徴の生姜。新生姜を形よくむき、味噌や酢に漬け、酒の肴として味わうのが代表的な楽しみ方である。むいて下茹でしてから酢に浸すと赤く色が変わる。これは筆生姜ともよび、焼き物のあしらいによく使われる。

きんときにんじん［金時人参］

人参は、アフガニスタンが原産で、ヨーロッパに伝わった西洋種と、アジアに伝わった東洋種があり、日本には東洋種が江戸時代に、西洋種は明治時代に伝わったといわれる。

日本料理の料理人の間では、一般に出回っている西洋人参よりも、東洋種の金時人参が主流で、西洋人参より肉質がやわらかく、甘味が強いことが特色。中でも最大の特色は色の美しさで、夏は涼しく、冬は暖かく感じる上品な紅色があり、ほかに代用できない色である。そのため、色を生かし、甘味を生かす料理が金時人参を生かす料理でもあり、煮物以外にすり流しや寄せ物、煮浸し、飲み物、ゼリー、甘味などに用いる。生での使用はあしらいのほかにはあまりせず、必ず下茹でしてから煮て、煮物やデザートにする。

下茹では、白水《しろみず》で茹で、金時人参特有のにおいを抜き、香りを残す。食感も、ねっとりしたデンプン質が加わってなめらかになる。白水以外に、米ぬかや生米を加えた水で茹でてもよい。

一般的には京人参とよばれ、京野菜とされるが、西日本各地で栽培されているため、京の伝統野菜には含まない。

→白水（しろみず）

きんとん［金団］

栗や豆、芋類を砂糖で甘く煮含めて練り合わせた料理。金団には、集める、まとめるという意味があり、また、クチナシで黄金色に色を付けることから金団という字を当てる。口取りや硯蓋に欠かせない一品で、使う食材によって格があり、芋、豆、栗、百合根の順に格が高くなる。芋はサツマ芋、豆は白インゲンを指す。エンドウ豆で作る金団もよいものである。

年末に仕込み、5月まで保存したいときには、保存効果があるとされるクチナシを加えた。糖分は戻したエンドウ豆の重量の40%ほどを加える。

→口取り（くちとり）→硯蓋（すずりぶた）

きんなおし［金直し］

→金継ぎ（きんつぎ）

ぎんなん［銀杏］

公孫樹の実。鬼皮を割り、炒ったり揚げるなどして使う。日本料理では、加熱して緑色が美しいときに夏の早走りとして使う。炒り銀杏のほか、茶碗蒸しの具や松葉串に打って翡翠銀杏として前菜に盛り合わせたり、煮物や揚げ物のあしらい、銀杏飯として混ぜご飯にする。

銀杏を使うときに気を付けることは、単独で少量を出すこと。空炒りしたものならば、最大でも1人分15粒以上を提供してはいけない。銀杏にはさまざまな薬効があり、食べ過ぎると体によくないことを料理人は心得ておく。

きんぴら

牛蒡《ごぼう》を油で炒め煮した料理のこと。江戸時代は牛蒡は精の付く食べ物と考えられ、金太郎として知られる坂田金時の息子、金平《きんぺい》から名付けられたという。強力の伝説で知られていた人物である。

きんぷら［金ぷら］

天ぷらの衣を作るとき、サフランを加え、卵黄を多くして黄色を強め、それを衣として揚げた天ぷらのこと。天皇の料理番として知られる秋山徳蔵氏の著書『舌』には、江戸時代の文化文政の頃に金ぷらが誕生し、椿油で揚げたものだったという記述があり、原型はそういうものだったらしい。

ぎんぷら［銀ぷら］

衣の黄色味を強めて揚げる金ぷらに対し、卵白で衣を作り、白っぽく揚げた料理のこと。

→金ぷら（きんぷら）

きんめだい［金目鯛］

近頃、最も出世したといえる魚。かつてはアジやサンマ、イサキ、メヒカリなどと並ぶ下魚で、日本料理店では使わなかった。刺身にすることもなかった。しかし、皮の赤い色が美しく、高級魚風でおめでたいイメージがある。

名前にタイが付くが、いわゆる〝あやかりダイ〟で、マダイの仲間ではない。キンメダイは深い海で育つため養殖ものはないが、冷凍品を含め、一年中途切れずに手に入るので旬を意識していない献立が多い。しかし本来の旬は筍やウドがおいしい3月から4月で、12月から2月の厳寒期は走りである。

料理の幅が広く、刺身、焼き物、煮付け、揚げ物、干物などひと通りの和食はもちろん、しゃぶしゃぶや炊き込みご飯、フライや中華料理など何にでも使える。それに加えて頭や中骨、カマは焼き物、ヒレは出汁が出るのでヒレ酒や湯注ぎなど、ほとんど捨てるところはない。内臓は、甘辛く煮付けたり、塩辛にしたり、茹でてポン酢醤油で食べるのもおいしい。

→鰭酒（ひれざけ）
→湯注ぎ（ゆつぎ）

きんめだいのあつかいかた［金目鯛の扱い方］

どの部分も捨てることなく使える魚で、干物や姿での料理にする場合を除いて、三枚おろしにして、各部位を使いこなすのが最も実際的である。三枚におろすときは、頭を落とすより先に内臓を取り出し、それから頭をはずして身をおろす。

頭は、焼き物や出汁を取るのに使うが、身を残すようにおろす必要はない。上身が多くなるようおろして、上身をいろいろな料理に使う。姿で使うときは、背開きでも腹開きでもかまわない。

グアニルさん［グアニル酸］

椎茸に多く含まれる旨味成分のこと。

くいきり［喰い切り］

その場で食べる料理のこと。鍋物や生ものなど、料理の状態や安全面が理由で持ち帰れない料理が該当する。料理人同士で、「今日のお客、喰い切りだね」などと使う。

くいつみ［食積］

正月の年賀のお客に供する儀礼的な料理のこと。米、餅、搗栗、橙、裏白、ゆずり葉などを三方に盛り付けた。

→搗栗（かちぐり）　→裏白（うらじろ）
→三方（さんぼう）

ぐいのみ［ぐい呑み］

大きく深めの酒杯のこと。徳利と猪口《ちょく》が揃いになったものよりくだけた趣がある。

珍味入れと似ている場合があり、口を付けたときに飲みやすい角度や形であることから判断する。液体を飲みにくかったり角があるものは、ぐみ呑みにしない。

ぐい呑み　風情があり、口を付けたときに、液体のものを飲みやすい角度・形になっているものが多い。

くうやむし［空也蒸し］

ひと口大の四角に切った豆腐に、茶碗蒸しと同じ卵地を加えて蒸した料理。豆乳を蒸し固めて作った精進料理が原型。平安時代の僧、空也和尚が考案したとされ、あんをかけ、生姜の絞り汁を落として味わう。

おいしく作るには、出汁がよくないといけないので、一般的な茶碗蒸しよりもむずかしい。

くぎに［釘煮］

小魚を醤油や味醂を中心に煮た、味の濃い保存性の高い煮物。大阪独特の手法で、佃煮と似ているが、砂糖の量が極端に少ないことが大きな違いである。ジャコを使うことが多い。出来上がりはつやがなく、錆びた釘の様子に似ている。

くさ［草］

弁当に入れる、筍やフキ、椎茸、芋類などを使った精進物を中心とする煮物のこと。「草は筍とフキを入れよう」などと料理人同士の間で使う。

くさをくううつわ［草を喰う器］

料理人が器についていう表現。底が広く、ぼってりした形の器のことで、たっぷりと料理が盛り付けられる。いい換えれば、多くの量を盛らないと格好がつかないため、盛り付けづらく、料理の見栄えもよくない。避けなくてはいけない器として、戒めの言葉である。

ぐじ

↓甘鯛（あまだい）

くしちどり［櫛千鳥］

千鳥の紋様のひとつで、椀や盃などに描かれる。千鳥の羽が髪をすく櫛の形をしており、この名がある。櫛は苦と死に通じ、それらを持ち去る意味があるといわれる。似た意味合いで、櫛鶴の紋様もある。普段使いをしてよい。

くず［葛］

秋の七草のひとつで、山野に自生する植物。その根から取った澱粉が葛粉で、葛寄せや葛湯、あんかけなど和菓子や日本料理に欠かせない。奈良の吉野で多く生産されているので吉野葛ともいう。

↓七草（ななくさ）
↓吉野（よしの）

くずうち［葛打ち］

葛打ちは、大きく分けて2つの仕事がある。ひとつは、ハモやアイナメで行う仕事で、おろしたアイナメやハモを骨切りをし、葛粉を刷毛でまんべんなく付けてから熱湯や出汁で茹でて椀種にし、吸い物で提供する。こうしたハモは〝牡丹ハモ〟とよぶ。葛叩きという人もいる。

2つめの仕事は、エビやイカ、貝類、牛肉などを葛粉を振って直径3㎝ほどにためし棒で打ってのばすことで、さっと茹でて椀種にしたり、揚げて煎餅にしたりする。これは冷凍ができ、しかもすぐ解凍できる。10円玉ほどの大きさで5gほどの材料があれば、直径20㎝以上に延ばせるので原価も抑えられる。

↓ためし棒（ためしぼう）

くずすいせん［葛水仙］

葛切りの一種で、流し缶に吉野葛の生地を流して中にウニや挽き茶などの色の美しい材料を入れ、半透明に固めたもの。材料により、ウニ水仙、挽き茶水仙などという。透明感を楽しむ料理で、なかなかおいしい。前菜や椀物に使う。脇鍋の仕事である。

↓脇鍋（わきなべ）

くずたたき［葛叩き］

椀種の一種。材料に下ごしらえをし、葛をまぶして麺棒などで叩き、さっと茹でてから椀物に使う。エビやイカ、白身魚などを材料にする。

少しの材料でも平たく叩くことで大きくなり見栄えがし、仕込んだものは冷凍ができ、なおかつ短時間で解凍できるので、仕事として合理的である。調理場では葛打ちともいい、献立に書くときは、葛打ちと書く。

くずをひく［葛を引く］

葛粉を水で溶き、あんや汁を温めたところに加えてとろみを付けること。葛粉ではなく、片栗粉を使うことも多くなった。

ぐそくに［具足煮］

伊勢エビやクルマエビ、カニを殻付きで甘辛く煮た料理。焼くと具足焼きとなる。具足という言葉は、本来、全部が備わっているという意味があり、武士の甲冑を指すことが多く、特にエビの殻を甲冑に見立てた。薄味にはしない。

くたにやき［九谷焼き］

石川県の焼きもの。同県の伝統工芸のひとつとされている。江戸時代の初期に、加賀の国九谷村で焼成され、九谷と称される。赤、黄、紫、紺、青など繊細で華麗な絵付けで知られる。九谷焼きならではの〝青手〟には、ほかの焼きものにない迫力があり、特に初期の古九谷とよばれる九谷焼きには、豪放な味わいがある。

くちがね［口金］

角《つの》とよぶ、絞り袋の先端に取り付ける金属製の道具。角先《つのさき》ともいう。

↓角（つの）

くちがわり［口替わり］

蒲鉾、金団《きんとん》、酢取り蓮根などといった、持ち帰りを想定して大きめに作られていた口取りの料理を、その場で食べ終えられるよう小さく作り、口取りの代わりに出すようにした料理のこと。昭和に入ってからの仕事である。

料理は、甘いもの、酸っぱいもの、塩味のものを取り合わせた。会席料理で提供することもあり、酢の物の後など、献立の後半に供した。婚礼やお節句の献立で出す場合もある。

↓口取り（くちとり）

くちこ
ナマコの卵巣を棒状や三味線のバチ状に固めたもの。バチコ、ホシコなどともよぶ。

くちとり［口取り］
おみやげとして持ち帰る料理のこと。かつては本膳や婚礼の料理の、硯蓋という料理として提供し、いったん客前に出してその後取り分けた。時代が下ると、最初から分けて大きめの器に盛って出し、残った料理を折に詰めて持ち帰ってもらうようになった。
料理は、硯蓋と同様に、かまぼこ、金団《きんとん》、酢取り蓮根などで、最初から土産として持ち帰ってもらうための料理である。
→硯蓋（すずりぶた）

くちなおし［口直し］
酢の物の代わりに供する料理。野菜や果物をベースにし、酸味をきかせた飲み物や、シャーベットなどを出す店が多い傾向がある。

くちなし［梔子］
主に栗や金団《きんとん》、サツマ芋料理の色付けに使われる。
かつては虫歯予防や食中毒予防の目的で、薬として使われていた。その名残が、皮をむいたリンゴをクチナシを煮出した液に浸ける仕事で、1カ月はリンゴの食感が変わらず保存でき、保存性が高くなる。伊達巻きも、クチナシを生地に加えて保存性を高めていた。
クチナシの色を取るには、クチナシを小口から切ってガーゼで包み、熱湯で煮出す。クチナシには山クチナシと里クチナシがあり、山クチナシの方が効果が高い。

くま［熊］
鳥獣肉の中で最もおいしいといわれるのが、実はクマで、日本では、本州のツキノワグマを指す。中でも掌はゼラチン質が多く、煮込むとよい出汁が出る。胆嚢は昔から〝熊の胃〟として薬にされている。クロダイの白子、フグの白子と並んで大変に美味で、特に冬眠中のクマがよい。

くみだしちゃわん［汲出茶碗］
寄付で白湯や桜湯などを供するのに使う。番茶茶碗と煎茶茶碗の中間くらいの大きさの湯飲み茶碗。
→寄付（よりつき）

くみどうふ［汲み豆腐］
蒸し物料理のひとつで、卵と出汁で生地を作って蒸す。卵と出汁の割合は1対3で、茶碗蒸しよりも卵豆腐よりもずっと生地はやわらか。卵が固まるぎりぎりの温度を保って蒸す技術を示す料理で、その口当たりのよさ、品格から、江戸から明治の時代では、日本料理の最高の仕事のひとつに位置づけられる。蒸し物の中では最もむずかしい料理といえよう。椀として汲み豆腐を使うときは、出汁は血合い抜きの本枯れ節とメジマグロ節で上質の出汁を引き、器も蒔絵のよいものを使い、よい献立に入れる。

蒸すときの加熱は、71℃で40分強。これより温度が高いと気泡ができる。現在はコンベクションオーブンで温度が管理できるので、簡単に作れるようになった。

ポイントは、新鮮過ぎる卵を使わないこと、生地を作ってから2時間ほど寝かせることで、鮮度のよい卵を使うと、表面に膜が張ったような仕上がりになる。数日経った卵の方を使う方がよい。

くもこ［雲子］

マダラの白子の別名。もともとそれほど人気はなく、産地ではカモメのエサだったが、この30年でとても喜ばれる材料になった。ダツ、菊ワタともいう。

くらかけ［鞍掛け］

馬の背に置く鞍のように、何かをかけたりのせた様子を指す。黄身酢をかけたり、とろろをかけたりする料理や、貝を開いてのせたすしや玉子焼きを切ってのせたすしが該当する。

しかし、馬の鞍は本来は料理にふさわしい表現と考えにくいため、遠山、奥山などの表現を用いる方がよい。ただし、遠山は春だけの表現である。

くり［栗］

通常は大粒の栗を丹波栗、小さい栗を柴栗というが、さまざまな品種があり、筑波、丹沢、銀寄せ、利平などがある。中でも愛媛の中村発祥とされる利平栗が有名で、一般の栗の数倍の価格で取り引きされる。品種によって持ち味が違うので、煮物、栗飯、含ませ、焼き栗など料理によって使い分けたい。

一般的に、丹波や小布施（長野）が栗の産地として知られるが、実際の栗の生産は、茨城と熊本、愛媛で約4割を占める。

くりぬき［くり抜き］

素材を丸くくり抜くときの使う道具。これを使うと材料が球形になる。庖丁ではできない仕事なので、料理場には欠かせない道具である。

グルタミンさん［グルタミン酸］

昆布やチーズ、トマト、緑茶、味噌、醤油などに含まれる旨味成分のこと。

くるまえび［車海老］

食用のエビの中でも最高級品。味も姿もよく、日本の代表的なエビ。天然ものは、夏と年末が旬で、5月から7月と、11月上旬から立春の献立に入れる。洗いやエビぞうめん、天ぷら、塩焼きにする。鹿児島では大きなクルマエビを干し、正月の雑煮の出汁に使う習慣がある。

養殖ものは、台湾、中国、香港、オーストラリアから輸入している。体長9㎝ほどで10g強程度の大きさはマキ、体長15㎝ほどで15gくらいのものをサイマキとよぶ。

活けのクルマエビには、まれに猛毒を持ったエビがある。食べられるが、剣先（エビの尾の上にある尖った部分）で刺されると血清を打たないと助からないので、扱いに注意する。

→才巻海老（さいまきえび）

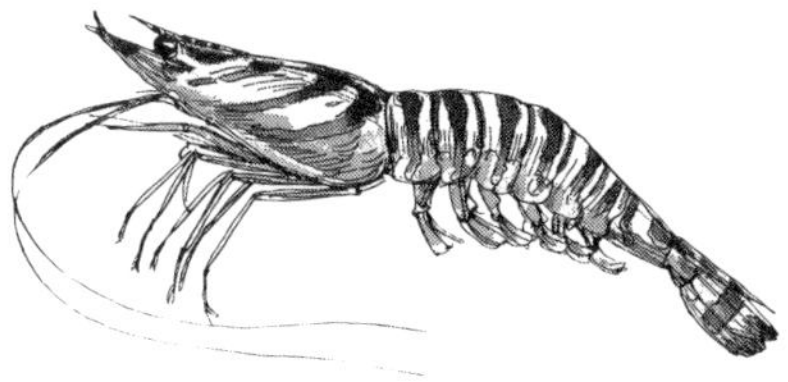

くろざとう［黒砂糖］

主産地は沖縄。独特の風味とクセのある甘味が魅力である。上白糖よりビタミンやミネラルを含むため、健康面でも好まれ評価されるようになってきた。今後、あんや梅酒、煮物、甘味に上手に活用したい。特に梅酒は黒砂糖を使うとウイスキーのような深みのある色が付き、香りもよくなる。

くろぞめ［黒染め］

色を黒く煮上げた料理に使う献立表現。黒染め牛蒡《ごぼう》、黒染め蓮根などがある。

くろだい［黒鯛］

タイ科の魚。マダイに並ぶおいしさで、刺身、塩焼き、粗煮《あらに》、蒸し物、味噌漬けなどにする。クロダイの白子は、フグの白子と並ぶ珍味。春と夏の献立に入れる。

→五大白子（ごだいしらこ）

くろまぐろ［黒鮪］

マグロの中で最高級とされ、ホンマグロともよばれる。北半球の温帯に生息し、日本近海の漁獲量が激減しているのは周知の通り。日本では大間（青森）のマグロが有名である。輸入ものは、ニューヨークやバンクーバー、スペイン、モロッコから来ている。養殖も盛んで、国内でも、スペインやトルコ、メキシコなどからも航空便で生で運ばれている。

すし店のすし種、料亭で刺身として使われ、特に脂の乗った中トロと大トロが珍重される。兜《かぶと》焼きにもする。クロマグロの子供は、メジマグロ、ヨコワ、チューボウとよぶ。

→メジ鮪（めじまぐろ）→よこわ

→ちゅーぼう

くろもじ［黒文字］

山野に自生するクスノキ科の落葉樹。北海道から九州まで分布する。梢に芳香があり、削って爪楊枝や菓子用の箸に使われる。いまでは爪楊枝の代名詞となっている。料理では、魚の皮を焼くとき、これに巻き付けて使う。

神事では、茹でたり蒸したりした八つ頭を黒文字の木に刺して焼き、柚子味噌を付けて食べることがある。

くわ［桑］

カイコの餌として重要な産物であり、果実は食用とする。桑には山桑と里桑があり、カイコが食べるのは里桑の葉である。

日本料理では、葉を、お浸しや天ぷらにしたり、水菓子や菓子のあしらいに用いる。春から初夏に使う。

くわやき［鍬焼き］

下味を付けた鳥獣肉を、鉄板で焼いて食べる料理。兵士が農家に宿泊して食事をしたときに鍬を使ったという説と、農家が仕事中に道具の鍬を使って焼いたという説がある。仕事中に道具を使って料理をすることは考えにくいので、前者の方が信憑性が高いと思われる。

けがに［毛蟹］

北海道の名産のカニ。身の量が多く、やわらかく味がよい。味噌も人気がある。旬は冬。

げざかな［下魚］

魚の中で価値が下位のものを指す。

けしょうじお［化粧塩］

魚を焼く直前に、材料の形を整えながら振る塩のこと。魚を姿で焼く場合は、胸ビレ、背ビレ、腹ビレ、尾ヒレなどにも化粧塩をして焼き上げるが、意外にきちんと身に付いていない仕事といえる。

化粧塩は、ただヒレに塩をまぶせばよいのではなく、魚の泳ぐ姿に焼き上がるようにヒレの形を整えながら塩をすり込むもので、魚の泳ぐ姿を知っておくことが必要。塩をたっぷり使い、泳いでいるように形よくひねって整える。正しく化粧塩をすれば、ヒレが焼け落ちることはない。

使う塩は、さらさらした精製塩でよい。精製塩は旨味がなくてよくないと考える人が多いようだが、本来、よい塩ほどビリッとした鹹《から》さがあり、苦味がある。旨味が強い塩は、旨味を後から添加して人工的に作られる場合が多いので、こだわる必要はない。

けしょうぼうちょう［化粧庖丁］

食べにくい食材や皮付きの魚に、前もって庖丁で切り目を美しく入れて食べやすくしておくこと。魚を焼いたときに皮がはじけないように入れる切り目も指す。調味料を絡みやすくする目的もある。

けずりばこ［削り箱］

カツオ節を削って集める箱。店や家庭で手作業でカツオ節を削ることは当たり前だったが、いまはもうほとんどなくなり、現在は機械削りが当たり前のようになっている。手削りと機械削りでは、熱を持たない分、手削りの方が風味は上である。

各家庭でカツオ節を削っていた頃は、削り箱は家庭用のサイズが市販されていたが、営業に使う大きさは売っておらず、料理人が自作するものであった。刃と鉋、木材、木槌を自分で揃え、自分で図面を引いて製作した。

削り箱は、1人で両手を使ってカツオ節を削るため、重くて安定感があることが大事である。鉋に刃を入れるときは、紙をはさんで刃の出方を調整する。刃は平らな砥石で研ぐ。

削り箱　自作のもので、40年間ほど実際に使用していた。刃は、鉋用とは違い、やや丸みがある。まとめて50人分くらいのカツオ節が削れる大きさである。

けん

刺身に使うつま。大根や人参をかつらむきにし、ごく細切りにし、それを長くまとめたものをけんという。現在は、刺身に大根や人参の〝けん〟が中心だが、決してそんなことはない。

かつては、大根は旧暦の八朔《はっさく》、8月1日に種まきをし、10日ほどたって貝割れ菜として芽が出たところを茹で、つまとした。ほかの季節には、ウドや人参、カボチャ、金時人参をけんやつまにしていた。ただし、カボチャをけんとして使うときは、婚礼の料理には皮をすべてむいて使い、法事や彼岸、お盆のときは皮を残してけんにして使う。

けんには、縦けんと横けんがある。

→縦けん（たてけん）　→横けん（よこけん）

けんさきいか［剣先烏賊］

身が厚くて生食に向くイカ。五島列島が主要産地で良質な剣先イカがとれるため、五島スルメともよばれる。山陽でとれるブドウイカは白イカともよばれ、剣先イカと同じもの。赤イカも剣先イカである。

けんざん［乾山］

尾形乾山（1663〜1743）のこと。また、尾形乾山が焼いた、当時としては斬新な意匠の器のこと。兄、尾形光琳との合作による器もあり、すぐれた作品がいまに残されている。現在使われている器は、ほとんどが写しである。

げんじゆず［源氏柚子］

柚子の輪切りのこと。形が源氏車の車輪に似ていることからこの名がある。

けんそくなます［犬足膾］

四條流にある料理。犬の足跡のように大根と人参を梅の花にむき、これをなますにする。雪の上に付いた犬の足跡を意味し、めでたいこととされ婚礼などで使われる。

けんちん［巻繊］

けんちんとは巻繊と書き、中国の高僧が身に付けた五色の飾りの織物のこと。五色の赤を人参で、黒を椎茸で、緑を野菜、白を豆腐、黄を糸瓜（金糸瓜）で表現した料理に付けられる名称である。

けんちんむし［巻繊蒸し］

背開きにした小ダイに具を詰めた蒸し物。具は、豆腐や人参、椎茸、筍、キクラゲなどで、油で炒めて調味し、卵を加えて混ぜる。銀あんをかけて提供する。

げんぺい［源平］

人参の赤と大根の白というように紅白を合わせたものを源平とよび、料理の名前にも付けられる。

赤と白は水引にもあるが、これは源平とはよばない。その理由は、源平は源氏と平家の旗の色から出た、争うことに通じるもののため、祝儀の場では用いない。そのため、正月のなますは紅白なますとする。

こい［鯉］

日本では、魚というとタイを指し、最上の魚はタイと一般的と思われているが、その概念が生まれたのは江戸時代のこと。それ以前は、中国の価値観にならい、長い間、コイがタイよりも上位の魚であり、祝儀の膳にはコイが用いられてきた。コイはとても生命力が強くとても大事にされたためである。

現在でもウナギやニジマス、アユに次いで養殖量は多く、夏は洗い、冬はコイこくで楽しむ。味噌煮、甘露煮、唐揚げなどにもする。内臓の塩辛もおいしい。味がよいのは立冬（11月上旬）から立春（2月上旬）で、冬の三珍のひとつとして、フナ、ボラとともに評価される。本膳料理には、〝鯉の石畳〟というコイの料理がある。

〝コイの滝登り〟という諺は、もとは中国の言葉で、人が立身出世することを意味する。黄河上流の竜門という場所が急流で、ここを登れたコイは竜になるという言い伝えがあり、その門を越えることから登竜門という言葉も生まれた。

→鯉の石畳（こいのいしだたみ）

こいぐち［鯉口］

庖丁の刃が柄に差し込まれた、柄の楕円形の部分のこと。魚のコイの開いた口に似ているところから付いたと思われる。

→庖丁（ほうちょう）

こいくちしょうゆ［濃口醤油］
醤油には濃口、薄口、淡口、白、たまりなどがあり、関東で多く用いる色の濃い醤油が濃口醤油。煮物やタレに使う。

こいこく［鯉こく］
コイを骨やウロコが付いたまま筒に切り、味噌を加えて骨がやわらかくなるまで煮て、牛蒡《ごぼう》を加えた汁物。粉山椒を振る。最初から味噌を入れることでコイ独特のくさみが消える。

こいちゃ［濃茶］
抹茶の一種で、濃厚で、数人分を大きめの器に点《た》て、回し飲むもの。茶事では茶を飲むことが目的だが、空腹なところに濃茶を飲むと気分が悪くなることもあるため、軽い食事（懐石料理）の後に供する。ひとつの盌《わん》で回し飲みをし、とても親しい間柄の集まりの意味を持つ。

こいのいしだたみ［鯉の石畳］
本膳の料理。コイの腹身のすだれ骨を取り、塩、酢でしめてから切り、三方にのせ、塩と酢を添えて供する。式三献のときの一品で、寸法が決まっている。切った身は、5枚に重ね、重ね方や切り方にも決まりと順番がある。
↓本膳（ほんぜん）　↓三方（さんぼう）
↓式三献（しきさんこん）

こいみつ［濃蜜］
糖度が40％程度の、甘味がきいた浸し汁や煮汁のこと。梅や柚子などに糖分を含ませる場合、最初から味が入らないので、まず、薄蜜を作って味を入れ、次に濃蜜に変えて味を含ませる。
↓薄蜜（うすみつ）

こういか［甲烏賊］
胴の背の中に甲羅があることからこの名がある。墨袋が大きく、外敵に吐きかけて逃げるのでスミイカともいう。身が厚くてやわらかく、刺身やすし種、ウニ焼き、木の芽和えなどに使う。関西でなじみがある。旬は冬から春。

こうぎょ［香魚］
↓鮎（あゆ）

こうげんかぶ［高原かぶ］
栃木・那須塩原の標高600～800mの高原地帯で栽培されるカブ。夏に月ほどの間に収穫され、甘味とやわらかさはほかのカブにないおいしさである。絶対量が少なく、出回る量は少ない。生食すると、甘味がすばらしく、サラダに最適。

こうこう［香々］
奈良漬けや古漬けなどの塩分の強い漬け物のこと。これに対して浅漬けは、香の物という。

こうごう［香合］

茶道具の一種で、香を入れるための蓋付きの器。蓋をかぶせるための縁《ふち》がある。格の高い道具とされ、器には使わないが、珍味入れと間違いやすく、間違って使う例が多い。

左は香合で、右は珍味入れ。香合は蓋を合わせるための縁があり、珍味入れにはない。そして、香合は器としては使うものではない。一方、珍味入れは好きなものを入れてよい。

ごうじお［強塩］

魚の両面に多量の塩を当てる方法。べた塩ともよぶ。短時間に青魚をしめるときに使う塩の手法。材料から5㎝ほどの高さから、先に、材料を並べるところに充分な量の塩を振る。材料を置き、その上に再び塩をたっぷりと振る。

強塩　敷いている板が見えないほど、たっぷりの塩をまき、材料を置き、再びたっぷりの塩をまく方法。短時間で青魚をしめるときに行う。

こうしゅう［甲州］

甲州（山梨県）はブドウの生産地であることから、ブドウやワインを使った料理に付ける名。甲州煮、甲州蒸しなどがある。

ごうせいず［合成酢］

別名酢酸酢。化学合成によって作られた氷酢酸に調味料や糖類を加えて作られる。アルコールを添加して作った酢のことで、値段が安く、醸造酢よりもクセがない。さっぱりとした味に仕上げたいときは、この酢を使うとよい。

こうだい［高台］

茶碗や皿などの底の部分に付いている台。切り込みが入った切高台、二重になった二重高台、四角の四方高台など形もいろいろある。器の見どころのひとつ。

こうたけ［香茸］

独特の香りを持つキノコで、干した香茸は江戸時代には金と同じ価値といわれた。キノコの中では高価な部類に属する。旬は秋。香りが強く、苦味があり、煮るとまっ黒になる。乾燥させると香気が増す。香茸の伽羅《きゃら》煮は、香茸を醤油で煮た料理で、かつての高級な日本料理店は必ず行っていた仕事である。

和え物にも使う。

江戸時代の本膳料理によく登場し、婚礼でも欠かせないものであり、婚礼の硯蓋や、茶懐石の八寸などによく用いられた。雑木林の山桜の下に生え、探すのは大変な苦労だという。革茸ともいう。基本的に正月の献立に使う。

↓硯蓋（すずりぶた）

こうだて［甲立て］

儀式としての神事の際、三方の上に盛り付けるときに、いろいろな形に作って盛る習慣があり、その形のこと。桔梗甲立て、菊甲立てなどがある。食べられるものや紙で作る。

こうちやき［交趾焼き］

中国の三彩陶の一種で、現在の北ベトナム方面から日本へ入って来た焼きもの。ベトナムはコーチンとよばれ、交趾と表記されていたため、この名が日本で与えられた。黄・緑・紫を中心にした鮮やかな色彩の絵付けが特徴的。特に黄色地の交趾焼きは黄交趾《きごうち》とよび、珍重された。

こうとう［鴨頭］

椀物に青柚子を吸い口として使うときの、献立での表現。関東では基本的に椀物の吸い口に青柚子は使わず、黄柚子がない場合の代用としてのみ、青柚子の皮を州浜にむいて使う。これを鴨頭と表現する。青柚子が汁に浮いている様子が、鴨が頭を水に潜った様子に似ていることから来ている。

↓州浜柚子（すはまゆず）

こうのもの［香の物］

ぬか漬けなど浅漬けのこと。奈良漬けや古漬けなどの塩分の強い漬け物は香々とよび分ける。

こうばこがに［香箱蟹］

北陸でとれる、雌のズワイガニ。セイコガニともいう。雌は雄の半分に近い大きさである。

雌の方が保護のために禁猟期が長く、旬は11月初めから年末までと短い。内子、外子とよぶ卵が喜ばれる。

こうひ［香皮］

柚子の皮の、香りがある部分。かんぴともいう。ミカンの皮が陳皮とよばれてなじみがあることに比べ、香皮はあまり知られていないが、平安時代の献立に記載があり、古くからある。

こうやどうふ［高野豆腐］

豆腐を寒中で凍らせ、乾かしたもの。もともとは紀州高野山の宿坊で作り始めたといわれ、高野山で発達したためにこの名前がある。関西でのよび方であり、ほかの地域では凍り豆腐、凍み豆腐ともいう。

こうるか［子うるか］

アユの卵巣を塩漬けにした塩辛のこと。秋、産卵を控えて川を下る落ちアユを使って仕込む。酒飲みにとても喜ばれる肴。

こおりあらい［氷洗い］

洗いの一種で、活けの白身魚を氷水で洗い、提供する方法。脂肪分の少ない白身魚に合う。通常は薄く引いて氷水で洗うが、フッコは3㎝角に切って氷水で洗う。氷水で洗うことで身がはぜて縮み、弾力が出る。フッコやカレイには蓼酢や蓼醤油を添える。

→蓼酢（たでず）　→洗い（あらい）

こかく［小角］

魚を刺身に引くときの切り方のひとつで、マグロが代表的。冊取りしてある魚に用いる手法で、冊取りしていない身の場合、かえって無駄が出てしまうのであまり用いない。大きさはいろいろあり、定まった大きさはないが、最大で1寸（約3・03㎝）角までにする。

→冊取り（さくどり）

こがねに［黄金煮］

材料に片栗粉で打ち粉をし、卵黄を絡めてから煮汁で煮る料理。打ち粉に小麦粉を使うと黄身衣がはがれやすいが、片栗粉を使うとはがれにくくなる。色合いを品よく仕上げるために、濃口醤油ではなく塩や白醤油を用いる。

こがねむし［黄金蒸し］

白身魚に薄く塩を当てて酒を振っていったん蒸し、その上にカブや大根、山芋の黄身おろしをかけて再び蒸した料理。黄身蒸しともいう。銀あんをかけ、柚子をあしらって供する。11月20日過ぎに献立に入れる料理で、白身魚はアマダイを使うことが多い。

こがねやき［黄金焼き］

→黄身焼き（きみやき）

こがらし［木枯らし］

晩秋の木枯らしの時季に出す、茶色っぽい料理に付ける献立名。

こがらしあげ［木枯らし揚げ］

昔の仕事のひとつで、晩秋の木枯らしの時季に供する、茶色っぽい揚げ物に付ける献立名。

例えば、パンをちぎって衣としてウニやエビを揚げると、木枯らし揚げとなる。ウニやエビは醤油や味醂、生姜で下味を付け、片栗粉で揚げる。下味に柚子を加えると冬至揚げになる。

こがらみ［子絡み］

淡水魚の、親と子（卵）を組み合わせた料理の表現。代表は寒ブナやコイの子絡みで、コイとその卵を酢味噌で食べる料理は〝山吹膾《なます》〟、寒ブナと煎った卵のなますは〝子付きなます〟という。どちらも最高級品とされるおいしい一品で、淡水魚を生で提供する。料亭の料理である。

フナやコイは現在ではあまり価値が高くない魚だが、奈良時代は中国の影響で価値が高く、中でもコイはフナよりも格上だった。都が京都の平安京に遷都してからは、フナの方がコイよりも格上になった。これは、奈良から京都へと移ったことで、伝統的に生食する琵琶湖のフナが供給されやすくなった影響と思われる。フナはゲンゴロウブナのこと。

→山吹膾（やまぶきなます）

こきみ［古稀味］

エビの殻を取ってすりつぶした珍味の料理のこと。和え衣にすると、古稀味和えとなる。

ごくせん

せん切りよりもさらに細い、ごく細いせん切りという意味。

こぐち［小口］

筒のような形のものを、端からその形のまま切っていくこと。小口から刻む、小口に切るとはいうが、小口切りとはいわない。また、斜めに切ったり筒状ではないものを切るときは小口とはいわない。

元々は木口と書いており、日本料理の用語は建築用語と結び付いた表現が多くあることから、建築用語が由来と思われる。

こくびゃく［黒白］

食材の、白と黒の組み合わせのこと。白いご飯と黒豆、イカと海苔などで、こうした組み合わせをした料理を婚礼の場に使ってはいけない。また、日本料理ではカボチャを黒白《こくびゃく》という習慣があるため、お祝い献立では避けた方がよい。

こくわ

→さるなし

こけひき［こけ引き］

魚のウロコを引く道具。ウロコ引きとはよばないことに注意。

こしあぶら

ウコギ科の山菜。日本全国でとれる。産地を除きこの30年ほど前から全国的によく知られるようになった。美しい緑色、アクのない味わい、甘味、香ばしさなどが持ち味。旬は4月。すべてが天然ものではなく、挿し木などで増やしている栽培ものもあり、風味は少し劣る。

茹でてすぐ使えるために扱いやすく、すり流しや天ぷら、和え物、刺身のつまなどにする。上品な香りが身上で、天ぷらにするのはもったいない。ほかの山菜は茹でると黒ずむが、こしあぶらはそれほど変化がなく、茹でて冷凍保存が可能である。

ごしき［五色］

料理の盛り付けに必要な色で、青、赤、白、黒、黄を意味する。青は緑色のこと。

この五色は、料理を盛り付けたときに食材の色を生かして自然に五色が揃うのが理想である。これらは、古代中国の五行説という、すべてのものは5つの要素でできているとする思想に由来している。青は青春の意味で春を、赤は朱夏の意味で夏を、白は白秋の意味で秋を、黒は厳冬の意味で冬をそれぞれ意味する。黄は月を表現する。古い時代の日本料理は、中国の手法を積極的に取り入れたので、この考えを取り入れて料理にバランスよく五色を取り入れるようになったと考えられる。

色は、料理やあしらいの色ばかりでなく、器の色を取り入れて表現してもかまわない。また、季節により、春は緑、夏は赤、秋は白、冬は黒というように、それぞれの象徴となる色を強調して盛り付けや器使いを考えると、料理全体が引きしまり、季節感を表現しやすくなる。

こしぶくろ［漉し袋］

ざるで洗うと目を通ってしまったり、細かくてざるの目が詰まって困るような、漉しあんや大根おろしを洗うときに使う袋。

この袋は道具店では売っていないので、料理人自身がさらしを買ってきて、自分で作る。大きさは、出来上がりで縦45㎝、横30㎝ほど。2枚の布を裏を中合わせにして揃え、端を内側に2回折り込んで端をくるみながら同時に三方を縫って袋にする。口のところは、前もって端を縫って始末しておく。使った袋は、布巾と同様に、煮沸消毒して洗い、日に干して手入れをする。

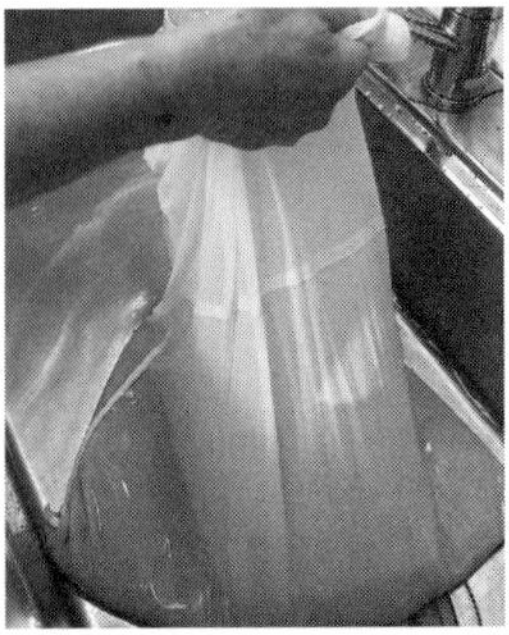

漉し袋　あんをさらしたり、大根おろしを洗うときに欠かせない道具。売っていないので、料理人が自分で使いやすい大きさに作る。

こしらいいた［こしらい板］

刺身を引き、それを何人分かをまとめてのせておくための板。下駄状になっている抜き板に対し、足が上下に互い違いに付いて、上に積み重ねられる。また、造り板1枚に何人分の刺身を置くか決めておけば、造り板の枚数を数えれば仕込みが済んだ量を即時に計算ができる。

刺身を並べた造り板は、ラップをせずに重ねて冷蔵庫に入れておく。斜めに傾けることもできるため、塩を振った魚をしめる下ごしらえに便利で、サバをしめるといった仕事が多い関西で、よく使っていたようである。

最近はバットが使われるようになったが、刺身の盛り付けを崩さずに置け、重ねられるので何かと便利。洗い方は木のまな板に準ずる。
↓抜き板（ぬきいた）

ごじる［呉汁］
大豆の汁物。大豆を水に浸してふやかし、それをすりつぶして出汁でのばし、牛蒡《ごぼう》や人参などの野菜を煮て味噌で調味する。枝豆を使うこともある。

ごす［呉須］
器の染付に使われる、酸化コバルトを含んだ青い顔料。かつて天然のものを産した中国の地方名からこの名でよばれる。現在はほとんどが合成で、色も青だけでない。

こずいもの［小吸い物］
懐石料理の中に入る献立のひとつで、箸洗い、湯吸い物、ひとくち吸い物ともよぶ椀物。湯に近い昆布出汁で、具は季節感のある野菜の芽や木の実などを使う。利休箸とともに供する。
↓椀物（わんもの）　↓利休箸（りきゅうばし）

こずいものわん［小吸物椀］
茶事の箸洗い、会席料理のひと口吸い物、小吸い物を入れる小ぶりの吸い物椀のこと。直径は8～9㎝で蓋付きである。
↓箸洗い（はしあらい）　↓吸い物（すいもの）

ごせっく［五節句］
本来、五節句は、中国から取り入れた年中行事の中で重要とされた日で、歴史が古く、本膳形式として献立の記録がある。具体的には、正月七日の人日《じんじつ》の節句（七草粥を食べる）、3月3日の上巳《じょうし》の節句（桃の節句、女の子のお祝い）、5月5日の端午《たんご》の節句（男の子のお祝い）、7月7日の七夕《しちせき》の節句（七夕祭り）、9月9日の重陽の節句（菊の節句）の5つがある。
中でも、桃の節句、端午の節句、七夕の節句はなじみが深い。しかし、本膳として献立を組むのは、器や材料の準備などがかなり特殊で、公家のための形式ばった料理だったため、現代ではほとんど見られない料理となった。
昭和30年代までなら、端午の節句では〝巻き鯉〟といってコイを骨切りして巻き、味噌汁に入れたり、皐月椀という鉄皮（フグの皮）やフキ、ウド、セリを入れる椀物、七夕の節句では短冊に切ったウドや生姜を入れる椀物があった。
現在の五節句では、本膳ではなく会席へと形式が変わり、料理も、桃の節句でハマグリや菱餅、ヨモギを使うことや、端午の節句で柏餅やちまきを取り入れることなどが定着し、かつての本膳とはあまり関連がない料理に変化している。
↓巻き鯉（まきごい）　↓皐月椀（さつきわん）
↓鉄皮（てっぴ）

ごぜんしるこ［御膳汁粉］

漉しあんで作った汁粉のこと。これに対し、粒あんの汁粉は田舎汁粉という。関東でのよび方である。

こそで［小袖］

材料の切り方のひとつ。色紙状の真四角のものを左上から右下に斜めに切ると台形のものが2つできる。このときの左側の、手前が広く奥がせばまった形のこと。着物の袖の形に由来する。もう片方は小湊《こみなと》という。

日本料理では、材料を真四角に切ると器も料理も死んでしまい、おいしそうに見えない。そのためにこのような切り方が大事になる。

ごだいしらこ［五大白子］

白子とは魚の精巣。中でも、クロダイ、フグ、サバ、アユ、マダイが美味とされて商品価値が高く、五大白子とよばれる。ここ40年ほどはマダラ、サケが加わり、合わせて七大白子という。

→白子（しらこ）

ごだいらんそう［五大卵巣］

卵巣とは魚の卵で、中でもサケ、ボラ、タラ、ムツ、マダイ、ハモは五大卵巣として喜ばれる。それぞれ、イクラ、カラスミ、タラコ、ムツコ、ハモノコである。

ごだんつき［後段付き］

豪華で料理の点数が多い献立のこと。本膳料理の後段の宴から来ている。

→本膳料理（ほんぜんりょうり）
→後段の宴（ごだんのうたげ）

ごだんのうたげ［後段の宴］

本膳料理で、向膳の後に出す料理のこと。さまざまな料理が順番に提供される。例えば、①うどんの膳、②酢の物、③吸い物、④なます、⑤焼き物、⑥煮物、⑦ご飯、⑧白湯と香の物、⑨水菓子などである。

内容は地域により違いがあり、1番目のうどんの膳は、地域により、そば、あるいは粥、雑煮、雑炊などになる。後段の宴の料理や提供の順序は、現在の会席料理と共通点が多い。

→本膳料理（ほんぜんりょうり）
→向膳（むこうぜん）
→会席料理（かいせきりょうり）

こち［鯒］

夏場の高級魚。淡白な白身魚で、身がしまっているため薄造りや洗いに向く。歯応えもよく、冬場のフグにも並ぶと好む人が多い。鍋物、潮汁にもする。天ぷらに使うメゴチとは別である。

↓洗い（あらい）

こづけ［小付け］

↓先付（さきづけ）

こつざけ［骨酒］

ヤマメやイワナ、カジカなどを焼き、身を取った後の中骨を火にかけ、少し焦がして器に入れて熱燗を注いだ汁物。風味が喜ばれる。もともとはマタギ料理である。

こっぱ

てのひら乗るほどの大きさの、小さいヒラメのこと。

こつむし［骨蒸し］

白身魚の、頭や骨付きの身を昆布の上に置き、味を調えた出汁を張って蒸す料理。魚の旨味が美味でとても喜ばれる。三つ葉や柚子、木の芽をあしらう。

こつゆ［骨湯］

白身魚の中骨やヒレを火にかけて少し焦がし、熱い湯を注いだ汁。骨湯という表現は美しくないので、日本料理では〝湯注ぎ〟と表現する。

↓湯注ぎ（ゆつぎ）

こなざんしょう［粉山椒］

鈴山椒や割山椒を乾燥させ、挽いたもの。ウナギの蒲焼き、吸い口や酢の物によく使う。婚礼やパーティなどの祝いの席で使うときは、粉山椒のことを〝祝い粉〟と献立に書く。

↓山椒（さんしょう）

こなべじたて［小鍋仕立て］

何種類も盛り合わせる煮物で、関東でのよび方。小煮物ともいう。関西では炊き合わせという。

煮方は鍋をいくつも並べ、人数分の煮物を少量ずつ煮ていく。もともとは1種類を出したが、お客のニーズが変化したこともあり、何種類も盛り合わせるように変化した。

こにもの［小煮物］

煮物を何種類も盛り合わせる料理で、関東でのよび方。小鍋仕立てともいう。関西では炊き合わせとよぶ。

煮方は鍋をいくつも並べ、人数分、少量ずつ煮ていく。もともとは1種類を出したが、彩りや味わいがさまざまな方が喜ばれるようになり、何種類も盛り合わせるようになった。

このこ

なまこの卵巣。先付けにしたり、干して加工して、クチコを作る。

→くちこ

このこじお［このこ塩］

コノコを湯煎にかけながら、からからになるまで煎り上げて作る、旨味のとても強い塩。白エビやマダイ、イカ、ウドなどのあっさりした材料に少し添えて提供する。湯煎しながら20分ほどかけて箸で混ぜながら煎り、和紙で押して粉々にして、2000番の絹篩にかける。普段は見せない仕事で、コノコだけで仕込むのでとても贅沢な塩である。

→篩（ふるい）

このわた

なまこのワタの砂を取り出して塩辛にしたもの。酒の肴としてとても喜ばれる。和え衣にもする。水っぽくなく香りがよいものが上等品。知多半島産が最上であろう。

こはく［琥珀］

色の薄い材料を使い、透明感のある琥珀色に仕上げた料理に付ける名。琥珀煮が代表的で寄せ物もある。冬瓜や大根、豆腐などを使うことが多く、一年中提供してよい。

こはくさん［コハク酸］

ハマグリやアサリなどの貝類に多く含まれる旨味成分のこと。

こばち［小鉢］

酒と一緒にすすめる、最初に出す酒の肴の料理。先付ともいう。

→先付（さきづけ）

こひき［粉引］

高麗茶碗に使われる技法のひとつで、化粧土を塗った上から透明の釉薬をかけて焼いたもの。粉吹ともよばれ、白泥釉が粉を引いたように見えるところからの名。

こぶし［粉節］

粉状の削り節で、粉ガツオともいい、空煎りして使う。もともとは細かくなって残ったカツオ節であり、わざわざ形があるものを煎ってほぐして粉状にすることはなかった。筍やウド、ゼンマイなどを煮てから粉節をまぶすと風味よく仕上がる。真夏以外の料理に用いる。

和え衣に使うと粉節和えといい、おかか和えとは本質的には同じである。

こぶじめ［昆布じめ］

魚介を昆布で挟んでしばらく置き、昆布の香りと旨味を移すこと。余分な水分が昆布に吸収されて身がしまり、旨味が強まる。懐石料理の向付によく取り入れられる。ヒラメなどは養殖ものを昆布じめにすると、昆布の風味がよく乗って、天然ものに近い味になる。

昆布じめにしたタイやヒラメには、醤油は添えず梅醤油や煎り酒を添えて供する。醤油では味が強過ぎるためである。
→向付（むこうづけ）→煎り酒（いりざけ）

こぶだし［昆布出汁］

昆布から引いた出汁のこと。椀物用と煮物用では出汁の引き方が違い、椀物用には、水10ℓに対して酒を1％（100㎖）入れて火にかけ、温度が40℃ほどになったら昆布300gを入れ、60℃まで温度を上げて出汁を引く。煮物用は、水10ℓに対して昆布300g、酒を1％（100㎖）入れてひと晩置き、翌日に昆布を取り出し、鍋を火にかける。この昆布の量は真冬の場合で、夏場は半分にする。

昆布出汁は、鍋物の地や糝薯《しんじょ》地の生地のやわらかさの調整、流し物などにも使う。昆布は、羅臼や利尻の天然ものがよいが、現在はほとんどが養殖ものなので、入手がむずかしくなっている。
→羅臼昆布（らうすこんぶ）
→利尻昆布（りしりこんぶ）

こぶみず［昆布水］

10ℓの水に昆布300gをひと晩水に浸したもので、昆布の旨味がとても強い。

割り酢を作るときに水代わりに使ったり、梅干しの塩抜きをするときの浸し地にするなど、何かと使い勝手がよい。引き上げた昆布は、よく乾かしてから伽羅昆布や佃煮として活用する。
→伽羅煮（きゃらに）

ごぼう［牛蒡］

ユーラシア大陸原産のキク科の多年草。鎌倉時代の文献に記述があることから、それ以前の平安時代に中国から薬草として伝来したようだ。現在は和食らしい根菜の代表格。独特の香りと歯応えがあり、正月料理や普段の食卓に欠かせない。しかし、日本以外では食用にしている国はない様子である。

国内で、最も出回っているのは〝滝野川牛蒡《ごぼう》〟。これとは別に、京野菜の〝堀川牛蒡〟、埼玉で生産される〝梅田牛蒡〟、直径が約10㎝で極太の〝大浦牛蒡〟が、日本料理では三大牛蒡といわれる。

代表的な料理は、きんぴら、煮物、かき揚げ、炊き込みご飯など。牛蒡の魅力は、何といっても旨味と香りで、その成分は皮に多く含まれるので、できるだけその成分を失わないように注意する。

切ったらすぐ酢を加えた水に牛蒡を入れてアクを抜く下ごしらえがあるが、それでは皮に含まれる旨味が抜けてしまう。牛蒡の場合、アクは旨味で、きんぴらなどを作るときは、切ったらすぐ炒めればよい。

牛蒡《ごぼう》はアクが強いので料理の色は茶色くなるが、白く仕上げて付加価値を出す使い方がある。その場合は、白水《しろみず》で茹でてアクを抜いた後、割り酢に浸しておく。鮮度がよくてアクが強い場合は、下茹での際にも酢を3％ほど加えて茹でる。こうして真っ白に仕上げた牛蒡は、あしらいやサラダにして使う。逆に、真っ黒に仕上げる料理もある。その場合は、アク抜きをせずに鉄鍋で時間をかけて炒める。牛蒡の成分が鉄によって酸化還元して黒くなる作用を利用する。

栄養の面では食物繊維が豊富で、アクでもあるポリフェノールを多く含む。ポリフェノールは血糖値を下げる効果が期待され、見直されている成分である。

→白水（しろみず）
→ポリフェノール

こぼく［古木］

年月を経た老木のような景色の料理に付ける名。色合いや質感から、牛蒡《ごぼう》や生姜、ナマコなどを使った料理に使うことが多い。

ごまあぶら・ごまゆ［胡麻油］

食用の植物性の油。胡麻の種を炒り、絞って油を取ったもので香りが高い。日本料理での主な用途は揚げ物で、揚げ油に用いるが、胡麻油だけでは香りが強過ぎるため、白絞油を5～6割加えてブレンドして使う。こうすると油の傷みが減る。

和え物にも使い、ほんの数滴加えるだけで風味が格段に上がる。養殖ものの魚を煮るとき、魚の生ぐさみをカバーして油の旨味を加えたいときにも使う。

→粗煮（あらに）

ごまいおろし［五枚おろし］

幅が広く身が薄い、ヒラメやカレイをおろすときの手法である。上身・下身ともに、中骨を境に背側・腹側と切り分け、中骨を合わせると5枚となることから名前がある。

上身の背側を〝背の背〟、腹側を〝背の腹〟、下身の背側を〝腹の背〟、腹側を〝腹の腹〟と専門的にはよぶ。

ヒラメやカレイは、刺身などには五枚おろしがよいが、必ず五枚におろすわけではなく、焼き物にするには五枚おろしは身が小さくなり過ぎるので、中骨を付けた二枚おろしや三枚おろしにする。

ごまじる［胡麻汁］

炒り胡麻を当たり鉢でよくすって味噌汁に加えた汁物。

ごまず［胡麻酢］

二杯酢、三杯酢、加減酢を、香ばしく炒って当たり鉢でよくすり混ぜた胡麻に加えて混ぜたもの。利休酢という人もいる。叩き牛蒡《ごぼう》や、野菜の酢の物によく合う。

→利休（りきゅう）

こまもり［子守り］

魚の腹ビレの後方の、肛門から尻ビレのところ。ここを伝って、雌は卵を産み付ける。ほとんどの魚で、雌は雄よりこの子守りが長いようである。

→魚の名所（さかなのめいしょ）

ごまよごし［胡麻よごし］

胡麻を使った和え物のこと。しかし美しい表現ではないので、〝胡麻よごし〟ではなく、〝胡麻和え〟とするのが適当であろう。

ごみ［五味］

五味とは、甘味、苦味、渋味、鹹味、酸味のこと。鹹味とは塩からさである。調理科学の世界では、甘味、酸味、苦味、塩味、旨味を五味と表現するようになったが、日本料理の世界では、それぞれの味に旨味が本来あり、渋味も重要と考えるので、旨味は入れず、先の5つの味を五味としている。

ひとつの器に複数の料理を盛り合わせるときや、会席料理のように料理を順番で提供するときなど、味の組み合わせを考えるときは、この五味をバランスよく組み合わせる。

こみなと［小湊］

材料の切り方のひとつ。色紙状に切ったものを左上から右下に斜めに切ると台形のものが2つでき、右側の手前が狭く先が広がった形を小湊とよぶ。もう片方は小袖という。

→小袖（こそで）

こみね［小峯］

庖丁の刃が柄に向かって直角に曲がる部分のこと。洋庖丁には小峯はない。

→庖丁（ほうちょう）
→小峯握り（こみねにぎり）

こみねにぎり［小峯握り］

庖丁の背の部分に人差し指を添え、中指を小峯に引っかけた庖丁の握り方。出刃庖丁の握り方は小峯握りが一般的で、庖丁の中心に指を当てる安定した持ち方のため、硬い材料を切るときに向く。

庖丁は、人差し指を当てたところに重心があると、そこを支点にして庖丁を動かしたときに仕事が早く、きれいにできる。また、疲れにくいので腱鞘炎にかかりにくい。バランスが悪いときは、刃を柄から外し、柄に

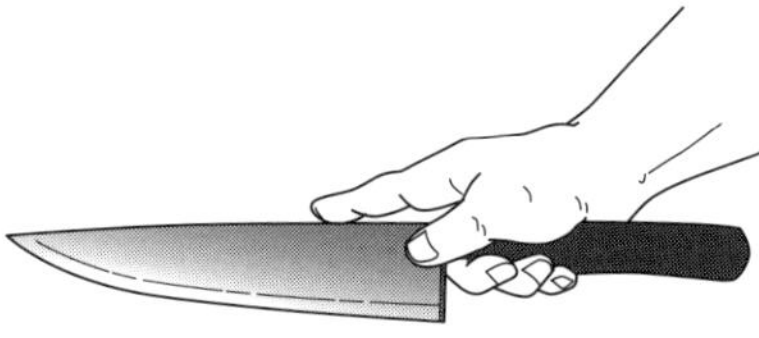

小峯握り　硬いものを切るときの持ち方。人差し指を庖丁の峯に乗せ、中指を小峯にかけ親指は刃に当てる。こうして持ったとき、人差し指に重心がある庖丁を選ぶ。

収めている中子を荒砥（荒めの砥石）で切って調節するとよい。

↓小峯（こみね）↓中子（なかご）

こめのとぎかた［米の研ぎ方］

炊飯器の普及で、米を炊く技術は一定のレベルになっているが、米をおいしく炊くための技術を持っている人は意外に少ない。

米をきちんと研ぐには、まず米を計量してざるに入れる。ざるは、篠でできたざるが最もよいが、あまり出回っていないため金属のざるでもよい。また、炊くときの釜よりは、ざるの方がよく研げる。

手順は、①ざるがすっかり入る大きさのボウルを下に置き、水をためてすぐに水を捨て、ぬかのにおいを洗い流す。②米を研ぎ始める。手のひらの親指の付け根を使い、指を軽く曲げて、米と米をすり合わせながら研ぎ、全体を1周する。力は入れないで、米と米が当たるようにする。③1周したら、ボウルを下に置き、水をためて濁った水を流す。④後2回ほど同様にして研ぎ、最後に炊くための水を計量する。

計量は、炊飯器の目盛を頼らずに行う。研ぐ前の生米の状態を観察し、透明感が強かったら水分が少ない米なので水を少なめにし、逆の場合は水を多めにする。これは経験がものをいうので、徐々に体得する技術である。

研ぐ回数は3回は必要。せっかくの栄養分が流れてしまうという意見があるが、精米した米の洗米が、2回と3回の違いで栄養分がそれほど変わるとは思えない。それよりも、きちんと研いだ方が、確実においしいご飯が炊ける。

こわめし・こわいい［強飯］

飯蒸しやおこわのことで、餅米《もちごめ》や餅米に粳米《うるちまい》を混ぜて蒸し、小豆や黒豆を加えて色を付けたご飯を指す。現在常食とする粳米で炊いたご飯を、古語で弱飯《ひめ》といい、それに対し剛飯、強飯と表現していたためである。読み方は、こわめしとこわいいの2通りがある。

祝儀の席では小豆や黒豆で色を付け、仏事では大豆を加えるか白いままで〝白ぶかし〟にする。飯蒸しは、日本料理店での表現である。

↓飯蒸し（いいむし）

こんだて［献立］

献立とは、料理を提供する順に、それぞれの内容や盛り付け、器を考えて構成すること。構成することを、〝献立をつくる〟〝献立を書く〟と表現する。作成した献立を紙に書いたりパソコン等で清書するなどして、読むものとして仕上げたものは献立表で、献立ともいう。西洋料理ではメニュー、中国料理では菜単である。献立と似た言葉には、膳組という言い方もあり、献立とほぼ同じ意味合いである。料理を提供する順番は、茶懐石や本膳などによって一定のルールがあり、婚礼や仏事などでは料理の内容に決まりがある。

献立には、本膳料理や懐石料理、会席料理で、その日に出す料理やその内容を、時間の流れに沿って出す順番で書く。いまでこそお客に提示するようになり、見栄えやデザイン、紙などを工夫するようになったが、本来は、親方から料理人への仕事の内容の指示書で、決してお客の目に触れることはなかった。前日までに親方や料理長が書いたものが調理場に貼り出され、それを見て、調理場の人間は自分の行う仕事と段取りを考え、仕事に取り掛かった。

献立は、本来は毎週替え、日本料理店だったら、少なくとも、月の上旬、中旬、下旬と、3回は内容を替えた。日本料理は季節感を重視するので、なるべく細やかに、食材の走り、旬、名残を表現するためである。食材によっては旬が1週間というものがあり、1カ月単位ではそれらを生かせない。

しかしそれは、店本位で組んだ献立を、値段を告げずに出していた時代に可能だったこと。店本位から客本位へとなり、しかも価格をお客から指定する時代になっては、贅沢な材料を使うことはむずかしくなり、単価が3万5000円以上の高級店は別として、多くの店や旅館では、月替わりで献立を組むことが、現在では主流になっている。

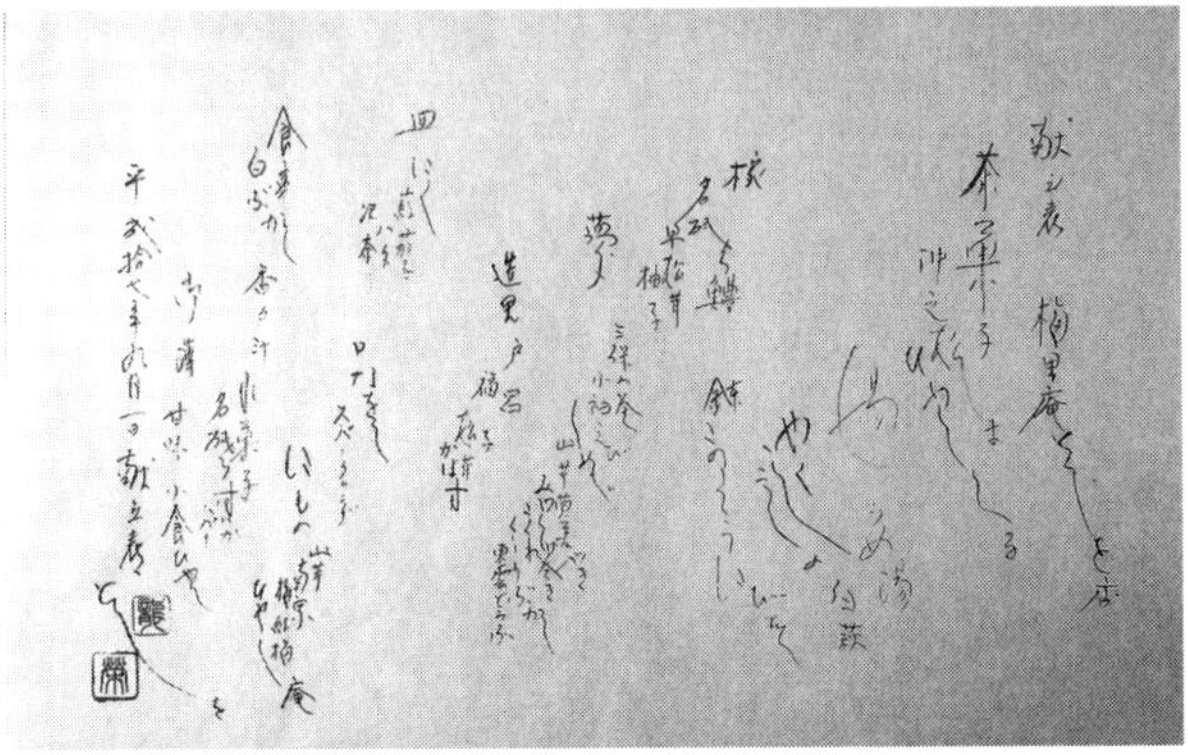

家庭料理ならばご飯や味噌汁、漬け物などが欠かせないが、日本料理の献立は、酒の肴を中心に料理を構成する。献立の献という字は、本膳料理にある式三献を指す。現在の日本料理の献立というのは、室町時代に確立した武家の本膳料理をもとにして、それぞれの時代の求めに応じて構造が徐々に変化し、懐石料理、そして現在の会席料理の形式が出来上がったと考えられる。

→本膳料理（ほんぜんりょうり）

こんだてはきすう［献立は奇数］

献立の品数は奇数にすることが約束という考え方があり、料理人の中でも意見が分かれる。

会席料理は、まず、酒に合う先付や小鉢料理から始まり、椀物、刺身が提供され、その後に焼き物として皿鉢や鉢肴が出される。酢の物、煮物と続き、次に食事、汁、香の物と続き、水菓子、甘味かデザートが提供される流れが基本である。この場合の献立の品数は、ご飯と香の物、甘味やデザートを省いたものをいう。

奇数へのこだわりは、必ずしも必要ではない。婚礼では偶数や四の数字を避けるのが常識だが、形式のはっきりした本膳料理を別に、現在のような会席スタイルの献立では偶数でも奇数でもかまわないと考えられる。その理由は、現代の日本料理店で提供する会席料理は、江戸時代に発展した型式の料理が原型で、もとは、室町時代に確立した本膳料理の後半の料理をコンパクトにしたように、時代とともに変化していくと考えられるからである。

こんにゃく ［蒟蒻］

里芋科のコンニャク芋の球茎の粉末に、石灰液を加えて固まらせた食品。そもそもコンニャクは、原料のコンニャク芋が、鎌倉時代以前に火薬や漢方の材料として、中国から伝わっていた歴史があり、食用ではなかった。

現在、コンニャク芋の産地は群馬県の下仁田が有名だが、九州の防人から茨城に伝わり、それが群馬に伝わったともいわれている。

コンニャク芋を食用にと考えたのは、茨城県出身の中島藤右衛門《とうえもん》（1747〜1828）。彼は別名コンニャク藤右衛門ともよばれ、長年に渡り、コンニャクの食用化を研究していた。コンニャク芋は、そのままでは煮ても焼いても揚げても食べられない。あるとき、コンニャク芋をすりおろした鍋を囲炉裏のそばに置いておいたら、たまたまに炭がはねて灰が入り、エグミがなくなることを発見したと伝わる。乾燥させて粉とし、水で戻して食用にし、貯蔵や運搬を可能にしたことも功績で、水戸藩の特産品として藩の財政を支えた。

茨城県大子町には蒟蒻神社という名の神社があり、そこでは中島藤右衛門を祀っている。

こんぶ ［昆布］

煮て出汁を引くために、また祝儀用に、奈良・平安時代から珍重されてきた重要な食材。主な産地は北海道で、日高昆布、真昆布、羅臼昆布、利尻昆布などがある。昆布の加工品としておぼろ昆布、白板昆布、とろろ昆布などもある。現在、昆布の95％は養殖もので、天然ものはなかなか入手できない。函館の立待岬の天然昆布が美味で高級品である。

サーモントラウト

海水で育った、養殖のニジマス。市場では、トラウト、トラウトサーモン、サーモンなどとさまざまな名称でよばれている。英語でサーモンは海に下るもの、一生を淡水域で過ごすものはトラウトという。

富山の〝ますのすし〟やスモークサーモン、缶詰など加工品によく使われている。

さいきょうみそ ［西京味噌］

主に京都で作られる甘い白味噌で、白味噌ともいわれる。麹を多く用いるために甘味と香りが強い。

さいきょうやき［西京焼き］
西京味噌を主として仕込んだ漬け床に魚を漬けて焼いた料理。材料の魚は、マナガツオ、アマダイ、サワラ、マダイなどをよく使う。魚は、漬ける前に薄く塩を振って余分な水分を抜いておく。
漬けるときは、漬け床の味噌と魚が直接当たらないよう、ガーゼや和紙などに包んでから漬け込む。長く漬け過ぎると魚の水分が出過ぎて身が硬くなるので、3日ほどにとどめる。焦げやすいので、焼き方に技術を要する焼き物である。

さいのめ［さいの目］
さいころから出た名で、四方角に切ったものを指す。大きさは、1㎝角が目安。本来は大根の切り方で、火にかけて崩れないものに使うため、じゃが芋などでは使わない言葉である。

さいばし［菜箸］
野菜類を茹でるときや煮物、和え物を調理するときに使うに使う箸。竹製が多く、先端が細くなっている。
また、懐石料理で、焼き物や八寸を取り分けるときに用いる箸のこと。中節、両細、止節の3種類がある。
→中節（なかぶし）→両細（りょうぼそ）
→止節（とめぶし）

さいまきえび［才巻海老］
クルマエビの小さいサイズのもの。片手で握ったときに頭と尾がはみ出すほどの大きさで、15㎝、15gくらい。天ぷらとして最適で、これ以上大きくなると、クルマエビとよぶ。鮮度のよいエビを天ぷらに揚げると尾が鮮やかな赤い色になるが、鮮度が悪いと濁った赤になる。
→車海老（くるまえび）

さおもの［棹物］
細長いものという意味があり、羊羹や蒸し羊羹を、木製や塗り物の棹や舟とよばれる容器に流して固めた甘味物を指す。ひと竿のあんは、小豆1升5合分から仕込む。

さかあらい［酒洗い］
魚の下ごしらえで使う表現で、魚を酒で洗うこと。クセのある魚や鮮度の落ちた魚を酒で洗うことで、生ぐさみが取れ、旨味が加わる。

さかいり［酒煎り］
酒や酒塩を煮立てた中に材料を入れてさっと火を通すこと。アワビ、クルマエビ、イカ、ハマグリ、三つ葉などで行う。
→酒塩（さかしお）

さかぎり［酒霧］

酒と水を適量合わせた液体。霧吹きに移し、料理に吹き付けて使う。代表的な料理は奉書焼きで、魚などを奉書に包み、その和紙に酒霧を吹いて焼く。

→奉書焼き（ほうしょやき）

さかしお［酒塩］

キスやイカの黄身焼き、クルマエビなど、淡泊な材料をかけ焼きするときに使う合わせ調味料。

作り方は2種類あり、ひとつは、日本酒に水と昆布を加えて、昆布の塩分で2％ほどの濃度の塩味を付ける。アマダイやヒラメを洗うときに使う。もうひとつの作り方は、日本酒に水と塩を加え、塩分を2％ほどに調えたもので、立て塩の薄いものと考えてよいだろう。

実は、この2種類の酒塩はそれほど大きな差はない。仕事のていねいさを教えるためにわざわざ2種類あるのだろうと考えられる。

→かけ焼き（かけやき）
→立て塩（たてじお）

さかずき［杯］

酒を飲むための小さな器。材質も、陶磁器、金属、ガラス、塗り物など、形も様々。下に高台があるものをいう。

→高台（こうだい）

さかだい［酒台］

酒を飲むお客の献立のこと。酒を飲まないお客の献立は〝飯台《はんだい》〟という。カウンターに座るお客ならすぐわかるが、座敷席のお客の場合は、接客係から情報を得て献立の内容や味付けを調整する。

〝酒台〟のお客で熱燗で料理を楽しむお客には、珍味類が喜ばれるので、塩辛や魚卵などを先付や小鉢、前菜に供する。純米酒や醸造酒など、冷酒を楽しまれるお客には、珍味類は出さない方がよい。同じ日本酒でも、組み合わせると生ぐさくなるからだ。冷酒の場合は、ワインやビール、洋酒全般の酒と同様に考え、洋酒に合うよう、チーズや油、塩を利かせた料理にする。

→飯台（はんだい）

さかなのいぶくろ［魚の胃袋］

カンパチ、マダイ、スズキ、マグロなどは胃袋が比較的に大きく使いやすい。ほかの魚の胃袋も調理して食べられるが、小型の魚の場合は下ごしらえに手間がかかる割に量が集まらないため、使っていないというのが実情である。

スズキやマダイなどの白身魚の胃袋は塩辛に、マグロなどの赤身の魚は煮て使うのが代表的な調理法。焼いたり茹でるなどして加熱した後に和え物にしてもよく、歯応えの楽しい一品となる。

さかなのかわ［魚の皮］

魚を刺身にすると、引いた皮が残ることが多いが、その皮にもいろいろな調理法がある。

代表的な調理法は3つあり、⑴茹でてポン酢醤油や酢味噌、レモン醤油で食べる ⑵ウナギ串や木の枝に巻いて炙り焼きする ⑶油で揚げてポン酢醤油で食べるという3通りである。

最も手軽なのは皮を炙り焼きする方法。塩を振ってカボスやスダチ、レモンを絞って食べる。マダイ、ヒラメ、オコゼ、ハゼ、キス、スズキ、アジ、カツオなどほとんどの魚の皮がおいしいので、一品として提供できる。炙り焼きにするときは、春なら彼岸桜の枝が細くて使いやすい。夏なら黒文字などの季節の木の枝に巻くと、風情が出てよい。

→ポン酢醤油（ぽんずしょうゆ）

さかなのてんねんものとようしょくもの

［魚の天然ものと養殖もの］

マダイ、ヒラメ、ブリ、シマアジなど、養殖される魚の種類は増え、その技術も向上している。価格が安いのはありがたいことだが、おろした翌日に魚を見ると、天然ものとの差は歴然としている。

天然ものは、つやと弾力があり、食べて生ぐさみがない。しかし養殖ものは、生ぐさみが出るなど劣化が早い。そのため、養殖の魚は、仕入れた当日に使い切ることを考えて献立を考える必要がある。カンパチは、体に斑点があると天然もの、ないと養殖である。サバは、養殖ものは庖丁に脂が多く付くので、おろしていればすぐわかる。ヒラメは、皮の白い側に黒い斑点があるものは養殖もの。アユの天然ものは皮に弾力がある一方、養殖ものは弾力がなくて硬い。

養殖もののよさは、天然ものより価格が安いことのほかに、いつでも入手できる、大きさが揃うなどの点があげられる。味の面でのメリットはほとんどない。その中での例外が関東の養殖ヒラメ。養殖のヒラメは、養殖技術の発達のおかげで、天然ものとの味の差がかなり縮まっている。おろした当日はプロでも差がわからないほどなので、自信を持って活用したい。

さかなのほぞん［魚の保存］

おろした魚を保存するには、水洗いをしておろした身を、経木や薄板を敷いたバットに並べる。そのときに注意したいのが、魚の身の並べ方である。何も考えず、おろした順番で並べてはいけない。上身なら上身だけ、背の背なら背の背だけというように仕分けをしてバットに並べることが基本となる。

これは、魚の身、特に白身は、保管した状態により傷み方が違うからで、その程度が同じものでまとめて、傷みが進んでいる方から使っていくことでロスをなくす。この仕事をさせてみると、どんな修業をしてきたかがわかる。

→経木（きょうぎ）

さかなのめいしょ［魚の名所］

魚には、部分によってさまざまな名称がある。肉では部位というが、魚では名所とよぶ。名所は、四條流の式庖丁のときに必要な用語で、細かい表現がある。これを知っていると、料理人同士での仕事もしやすくなる。

→式庖丁（しきぼうちょう）

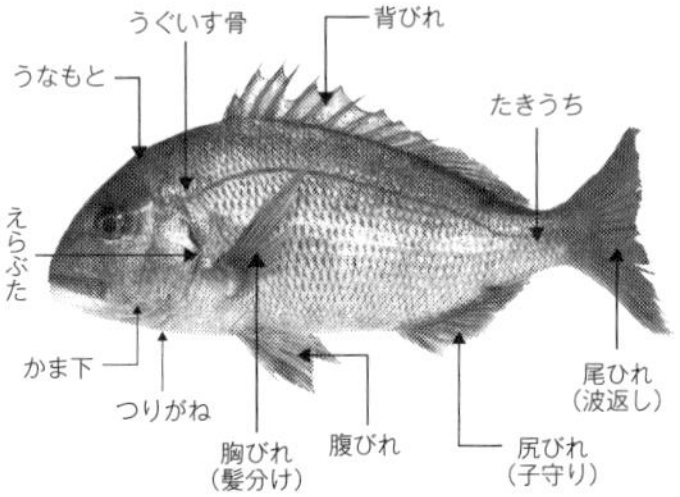

魚の名所　四條流には独自の魚の部分の呼び方が伝わっている。こうした細かい言葉を知っていると、魚を扱うときに仕事がしやすい。

さかなのわた［魚の腸］

キンキの腸はくさみがあって食べられないが、たいてい魚の腸は食べることができる。手法は、甘辛く煮付ける、塩を振って塩辛にする、茹でてポン酢醤油で食べる〝酢浸し〟の３つが代表的。

さかに［酒煮］

多量の酒を使って煮る煮物。酒の風味と白い色合いを大事にし、調味料は塩だけで、酒塩煮ともいう。ほんの少々の醤油を加える場合もある。材料は、鮮度のよい白身魚や貝類を使う。

さかびたし［酒浸し］

魚を焼いて、煮立てた酒にカツオ節や梅干しを加え、それで魚を浸した料理のこと。〝骨浸し〟とする献立があるが、美しい表現ではないので、〝酒浸し〟とする。使う魚は、アマダイ、アユ、ハタ、マス、サケ、カマス、スズキ、タラなど白身魚が中心である。

さかむし［酒蒸し］

材料に塩を振り、さらに酒をたっぷりかけて蒸す料理。ハマグリのように短時間の蒸し物、その逆に、アワビのように長時間かけてやわらかく蒸すものがある。材料は鮮度のよいものを選ぶ。材料の下に昆布を敷いて蒸すことが多い。

さかやき［酒焼き］

塩を振った魚や肉に、酒をかけながら香ばしく焼く焼き物のこと。

さきづけ［先付］

酒と一緒にすすめる、最初に出す酒の肴のこと。小鉢と意味は同じで、先附とも書く。最初に出す料理には、ほかに、箸付け、小付けなどのよび方があるが、基本的にはどれも同じ役割である。ただし箸染《ぞ》めというのは、新年だけに使い、梅にく和えやウニ和え、イカの黒造りなど、箸を使ったときに箸先に色が付く料理に付ける言葉である。
料理は、山のものと海のもの、見慣れたものと珍しいものなど、できれば対になる材料や味付けで、2品を出したい。量や品数を多くすると、次の料理を出すまでの時間が生まれる。
最初に提供する料理なので、好印象を与えつつ、お客を待たせないということも大切で、料理は手早く提供できることが原則。現在は日本酒よりビールやワインなどを飲むお客が多いので、そうした酒に合う料理にする必要が出てきている。従来のまま、日本酒向けの塩辛やカラスミでは、ビールやワインには生ぐさみが出て合わない。
現代では、珍味類より、野菜類を活用してあっさりめに作る方が、ヘルシー感があり、原価も安く、喜ばれるようだ。味は、次に出す椀物を生かすことを考えて、刺激の強い味、濃い味は避ける。同じお客が続けて利用するようなお店では、3パターンくらい準備をしておく。

さくどり〔冊取り〕
マグロやブリ、大型のカツオなどをおろしたのち、その上身を短冊状に切り分けること。冊取りのさくは、短冊から来ているので、作ではなく冊取りと書くのが正しい。ヒラメや小型のカツオは三枚や五枚におろし、そのままを使うために冊取りするとは表現しない。

さくら〔桜〕
料理の世界では、馬肉のこと。馬肉を桜というのは、〝咲いた桜になぜ駒つなぐ、駒が勇めば花が散る〟という俗謡に由来するといわれる。また、花札の絵柄から、鹿肉をもみじと表現することに関連していうようになったと考えられる。

さくらじまだいこん〔桜島大根〕
鹿児島桜島の火山灰土で生産されている世界で最大の大根。聖護院大根よりもはるかに大きく、10kgサイズの大根が流通する。鹿児島県の郷土料理や、鹿児島漬けといわれる漬け物に使われる。

さくらだい〔桜鯛〕
マダイの別名。マダイは、春に産卵のため内海に集まり、雄の腹が桜色に染まって桜の開花の時期と重なることから、桜ダイとよばれる。桜ダイを使った料理は、兜煮、粗煮がおいしい。
→兜煮（かぶとに）→粗煮（あらに）

さくらづけ〔桜漬け〕
八重桜の花を塩漬けにしたもの。おめでたい席に欠かせず、特に婚礼の席では桜漬けを2つ入れて湯を注いだ、桜湯が出される。桜蒸しという料理にも使う。桜は、七分咲きの花を朝摘みして、花300gに粗塩100g、梅酢大さじ5ほどで漬け込む。桜の品種は普賢象《ふげんぞう》、楊貴妃などがよい。
　→桜湯（さくらゆ）　→桜蒸し（さくらむし）

さくらなべ［桜鍋］
馬肉を使った鍋物。

さくらに［桜煮］
タコを煮た料理。桜色になるのでこの名がある。マダコを使うとよい。
煮方は、塩もみしてよく洗ったタコを酒と味醂を煮立たせたた煮汁に入れ、皮がやぶれないように火加減に注意しながら煮る。関東では甘めに仕上げ、関西ではつや出し程度に味醂を使う。やわらかく煮上げるときは、小豆や大根を加える。
質がよいタコならば誰が煮てもやわらかくなり、下ごしらえで、大根やビール瓶でたたく必要はない。

さくらにく［桜肉］
馬肉のこと。
　→桜（さくら）

さくらばづけ［桜葉漬け］
大島桜の若葉を塩漬けしたもの。桜の葉はどんな品種でもよいわけではなく、大島桜は、やわらかくて香りがよく、塩漬けにしてからも色がよい。アマダイの蒸し物、タイの桜蒸しなどの料理、桜餅などの菓子に用いる。

さくらます［桜鱒］
ヤマメが海に下し、再び遡上したもの。とても味がよく、刺身、すし、焼き物にする。富山のますのすしに使われ、本マスともよばれる。旬は春で、1月から4月の献立に使う。
　→山女（やまめ）　→本鱒（ほんます）

さくらむし［桜蒸し］
道明寺粉に、食紅で桃色に着色した出汁を加えて生地を作り、それを材料にのせたり、包んだりしてから桜葉で包み、蒸して銀あんをかける料理。桜の香りが魅力でもある。アマダイやタイ、エビ、鶏肉などを主役の材料にする。
　→道明寺（どうみょうじ）
　→桜葉漬け（さくらばづけ）

さくらめし［桜飯］
醤油で味付けをしたご飯。茶飯ともよぶ。本来の茶飯は、番茶を煮出して塩味で炊くご飯のことである。

さくらゆ［桜湯］
結納や婚礼などの、慶事の席で供するお茶。塩漬けにした八重桜の花2つに、湯を注いで供する。現在では慶事の席では桜茶を出すが、昭和の時代は蘭茶だった。入手しにくくなったことから桜茶に変わったと思われる。
→蘭茶（らんちゃ）

さけ［鮭］
サケ科の硬骨魚。秋から産卵のために故郷の川を上って産卵する。マスに比べると脂がない。
代表的なサケは、白ザケ、紅ザケ、マスノスケを指す。
→白鮭（しろざけ）

さけ［酒］

日本料理では、酒は日本酒を指し、通常は粳米《うるちまい》で醸造した清酒を指す。料理に日本酒を使うとなぜおいしくなるかは、まだ科学的には解明できていないようだが、日本酒を加えることで材料のタンパク質が分解するなどして、旨味が強まるのではないかと考えられる。酒の甘味や香り、酸味が加わって味わいが深まり、味全体をまとめる効果もあるだろう。

日本料理には、日本酒がないとできない料理がある。代表格は、二枚貝（シジミ、アサリ、ハマグリなど）の吸い物で、日本酒を使うことで貝の旨味が際立つ。アワビも日本酒を加えて煮ないとおいしくやわらかくならない。青魚の煮物では、魚の匂いを消すのに、日本酒が欠かせない。肉類やご飯も、日本酒を加えることでおいしくなる。

さらに、日本酒の調味料としての最大の特徴は、相性のよくないものには決して使えないが、相性のよい場合は多少量を多く使ってもかまわないことである。塩や酢、砂糖はこうした使い方はできない。

ただ、日本酒を料理に使う場合、塩を加えた料理用の酒はかえって素材の持ち味やおいしさの邪魔になるので、一般の酒を使う方がよい。このときに使う日本酒は、高価なものでなく二級酒でかまわない。また、調味料を入れる順番としては砂糖より先に入れる。

日本酒は、下調理にもよく使う。淡白な魚にかけて使う〝酒塩〟、魚の下洗いに用いる〝玉酒〟、奉書焼きになくてはならない〝酒霧〟などがある。
→酒塩（さかしお）　→玉酒（たまざけ）
→酒霧（さかぎり）

ささうち［笹打ち］
ウドや牛蒡《ごぼう》を、まな板に置き、回転させながら斜めに薄切りすること。炊き込みご飯に使うときの切り方である。

ささがき［笹掻き］
牛蒡《ごぼう》などを鉛筆をナイフで削るように持ち、端から庖丁で削いでいく切り方のこと。

ささがれい［笹鰈］
笹の葉のような形に細長いカレイ。ヤナギムシガレイ、ヤナギガレイともいう。

北海道以南の日本各地でとれ、特に三陸や福島ではヤナギガレイ、福井や山陰ではササガレイとよび、一夜干ししたものは若狭ガレイという名の高級品である。かつて、常磐では大量にとれたので大衆魚であった。

さざなみ［さざ波］

あしらいのひとつで、キュウリや大根をかつらむきにして縒《よ》ったもの。刺身のあしらいに使う。

→あしらい

さざなみぼうちょう［さざ波庖丁］

アワビやタコを、庖丁を寝かせて刃を上下に動かしながら進め、切り口を波状にすること。箸でつまみやすく、つけ醤油が絡みやすくなる。波切りともいう。

さしがつお［差し鰹］

→追い鰹（おいがつお）

さしこみ［差し込み］

椀物に使う表現で、椀種やあしらいを椀物に入れる作業のこと。盛るといわず、差し込むと表現する。

さしみ［刺身］

季節の魚介を生の状態で提供する料理。生ものの料理の代表で、献立では、最も華があり、原価をかける料理でもある。刺身、造里、作り、造り、生とも表現する。

本来は、1種類の魚を盛ったが、お客の要望に応えていろいろと盛り合わせるようになった。何種類も盛り合わせることやあしらいを多くするのは、料理として焦点がぼけやすいが、昨今のお客の嗜好を考えると、刺身の種類や量の多さ、彩りのよさが必要な場面が増えた。

しかし、女性客やお祝いの席では彩りと品数を優先するもの、舌の肥えたお客には、種類やつまを減らしてシンプルに仕上げる方が喜ばれる。

刺身の庖丁の技術

平造り、そぎ造り、薄造り、細造り、糸造りなど、刺身を造る技法には各種あり、基本はひと口で口に入る大きさにすることで、それよりも大きくなるときは隠し庖丁を入れる。魚介の特性に合わせて切り方を変えたり、骨が多い魚には骨切りをし、若アユなら背越しにするなど、持ち味を生かした切り方をする。庖丁の技術で食べさせる刺身が登場したのは室町時代のようである。

刺身の技法

刺身には、切るばかりではなく、霜降りや火取りなど、加熱して食感に変化を出したり、塩や酢でしめて旨味を引き出すものがある。皮がおいしい魚は皮を炙ったり、淡白な場合は昆布じめにして旨味を強めるなどの手法がある。

刺身の数

刺身の枚数は奇数が基本。これは、奇数を古来の日本人が好んだためと思われる。しかし大事なのは器やお客の好みに合わせることで、場合によっては偶数になってもかまわない。ただ、正式な婚礼では四や偶数を嫌うので注意する。

刺身の盛り付け

刺身は、必ず季節の合ったつまとけん、薬味を添える。これらは、盛り付けたときの色合いの美しさや立体感ばかりでなく、魚介の生ぐさみを消したり、風味をプラスし、殺菌効果もあるとされてきた。これらが揃ってこそ、刺身の美しさと持ち味を一体となって楽しませることができる。

刺身のつけ醤油

つけ醤油は生醤油が代表的だが、魚の個性や持ち味により、土佐醤油やポン酢醤油、肝醤油、梅肉醤油なども添える。醤油の代わりに、酢や味噌を用いた酢味噌や煎り酒、蓼酢を用いることもある。

→煎り酒（いりざけ）

刺身の語源

室町時代の公家である中原康富の日記、『中原康富記』に、マダイの刺身として〝タイならタイとわかるようにその魚のヒレを差しておく〟という記述があり、この〝ヒレ差しなます〟が、今日いわれる〝さしみ〟の起源となっていると考えられる。

さしみず［差し水］

沸騰している湯に加える水のこと。麺類を茹でるときなど、沸騰を抑えるために使う。びっくり水ともいう。

さしみぼうちょう［刺身庖丁］

刺身を引くときに使う庖丁。庖丁は魚ごとに多くの種類があり、最初は、マグロ用、白身魚用、青魚用の3種類を揃えて使う。

関東の刺身庖丁は先端が四角いことが特徴で、どういうわけか、この庖丁を、関西では〝蛸引き〟とよんでいるようだ。

庖丁は一流の店で購入すれば間違いがない。見習い時代の給料1カ月分を目安にして購入するとよい。

ざつきすいもの［座付き吸い物］

会席料理で、献立の最初に出る吸い物。お清ましが多い。座についてすぐ出されることからこの名がある。座敷吸い物、椀先付けともいう。なかなか評価される料理ではなく、すり流しなどで印象づける工夫をすることも多い。

↓お清まし（おすまし）

さつきます ［五月鱒］

アマゴが海に下り、再び遡上したもの。長良川では最高級の魚で夏に美味とされる。アマゴより大きく、体長は40㎝ほどになる。

さつきわん ［皐月椀］

5月頃に提供する椀物。鉄皮《てっぴ》やフキ、ウド、セリを具として使った。地方によっては鉄皮ではなく、鮟皮《あんぴ》を使い、椀物としては鮟皮の方が高級である。

↓鉄皮（てっぴ）　↓鮟皮（あんぴ）

ざっせつ ［雑節］

二十四節気や五節句以外の、日本独自の季節の節目のこと。特に農業との関わりが深く、実際に日本人の生活に根付いた実用的な意味があることが特徴で、料理人の仕事にも関わる。

節分（せつぶん　2月3日）

本来は立春、立夏、立秋、立冬の前日をいうが、いまは冬の節分（立春の前日）のみが雑節として残り、家庭での豆撒きが風習となっている。近年では、節分に食べると縁起がよいとされる〝恵方巻き〟が広がり、定着しつつある。

八十八夜（はちじゅうはちや　5月1日頃）

立春から数えて88日めのこと。この日に摘んだお茶の葉は霜が当たらないため、高級な茶葉であるといわれる。この頃の献立には、松茸を早走りとして吸い物に使い、名残のフグの白子と、煎茶の新茶を入れる。

入梅（にゅうばい　6月11日頃）

暦の上での梅雨入りのこと。入梅までに、年に1回の庖丁の本格的な手入れとして刃を砥ぎ上げる。梅を収穫する頃であり、特に6月10日から15日頃は、料理用の梅やあしらい用の梅を仕込む繁忙期となる。

半夏生（はんげしょう　7月2日頃）

夏至から数えて11日めの7月2日頃のこと。穴子やアユの塩焼きが最高の時季で、マガレイ、ホシガレイもおいしさが最高潮となる。

二百十日（にひゃくとうか　9月1日頃）

立春から数えて210日めのこと。この日は台風が襲来する可能性が高く、農家の人々にとっては厄日といわれている。

土用（どよう）

立春、立夏、立秋、立冬の前の18日間で、特に夏の土用は、ウナギを食べる習慣があることで知られている。ヒラメやシジミもおいしくなり、夏の土用を迎えると百合根の味がよくなる。この頃のヒラメは土用ビラメとよばれ、脂は少ないが味がよい。

彼岸（ひがん　春分・秋分の3日前後）

春分・秋分を中日として、前後各3日を合わせた各7日間のこと。1年で合計14日ある。彼岸は、それを境に、夏場、冬場と大まかに献立や仕込みを切り替える区切りで、料理人には特になじみのある雑節である。

さつまいも［薩摩芋］

甘味を最大の特徴とする根菜。甘藷ともいう。日本には江戸時代に栽培が始まり、飢饉で多くの人を救った。近頃は、繊維質がたっぷりで、美容によいとか、赤紫の皮にアントシアニンというポリフェノールの一種が含まれているためにからだによいと、成分の機能が注目されている。料理は、焼き芋や干し芋、ふかし芋、小豆とともに炊く従兄弟《いとこ》煮、レモン煮なども知られている。

サツマ芋はアクがとても強く、この扱いを調理法によって変えることがポイントである。天ぷらや鉄板焼きのように高温で調理する場合は、アクがなくなるのでアク抜きは不要。煮物なら、しばらく水にさらす。ただし、大学芋のようにほどほどにデンプンを残したい場合は、さっと洗う程度にする。よりねっとり感を出して炊き上げたい場合は、水ではなく白水《しろみず》で炊く。

葉柄（茎のような部分）も、皮をむいてきんぴらのように煎り煮にするとおいしい。

品種は、紅あずまや鳴門金時が代表的で、茨城1号、クリマサリなど。中身が紫色の紫芋、種子島特産の安納芋などの品種も人気が高い。

↓ポリフェノール　↓白水（しろみず）

さといも［里芋］

里に作る芋の意味で、とてもなじみの深い芋。原産はインドやネパールなどのアジアで、縄文時代に日本に伝わったといわれる。日本料理では、家庭料理的な食材のために使う機会が少ない根菜で、八つ頭やエビ芋など、性質が似て、付加価値のある芋の方を献立に入れる。しかし、煮っころがしや、芋煮とよばれる汁物は秋になると恋しくなる味で、捨てがたい魅力がある。家庭で作らなくなっている傾向が強いので、そういう料理こそ、現代のお客に喜ばれる料理といえる。ただし、日本料理では、煮っころがしではなく旨煮という。

里芋の旨煮をおいしく煮るには、まず、余分な下ごしらえをしないこと。下ごしらえで、塩でもむ、いったん茹でこぼす、酢水で茹でるなどさまざまな記述があるが、一切不要。アクは余分なものどころか、里芋のおいしさそのもので、取ってしまったらおいしくなくなる。煮ている最中は、アクを散らすようにしながら強火で炊く。また、里芋は皮をむいたらすぐ調理をする。とても生命力のある芋で、しばらくすると皮膜が張ってきて味が落ちてしまう。

むくときは、六角形にむく〝六方〟というむき方が基本。このむき方は、盛り付けがしやすく、弁当などでも詰めやすいという利点がある。また、〝里芋の皮は大名にむかせろ、有りの実（梨のこと）の皮は乞食にむかせろ〟というように、これは里芋の皮は厚くむくものと教える意味である。サツマ芋は皮は薄いが、金団《きんとん》にするときは厚くむく方がきれいにできるので、やはり厚くむいた方がよい。

↓旨煮（うまに）　↓六方（ろっぽう）
↓金団（きんとん）

さとうのはたらき［砂糖の働き］

砂糖は、調味料として甘味を付けるだけではなく、食品加工に役立つ効果や作用をいろいろと持つ。砂糖の働きには以下のようなものがある。⑴保水効果がある　砂糖は水分を取り込む性質があり、食品に砂糖と水分を加えると、時間が経っても硬くなりにくい。⑵脱水効果がある　砂糖は水分子と結合しやすい性質がある。例えば、芽カンゾウやかつらむきにした白瓜などの緑色を鮮やかに出したいとき、水の10～20％の重量の砂糖を加えて溶かした砂糖水に浸してから茹でると、野菜の水分を脱水し、塩で茹でるより深い緑色が出る。糖分は洗えばすぐ抜ける。⑶食品保存効果がある　砂糖の⑴の保水効果によって、細菌の繁殖が抑えられ、食品が長く持つ。ジャムや砂糖煮が例である。⑷デンプンの質が劣化しにくい　炊いた白飯をそのままにしておくとぼそぼそになるが、すし飯のように砂糖が加わると、時間が経ってもぼそぼそしない。餅菓子がやわらかいのも、この砂糖の性質のためである。⑸香ばしさが生まれる　砂糖を高温で加熱すると焦げ、香ばしさが生まれる。カラメル化という。⑹つやが出る　砂糖を加熱すると溶けてつややかになる。艶煮や甘露煮のつやは砂糖や水飴を使うことで出る。

さとうのわりあい［砂糖の割合］

甘味類やあん類、煮物を仕込むとき、砂糖は欠かせない。昨今は、甘くないことが評価される時代になり、砂糖を使う量はかなり減っている。その場合、砂糖の量を計って適正な分量を数字で摑みながら、舌も鍛えることで正確な料理づくりができる。

砂糖の計り方は、材料の重量に対して何％の量の砂糖を加えたかという測り方で、数学的な定義の総重量比ではない。例えば、１００gの小豆に33gの砂糖を加えたら、小豆の１００gの33％の砂糖なので、砂糖の割合は約33％と表現する。ただし、もとから加わる材料が甘ければ実際の甘さはもっと強くなり、レモンなどの酸味のあるものを加えれば、甘さを弱く感じるので砂糖の量を調整する必要がある。

固形の羊羹や金団《きんとん》などは、昭和30年代は、砂糖の割合は最大で50%となるように使っていたが、いまは40%にしても甘みが強過ぎると感じるようで、現在、36%という割合でちょうどよいとされる。今後、甘みを控える傾向は続くと思われるので、この先、さらに数%減らす必要があるかもしれない。茶事に使う甘味ならば、お茶との相性を考え、42%ほどにする。サイダーやジュースなどの液状の場合は、液体の重量に対して、18~20%の砂糖を使うことが大きな目安となる。甘味ではないが、黒豆のような煮豆を仕込むときは、戻した豆の重量の30%が目安となる。

甘味類は、大きく分けて、あんやゼリー、羊羹、砂糖漬け、おしるこのように、固形か半固形状で味わう場合と、サイダーやジュースなどの液状で味わう場合があり、これらを分けて考えるとよい。

砂糖は想像以上に多く溶けるが、味についていては、ある一定以上の量を加えても、それ以上は甘さは変わらないという飽和状態がある。それは、砂糖を材料の50%くらい加えたときである。したがって、砂糖をそれ以上加えても意味はない。

さなご

ウリやカボチャ、メロンのワタのこと。だつともいう。

↓だつ

さば［鯖］

煮物、揚げ物、すしなど万能に使える魚。かつてはイワシやサンマより安く大衆魚の代表格だったが、ブランドサバの登場で、すっかり高級魚の仲間入りをしたサバもあり、価値が大きく変わった。豊後水道の関サバ、相模湾の松輪サバなどが、国内のブランドとしてはよく知られる。四国の愛媛・松山には生食できる高級サバがあり、味のよさに驚くが、漁獲量が少なく、高級店に卸されるので通常はお目にかかることがほとんどない。

一般的にはマサバ、ゴマサバ、ノルウェーサバの3種類があり、料理店でよく使うのはマサバ。これは秋サバという言葉があるように、旬は秋である。実際に出回り量が多く、一般的な店で入手しやすいのはノルウェー産を代表とする冷凍のサバ。これは惣菜用に利用価値が高く、煮物や揚げ物、照り焼き、塩焼きなどに使える。養殖ものは脂が多くくさみがあるが、煮物にするときなどは梅干しを加えて煮ると、脂くささを和らげることができる。養殖ものは、尾が丸くなっているので、尾を見れば判別できる。

意外に知られていないのが、寒サバの白子のおいしさ。フグの白子やマダイの白子に匹敵するおいしさがあり、そのままポン酢醤油和えにしても、塩辛にしても、味噌汁に入れたり焼き物にしてもよい。プロの調理人であっても知らずに捨てていることが多い。

中骨や頭は、いったん焼いてから揚げると、シャリシャリと砕け、酒の肴になる。エラも、きちんと洗って素塩を振ってひと晩置き、その後焼いたり揚げたりすれば食べることができる。旬は夏と冬。

→素塩（もとじお）

さばのあつかいかた［鯖の扱い方］

サバをしめたり塩焼きにするときは、三枚におろす。そのとき、どんな使い方をするかによって、頭を落とす位置を変える。ブランドサバのような、生で食べたりしめサバにする場合は、身を少しでも多く取るために、頭には身を残さない。切り離した頭は、焼いたり揚げ煮などにする。冷凍サバのように塩焼きや煮魚として料理をする場合は、カマを大きめに切り分けて、身を三枚におろす。サバの中骨は、大きめの５００gほどのサバなら12本を抜く。普通のサバなら11本抜けばよい。

サバの料理の代表格、味噌煮にするときは、腹を開かず、内臓を指でかき出して、中骨ごと筒に切って使うと、盛り付けがなんとも上品になる。

しめサバは京都や大阪では伝統的な調理法。関東でも、昭和50年代まではべた塩と生酢でサバが真っ白になるまでしめたが、流通が発達し、鮮度のよい状態のサバが入手しやすくなった昭和60年代以降は、しめる時間は短くなり、酢も生酢ではなく割り酢を使って、より生に近い味に近づける仕込みに変化している。

さばのみがきわん［鯖のみがき椀］

サバと大根、ウドを合わせて使う椀物。真冬に出し、中骨をはずしたサバを塩焼きして盛る。青味は使わないことが約束。

日本料理では、通常はサバは椀物にしないが、上質のサバの場合はこの椀物にする。似た汁物に船場汁があり、船場汁はアラや中骨を使って作るお総菜的な食べ物であることに対し、これは磨きのサバを使う。

→船場汁（せんばじる）　→磨き（みがき）

さまつ［早松茸・夏松茸］

八十八夜の頃（5月の初め）に出る松茸のこと。八十八夜のときに椀物に使う。このとき、献立に早松茸と書いて、〝さまつ〟と読ませる。翌日からは夏松茸と書き、これも同じく〝さまつ〟と読ませる。こちらも椀物に使う。

さゆ［白湯］

水を沸かしただけの、何も加えていない湯のこと。変哲のないもののように思えるが、肴の中では最高位にある。日本料理では、食事を出すとき、汁ではなくわざわざ白湯を添えることがある。例を挙げると、木の芽ご飯やマスずし、マスご飯には白湯を添えて味噌汁は付けない。白湯がより合うと考えるためである。

さより［針魚］
海の貴婦人と称される気品のある魚。春が旬。料理は、糸造りや椀種、すし種、焼き物などにする。腹の中が黒いので、祝い肴には使わない人もいる。
→祝い肴（いわいざかな）

さらす［晒す］
材料を水を流している中に入れて、アクや余分な辛味、塩分、糖分を抜くこと。ためた水では水が入れ替わらないので、水が循環させてさらすことが大切である。

サラダあぶら・サラダゆ［サラダ油］

精製された植物油の一種。材料は菜種、綿実、大豆、トウモロコシなどいろいろあるが、材料の組み合わせやブレンドの割合はメーカーによって違う。サラダ油は最も安価で手軽に入手できる植物性の油であり、日本人の食生活が洋風化により油脂の旨味は味づくりに欠かせないものになった。

日本料理でもよく使うようになり、昭和40年代から料理教室でも積極的に使われるようになったようだ。隠し味のようにサラダ油を活用されることも増えている。例えば、野菜の旨煮を作るときにサラダ油で材料を炒めてコクを出す、塩焼きにした魚の仕上げにサラダ油を塗って旨味を強調する、あるいは胡麻豆腐や野菜の和え物、デザートに使う漉しあんにほんの少量加えて味に深みを出すなどである。季節や献立の前後関係など、状況に合わせて使い方を工夫することで多彩な活用の仕方が考えられる。

さらに、甘味噌や合わせ調味料の味噌類にも、隠し味的にサラダ油を適量加える方法もある。コクとつやが出ることに加え、時間がたっても硬くならず、使いやすくなるメリットがある。西京漬けの味噌床に入れると、魚も硬くならない。宴会料理など前もって盛り付けておく料理にもサラダ油を使うと、表面の乾燥を防ぎ、つやが加わって時間の経過を感じさせない。

現在さまざまな油が出回るようになったが、一般的なサラダ油が、最もくせがなく、日本料理に取り入れやすい。

ざらびき［ざら引き］
キスやアジなど、一般的に小型の魚のウロコの引き方。出刃庖丁で、頭から尾に向かってウロコを引く。

ざる［笊］
竹や針金で編んだ器。調理の下ごしらえや、そばを盛る器などに使う。素材は、竹、ステンレス、プラスチックとあり、形状も、浅い盆ざるや、やや深い溜めざる、さらに深い揚げざる、料理を移すときに使う敷きざる、丸型、角型と多様である。
使いやすく手入れをしやすいざるを選べばよいが、使いやすいのは竹製。材料をのせたときに水切れがよい。素材として弱いと思われがちだが、金属とそれほど変わりはないようだ。

一番の利点は、金属製のざるは、化学変化を起こして食材が変色したり、金気くささが移ることがあるが、竹ざるにはその心配がないことである。

竹ざるは、洗った後の手入れが大切で、ぬれたままにせず、布巾を叩き付けるようにして水を払ってから陰干しをする。
→敷き笊（しきざる）

さるなし

マタタビ科で、キウイフルーツの近縁種でもある。サルナシは全国に自生しており、熊の好物。実の大きさはキウイフルーツよりも小さくて直径3㎝ほどの楕円形をしている。表面はつるりとして産毛のような細かい毛はない。味は、酸味があって熟すと香りが強く、存在感がある。こくわともよび、昔から日本料理では献立に入れ、水菓子として出している。

さわに［沢煮］

料理名の通り、沢にある材料を用いた煮物。沢煮椀として椀物としても供する。塩分濃度は0・7％ほどで、芝煮の次に塩分が少ない煮物である。

本来はセリや鹿肉、牛蒡《ごぼう》、三つ葉を使い、吸い口は胡椒と内容が決まっていた。鹿肉は、沢に水を飲みに下りてくる鹿のイメージだろう。鹿肉はいつでも入手できるわけではないので、豚の三枚肉を炙った肉などで代用する。ベーコンを使うのは萬屋調理師会の仕事である。

吸い口は胡椒で、まれに木の芽を使う。出汁は血合い抜きのカツオ節とメジマグロ節を使って引く。
→芝煮（しばに）

さわら［鰆］

サバ科の魚。冬は春。瀬戸内では桜ダイとともに有名で、中でも四国のサワラが最高級品。小型のサワラはサゴシという。料理は、刺身、焼き物、蒸し物にする。

さわらび［早蕨］

初釜の椀盛やお向に使うワラビのこと。1月の早蕨は那須で栽培していて、入手できる。豪商の春の祝膳、刺身や椀物のつまにも用いられた。かぎワラビという形のものを使う。
→鉤蕨（かぎわらび）

さんかいなべ［山海鍋］

味噌味の鍋物。マダイの頭、エビの殻、餅、牛蒡《ごぼう》など、何でも入れてよいとされる。

さんがつびらめはねこまたぎ［三月鮃は猫またぎ］

3月になると、ヒラメの餌となるプランクトンが、毒を持つようになり、それを食べる3月のヒラメは使ってはいけないという料理人への昔からの教え。

現在は、淡水で養殖するヒラメなら心配はないが、海で養殖するヒラメは有害物質を持つエサを食べることがあり、同様の心配があるので、やはり3月に献立に入れるものではない。

さんぎ［算木］
もともとは、江戸時代にお金を預かる両替商が、小判を預かる代わりに、預かり証とともに渡した木片のことをいう。柱状の形をして、手に収まる大きさで、材質は黒檀や紫檀が使われて立派なものだった。これらの形から、日本料理では、角柱に切ったもの、または短冊を厚めに切ったものを算木とよぶ。
一般的には、そうした角柱や短冊状の切り方や食材のことは拍子木切りという名称で広まっている。本来、料理用語は、あまり生活感のある言葉は使わないので、途中で間違って伝わっていったのではないかと思われる。拍子木は、木を打ち合わせて音を出して火事の用心をよびかける道具で、料理を表現する言葉として、雰囲気やイメージがどうもそぐわない。

さんしゅう［三州］
三州とは三河の別名で、愛知県岡崎の八丁味噌を使った料理に付けられる名前。この味噌を何種類か合わせて使うと三州仕立てとよぶ。

さんしょう［山椒］

筍の料理や魚のタイ料理に欠かせない、日本料理に重要な香辛料。若芽、花、実に芳香と香りがある。珍味店から仕入れることが普通になったが、意外に身近なところに生えている。栽培ものとは、見た目も香りも力強さが違うので探してみたい。

山椒の芽を木の芽とよぶが、これは春先に出た葉を指し、5月を越えると、香り葉とする。8月を過ぎると葉山椒になり、9月の彼岸から3月の彼岸までは使わないことが約束。山椒の葉を使わない時期は、茗荷や柚子を使う。

実は、未熟な場合は実山椒とよび、吸い口やあしらいにしたり、佃煮にする。熟した実は鈴山椒とよぶ。果実が割けて赤い果肉が出ると割山椒といい、木槌でつぶして煮物に添える。花は花山椒とよび、吸い口や煮物の天盛りに使ったり、酢漬け、塩漬け、砂糖漬けにもする。懐古山椒は、山椒の花の酢漬けのことである。

粉山椒は吸い口や酢の物に使い、ウナギの蒲焼きに欠かせない。祝い粉ともよび、婚礼やパーティでの献立に書くときは、祝い粉と表現する。
→実山椒（みざんしょう）
→懐古山椒（かいこざんしょう）→祝い粉（いわいこ）

さんしょうあらい［山椒洗い］
木の芽を加えた水で魚を洗うこと。アマゴ、ヤマメ、カジカ、ウグイなどを、3月から4月の献立で刺身として出すときの仕事で、手法であって、料理名ではない。
川魚の生魚の洗いや刺身は、毒消しのために蓼を添えるといわれ、この木の芽を加えた水で洗うことも、毒消しが目的であった。似た仕事に蓼洗いがある。

これらには、山椒味噌か木の芽味噌、山椒酢味噌、蓼酢、蓼醤油を添えて出す。イワナはジストマの恐れがあるので洗いにはしない。
→蓼洗い（たであらい）→木の芽味噌（きのめみそ）
→蓼酢（たです）

さんしょうみそ［山椒味噌］
赤の練り味噌に、山椒の粉を加えたもの。魚田などに使う。

さんばいず［三杯酢］
合わせ酢の基本。酢2、醤油0・5、味醂か砂糖0・5、出汁1、塩少々を合わせ、さっと火にかけてから用いる。たいがいの酢の物に向く。材料の色合いを生かすときは醤油を控えて塩を足す。

さんぺいじる［三平汁］
北海道、松前地方の郷土料理。汁の名前にはさまざまな由来があり、松前藩の料理方、斉藤三平が考案したといわれたり、有田焼きの創始者の李三平《りさんぺい》が考案した器から来ている、さらにはアイヌ語でサケの心臓を意味するサンペから付けられたなどといわれている。

さんぼう［三方・三宝］
お供えをのせる台のこと。檜の白木で作り、大小はさまざまである。塗りのものもある。

前、左、右の3ヵ所に眼象《けんじょう》という抜き形があり、抜き形の数によって、一方、二方、三方、四方となり、四方は貴人用だった。抜き形のない三方は、供饗《くぎょう》という。使うときは、縁の綴《と》じ目を向こうにし、供物を盛る。

さんま［秋刀魚］
秋の味覚を代表する魚。塩焼きや煮付け、和え物、ムニエルなどが代表的な料理。冷凍品が通年で出回り、近海ものは漁獲量が減少しているため高価になる一方。環境の変化のせいか、年々、新ものの時期が早まり、秋というより夏の魚になっている感がある。

すしなどの生食にする場合は、必ず塩や酢でしめてから提供する。また、サンマは内臓の味が好まれる数少ない魚なので、内臓に塩を振ってくさみを抜くひと手間が大切である。

残暑が残る走りの頃は、脂がまだ乗っていないが姿焼きが喜ばれる。旬の頃は、姿で使うとかえって安っぽいので、切り身にしてほかの材料を組み合わせてひと手間かけた料理にしたい。名残の頃は、脂が最も乗っていることから塩焼きや開きにして供する。

脂が乗ったサンマとそうでないサンマでは、付け合わせを替えて食べ味を調節する。脂が乗っているときは大根おろしやスダチといった柑橘類を多めに添え、そうでないときは、甘露煮や甘煮といった付け合わせを添える。

さんまいおろし［三枚おろし］

魚をおろすときの基本のおろし方。1尾の魚を、上身と下身、中骨におろすことで、魚をおろす最も基本的なおろし方である。

手順は、①水洗いをした魚の上身を上にしてまな板にのせ、尾の付け根に切り込みを入れる。②魚の腹から尾まで庖丁で切り込みを入れる。③魚を置き直して背から頭に向かって切り込みを入れる。④尾を右、頭を左に置き、中骨に庖丁をのせて上身を引いておろす。⑤下身も同様にして尾の付け根、背、腹の順で切り込みを入れ、尾から頭に向かって庖丁を引き、下身をおろす。

しいざかな［強肴］

→預け鉢（あずけばち）

しいたけ［椎茸］

日本での生産が最も多いキノコ。全国各地で栽培される。中国からの輸入品も多い。冬場の肉厚の冬子《どんこ》、春にとれる春子《はるご》などは、干し椎茸の銘柄。干し椎茸は旨味が魅力だが、現在は機械干しとなり、天日干しよりも旨味は少なくなった。

現在、菌床栽培によって通年栽培し、流通量が激増しているが、昭和30年代までは出回る量が少なかった。

しお［汐］

塩水に浸して焼いた料理に使う言葉。また、液体の塩（塩水）のこと。粉末の塩を使う場合は汐ではなく塩として区別する。

しおうに［塩雲丹］

ウニの生殖巣に、食塩を加えたもの。

しおがま［塩釜］

本来は、塩を取るために使った釜で、底が浅くて塩造りの様子に風情があると、塩釜は昔から美術や詩の題材にされてきた。和菓子の世界では、宮城県塩竈市の名産で、餅米を主にした干菓子の一種。

日本料理では、釜を塩で形づくり、料理を包んで風味を閉じ込めたり保温を兼ねた塩釜焼き、塩釜蒸しなどがある。釜は、卵白を泡立て、塩や片栗粉を混ぜて作る。この料理法は比較的に新しい近年のもので、見せるための料理として取り入れられたようである。保存食でもあり、タイの塩釜は約3ヵ月持つという。

しおこし［潮漉し］

魚のエラ。料理名に付けるときに用いる言葉である。ほとんどの魚のエラは、下ごしらえをていねいにして汚れを取り除き、天火で焼いてから揚げると、食べることができる。酒の肴としてよい。

→鰓（えら）

しおだし［塩出し］

→塩抜き（しおぬき）

しおたまご［塩卵］

日本料理店は、卵白は椀種や蒸し物、揚げ物の衣などによく使うものの卵黄がしばしば余る。その環境から生まれた常備菜のひとつで、卵黄に3％ほどの塩を加えてよく混ぜて生地を作り、つけ板とよぶ板に刷毛で塗り重ねながら天火で焼く。もみじにしたいときは、赤の食紅を塗って色を付ける。

抜き型でいちょうやつたの葉、柿の葉、ひょうたん、菊、月など好みの形に抜いたり、自分で切って形を作り、前菜や焼き物の化粧に使う。見栄えばかりでなく、目的はその塩分で、単独ではかなりしょっぱい。料理に添え、料理と一緒に食べてもらう。火入れが充分でないと、冷ましたときに卵が液体に戻ってしまうので、きちんと火を入れることが大切である。

保存期間は、冷蔵庫で1年ほど。

しおで［牛尾菜］

別名、山アスパラといわれる山菜。〝山菜の女王〟ともいわれ、上品な風味が魅力。旬は4月。芽はアスパラガスのようにして食べ、葉は餅菓子を包み、蒸して柏餅のようにする。秋になると赤い実を付ける。

学名は〝山帰来《さんきらい》〟で、日本全国の湿地帯や杉山に生えている。生息地により、四国山帰来、蝦夷《えぞ》山帰来、山帰来と分けられるようである。〝しおで〟とよぶのは、その中の山帰来のこと。山帰来の葉は生け花に使われ、お茶の世界でも登場する。通常はとげがあるものは茶室に活けることはないが、山帰来は例外。

昔は山菜を売る土産店などで売っていたが、いまでは東京の市場で高級品として売られている。

しおぬき［塩抜き］

保存の目的で多めに塩を使った食材の塩分を抜くこと。呼び塩という薄い塩水に浸けておくと塩分が早く抜ける。酒を使う場合もある。

→呼び塩（よびしお）

しおのはたらき［塩の働き］

塩は、味を付ける以外に、調理でさまざまな働きをする。塩の働きには以下のようなものがある。⑴食材の余分な成分を抜く　魚や野菜に塩を振ると水分がしみ出て、中に含まれているアクやくさみを抜くことができる。⑵食材を傷みにくくする　魚介や野菜に塩を振ると食材の水分が抜け、細菌の繁殖が抑えられる。⑶食材の色の変化を抑える　切ったままにすると茶褐色になる材料を塩水に入れると、塩によってビタミンCが保護され、酸化による変色を防げる。⑷野菜の緑色を保護する　青菜を塩が加わった湯で茹でると、塩によって緑色の成分のクロロフィルの分子が安定し、鮮やかな色を保つ。⑸タンパク質の粘度が増す　例えば、糝薯《しんじょ》などの魚のすり身や小麦粉が入った生地のコシを出したいときは、塩を加えると粘りが出る。

→糝薯（しんじょ）

しおばんちゃ［汐番茶］

塩を少々加えて淹れた番茶。塩分濃度は0・4％ほどで、旅館や日本料理店で、先付から甘味まで食したお客に提供する。全国的に同様の習慣がある。

しおびき［塩引き］

塩蔵した魚類のこと。中でも有名なのが塩引きザケで、新潟県村上市の名物である。サケに塩をたっぷりとまぶして10日ほどおき、それを塩抜きして冬に乾燥させる。寒の時期に仕込む塩引きが最高とされる。

最近は健康志向から、塩分を控えた甘塩の塩ザケが多く出回っているが、昔ながらの塩引きザケには、充分な塩があってこその旨味がある。

しおみがき［塩磨き］

材料を、多量の塩でもんでアクを抜いたりぬめりを取って洗うこと。キュウリ、タコ、アワビなどで必ず行う下ごしらえである。ニガリなど天然のミネラルが含まれた塩がよい。

しおむし［塩蒸し］

材料に塩を振って蒸す料理。酒を隠し味として振る場合もある。貝類、エビ、白身魚、鶏肉などに向く。

しおやき［塩焼き］

焼き物の基本とされる焼き方。魚をはじめとする材料に塩を振って焼くことである。

材料に塩を振ることで魚の内部の水分が表に引き出され、これにより、くさみが外に出て身が適度に引きしまり、形よく焼ける状態になる。また、塩を振ると魚などのタンパク質がいったん溶け出し、それが加熱されて固まり、内部の旨味が外に溶け出すことを防ぐので、おいしく焼けるようになる。

しおをする［塩をする］

材料に、紙塩やベタ塩などの塩を振る仕事を適宜すること。

→紙塩（かみじお）　→ベタ塩（べたじお）

しおをなめさせる［塩をなめさせる］

食材に塩をして寝かせておくこと。

塩を当てるよりも塩の量は多く、〝なめさせる〟はホッケやサバに使うことが多い。

じかだき［直炊き］

鮮度のよい材料を、下調理をしないで切り、そのまま煮る手法。筍、カボチャ、エビ芋、八つ頭、サツマ芋、ウドなどで行う煮方で、材料の持ち味を生かせる。煮えばなを提供する煮物で、タイミングを見極めながら煮上げることが、実はとてもむずかしい。

→煮えばな（にえばな）

じかに［直煮］

→直炊き（じかだき）

しがらきやき［信楽焼き］

滋賀県信楽町一帯に産する、平安期から続く古い焼きもの。粘土の粒が浮き出たざっくりとした肌に特徴があり、室町時代の後半に茶の湯が盛んになったときは、茶道具として使われるようになった。現在はタイル、園芸用品も多い。あたたかみのある味わいの焼きものが多く、たぬきの置物は有名。

しきざる［敷き笊］

鍋の底に敷く、編み上げていないざるのこと。崩れやすい料理を煮て引き上げるときに便利で、焦げ付きも防ぐ。

大量に油揚げを煮たりじゃが芋を煮たりする場合や、魚を甘露煮にするときなどに使い、このざるで引き上げると煮汁を何度も使えることも便利である。煮ざる、煮揚げかご、敷き籠目ともいう。

しきさんこん［式三献］

本膳料理で最初に出す伝統的な料理で、〝見せるため〟の儀礼的な料理。〝箸を付けるべからず〟といわれ、上座に一組を置いておき、最後まで下げない。本来は、主君と家臣の間で3回の酒が酌み交わされ、そのときの酒の肴の料理であった。

初献、二献、三献とそれぞれに料理が決まっており、初献には、熨斗《のし》アワビ、クラゲ、梅干しなどを盛る。熨斗アワビとクラゲは必ず使う料理である。二献にはなますなどが盛られる。これは季節によって内容が変わる。三献には、〝鯉の石畳〟という酢でしめたコイを盛る。粉末の塩と、海水より濃く煮立てた塩水と酢を添えて出す。

→本膳料理（ほんぜんりょうり）

→熨斗鮑（のしあわび）
→鯉の石畳（こいのいしだたみ）

しきし［色紙］

食材を、切り口が正方形で、薄く切った色紙状のように切ること。さまざまな素材に用い、あしらいや和え物などにする。小さい大きさのものは、手紙になぞらえ、〝福便り〟ともよぶ。

しきぼうちょう［式庖丁］

右手に庖丁、左手に俎箸《まなばし》を持って、魚鳥類を手で触れずに調理をする庖丁さばきの儀式のこと。新築、供養、結婚式、葬式などの目的により型が違い、さまざまな式庖丁がある。

式庖丁は、藤原の鎌足の七世の子孫の藤原越前守高房の第六子、山蔭中納言藤原政朝卿が考案し、帝に捧げる賜饌《とうせん》料理や、神前に捧げる神饌《しんせん》料理を行うときに、魚鳥類に触れずに庖丁と俎箸で調理をしたとされる。

『源氏物語』の常夏の巻に、「いと暑き日にひんがしの釣殿に出て給いて涼み給う中将の君あまた候え給ふ親しき殿上人あまた候ひて西川より奉わる鮎小さき川の石床様の物、御前にて調じてまいらす」とあり、『宇治拾遺物語』では、「俎板を洗いて持て参れと声高らかに云いてやがて茂経今日の庖長丁仕つらんと云いて俎箸けずりさやなる庖丁抜いて云々」とある。このことから、平安時代の貴族生活には、庖丁儀式が社交として欠かせない存在であったことがうかがわれる。その後、武家政治となってからも、庖丁儀式は、朝鮮王国の使者来聘のときや、幕府礼法のひとつとして盛んであった。

明治以降は庖丁式をする料理人が減ったが、現在、浅草の料亭『婦志田』を道場として、料理人が式庖丁の稽古をして受け継いでいる。庖丁式という人もあるが、式庖丁が正しい。

→山蔭中納言藤原政朝卿（やまかげちゅうなごんふじわらまさともきょう）

しぎやき［鴫焼き］

主に寺で精進料理として出す料理で、茄子《なす》に油を塗って焼き、魚田味噌を塗り芥子《けし》の実を振って出す茄子料理のひとつとして知られる。茄子をシギの焼き方で焼くためにこの名がある。茄子の形がシギに似ているからともいわれる。

本来の野鳥のシギを使った料理の場合は献立では〝しぎ〟と書いて〝しぎ焼き〟とはしない。また、芥子ではなく山椒を振る。

しぐれに［時雨煮］

伊勢湾の名物のハマグリを、生姜を加えて佃煮風に煮た煮物。現在はハマグリ以外の材料で、アサリ、シジミ、カツオ、マグロ、牛肉などに生姜を加えて佃煮風に煮るとどれも時雨煮というようになった。

しじみ［蜆］

シジミには旬が年に2回あり、夏の旬のものを土用しじみ、冬は寒シジミとよぶ。日本の国産シジミは、利根川（茨城県・千葉県）のシジミ、宍道湖《しんじこ》（島根）のシジミ、十三湖（青森）のシジミがよく知られ、味のよさでは十三湖産が一番で、種類は大和シジミである。瀬田シジミとして琵琶湖産のシジミも知られるが、この瀬田は滋賀県ではなく、東京都の瀬田の地名との説もある。

シジミを椀物で使う献立名は少し紛らわしく、シジミのすり流しを味噌味にすると〝シジミの味噌仕立て〟、シジミで出汁を取った汁は〝シジミ〟である。〝シジミ汁〟は味噌が入り、シジミの汁を葛粉や片栗粉でとろみを付けると〝霞仕立て〟になる。これはハマグリの場合も同じで、ハマグリで出汁を取った汁にとろみを付けたものは〝霞仕立て〟である。

しじょうりゅう［四條流］

日本の料理中興の祖とされる、山蔭中納言藤原政朝卿を祖とする日本料理の流派。庖丁の家柄として式庖丁を司る。山蔭卿の子孫の16代四條大納言隆親、25代の隆益など傑出した名人を輩出している。

鎌倉時代には四條流の流れを汲み、四條園流、四條園部流、大草流、進士《しんし》流、生間《いかま》流などが登場した。中でも四條園流は諸大名に普及した流派である。室町時代には『四條流庖丁書』をはじめとする伝書が各種著された。

→山蔭中納言藤原政朝卿（やまかげちゅうなごんふじわらまさともきょう）

ジストマ

肝吸虫ともいう寄生虫。幼虫は淡水にすむ魚介に寄生し、その幼虫を宿した淡水魚を生で食べると感染し、肝臓の胆管に寄生して病気となる。

川魚やカニなどにいるので、生での提供を避ける。充分に冷凍したり、加熱することで幼虫が死ぬ。

したきり［舌切り］

小ぶりなアオヤギや、身をむいているときに傷つけてしまって足の部分のみ切り取ったアオヤギのこと。すし種に使われることが多い。

→青柳（あおやぎ）

したて［仕立て］

味噌を合わせて使う椀物に付ける料理の表現。○○仕立てという表現をいたるところに見かけるが、味噌をそもそも使っていない場合や、使っても味噌が1種類の場合、椀物ではない場合は、間違った表現である。

つまり、味噌を何種類か使った汁物を合わせ味噌仕立てと表現するのはよいが、お清ましを清まし汁仕立てとしたり、赤味噌を1種類使った汁を赤出汁仕立てといってはいけない。
例外は霞仕立て、吉野仕立て、スッポン仕立て、丸仕立ての場合である。
↓霞仕立て（かすみじたて）
↓スッポン仕立て（すっぽんじたて）
↓丸仕立て（まるじたて）

しちごさんもり［七五三盛り］
お祝いのとき、平造りにした刺身を、七、五、三の数に合わせて盛り付ける方法。タイを7枚、ヒラメを5枚、マグロを3枚盛る。関東の仕事である。

↓平造り（ひらづくり）

じづけ［地漬け］
材料を漬け床に直接漬けること。直漬け、どぶ漬けともいう。

しどけ
しどき、もみじがさともよばれる高級山菜で、山菜の王といわれる。香りが強くて多少のほろ苦さがあり、好みが分かれる山菜だが、歯応えもあり、クセになる。春に出回る。

しなのがき［信濃柿］
小粒の渋柿で1つが7～10gほど。長野県や東北地方で栽植する。果実は長楕円形で小さい。果実が球形のものはマメガキ、ブドウガキ、サルガキともいう。冬を越えると甘くなる。

しなのむし［信濃蒸し］
↓信州蒸し（しんしゅうむし）

じねんじょ［自然薯］
日本の山野に古代から自生する芋。旬は秋。生で食べられる芋で、デンプンを消化する酵素のジアスターゼが豊富で消化を助ける。大変粘りが強い。漢方では自然薯を山薬《やまぐすり》といい、滋養強壮に効能があるとしている。

現在、栽培しているものは少なく、山野に自生している自然薯は量が減り、収穫がしにくいので近年では高価な食材になった。かつては自然薯を婚礼の献立で白煮を作ったが、変色しやすくてむずかしい煮物である。

↓白煮（はくに）

しの［篠］
土手や丘に群生する、細い竹の一種。四つに割り、ざるや籠、行李などを編む材料になる。

日本料理の料理人の間では、まっすぐという意味があり、〝篠にとる〟といえば、材料をまっすぐにむくこと。細い円柱で、細長い材料に使う。

↓篠にとる（しのにとる）

しのぎ［鎬］

庖丁の刃の付いた部分と、腹の部分の境の線のこと。その線を境に刃は低く薄くなっている。研いだときに鎬を削ってしまうと庖丁が狂うので、鎬を残して研がなければいけない。鎬が減ってきたら、次に使う庖丁を準備する。

諺でしのぎを削るという表現があるが、刀のしのぎが削られるほどに激しい戦いを意味し、のちに、刃を用いた戦い以外の場面でも使われるようになった。〝鎬〟が由来なので、〝凌ぎを削る〟は間違った表記である。

しのだ［信田］

油揚げを使った料理に付ける名前。狐は油揚げが好物という俗説があり、狐の伝説がある信田の森に由来するといわれる。信田巻き、信田煮などがある。

しのにとる［篠にとる］

篠は竹の一種で、まっすぐに生えることから、ウドや長芋をまっすぐにむくこと。鉛筆よりやや太めに９㎝ほどの長さに揃えてむく。煮物や付け合わせの鉢前（焼き物や小鉢に添えるあしらいのこと）に使う。

→鉢前（はちまえ）

しののめ［東雲］

ウニを使った料理に付ける名前。東雲は日本の古語で、東の空の雲を指し、その雲は夜明け前にウニのような茜色になるからという説、東京江東区の東雲でウニがとれたからという説がある。

しのびしょうが［忍び生姜］

ほんの少量の生姜を、姿なく料理に使う場合に用いる表現。例えば椀物に、香りとして生姜を絞ってわずかな生姜汁を加える場合などである。柚子を絞って加えるときも、同様に忍び柚子とする。

しのやき［志野焼き］

ぼってりとした肌合いでぬくもりのある美濃の陶器のひとつ。絵具の使い方や、釉の種類のかけ具合で、無地、鼠《ねずみ》、紅、赤などいろいろな志野焼きができる。鼠志野、紅志野などという。

しばえび［芝海老］

クルマエビ科の小エビで、東京都港区の芝辺りでとれたことから芝エビの名前がある。小型で、糝薯《しんじょ》やエビぞうめんにする。そば店の天ぷらそばのエビといえば、芝エビを使うものだった。11月から2月の献立に入れる。

しばに［芝煮］

煮物の中では最も塩分が薄い、0・6％の吸い地に近い味わいの煮物。汁気は多く、汁と具とを両方楽しませる。出汁は、血合い抜きのカツオ節とメジマグロの節を使って引く。本来、東京の芝浦でとれたハマグリやクルマエビ、アオヤギ、トリ貝、キスなどを生きたまま使い、ウド、三つ葉などを取り合わせてさっと煮る。

しばふね［柴舟］

蓮根をすりおろし、百合根や松茸を入れて蒸した秋の料理。蒸し上がった料理には銀あんをかけ、柚子や木の芽を添える。これを椀種にした椀物は、柴舟椀という。

柴舟は秋の季語で、椀の文様としても描かれ、舟に柴や栗、松茸を積んで川を下る様子をモチーフとする。

しぶかわに［渋皮煮］

栗の渋皮煮のこと。栗の渋皮を付けたまま、米のとぎ汁で下煮をし、蜜で煮含める。晩秋を知らせる料理で、前菜やあしらい、正月の口取りに使う。

しぶきり［渋切り］

料理の世界の渋切りには2つの意味がある。まずは、漉しあんを仕込むときに小豆の渋を抜くための作業のことで、これは、小豆を煮たとき、布袋に移して水をかけながらあんを水に数回さらすことである。

もうひとつの意味は、鍋の黒ずみを取るための渋切りで、洗い方から洗い上がった鍋を、使う前に洗剤でもう1回洗い、湯を入れて沸騰させること。洗い上がった鍋のまま使うと、黒ずみの成分が料理に移ってしまい、特にアルミ鍋の場合に影響が大きい。

じぶに［治部煮］

金沢の郷土料理の煮物。鴨や鶏肉、金沢特産のすだれ麸、椎茸、セリなどを煮て、醤油や砂糖で調味し、葛粉や小麦粉でとろみを出す。かつてはそば粉でとろみを出したともいう。

名前の由来は、兵糧奉行であった国崎治部右衛門という人物が秀吉の朝鮮出兵の際に朝鮮に赴き、覚えてきた料理であるとか、じぶじぶ煮えるからなど、諸説がある。

しほうこうい［四方高位］

四角い器で、四方のどれもが正面のことを指す。保科膳ともいう。

→保科膳（ほしなぜん）

しほうざら［四方皿］

八寸前後の角皿のこと。

しほうめんとり［四方面取り］

煮物で、エビ芋や長芋、唐の芋、八つ頭などをむくときの手法のひとつ。四角に切った材料の、12本ある辺それぞれにさらに切り込みを入れて切り取る。

煮崩れを防ぐものではなく、庖丁の技術を見せるための切り方で、角がピシッと立った状態に煮上げる。

こうした切ったものは、白煮や旨煮にすることが多く、食材は八つ頭を多く使う。結婚式に用いられてきた。平安時代からある技術で、四條流庖丁書に載っている。

→白煮（はくに）→旨煮（うまに）
→四條流（しじょうりゅう）

四方面取り　唐の芋の辺の、庖丁の入れ方を四方面取りという。庖丁技術を見せるためのむき方で、平安時代からある技術。

しまあじ［縞鯵］

アジ類の中でも最も味がよいとされる高級魚。養殖ものが出回るようになったが天然ものはますます出回らなくなり、高価になるばかりである。

何といっても刺身やすし種、塩焼きが喜ばれる食べ方で、洗いも代表的。その一方で、イタリア料理など洋食の世界でも使われ、カルパッチョやサラダなどにして、ドレッシングを組み合わせた味付けが楽しめる。煮る調理は向かない。

旬は冬場で、立冬から立春の頃。中骨やすだれ骨等のアラは塩を振ってくさみを抜き、いったん焼いて揚げれば食べることができる。エラも同様にする。内臓類は甘辛く煮たり、塩辛や茹でてポン酢醤油で食べるとおいしい。天然ものはおろすと血が赤く、養殖ものは血が黒っぽいのですぐ見分けが付く。

養殖ものは、20年の歴史があり、技術が発達して入荷は安定しているが、味はまだ天然ものとの差が縮まっていない。肉質に脂っぽさがある。

しまあじのあつかいかた［縞鯵の扱い方］

三枚おろしが基本で、骨組みがマダイに似ているため、マダイの三枚おろしに準じておろすとよい。骨はけっこう硬く、アジ科の魚なので側面にゼイゴがあるが、それほど神経質にならなくてもよい。

おろすときは、刺身や洗いにする部分を最優先しておろし、頭や中骨には身を残さずぎりぎりのところではずす。内臓は甘辛く煮てもおいしく、カマは塩焼きか椀物がよい。

しまえび［シマ海老］

小エビ類で、北海エビともいう。冬場の11月上旬から2月上旬の間に出回り、刺身や塩茹でにして食べる。

しめたまご［締め卵］

寄せ卵の正式な言い方で、卵のおいしさが伝わる料理。かつては、婚礼で使う椀物の椀種に必ず入れる料理だった。

作り方は、よく溶いて布漉しをした卵を出汁に落とし、煮立つ前にすくい、すだれに絹布巾やガーゼなどを置いて漉す。残った卵をすだれで巻いて形を整える。

玉締め、湯取り卵という言い方もある。かつては卵がとても高価だったため、特別な料理であった。

しめる［絞める］

生きている魚や鶏を死なせること。

しもつかれ

大根をたっぷりと使った郷土料理。北関東の食文化で、初午のときに用意する。大根を鬼おろしでおろし、節分の大豆を煮て、人参、サケの頭などを加えて塩で味を調える。これを、御幣《ごへい》（神社などで神様をお招きするために用意する、細長い木や竹の串に、白い紙を挟んだ神祭用具のこと）とともに田畑に供える。

すみつかれ、すみつかり、すむつかり、しみつかれなどともよばれる。

→鬼おろし（おにおろし）

しもふり［霜降り］

刺身の手法のひとつ。皮が美しい魚や、皮ごと食べるとおいしい魚に向く。まな板を斜めに置き、魚の身をまな板に付け、皮目を上にしてのせて布巾をかぶせ、皮目に２回ほど熱湯をかけてから氷水に取り、水気を拭き取る。または、タイやコチ、ハモ、マグロ、カジキなどの白身の魚を細切りにして湯にさっと通し、すぐ水切りをする仕事のこと。

こうすることで魚の周囲に霜が降ったように白くなり、同時に食材の生ぐさみや余分な脂肪を取り、身が引きしまって弾力が出る。

皮霜、湯霜と意味は同じで、魚の粗《あら》煮や兜《かぶと》煮をする前に、ウロコや血合を取り除くために沸騰直前の湯に通す下ごしらえのことも指す。

→皮霜（かわしも）
→湯霜（ゆしも）

しもふりしめじ［霜降りしめじ］

山に霜が降りる頃に成育する、晩秋のキノコ。歯切れがよくて旨味が強いことで知られる。ユキノシタ、ギンタケともいう。

じゃがいも［じゃが芋］

原産は南アメリカで、日本には、江戸時代の慶長年間（１５９６～１６１５）にインドネシアのジャカルタからもたらされたといわれ、ジャガタラ芋とよばれた。和食の世界では歴史が浅く、まだ上手に取り入れていない根菜といえよう。しかし、コストが安く若い世代に人気があるので、うまく使って魅力のある料理を生み出したい。男爵、紫じゃが芋、黄じゃが芋、メークィーンなどがある。静岡の三方ヶ原産が美味。

日本料理でのおすすめは裏漉し。マッシュポテトのようなもので、形を崩し、品のよい食材を組み合わせる仕事ことで、先付や椀種が作れる。ただし、じゃが芋は傷みやすいために衛生管理には充分注意する。

じゃが芋にはバターや油、味噌がとても合うので、バターを落とした汁物や、すいとんのような具だくさんの味噌味の汁物もよいだろう。それほど値段がとれる料理にはならないが、凍えるような寒い日にタイミングよく提供するととても喜ばれる。

→煮漉し（にごし）

じゃかご［蛇籠］

蛇籠とは、川の土止めに使われる竹で編んだ籠に石を詰めたもの。日本料理の料理人の間では、この姿に似せた切り方のことを指し、蓮根でよく用いる。むき方は、蓮根の皮をむき、斜めに輪切りにして縦に2つに切り、穴のまわりを丸くむいて仕上げる。煮物やあしらいに使う。

しゃかしめじ［釈迦しめじ］

→千本しめじ（せんぼんしめじ）

しゃくしお［尺塩］

下ごしらえで使う塩の振り方のひとつで、約30㎝の高さから塩を振ること。蒔き塩ともいう。

→蒔き塩（まきじお）

じゃこてん［じゃこ天］

愛媛県近海でとれた小魚から作る魚肉の練り物で、愛媛県宇和島地方の郷土料理。しかし土着の料理ではなく、江戸時代に仙台からやって来た宇和島藩初代藩主の伊達秀宗が、故郷を偲んで仙台から蒲鉾職人を連れてきて作らせたのがはじまりといわれている。

じゃのめ［蛇の目］

キュウリや白瓜の芯を抜いて、小口に切ったもの。蛇の目キュウリ、蛇の目白瓜ともよぶ。飾り切りの一種で、あしらいに用いることが多い。特にハモの椀物によく使う。大根やカブ、芋などを使って、漬け物や煮物にもする。

じゃばら［蛇腹］

キュウリで仕込むことが多い、飾り切りの一種。キュウリの半分の深さまで細かく切り目を入れ、裏側も同様にして細かく切り目を入れる。立て塩に入れてしんなりさせてから使う。あしらいに使うことが多い。

しゃぶしゃぶ

水で割った出汁で、牛肉の薄切りをさっと湯がき、ポン酢醤油や胡麻ダレ、芥子酢味噌で楽しむ鍋物。アクが出にくい白菜、春菊、ネギ、椎茸などをともに煮て楽しむ。

この料理法は江戸時代からあり、当時は〝ちり〟といったそうである。しゃぶしゃぶという料理名は戦後に生まれた言葉で、大阪の専門店が始めた。

しゅうこうぼうちょう［舟行庖丁］

舟に乗るときに漁師が携える万能庖丁。1本で、船上で魚をおろし、刺身に引くことができ、出刃と柳刃の両方の役割を果たす。片刃で松葉先が鋭い。

→松葉先（まつばさき）

じゅうそう［重曹］

重炭酸ソーダの略。アルカリ性の物質で、食材のアク抜きに使ったり、豆類の皮をやわらかくしたり、黒い材料をより黒く、白い材料をより白く、青い材料をより青くするために使う。灰を煮出して作るアクが簡単に入手しにくくなり、使う頻度が増えた。

かつて、黒豆や花豆を黒く煮るときは、お歯黒を使う料理が多かったが、実はお歯黒では、どんなにたくさん使っても、豆は黒く染まらない。重曹を使えばよりやわらかく黒くなり、簡単に煮ることができる。しかし、重曹は使う量がいつも同じとは限らない。例えば豆を煮るとき、新しい豆ならば少なめに、古い豆なら多めにという加減をする。小豆や大豆はなぜか重曹を加えるとおいしくないので用いない。

色出しにも活躍する重曹だが、冬瓜はよいが、ホウレン草などの青物には向かない。青物の持ち味まで奪ってしまい、灰アクで色出しをしたものにはかなわないようである。

→灰汁（あく）

→お歯黒（おはぐろ）

じゅうづめ［重詰め］

重箱に詰めた料理のこと。正月のお節料理が代表的。江戸末期に日本料理店が発達してから、とても豪華な重詰めが作られるようになったようだ。関東ではぎっしりと盛り付け、一の重から五の重まである。一の重には口取り、二の重には鉢肴、三の重には旨煮、与の重にはなます、五の重には唐来物《とうらいもの》を盛り込んだ。現在は三段重が一般的である。

詰め方には、市松模様に似た〝市松詰め〟、放射状に盛る〝八方詰め〟、七宝模様に似た〝七宝詰め〟、そのほかに、〝亀甲詰め〟、〝網代《あじろ》詰め〟などがある。関西では、裏白の葉を敷き、四隅を空けて〝散らし盛り〟にする。

→口取り（くちとり）→鉢肴（はちざかな）

→旨煮（うまに）→なます→唐来物（とうらいもの）

しゅしゅ［主種］

椀物で、主役となる椀種のこと。例えばカニ糝薯《しんじょ》の椀物の場合、主種はカニ糝薯で、副種は芽甘草、客種は生姜である。

しゅとう［酒盗］

カツオの内臓の塩辛。日本酒好きには、酒を盗んでまでも飲みたいとされる喜ばれる肴。なめ物として最初に出したり、和え衣として和え物に使ったり、焼き物の漬け床に加えたりする。

しゅん［旬］

魚や野菜の最も味がよく、価格が安く、大量に出回っている時期のこと。一般的に、東京を中心にして旬を説明するため、気候や緯度が違う地域では、旬の時期は違う。旬の素材は価格が安く、献立に取り入れやすい。しかし、料理店だけでなく、家庭でも食べる機会が多いので、それとは差をつけ、何かしらの仕事をした献立を考えることが必要である。すりおろしたり裏漉しして形を変え、ひと手間かけることが旬の料理には大切となる。

１９９０年代後半からは、ハウス栽培や促成栽培、養殖、流通の発達で、さまざまな食材が一年中入手できるようになり、すっかり旬の感覚がなくなった。旬や食材本来の味を体で知ること、自然に親しむことは、これからの料理人にとって重要な課題である。

しゅんけいぬり［春慶塗り］

飛騨（岐阜県）高山を主な産地とする、檜や桜材に透明な漆を塗り、木目を生かして仕上げる塗り物のこと。またはその技法を指す。色合いにより、黄春慶と紅春慶がある。

じゅんこめず［純米酢］

醸造酢で、米のほかには、水以外は加えていないことを意味する酢のこと。アルコールは添加されていない。コクがあり、においも強い。麹のむれたような香りがあるので、サラダなどに使うときは合成酢の方がよい。

→合成酢（ごうせいず）

じゅんさい［蓴菜］

きれいな池や沼に自生する水草。俗説では、１００年経った水のきれいなところに生えるという。

若葉には寒天で包んだようななめらかな物質が付いていて、初夏に摘み取ってつるりとした食感や淡白な風味を楽しむ。酢の物、和え物、汁の実などにする。使うときは、水洗いしてはいけない。

古事記や日本書紀、万葉集に〝ぬなは〟として記述があり、古くから食用にされてきた。日本料理では八十八夜の献立に入れる。

国産品は秋田県が主産地。５月の連休の頃は１kgで２万円近くし、連休明けに半額以下になって使いやすくなる。近頃は中国からの輸入品が多くなり、手頃な価格で販売されるようになった。

じゅんまいしゅ［純米酒］

米と米麹、水を原料にした日本酒。醸造アルコールを使用しないため、旨味やコクなど特徴が強く出た酒が多い。酒造技術の進歩により、コクのあるタイプからすっきりしたタイプまで、多様な性質の純米酒が揃っている。

しゅんらん［春蘭］

日本を代表する野生の蘭で、春に花が咲く。その芽が、椀物の椀づまや、刺身の立てづまにとして重要。塩でもんでさっと茹で、緑色がよく発色したところで氷水に入れてから使う。芽吹きの表現には適した存在で、これを添えると、春の訪れを待ちわびる自然の様子が表現できる。

中国産は香りがよい。国産の春蘭は、出回り量が減ったためか、東京の市場でも見かけなくなりつつあることが残念。かつて使われた蘭茶は、春蘭を用いたお茶である。

↓つま　↓蘭茶（らんちゃ）

しょうが［生姜］

ショウガ科の多年草で、薬味やあしらい、魚のくさみ消しに加えたり漬け物にするなど、日本料理になくてはならない食材である。歴史は古く、平安時代や奈良時代の書物にも記録が見られる。冬は体を温め、夏は体を冷やし、一年中活用する。カツオやアジ、タコ、カレイ、スズキ、フッコなど5月から9月に出回る夏場の魚には、おろしワサビよりおろし生姜の方が合う。砂糖煮にして甘味としたり、おろし生姜の汁をほんの少々加えて吸い物の風味を引きしめるなど、用途が広い。

生姜はとても不思議な植物で、種として植えて翌年掘り出した親生姜を、古根生姜、またはひね生姜、根生姜とよび、食用に使うことができる。実を種にして植える里芋やじゃが芋、八つ頭などは親芋は腐ってしまうが、生姜だけは種として使った親生姜が腐らずに使える。香りとしてすりおろして用いるのはこの古根生姜。皮に香り成分があるので、本来は皮ごとすりおろす。

これに対し、芽を出して育ったものが新生姜。新生姜をそのままおいて古くなると、土生姜とよぶ。土生姜は、煮たり酢漬けにしたり、細工ものにしたりする。葉生姜は、葉が付いた生姜であればすべて葉生姜とよび、状態であって種類ではない。

代表的な生姜の種類には、谷中生姜、金時生姜、近江生姜がある。

↓谷中生姜（やなかしょうが）
↓金時生姜（きんときしょうが）
↓近江生姜（おうみしょうが）

しょうがす［生姜酢］

二杯酢、三杯酢、加減酢、土佐酢のどれかに、すりおろした生姜の絞り汁を加えたもの。青魚、貝、カニなどの酢の物によく合う。

しょうがつりょうり［正月料理］

日本料理店で正月料理として提供する料理には、〝白髪エビ〟という伊勢エビの焼き物、関東ではハゼの料理、香茸を醤油と酒で煮る〝香茸の伽羅《きゃら》〟、〝黒豆の辛煮〟という醤油をきかせた黒豆の煮物などが定番としてある。〝香茸の伽羅〟は刺身のつまとしては最高級のもの。〝黒豆の辛煮〟は昔からの仕事で、正月からひな祭りの時まで出す料理である。

正月の料理に必ず使いたい食材は、里芋の小芋、八つ頭、自然薯、百合根、蓮根、人参、牛蒡《ごぼう》、大根、カブ、搗栗《かちぐり》、数の子、ワカメ、ホンダワラ、トコブシ、ハマグリ、サザエなど。素材の形を生かし、姿で使うほど、料理の格が高くなる。これらは、煮物、焼き物にしてもいいし、刺身に添えてもよく、料理法は厳密には決まっていない。

お節料理とよぶ正月料理はどこも似ているが、決して、芋を煮物にしなければいけない、大根はなますにしなければいけないということではなく、節句の料理として、五味（甘い、鹹《から》い、酸っぱい、苦い、渋い）を取り入れ、五色を組み合わせるなどの約束を守ると、その時季の料理として、なますや根菜類の煮物が完成度が高いために、似たものになると思われる。

また、正月の煮物は、松竹梅《しょうちくばい》を組み合わせる。松は松茸のことで、竹は筍のことである。盛り付けは、〝寿《ことほ》ぎ〟をあらわすために華やかにする。松菜も正月に欠かせない材料で、雑煮に入れたり、刺身のつまに用いる。

しょうかどう［松花堂］

茶の湯の点心を盛るための縁高の器。やや浅く、中に十文字に四つの仕切りがあり、1カ所もしくは2カ所に小皿が組み込めるようになっている。松花堂昭乗《しょうかどうしょうじょう》という奈良県の住職が愛用していた、十字に仕切られた縁高の箱が、料理用に取り入れられたものである。

じょうぎ［定規］

一般的には竹や金属、プラスチック製の文房具のことだが、料理人が仕事で使う定規は、自分で使いやすい大きさを考えて作ってもらう料理の寸法を計る道具。

売ってはおらず、料理人は自分であつらえるもので、材木を扱っている店で材料を選び、自分が必要とする大きさに切ってもらえば簡単に手に入る。使いやすいのは、幅3㎝、長さ30㎝、厚さ2㎜ほどの杉板の定規。材質は柘植が最高級だが、なかなか手にはいらないので、入手しやすい洋材でもかまわない。

大きさを揃えて切るだけでなく、2枚を用意し、1枚にすり身を塗り、もう1枚で押さえて挟んですり身を平らにしたり、2枚を間を空けて並べ、その間に魚のすり身をのばして高さを揃えるような仕事にも使う。

じょうぎにきる［定規に切る］

定規とは、線をまっすぐに引くときに使う定規のこと。つまり、定規に切るとは、計ったように正確に、正方形か長方形の四角に切ることを意味する。折り詰などに使うときに欠かせない切り方で、定規に切ると多くの端肉が出るためとても贅沢な切り方。昔はよくこういう仕事をした。

この、真四角に切るのに対し、魚の身に無駄が出ないように斜めに切り付けていくのは羽根切りという切り方である。羽根切りという言葉に対し、定規切りという言葉はなく、〝定規に切る〟という。

→定規（じょうぎ）　→羽根切り（はねぎり）

しょうごいんかぶ［聖護院蕪］

関西を中心に生産されているカブ。大きいものは4kgほどになり、日本では最大級。これを利用した千枚漬けが有名で、代表的な京漬け物になっている。煮物やかぶら蒸しなどの蒸し物にもする。煮崩れしやすいので、煮物にするには、カブの中では最もむずかしい。江戸時代に、聖護院に住む篤農家が近江カブを改良したものといわれる。

しょうじ［障子］

タイやヒラメの中骨のこと。一般的に魚の背骨を中骨というが、タイやヒラメの場合、その平らな形状から障子とよんでいる。タイとヒラメ以外の魚の場合は中骨という。

じょうしんこ［上新粉］

粳米《うるちまい》から作る米粉。洗って乾燥させた米を臼で挽いて粉末にし、充分に乾燥させる。柏餅や草餅、みたらし団子、せんべいの材料に使う。

しょうじんだし［精進出汁］

昆布や干し椎茸、かんぴょう、大豆などを水に浸して取った出汁のこと。精進料理に用い、主に寺の料理に使う。

じょうぞうす［醸造酢］

酢を製法で分類すると、醸造酢、合成酢、果汁に分けられる。穀物や果実にサク酸菌を加えて発酵させた酢が醸造酢で、科学的に合成した酸を添加した合成酢とは分けられる。

しょうちゅう［焼酎］

蒸留酒の一種で、米、麦、キビ、アワ、トウモロコシ、サツマ芋、そばなどを原料にする。

じょうはくとう［上白糖］

砂糖きびやビート（砂糖大根）から作られる甘味料。日本独自の砂糖で、家庭でも日本料理店でも最も普及している。白くてやや粒が荒く、放置しておくと湿気を吸って固まる。

一定の質が保たれていることはよい反面、味に個性のある砂糖がなくなっているともいえる。日本料理店では、ほかに、ざらめを甘露煮やウナギのタレに、三温糖をコクを出したいときに、黒糖をまんじゅうや梅酒に、水飴を甘露煮やタレのつやを出すために使う。

じょうびさい［常備菜］

長期保存ができる料理のこと。一般的に家庭料理でいう場合、長期とは、数日から数年までと期間の幅が広い。食材は、野菜や乾物、魚が中心である。手法は、塩漬けや砂糖漬けといった漬けるものや佃煮、甘露煮、味噌煮を中心として味が濃い場合が多い。日本料理の料理人の間では、常備菜は、ただ保存期間が長いことだけでは不充分で、おいしいことはもちろん、お客からお金がもらえる商品価値があり、さまざまな場面で活用できる料理でなければ、営業に使える常備菜とはいえない。

具体的に必要な条件を挙げると、作ってから短くても2カ月は保存ができること、そのまま盛り付けさえすれば出せるまで完成していること、主役もしくは、主役並みの名脇役となる料理の魅力や見栄えのよさを備えていること。これらが揃っていることが、プロが使う常備菜の条件である。

食材や調理法も幅が広く、ひとくくりにはできないが、野菜、魚介、肉類、豆、芋などあらゆる材料が対象になり、味わいも、味が濃いものばかりではなく、塩の量を控えたものもあり、手法も酒やオイルに漬け込む、凍らせるなど、時代に合わせて多彩になっている。

料理人として経験を積んだ職人は、多くの種類の常備菜を体得しており、それが重要な財産でもあろう。少なくとも、100種類ほどの常備菜を知っておきたい。伝統的な常備菜は、伽羅《きゃら》ブキ、祝い豆、大船煮、福来煮《ふくらに》、御神酒烏賊《おみきいか》などがある。

しょうぶゆ［菖蒲湯］

端午の節句の飲み物で、菖蒲の葉を使う。盃に冷酒を注ぎ、菖蒲の葉を一文字に渡し、香りを楽しんでもらう。5月に薬酒として供する。

→薬酒（やくしゅ）

じょうへい［床兵］

チョウザメの天然もの。大変美味で、刺身にすると、スズキとフグを合わせたような旨味がある。常磐沖まで南下し、数は少ないがいまでもとれる。冬の献立で供する。

しょうみ［正身］

魚や肉の、料理に使わない骨や頭、内臓、皮などを除いたところ。

じょうみ［上身］

魚をおろして腹骨をすき、皮を引いて、すぐ調理に使える状態にした魚の身のこと。下身と対にして使う上身はうわみと読み、意味が違う。

→上身・下身（うわみ・したみ）

じょうよ［薯蕷］

山芋のこと。材料に山芋を使うことで、薯蕷蒸し、薯蕷饅頭などの名前を付ける。

じょうよむし［薯蕷蒸し］

上新粉に大和芋や山の芋のすりおろしと、エビや白身魚、鶏肉などを加えて蒸す料理。蒸したのちに銀あんをかけ、ワサビを薬味として添える。和菓子の〝薯蕷饅頭〟は皮に大和芋や山の芋のすりおろしを加えたものである。

かつては山の芋を〝じょよ〟といい、これが転じて〝じょうよ〟となったという。

しょうろ［松露］

ショウロ科の丸い茸。海岸の黒松林の砂地の地中に発生する。スポンジ状の独特の歯応えを楽しませる。6月にとれ、日本料理では吸い物に入れて使うことが多い。5月20日過ぎの献立に、止め椀に松露を入れたり、白和えにしたりする。

ほかに、卵豆腐に入れて〝石垣松露〟という料理にしたり、炒めたり酢味噌和えにもする。下ごしらえに面倒はなく、水洗いをするだけである。瓶詰めでも出回り、入手はしやすい。

しょくざいのくらい［食材の位］

日本料理には、材料に格があり、位がある。値段が高いから、高級品だからと高い、低いという意味ではなく、文化としての意味もあり、これを知らないと、客層や予算、食事の目的に合った献立を書くことはできない。

海の魚は川魚より上、同じく、川の貝より海の貝の方が上で、肉は、鶏や豚よりも猪や鹿といった獣が上である。

しかしこれは普遍ではなく、特に海の魚は時代によって位が大きく入れ替わっている。江戸時代はマグロ、アンコウ、スッポン、青魚系の魚全般が下魚として扱われていたが、現在は決してそうではない。キンメダイやタラの白子なども、昭和30年代は大衆魚であったがいまは高級魚の仲間入りをし、地位が上がっている。

→下魚（げざかな）

しょくじ［食事］

一般的には、朝、昼、晩の3回の食事のことだが、会席料理では、煮物の後に出すご飯や麺類を指す。本来は白飯が最も格が上で、混ぜご飯や炊き込みご飯、すし、雑炊、お茶漬けなどはその次である。現在は多くの店で炊き込みご飯や混ぜご飯を出すが、舌の肥えたお客の場合は、白飯にする方が喜ばれる。

食事を、1人、もしくは2人用の釜で炊き、炊き立てを出して喜ばれている店も増えている。量は、会席料理の場合、1合で4人分が目安となる。

献立により、白飯にしなければいけない場合がある。サバの味噌煮を献立に入れる場合は食事は白飯が決まりで、秋にイクラの醤油漬けを供するときも新米を使った白飯を出す。走りのサンマを焼き物に入れるときも、必ず、白飯と大根の葉の漬け物とともに供する。木の芽ご飯などには汁ではなく、白湯を添える。ウナギご飯には、赤出汁のなめこ汁か肝吸を添える。

しょくぜんしゅ［食前酒］

パーティーの前や婚礼の宴の前に、お客に別室で出す飲み物のこと。これは西欧の習慣で、食前酒の後、部屋をあらためて正式な食事が始まる。日本料理では、宴のはじめに出される飲み物は〝薬酒〟とよび、食前酒とはよばない。

→薬酒（やくしゅ）

しょくべに［食紅］

食品や料理に色を付けるための赤い色素。天然の着色料と人工の着色料がある。

市販されている食紅はどれも食品衛生法で許可されており、安全面での心配はないが、できれば、顔料や紅花などの天然の材料から作られたものを使いたい。茶さじ2杯ほどで5万円するような顔料もあり、価格は高い。赤だけでなく、黄や緑もあり、その場合は色粉という。

加熱をすると、天然の顔料は色が変わらないが、人工の着色料は色が濃くなり、色の出方が違う。

しょたいしごと［所帯仕事］

野菜の皮や種、魚のウロコやワタなど、捨てる部分を使い切る仕事のこと。職人としては面倒な仕事だが、アイデアが必要なクリエイティブな仕事である。

しょっつる［塩魚汁］

秋田の郷土食に欠かせない調味料。イワシやハタハタ、シラウオなどを塩漬けにし、数年経って液体になってから漉す。醤油代わり、焼き物や鍋物に用いる。

しらあえ［白和え］

豆腐を用いた和え物。白胡麻を炒って香りを出してから当たり鉢でよくすりつぶし、白味噌や砂糖を加えて調味をし、水切りをした豆腐を加えて和え衣とし、好みの材料と和える。和え物の代表的な料理である。

しらうお［白魚］

シラウオ科の魚で、旬は春。姿が小さくシロウオと混同されやすいが、シラウオは頭が小さくて体が平たい。頭にはポチと紋があり、それが葵の紋に似ていることと徳川家康の好物であったことから、家康ゆかりの魚とされる。

品格がある甘味が持ち味で、料理は酒蒸しが代表的。卵とじにもする。養殖できないので高価である。

11月の走りの頃は、まだ小ぶりで淡白。旬の12月から1月になると、旨味が乗って大きくなり、鍋物や卵とじがよいだろう。名残の2月頃は、卵豆腐や雑炊の料理がよい。

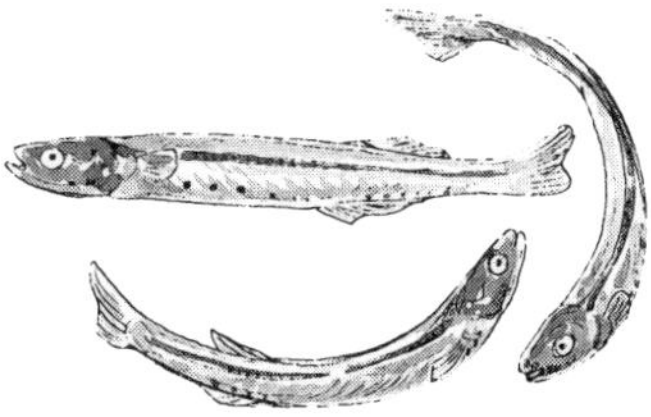

しらうめす・しらうめず［白梅酢］

青梅に同量の塩を加えて塩漬けにしたときに上がってくる上澄みのこと。米酢にはないまろやかな酸味があり、調理に使う。傷のある青梅や形の悪い青梅を使って漬けておくと、2カ月で使える状態になる。3年以上おくとが塩が枯れて、さらに丸みを帯びた風味になる。保管は、琺瑯《ほうろう》引きの寸胴か、笠間焼きのかめが最適である。

実は、調理以外にも重宝し、銅鍋を磨くときに白梅酢を塗って磨くと、簡単にくもりが取れてピカピカになる。

しらえび・しろえび［白海老］

日本近海の固有種で、富山湾や駿河湾でとれる。特に富山の名物。生食したり、塩辛にする。

しらが［白髪］

ネギやウドなど白い材料を細く切ったもの。婚礼のときのみに使う献立用語で、婚礼以外の献立では翁と表現する。エビの焼き物は、正月の献立に限り、白髪エビとよび、白髪の表現を取り入れる。

しらがゆ・しろがゆ［白粥］

塩味で白米だけで炊いた粥のこと。しろがゆより、しらがゆの言い方が圧倒的に多い。

しらこ［白子］

魚類の精巣。基本的にどの魚の白子も鮮度がよければ食べられるが、カマスの白子はまれに毒を持つものがあり注意する。見分ける方法がないため、避ける方が無難である。

調理方法は、椀種、豆腐、唐揚げ、ステーキ、焼き物、天ぷら、塩辛、すり流しのほか、茹でてポン酢醤油をかけたり、すりつぶして酒に加えて白子酒にするなど万能。中でもアユの白子の塩漬けはウルカとよび、食通に好まれる。

フグの白子は、焼いてサラダ油に漬けておくと半年は保存でき、付加価値の高い常備菜となる。また、フグの白子酒は、フグ料理として贅沢な品。白子を裏漉しして熱々にした日本酒を注いで供する。

→五大白子（ごだいしらこ）

しらしめあぶら・しらしめゆ［白絞油］

菜種油を精製した油のこと。現在では、綿実油や大豆油を製油した油も指すようになり、業務用の精製油を意味する。

→菜種油（なたねあぶら）→綿実油（めんじつゆ）

しらに・しろに［白煮］

→白煮（はくに）

しらやき［白焼き］

ウナギ、アナゴ、ハモ、川魚などを、そのまま串に打って、下味を付けずに焼くこと。この後、タレを付けて焼いたり、甘辛く甘露煮にしたり、煮浸しにする。いったん焼くと魚のクセが抜ける。素焼きともいう。

しる［汁］

会席料理や懐石料理、本膳の献立の中で、食事とともに出す汁物のこと。〝吸い物〟や〝つゆ〟は、酒を出すときに使う表現で、ご飯のときに供するのは、〝汁〟であり、味噌汁と決まっている。ご飯とともに出す汁は、椀物と違い、味噌汁が基本となる。献立の流れの中で、油気の強い料理を出しているときは、赤出汁にするとバランスがよくなる。

ただし、必ず味噌汁を出す決まりはなく、味噌汁が合わないご飯のときには出さない。マスずしやマスご飯はお茶や白湯の方が合うので味噌汁は添えない。お茶漬けや雑炊のような汁気のあるご飯を出すときも、味噌汁は余分である。

懐石料理の場合は汁は味噌汁で、関西は白味噌、関東は合わせ味噌が多い。精進なので、季節の野菜などを主体とする。

しるさきづけ［汁先付］

椀や湯呑みの器を使った、飲んで味わう先付のこと。椀先付、早椀ともいう。

→先付（さきづけ）

しろあん［白あん］

菓子のあんの一種で、白く作ったあん。白小豆や隠元豆、白手亡《しろてぼ》などを茹でて漉し、砂糖を加えて炊く。白小豆の名産地は、丹波や備中。料理では口取りの寄せ物などに使う。

しろいたこぶ［白板昆布］
乾燥させた真昆布を甘酢に浸して、表面を特殊な刃で削った昆布の加工品。昆布の表面近くを削ったものはおぼろ昆布で、中心の黄色っぽい部分を削ったところが白板昆布。サバの押しずしなどに使い、バッテラ昆布ともよばれる。

しろうお［素魚］
ハゼ科で、春が旬の小型の魚。からだは円筒形で頭も丸い。シラウオと似ているが、シラウオは頭が小さくて体が平たく、頭にはポチと紋がある。踊り食いで知られ、1月から4月の献立に入れる。

じろうがき［次郎柿］
静岡県原産の甘柿。形は偏平。山梨の春日居産が美味。

しろうり［白瓜・越瓜］
長円筒状の瓜。熟すると果肉が白くなるのでこの名がある。奈良漬けや砧巻き、種をとって輪切りにして椀種に使う。雷干しにもする。越瓜とも書く。
→砧巻き（きぬたまき）
→雷干し（かみなりぼし）

しろうるか［白うるか］
アユの精巣を塩漬けにして作る塩辛。養殖のアユからも作れるが、天然もののおいしさにはかなわない。

しろかわあまだい［白皮甘鯛］
→甘鯛（あまだい）

しろぎす［白鱚］
→鱚（きす）

しろざけ［白酒］
三月三日の、上巳《じょうし》の節句や雛祭りに供える酒。白くて濃厚。味醂に米や糀を仕込んで熟成させ、アルコール分は9％ほどでけっこう高い。

しろざけ［白鮭］
日本の中部からアメリカまで広く分布しているサケで、日本ではサケというと白ザケのこと。身が白く、北海道では秋に川を遡上し、秋味ともよぶ。雄は婚姻期に鼻が曲がるので、鼻曲りの名もある。

しろしょうゆ・しろじょうゆ［白醤油］
小麦を主原料にして仕込む醤油。薄口醤油よりさらに色が薄いので、素材の味や色を生かす料理に向く。ただし、塩分濃度は高い。独特の麹の香りが魅力である。エビ芋を炊くときに使うとよい。

しろばいがい［白蛽貝］

食用の巻き貝でエッチュウバイともいう。日本海産が味がよく、身がやらわかくて生食や煮物にする。バイ貝の中でも最高級品とされ、高級料亭が買い上げるため市場にはほとんど出回らない。立冬（11月上旬）から立春（2月上旬）の献立で使う。

しろぶかし［白ぶかし］

具を入れない飯蒸し（いいむし）（強飯）のこと。

→飯蒸し（いいむし）→強飯（こわめし）

しろみず［白水］

米の研ぎ汁のこと。かつては日本料理店だけでなく、一般家庭でも農家でも、栄養分を含んだ大切な水として決して捨てることはなかった。現代でも、日本料理店では、野菜の煮物をする場合にはこれが欠かせない。

白水には、素材のアクを抜きながらデンプン質を補う性質があるため、大和芋や自然薯、大根やカブ、牛蒡《ごぼう》、人参、蓮根、筍、栗、百合根、ニンニク、サツマ芋などのさまざまな根菜類をねっとりと口当たりよく煮上げるときに使う。特に、白煮という真っ白に煮上げる煮物は、白水がなければできない仕事である。里芋の煮っころがしのような醤油などの調味料の色を付けた煮物にするときは、白水は使わない。

米の研ぎ汁は、水を代えるほど薄くなるので、始めの1～2回目の濃いとぎ汁をとっておき、一升瓶などの容器に移して使う。

白水がないときは、ぬかや、米（4ℓの水に対し1合）、または茶碗1膳分の白飯を加えて代用すればよい。しかし、ぬかや米、ご飯は洗い流す手間があり、仕事を早くスムーズに進めるには、白水が最適である。

→白煮（はくに）

しんけいじめ［神経じめ］

→神経抜き（しんけいぬき）

しんけいぬき［神経抜き］

魚を活けじめにするときに、針金を脊髄に刺して魚を瞬間的にしめること。魚の鮮度の落ちを防げる。神経じめ、活けじめともいう。

→活けじめ（いけじめ）

しんしゅうみそ［信州味噌］

信州で作られる、淡黄色の米味噌。クセがなくてあっさりとして、全国的に広く用いられている。辛口である。

しんしゅうむし［信州蒸し］

材料にそばを組み合わせて蒸した料理。そばをのせたり、巻いたり、はさんだりする。あっさりした白身魚を使うことが多く、そのほか、エビやウナギ、アナゴ、鶏肉も使う。熱いそばつゆをかけ、ネギやワサビを薬味に添えて提供する。

しんじょ［糝薯］

白身魚やエビ、イカなどを当たり鉢ですりつぶし、山芋のすりおろしを加えた生地のこと。これを蒸したり焼いた茹でて、蒲鉾やはんぺん、椀物の椀種にする。真薯、真丈などの字も当てる。

しんしょうが［新生姜］

通常、生姜というと中身が黄色い古根生姜を指すが、収穫してすぐ出荷する、春から出回る生姜は新生姜という。水分が多く、風味がさわやかで繊維がやわらかい。形も大きいので、いろいろと加工がしやすい。どちらかというと、薬味や香辛料としての使い方より、本体そのものを煮物や菓子、あしらいなどにすることに向いている。庖丁の使い方によっては、細工仕事ができ、長期間保存できる常備菜になる。

むいた新生姜の皮に等量の砂糖をまぶし、水を加えて煮ると、濃い生姜風味のさわやかなシロップが取れる。これを甘味のベースにしたり、飲み物に利用してもおいしい。

しんせんりょうり［神饌料理］

神様、あるいは帝に供える食物、飲料のこと。

しんたまねぎ［新玉ねぎ］

3～4月に出回る早取りの玉ねぎのこと。日本で玉ネギの本格的な栽培が始まったのは明治以降で、比較的に最近入ってきた野菜といえよう。日本料理や和食の、玉ネギを使う歴史は短く、料理は少ない。

しかし、玉ネギの中でも初夏に登場する新玉ネギは香りがおだやかで甘味が強くておいしい。その持ち味を生かすために、日本料理に取り入れるときは、茹でて甘味を強め、酢を加えた浸し地に浸けて辛味を抜くとよい。加減があるので、抜き過ぎないよう調節する。和え物や先付として、丸い形を生かして提供するとよい。初夏の献立に使う。

じんばそう［神馬草］

ホンダワラ。アカモクという海藻で、豊年の縁起物。茹でて三杯酢にしたり、薄味に煮るほか、新年の床飾りや茶事での椀物に使う。特に口切りや新年の席ではなくてはならない。

すあげ［素揚げ］

材料の水気を拭き取り、何も衣に付けずに揚げる方法。シシトウ、小茄子《なす》、小魚などで行う。クワイやサツマ芋は、皮をむいて水でよくさらしてデンプン質を抜き、水気を拭き取ってから揚げ、煎餅のようにカリッと仕上げる。

すあらい［酢洗い］

酢の物の下ごしらえのひとつで、酢に魚介や野菜をさっと通してしめること。食材の余分なくさみや水分を抜いて酢の味をのせるために行う。魚介や野菜に塩を振ってから水洗いをすると水っぽくなってしまう。酢は水と酢を同割にした割り酢。サバを扱うときのみ、生酢を使う。

→割り酢（わりず）

すいがさ［吸い傘］

料理人の道具で、親方に料理の味見をしてもらうときに使う器のこと。釉をかけない白い磁器と、黒い塗り物があり、それぞれ2寸（約6㎝）ほどの大きさである。味だけでなく色を見てもらうために用途によって使い分ける。汁物に限らず、料理や調味料も、吸い傘に盛って味を見てもらう。茶碗蒸しの場合は、吸い傘に卵生地を入れて蒸し、味を見る。

味見をお願いするときは、折敷に吸い傘をのせ、「当たりをお願いします」と言って正面を親方に向けて差し出す。この折敷は、煮方になった職人が自分であつらえる。時折、吸い傘を玉杓子にのせて杓子ごと親方に差し向けて味見を願い出る様子を見かけるが、これは料理の道にはずれるので慎みたい。

→煮方（にかた）

吸い傘　右が煮物用の陶器の吸い傘。吸い傘の直径約75㎜。左は吸い物用の塗り物の吸い傘。

ずいき［芋茎］

里芋や八つ頭の茎で、芋ガラともいう。正確にはズイキと芋ガラは別で、ズイキはその茎を食べるための専用の芋から作る。一方、芋ガラは里芋や八つ頭を取って茎を乾燥させたもの。調理の現場では、細かく区別をされていない。

ズイキには赤ズイキと白ズイキ、青ズイキがあり、赤ズイキがおいしい。白ズイキは鹿児島の大隈半島が産地である。干したズイキを戻すには、ぬるま湯でもみ洗いし、水分を絞ってから使う。繊維がスポンジ状なので、すぐ戻り、時間はかからない。胡麻油で炒めたり、煮たり、白和え、サラダ、マヨネーズ和えなどにして食べる。秋の食材として、8月から10月の献立に入れる。

芋ガラは、昔は手まりの芯や、畳の芯にも使った。城の畳は、籠城といった緊急の事態には非常食ともなった。だつをズイキとよぶこともある。

→だつ

すいくち［吸い口］
吸い物や汁物を引き立てるために入れる香味類。香りともよぶが、あしらいとはよばない。
木の芽、花山椒、実山椒、鈴山椒、生姜、柚子、ワサビ、青ジソ、赤ジソ、花柚子、実柚子、芽柚子、胡椒が代表的である。汁物によっては、必ずしも使う必要はない。
→木の芽（きのめ）→山椒（さんしょう）
→生姜（しょうが）→柚子（ゆず）→山葵（わさび）

すいじ［吸い地］
椀物に張る調味をした出汁のこと。鍋に用意している状態では椀づゆとよび、椀に張ると吸い地とよび分ける。

すいじはっぽう［吸い地八方］
椀種や椀づまに下味を付けたり、温め直すために用意する吸い地のこと。

すいしょう［水晶］
水晶のような透明感のある料理に付ける名前。イカや白身魚に片栗粉をまぶして揚げた料理を水晶揚げ、冬瓜や白瓜を時間をかけて煮て、透明感を出した料理を水晶煮という。

すいしょうたまご［水晶卵］
固茹でにした卵を味噌に漬けたもの。前菜や八寸に用いる。

すいせん［水仙］
→葛水仙（くずすいせん）

すいぜんじな［水前寺菜］
熊本の水前寺で古くから栽培されている野菜。葉の色は緑で、茎は紫色を帯びている。茹でて水にさらしておくと、美しい紫色が出る。吸い物や和え物に使う。
通年出回り、どの季節の献立にも入れられる。

すいぜんじのり［水前寺水苔］
熊本の水前寺の湧水が流れ込む場所でとれることからこの名があるのり。厚い板状になっていて、水に浸して戻し、椀種や刺身のつま、酢の物のあしらいなどとして夏に使う。天然ものばかりではなく、養殖ものもある。
通常、のりというと海苔と書くが、これは池でとれるのりのため、水苔と書いてのりと読ませる。祝儀のときには寿水苔《ことぶきのり》と表現する。

すいちょう［翠調］
緑色の料理やあしらいを表現する言葉。代表的なものは、大根の葉を茹で、叩いて繊維だけにし、まとめて束ねたもの。主に刺身にあしらう。高価な琴は弦が青絹から作り、それをなぞらえている。

すいのう［水嚢］

出汁を漉すための調理用具で、現在でいう裏漉しのような道具。曲げわっぱを二重に重ね、間に二重に縫ったさらしをはさんで出汁を漉す。現在はほとんど見られなくなったがとても使いやすい道具だった。

すいもの［吸い物］

会席料理で、先付の次に出す椀物。お椀ともいう。昭和までは、日本料理店では吸い物椀とよび、椀種は小さく、主役は出汁という位置づけだった。吸い物椀が出るまでは接客係がお客の世話をし、吸い物椀とともに芸者さんが登場し、お客の世話をした。

吸い物は技術が要る仕事で、蓋を取ったときに立ち昇る出汁の香りと料理の季節感、彩りが、お客に感動を与える源である。食材を厳選し、出汁の取り方や味付けは季節やその日の天候によって細かく変え、料理人の技術と配慮を表現する。

かつては小さめの器で出す椀種と吸い口のみの薄味のもので、吸い物、吸い物椀ともよんだ。塩分は０・５％ほどで、飲み切ったときにちょうどいいと感じるように考えて味を付けた。しかし、その配慮の割には、椀種の存在感がないと評価されにくい時代となり、この30年で、味は濃くなり、椀種も器も大きくなり、具だくさんで煮物椀の料理へと変化している。現在の吸物椀の大きさは、直径が12㎝ほどである。

→椀物（わんもの）

すいものわん［吸物椀］

木地に漆を塗って仕上げた椀の器の一種で、吸い物を入れることを目的とする。絵柄や文様、ときには形（梅鉢形など）で、使う季節が決まる。桜と紅葉というような組み合わせの絵柄の春秋椀《しゅんじゅうわん》は、春と秋に使える。

大きさは直径12㎝までで蓋が付く。蓋がない椀は汁椀で味噌汁を入れてよく、それより大きく蓋がない椀は多用椀、お好み椀、大椀とよぶ。

すえひろぎり［末広切り］

扇切りともいう。材料を算木に切り、片方を少し残して縦に薄く切り目を入れる。盛り付けるときに切ったところを広げて扇の形にして使う。キュウリやウド、人参などで作る。あしらいに使う。

→算木（さんぎ）

すえひろぐし［末広串］

→扇串（おうぎぐし）

すおとし［素落とし］

魚をおろすときの、頭を切り落とす方法のひとつ。カマを腹側に付け、頭だけを落とす。頭に余分な身を残さない切り落とし方である。逆に、頭に身を付けるように落とすのは、たすき落としという。

→たすき落とし（たすきおとし）

すがたずし［姿鮨］

主役の食材の形を崩さずに作るすしのこと。アユやフナ、サバ、エビ、マスなどで作る。サンマやアユ、フナは、頭を付けたまま、腹開きか背開きにし、中骨と内臓を取って塩でしめ、すし飯を詰めて形を整える。

すがたつ［スがたつ］

卵豆腐や茶碗蒸しなど、卵を使った蒸し物を加熱したときに、火力が強くて表面に細かい穴ができること。口当たりが悪くなるので、避けたい現象である。

すがたもり［姿盛り］

舟盛りともいい、もともとはマダイとコイだけで盛るものだった。魚の頭と尾を残し、身をはずして刺身に引いたり焼いて盛り付ける。いろいろな魚を持ったり、貝類の殻を飾ったりするのは、本来の姿盛りではない。

すがたやき［姿焼き］

材料を、形のまま塩焼きにすること。アユやキスなどの姿焼きは魚の形が美しく、それだけで魅力がある料理である。マダイの塩焼きの場合は祝儀の席に欠かせない料理で、浜焼きとよばれる。

→浜焼き（はまやき）

すぎいた［杉板］

杉板は、本来は〝杉板焼き〟という秋口の焼き物を包むのに使う。スズキの奉書焼きでは、材料を敷く台に使う。大きさは各種あり、使いやすいサイズを選ぶ。材料は赤杉である。

盛り付けにも便利で、刺身用に深めの鉢を使うとき、杉板を敷くことで底上げになり、平らで盛り付けやすくなるので、さまざまな鉢が刺身用の器に活用できるようになる。使うときは、いったん水に浸しておく。こうすると、生ぐさみを吸い込まず、再び洗って乾かして何度も使える。

杉板には、赤杉の内側を使った〝赤外《あかた》〟と、赤杉の外側を使った〝白外《しろた》〟とがある。本来品質がよ

杉板　焼き物やお造りに使う薄い板。材料は国産の赤杉。現在は良質の赤杉が減ってきたため、赤い部分と白い部分を組み合わせたものが多く出回っている。

いのは赤外だが、近頃は良質の赤杉が減り、外側が赤く、内側が白い杉が増えた。そういった杉を、赤と白が組み合わせていることから〝源平〟とよんで使うことがある。

→源平（げんぺい）

すぎいたやき［杉板焼き］

魚介やキノコなどを杉板2枚で挟み、焼いた料理。杉の香りを移して楽しませる。

秋の彼岸から春の彼岸の間の料理で、秋口の焼き物としてよく供する。そのときは、走りのアマダイ、名残の松茸、旬の百合根を包んで焼く。夏は提供しない。ほかに、エビ、鶏肉、椎茸、白身魚などを使う。杉板は、玉酒に浸してから使う。

→杉板（すぎいた）　→玉酒（たまざけ）

すぎおり［杉折］

薄く削った板（片木板）で作る折り箱のうち、杉を使った箱のこと。結婚式などに使われる。

すきごけ

ウロコが細かくてしっかりと付いている魚のウロコを取るため、柳刃庖丁を寝かせて引く手法。すき引きともいう。

魚の尾を片手でつかみ、尾から頭に向かって柳刃庖丁を寝かせて動かして取る。尾の付け根や胸ビレの周辺はウロコが残りやすいので特にていねいに引く。

庖丁は、一般的には柳刃庖丁を使うが、自分が使いやすければ、種類は問わない。すきごけでウロコを引くのは、ヒラメ、スズキ、ブリ、ハマチ、ワラサ、カンパチ、アマダイなどで、皮がおいしい魚である。ただし、アマダイはウロコを食べる料理があるので、献立を確認してから引くこと。

→柳刃庖丁（やなぎばぼうちょう）

すぎさし［杉刺し］

本来は織物の名前で、英語では〝ヘリンボーン〟、日本では〝杉綾〟〝綾杉〟などとよぶ文様。料理の世界では、大根やカブの、外側の皮を薄くむいた次に現れる、筋が目立つ部分を〝杉刺し〟とよぶ。かつらむきを始めるとき、最初のむき始めは大根の筋が目立つ。その部分が〝杉刺し〟である。筋があるが歯ごたえがよいので、漬け物やきんぴらによい。煮物には向かない。

意外な使い途は洗濯である。ポン酢醤油や土佐醤油を仕込む際などの醤油のシミが付いた布をこの〝杉刺し〟とともに水を張った中に入れておくと、大根の酵素の作用か、シミがよく落ちる。布巾がかぶるほどの水を入れ、半日も置けば、いつのまにか真っ白になる。

すきびき［すき引き］

→すきごけ

すきやき［鋤焼き］

牛肉を割り下でさっと煮て、卵を付けながら食べる濃い味付けの鍋物。ネギ、焼き豆腐、しらたき、秋ならば松茸などをともに煮て食べる。青味には春菊ではなく三つ葉を入れると格が高くなる。割り下を作らず、焼いた肉に砂糖をからませ、醤油をジュワッとかけて溶き卵を付けて食べる方法もある。

もともと江戸時代にもあり、フグやアンコウ、ドジョウのように、その時代ではゲテモノとよばれた食べ物だったようである。それが、文明開化によって西欧を追って肉食が奨励されて表に出ることになり、人気となった歴史がある。

すけっと［助っ人］

本来の勤め先ではない店に、手伝いに行くこと。親方に指示される場合と、自ら志願する場合がある。数日手伝うことが多い。昔は一日中カツオ節を削ることが助っ人の仕事だった。現在はもっと万能に仕事ができないと、助っ人は勤まらない。他店の仕事を見ることで、技術を学んだり人間関係が広がり、よい経験となる。

すごもり［巣篭もり］

婚礼に使う、鶴を表現する料理。そうめんや春雨を巣に見立てて丸く形作り、中に夫婦鶴の和菓子をおさめる。硯蓋におさめるときは、角《つの》を使って白あんで巣を形作る。

→硯蓋（すずりぶた）
→角（つの）

すじ

カツオを三枚におろし、さらに血合いで切り分けて五枚におろすと、身が4本になる。これをすじ、または節《ふし》という。

すじおろし

4kgほどの大きさまでのカツオやメジマグロ、ブリを、背、あるいは腹の、使う部分だけをおろす手法のこと。もとは腹だけをおろすことを指していた。

春から夏場に行う仕事で、このおろし方をすると魚の身の色が悪くならず傷みにくい利点がある。

すしきりぼうちょう［すし切り庖丁］

巻きずしや箱ずし、棒ずしを切るときに使う庖丁。両刃で刃はとても薄く、やわらかくて切りにくいすしを美しく切ることができる。

すじこ［筋子］

サケの卵。腹子ともいう。イクラはスジコがばらばらになった状態で、膜で包まれた塊はスジコである。

すじめ［酢じめ］

→酢でしめる（すでしめる）

すずき［鱸］

出世魚で、稚魚はコッパ、一年魚はセイゴ、30㎝ほどになるとフッコ、スズキと名を変える。養殖しているので出回り量が多く、8月上旬の1週間を除けば意外に価格が安いことも魅力。フランス料理やイタリア料理でも使われており、料理の幅は広い。

関東では旬は夏、日本海側の宍道湖《しんじこ》でとれる松江のスズキは冬が旬。これは餌の違いによるのだろう。松江では、奉書紙で包んで焼いた奉書焼きが名物である。関東では、茨城県日立市川尻町のスズキが味のよさで知られる。

身は、洗いや焼き物、蒸し物、椀物が代表的な食べ方で、皮や頭、胃袋も味がよく、中骨もエラもきちんと下処理すればどれもおいしく食べられる。皮を木の枝に巻いて焼き物に、胃袋は塩辛に、中骨や頭は焼いて出汁を取るなどする。

スズキの洗いには、身を小角に切って48℃ほどの温度の湯で洗う〝湯洗い〟の方法と、40℃ほどの湯で洗う一般的な〝洗い〟の2通りの方法があり、歯応えの違いを楽しませることができる。蓼酢、蓼味噌、蓼醤油などを添えて供する。

→奉書焼き（ほうしょやき）　→湯洗い（ゆあらい）
→洗い（あらい）

すずきのあつかいかた［鱸の扱い方］

一般的な三枚おろしと同じ手順でおろすが、日本料理の料理人の間では、スズキの場合は正式には長おろしという。骨が硬いこと、中骨に白い膜が付いていて庖丁だけでは切れず、手で引きはがすことが特徴で、ほかの魚とは少し違った配慮が必要となる。ウロコも中骨も硬く、とりわけエラ蓋の付け根にあるうぐいす骨はナイフの刃のように鋭い。けがをしやすいので、はずしたらすぐに処分する。

頭を切り離すときは、骨と骨の間の関節に庖丁を入れるのがコツである。

すずさんしょう［鈴山椒］

山椒の実が熟したもの。秋（8月から10月）の献立に使う。

すすめざかな［進め肴］

→預け鉢（あずけばち）

すずめやき［すずめ焼き］

小魚を背開きにして、照り焼きにして粉山椒を振った焼き物。川魚、小ダイを使う。高級な料理として日本料理店で出す。正式にはウロコを付けたままにするが、食べにくいというお客もあり、ウロコは引くようになった。

すずりぶた［硯蓋］

料理を盛る器の名前。かつては文字通り、硯箱の蓋として使っていたが、菓子や酒肴を盛るようになり、盛り付けた料理そのものを指すようになった。婚礼では硯蓋の料理が婚家の権力の象徴で、財閥や豪商などの婚礼では、贅を尽くした持ち帰りの料理として用意された。

硯蓋は本膳料理の三の膳（向膳）として出される。器に金団《きんとん》や両家の家紋を入れた羊羹、かまぼこ、伊達巻き、八つ頭の旨煮、インゲン豆の甘煮、酢取り蓮根などを奇数の種類の料理を盛り、紅白の紐は付けず、絹風呂敷を添えた。

硯蓋の料理は現在の正月のお節料理として知られる料理と共通しており、お節料理が婚礼料理に取り入れられたと考えられる。器はかつては塗り物だったが、杉の白生地でできた、縦約20㎝、横約26㎝、高さ約10㎝の杉の印籠蓋（印籠のように、蓋と身との外側の面が、平らになるように作った蓋のこと）を使うように変化した。関東の仕事である。

→本膳（ほんぜん）
→向膳（むこうぜん）

すだち

徳島が産地として有名な柑橘。果重は30～40gで小型。さっぱりとした酸味を持ち、松茸と相性がよい。焼きサンマにも欠かせない。8月から10月に使う。

すだれぼうちょう［すだれ庖丁］

刺身の手法のひとつで、皮付きの魚の身に1～6回の切り目を入れてから切り離す切り方のこと。カツオ、サバ、カンパチ、タチウオ、シマアジなどの切り方に多い。化粧庖丁、銀皮庖丁、八重造りともいう。

皮目が硬い魚を食べやすくするため、あるいは脂が多い魚の調味料の絡みをよくするため、また、見栄えをよくする目的がある。マナガツオの味噌漬け用の身にも行う。

→化粧庖丁（けしょうぼうちょう）

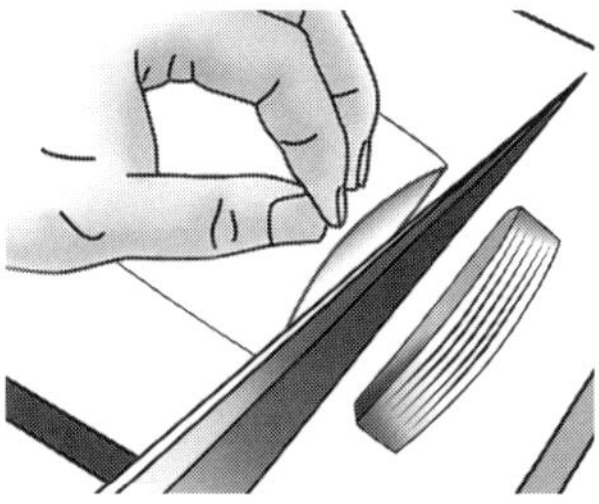

すだれ庖丁　皮付きの魚の身に、細かく切り目を入れる。深さは、魚の皮の硬さや脂の乗り方により変える。

すだれぼね［すだれ骨］

魚を三枚におろすとき、腹部に残っている骨のこと。この骨が内臓を包んでおり、そぎ取って身を整える。このそぎ取った身に付いている骨がすだれ骨である。

すべての魚のすだれ骨は料理に活用できるので、捨ててはいけない。庖丁でそぎ取ったすだれ骨は、塩を振って塩焼きにしたり、カラリと揚げるとよい。これを椀に入れて湯をかけると、骨から出汁が出て、おいしい椀物ができる。

スチームコンベクションオーブン

蒸し物から焼き物などの幅広い加熱調理に、近年、スチームコンベクションオーブンとよばれる調理機器が導入されるようになった。

蒸気で加熱して蒸す機能と、熱風で焼くオーブン機能を持ち合わせ、温度設定やプログラム設定がボタンひとつでできる画期的な調理機器である。調理用の加熱のみならず、料理を保温したり、器を温めることにも役立ち、また、中間的な温度設定も可能なので、いろいろな新しい料理づくりにも挑戦できる。プロの料理人なら使いこなしたい時代になっている。

とはいえ、実際に使ってみると、加熱温度を多様に設定できるものの、いろいろな課題もある。デジタル表示がある機器は、必ずしも実際の温度と完全には一致していない。特に蒸し物は、1℃、2℃の微妙な温度調整が大事なので、機器の温度表示を過信すると失敗する。また、こうした便利さに慣れてしまうと、温度に対する勘が鈍る。温度がボタンひとつで設定できるのは便利だが、それに慣れると温度表示がない機器や別の調理場では仕事ができなくなってしまう。

温度を判断できるようになるには、昔ながらのせいろを使ってよく観察して身に付けることも大切。高温の90℃では、湯気はまっすぐに上がるが、タンパク質が固まる74℃では、蓋を開けたときの湯気の広がり方も違う。湯気の動き方や気配で温度を判断できるようになると、道具が変わっても使いこなせる。

コンベクションオーブンは、使うごとの掃除が必要。シャワーが付属しているので掃除は手軽だが、特に念を入れたいのが、焼き物の後、蒸し物を作る場合で、焼き物の油や焦げが機器の中で残っていると、蒸し物が台無しになることがあるので注意したい。

→蒸し物（むしもの）

すっぽん

淡水の亀の一種で、甲羅が丸いことから〝まる〟という。天然ものは九州が産地。昭和55年（1980年）頃以降に養殖が始まり、出回り量が安定して手頃な価格になってきたため多くの店で提供するようになった。

さばき方は、生きたものの甲羅をはずして足ごとに4つの身に切り分ける四つ解《よ　ほど》きが基本。これを煮た料理がスッポン煮である。日本料理店では、夏の料理として、スッポン煮や丸鍋を供する。専門店のような濃厚な味にしない。

→四つ解き（よつほどき）

→スッポン煮（すっぽんに）　→丸鍋（まるなべ）

すっぽんじたて［すっぽん仕立て］

オコゼ、コチ、アナゴ、ナマズなどの、旨味はあるがクセもある魚を使う椀物の仕事で、酒を多く加えてクセを殺し、醤油をやや多めに使って味を調える。生姜の絞り汁やさらしネギを吸い口として使うことが特徴である。スッポンと同様の仕事という意味で、スッポン仕立てとよぶ。スッポンを使うと丸仕立てとなり、別の料理を指す。
→丸仕立て（まるじたて）

すっぽんに［すっぽん煮］

もともとは中国の料理で、スッポンを砂糖、味醂、酒、醤油で甘辛く煮る料理のこと。塩分は8％ほどで、甘露煮に近い濃さとなる。

材料は、スッポンのほかに、ナマズ、ウナギ、肉類など、ややクセのある食材も使う。材料によっては、煮る前に油でいったん揚げる。特徴は、酒をたっぷりと使うことと、濃い鼈甲色に煮揚げること。細く切った生姜を天盛りにすることが多い。

すでしめる［酢でしめる］

サヨリ、サバ、アジ、イワシ、コハダといった、身がややわらかくてクセがある魚や、身が厚くて酢洗いでは酢が回らない魚は、塩を振ってしばらくおき、その後割り酢や生酢に浸しておく。このことを酢でしめるという。塩と酢の働きによって魚の生ぐさみが抜けて身が引きしまり、酸味により旨味が感じられる。魚の傷みを遅らせることもできる。

先に振る塩は、サバならば強塩、サヨリならば紙塩というように、魚の身の厚さでやり方を変える。酢も同様に、魚の身の厚さや脂の乗り具合で変え、寒中のサバのような身が厚い場合は生酢、逆にサヨリのように薄い身は割り酢にするなど使い分ける。
→割り酢（わりず）
→強塩（ごうじお）→紙塩（かみじお）

すどる［酢取る］

材料を、割り酢や合わせ酢に漬け込むこと。

すに［酢煮］

酢を加えて煮る料理のこと。牛蒡《ごぼう》や蓮根などの根菜や、ワカサギや小アジなど小魚に向く。

すのはたらき［酢の働き］

酢は、調味料として酸味を加えるだけでなく、さまざまな作用や効果がある。酢の働きには以下のようなものがある。⑴食材の色をよくする　新生姜や赤ジソに酢を加えると、淡い赤が鮮やかな赤に染まる。⑵食材の変色を防止する　蓮根や牛蒡《ごぼう》を酢を加えた水に入れると、変色が抑えられ、白くなる。⑶タンパク質を固める　茹で卵を茹でるとき、湯に酢を加えると、卵がきれいに茹で上がる。⑷殺菌効果がある　魚介類を割り酢で洗ったり、酢でしめたり酢漬けにすると、酢によって細菌類がタンパク質の変化を起こして死滅する。⑸ゼリー化しやすくする　ジャムやゼリーなどのデザートを作るとき、酸が少ないイチゴやリンゴを使う場合は、レモン汁やクエン酸で酸を補うと、ゼリー化が進む。

→割り酢（わりず）

すのもの［酢の物］

野菜や魚介を下ごしらえし、合わせ酢で和えた料理のこと。さわやかさや歯切れのよさを魅力とする。

酢の物は、手間と原価がかかる割には評価が高くない料理で、現在はあまり力を入れない傾向がある。昔の甘酢は甘味が効いていることがご馳走だったが、いまは甘さが過剰とされる場合が多い。また、日本酒を主役として味わう献立のときは酢の物が合うが、ビールやワインの場合は酢の物はあまり合わない面もある。合わせ酢の甘味を控えることや、献立によっては酢の物を入れないといった切り替えが必要だろう。

その場合、口直しとしてレモンの酸味を生かした炭酸入りの飲み物などを酢の物代わりとして提供することもある。野菜入りのヘルシージュースという趣向で意外性があり、口の中がさっぱりするため喜ばれる。

会席料理では、酢の物は焼き物の後、煮物の前の順番で提供する。

すはま［州浜］

砂浜が曲線を描いている浜辺のことで、穏やかな曲線を描いた形をかたどった料理や菓子を州浜という。日本料理では、祝儀の席の飾り物として肴を盛るようになった台を州浜台ともいい、この独特の曲線を描くように盛り付ける盛り方を州浜盛りという。また、柚子皮をむいたとき、州浜形にむいた柚子は州浜柚子という。

→州浜盛り（すはまもり）

→州浜柚子（すはまゆず）

すはまいちもんじもり［州浜一文字盛り］

何種かの料理を、盛り際を州浜の形状にした州浜盛りの盛り付けを取り入れながら、一文字に盛ること。

→州浜盛り（すはまもり）

→一文字盛り（いちもんぢもり）

すはまだい［州浜台］

州浜の形をかたどった白木の台で、おめでたい席に用いられる。

→州浜（すはま）

すはまもり［州浜盛り］

何種かの料理を、州浜のような形に盛り付けること。料理の盛り際が、瓢箪《ひょうたん》のようななだらかな凹凸を描くのが特徴で、量が多くあるように見せないで、奥ゆかしく盛り付けることが大切である。

→盛り際（もりぎわ）

すはまゆず［州浜柚子］
柚子をへいで吸い口にするときのよび方。へいだ柚子の形が州浜に似ていることに由来する。へぎ柚子ともよび、日本料理では主に椀物に使う。そば店が温かい天ぷらそばに使うこともある。
→州浜（すはま）

すびたし［酢浸し］
割り酢に材料を浸すこと、または浸した料理。冬の料理で、正月の大根と人参の紅白のなますが代表的な料理。畦豆を酢浸しにしたものもよく知られる。

すびて［酢押］
アマダイを三枚におろし、皮付きのまま割り酢でしめてから身を引く古い仕事。見た目は刺身に似ている。アマダイだけで作る料理で、茶事によく用いる。江戸時代の有名な料理屋『八百善』の料理書にも載っている。

すぶき［酢拭き］
昆布じめの前や昆布を蒸す料理の前に、使う昆布を生酢で拭くこと。特に、昆布を蒸す前に酢拭きをすると、昆布の味が逃げず、形も原型をとどめ、分厚くならない。
→煮昆布（にこんぶ）

すまし［清まし］
一番出汁を塩と醤油で調味した吸い物。本来はお清ましという。
→お清まし（おすまし）

すみ［炭］

炭のよさは、短時間でジューシーに焼き上がり、生ぐさみが抜けて味わいが格別なこと。焼き物の場合、ガスのグリラーなどでは加熱時の温度は３００℃ほど、炭火は８００℃といわれ、火力の違いは歴然としている。

備長炭に代表される樫炭は、ウナギや焼き鳥、魚などの焼き物用。デンプン質の芋類の煮物にも向く。火付きは悪いが、長い間一定の温度を保って燃え続ける特性がある。楢《なら》や椽《くぬぎ》の炭は、火鉢などで暖を取るのに向く炭である。

松炭や桜炭は、やわらかくて火付きはいいが短時間で燃えるので、ご飯炊きに使うものだった。ウニ焼きや黄身焼き、野菜や山菜を湯がくのにも用いた。熱を発するためではなく、炭そのものを塗り物の仕上げに使う椿の炭もある。

樫炭は価格がほかの炭の3倍はして高価。製法に手間と技術が要るため価格が高い。しかし、樫炭でなくては料理の焼き物には使えない。昔は、種火として10㎝くらいの長さの樫炭を2本くらい灰をかけてとっておき、翌日使った。

覚えておきたい備長炭の扱いは、消すときには水に30分ほど入れておくこと。すぐ取り出してしまうと後に発火することもあって危険だが、最大の目的は炭自体を強くすることにある。水に沈めてから消すと、次に使ったときに炭の火力が増す。これは、日本刀を作る過程で鉄を水に入れて鍛えることと同じ原理である。

中国産の備長炭が出回っているが、質があまりよくない。製法が違うのか、使っているとはねて危険がある。

炭には空気や水をきれいにする効果や脱臭効果があり、脱臭剤としての使い方もずいぶんと日常的になった。

すみいか［墨烏賊］

甲イカ。墨袋が大きいので、墨イカの名前がある。

↓甲烏賊（こういか）

すみかざり［炭飾り］

日本料理店で、正月の間、床の間と玄関に1カ月間飾る大切なもの。3本ほどの炭を奉書で包み、紅白の水引きで結わく。2本を横にし、1本を立てて飾る。台は、脚が2本で下駄状になっている三方である。

すみきり［角切］

平らな折敷（膳の一種）の四隅を切った膳のことで、四角いものは角が立つといって嫌い、縁起をかつぐ。現在ではほとんど見られなくなったが、折り詰には、1カ所を切ったもの、2カ所を切ったもの、四方を切ったものがある。

↓折敷（おしき）

すみず［酢水］

酢を水で割った液体で、野菜類などの下ごしらえに使う。日本料理の世界では割り酢といい、酢水とはいわない。

↓割り酢（わりず）

すみそ［酢味噌］

味噌を使った合わせ調味料のひとつ。甘味噌8に対し、酢を2の割合で加えて合わせる。ぬたや貝類の酢の物によく合い、和え衣にしたり、付けて食べてもらうように添えたりする。

↓甘味噌（あまみそ）

すやき［素焼き］

↓白焼き（しらやき）

すりごま［すり胡麻］

↓当たり胡麻（あたりごま）

すりながし［すり流し］

椀物のひとつで、材料をすりつぶし、出汁でのばした汁物。とろりとした濃厚な味わいを楽しませ、タイやカツオ、ヒラメ、アジ、エビ、カニなどの魚介のほか、豆類、銀杏なども使う。出汁は、カツオ出汁ばかりではなく、鶏からとった動物性の出汁も使うようになった。

かつては材料を当たり鉢ですりおろしてから裏漉しにかけ、二番出汁を用いて作った。現在は、フードプロセッサーがあるので短時間で大量の仕込みができる。

汁自体が具でもあり、別の具を加えることはない。例外として、ナメコ、板ワラビ、白玉などのどごしがつるりとしたものならば、具として入れてよい。吸い口は入れてかまわない。

すりばち［擂り鉢］

食材をすりつぶすための道具。日本料理の料理人の間では、〝擂る〟が、お金を〝する〟に通じて縁起が悪いとされ、当たり鉢という表現を使う。

→当たり鉢（あたりばち）

する［擂る］

擂り鉢ですり混ぜること。日本料理では、〝擂る〟が、お金を〝する〟に通じて縁起が悪いとされ、当たるという表現を使う。

→当たる（あたる）

するめいか［鯣烏賊］

日本で最も多くとれ、消費されるイカ。刺身だけでなく焼き物、干物など多彩な料理に向き、扱いやすい。イカの塩辛や生きたまま醤油に漬け込む〝沖漬け〟はスルメイカで仕込む。

夏の土用を過ぎるとワタが大きくなり塩辛によい。塩辛は毎日混ぜて1週間漬け込む。卵巣や白子を麹漬けにするのもよい。夏の献立に入れる。

ずわいがに［楚蟹］

日本海を代表するカニ。味がよく、高価なことで知られる。地域により松葉ガニ（山陰）、越前ガニ（北陸）、間人《たいざ》ガニ（京都丹後）、津居山《ついやま》ガニ（兵庫）、加能《かのう》ガニ（石川）とよばれ、地域ブランド名が多くあるカニ。北海道でもたくさんとれる。

刺身やかにすき、かにしゃぶといった鍋物が名物で、日本料理ではすり流しや糝薯《しんじょ》、はんぺん、和え物などにする。富山以西では11月上旬から解禁。新潟以北では10月から解禁である。

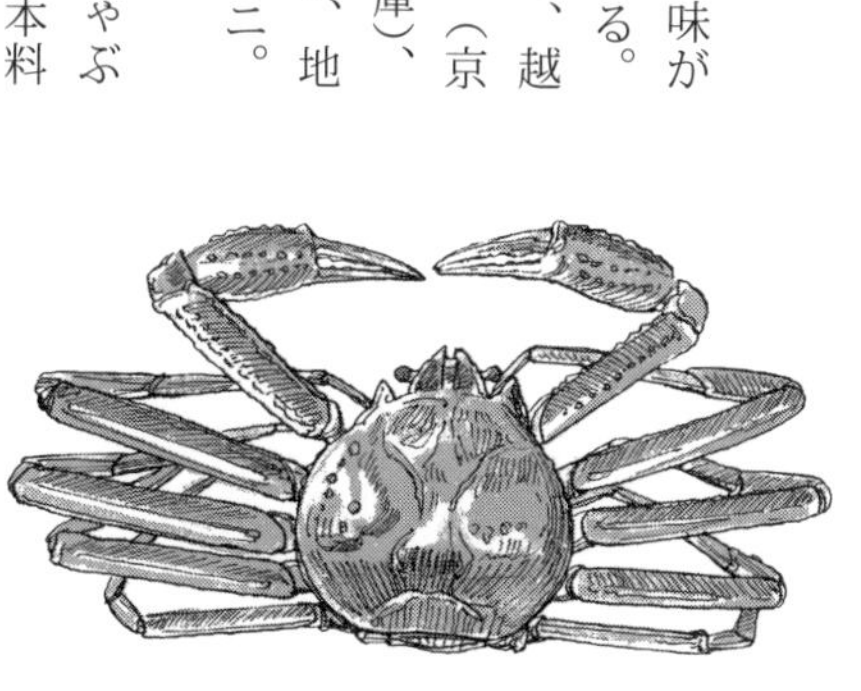

ぜいご

アジの腹から尾にかけてある鋭いトゲのようなもので、ウロコが変形した部分。

刺身のように皮を引く料理にするときは、ゼイゴは皮と同時に取れてしまうので、あらかじめ取る必要はない。むしろ、先にゼイゴをはずすと、皮が引きにくくなってしまう。皮を引かない焼き物や揚げ物の料理の場合は、庖丁で取っておく。頭を左、尾を右に置き、庖丁をねかせて、尾の側から頭へと上下に庖丁を動かしながらそぎ取る。

せいじ［青磁］

中国が起源の、青緑色の磁器。東洋の代表的な焼きものといわれ、現在では韓国に高度な技術が残されている。窯により、時代や作られた国により、色は微妙に異なる。青白磁は青磁と白磁の中間の色合いを持つ。

せいろう［蒸籠］

強飯や餅、茶碗蒸し、饅頭などを蒸す道具。丸型と角型があり、丸型は枠を曲げ物で作り、角型は枠を厚い木で作る。2～3段にして用いる。家庭で使う金属製の蒸し器に比べ、火の当たりがやわらかい熱が回って使いやすい。

現在は、効率を優先して、スチームコンベクションオーブンで代用する調理場がとても多くなった。

→スチームコンベクションオーブン

せきはん［赤飯］

祝儀用に欠かせないおこわで、餅米《もちごめ》に小豆やささげを混ぜて蒸す。地方によっては黒豆を合わせて蒸し、不祝儀に使う。

せごあえ［勢子和え］

魚の卵を使った和え物のこと。似た料理を真砂和えということがあるが、四條流の料理書では、勢子和えと説明されている。魚は卵を瀬に生み付けるので、瀬の子、これが転じて勢子となった。イクラでもタラコでもこのように表現する。ただし、フナの卵を使った和え物は、山吹膾と献立に書く。

→四條流（しじょうりゅう）

→山吹膾（やまぶきなます）

せごし［背越し］

アユで有名な仕事。5月から6月に出回る小型のアユを、生きたまま背骨ごと薄切りし、蓼酢で食べる。アユだけと思っている人が多いが、アユ以外の魚でもよく、サバ以外の青魚はどれも背越しにできる。川の魚は蓼酢で、海の魚は酢味噌で味わう。

→蓼酢（たでず）

せたしじみ［瀬田蜆］

→蜆（しじみ）

せとやき［瀬戸焼き］

愛知県瀬戸市の焼きもの。西の唐津焼きの唐津ものと並んで、瀬戸ものといえば焼きものの代名詞になっている。平安時代、貴族たちが、中国陶器に似た焼きものをわが国でもと、その製造を命じたという古い歴史を持つ。江戸期には尾張藩が保護し、現在も瀬戸は東日本最大の窯業地である。

→唐津焼き（からつやき）

せのせ［背の背］

ヒラメやカレイを五枚おろしにしたときの、上身の背側の身のこと。最も傷んでいないところで、長持ちする。

せのはら［背の腹］

ヒラメやカレイを五枚おろしにしたときの、上身の腹側の身のこと。

せびらき［背開き］

魚をおろすとき、背から庖丁を入れて腹を付けたまま、中骨と身を切り離す方法。干物を作るときや、ウナギや穴子を開くときに行う手法である。背開きをすると腹の部分が中央に来て腹骨を取りづらいことが欠点になる。

せみ［背身］

魚の腹身に対しての言葉で、背側の身のこと。カツオなどを節取りした場合の背節。雄節ともいう。

→節取り（ふしどり）

ゼラチン

甘味、流し物などをゼリー状に凝固させるための材料。粉末と板状があり、板状のゼラチンは薄過ぎて枚数を数え間違いやすいので、間違いが起こりにくい粉末タイプが使いやすい。

基本の分量は、材料の生地1ℓに対し、ゼラチンは10～20g。ゼラチンをそのまま加えることはなく、必ず水でふやかしてから生地に加える。この、生地1ℓに対してゼラチン10gというのは、庖丁で切れるぎりぎりの固さで、容器で固めてそのまま提供する場合は、もっとゼラチンの量を減らし、やわらかく仕上げると口当たりがよくなる。

ゼラチンは熱に弱く、加熱して煮溶かすときは45℃を越えないようにする。45℃は、指をさっと入れることができるくらいの温度である。

流し物がうまく固まらないときには、ゼラチンと寒天を併用することがある。

セレベス

→赤目芋（あかめいも）

せわた［背腸］

エビの背にある内臓。砂などが入っているので、竹串などを使って取り除く。

せんぎり［せん切り］

材料を、細く切ること。千切り、繊切りのほか、せんに打つとも表現する。

ぜんさい［前菜］

椀物の前に提供する、料理の盛り合わせのこと。先付として酒肴を数品盛った料理としていることも多いが、本来は日本料理にはなく、西洋料理の影響を受けたと考えられる。

いまでこそ数を競って、細かな料理を少量多品種出すようになったが、かつては、山のもの、里のもの、海のものとを使い、3点盛りをすることが多かった。味は、甘いもの、鹹《から》いもの、酸っぱいものを組み合わせた。

最近では目で楽しむ役割を担う料理として工夫され、料理点数が増える傾向がある。会席の献立に必ず入れるべき料理というわけではなく、献立によってはこれを省いてもかまわない。

ぜんざい［善哉］

大阪でいう、粒あんの汁粉のこと。関東では、ぜんざいは粒あんと漉しあんの間の状態に仕上げ、具には餅や栗などさまざまな材料を加える。

せんだいがつお［仙台がつお］

旬である10月にとれるカツオ。季節柄、萩ガツオともよばれる。脂が乗り、ワサビで食べるとおいしい。

せんだいみそ［仙台味噌］

東北の代表的な米味噌。赤褐色で塩分が多い。伊達政宗が軍用に作らせた味噌に由来するといわれる歴史のある味噌。

せんだん［千段］

ハゼやキスを重ねた料理に付ける名。切った断面から見える魚の身が不規則に重なり、なんともいえない風情がある。似た料理に〝博多〟があるが、博多は模様が直線的で、規則的に重なった料理を指す。

→博多（はかた）

千段　ハゼやキスを頭側と尾側が交互になるように重ねて串を打ち、焼いてから切り、断面を見せて楽しませる料理。揃え過ぎない切り口に風情がある。

せんちゃ［煎茶］

抹茶を使って点てる点茶に対し、茶葉を湯に浸して浸出させるお茶の飲み方のこと。昔は煎じて飲んだためにこの名がある。煎茶にも種々の流儀、流派があり、煎茶料理がある。

せんばじる［船場汁］

大阪の船場から生まれたといわれるサバと大根の汁物。大阪商人らしい経済的な食べ物として、サバの身を食べた後の頭や中骨を余すことなく活用したことが始まりとされる。

せんぼんしめじ［千本しめじ］

本しめじと形状が似て、太い根から多数のキノコが発生して株となる天然のキノコ。様子がお釈迦様の頭を思わせることから、釈迦しめじの別名がある。味がよく、人気がある。

せんろっぽん［千六本］

大根のせん切りのこと。六本はもとは蘿蔔《ろっぽ》で、中国語で大根のことである。このため、大根以外の材料を細く切ることは、千六本とはいわない。

そうざいこんだて［総菜献立］

料理が2品以下の献立のこと。丼物や鍋物は惣菜献立である。

ぞうすい［雑炊］

炊いて洗ったご飯を、キノコやフグやウニなどとともにさっと煮たご飯物。これに対し、おじやは味噌味で煮込んだご飯料理をいう。

→おじや

ぞうに［雑煮］

餅やさまざまな材料を取り合わせて煮る。『貞丈雑記』では、雑煮は本来の名は保臓とあり、臓腑を健やかに保つことを意味する料理であった。餅の形態も取り合わせる材料も、味付けも各地で違い、雑煮ほどお国柄が違う食べ物もない。

そえぐし［添え串］

魚に串を打ったのち、焼いたときに身が反らないように、さらに身の両端に串の間を縫うように打つ補助の串のこと。

そえもの［添え物］

掻敷《かいしき》を含めた、草花や枝もののことで、主に化粧に用いる。毒性のある植物は決して使ってはいけないので、その知識を充分に知る必要がある。

→掻敷（かいしき）
→盛り付けに使う植物（もりつけにつかうしょくぶつ）
→盛り付けに使わない植物（もりつけにつかわないしょくぶつ）

そぎづくり［そぎ造り］

刺身の手法のひとつで、庖丁を寝かせ、刃の元から弧を描くように動かしながら、へぐように切ること。へぎ造りともいう。ヒラメ、タイ、カレイなどの身のしまった白身魚や、シマアジ、カンパチの鮮度のよい魚に用いる。洗いにするときにも使う。形が変形した身や端身を使うときにも適する切り方である。

そげ

1・2kgまでの大きさのヒラメのこと。

そだてしごと［育て仕事］

料理の中には、弟子や後輩の料理人に自分で考えさせるための宿題のような料理があり、その仕事のことを育て仕事とよぶ。例を挙げると、流し物を2層にする料理。単に流し物を仕込むのであればすぐできるが、2層に重ねて接着させるには、工夫が必要になる。それをすぐには教えず、考えさせて仕事の力をつけさせる。教える力量も問われ、それも料理人の技量である。

ソップだし［ソップ出汁］

卵を産まなくなった老鶏を使って取った出汁のこと。江戸時代からあったようで、その時代はツメスープともよび、椀物に加えたりスッポンの出汁に加えたりした。旨味やコクをプラスしたいときに重宝し、茄子《なす》や冬瓜、白菜などあっさりした野菜の含め煮に最適である。

材料は、鶏1羽、水20ℓ、酒適量、ネギ3本、玉ネギ1個、ニンニク2かけ、生姜2かけを使って作る。鶏のそうじをていねいにし、皮と身の間の脂や関節の間の血を洗い流すことがポイント。こまめにアクや脂を取り、弱火で12時間、できれば24時間煮出す。水分が減ったときは、水を足すと出汁が濁るので、酒を足す。

そとこ［外子］

カニの甲羅の外にある卵。甲羅の中にある卵は内子である。

そとびき［外引き］

魚を刺身などにするときの皮の引き方。手順は、①おろした身の皮目をまな板に付け、頭側を左、尾側を右にして置く。②尾側の身と皮の間に庖丁の刃先を入れる。③尾側の皮を左手でしっかり押さえ、庖丁を多少上下させながら、左から右へ動かして皮を引く。

リズム感がある引き方で、内引きに比べて格好がよく見える。そのせいか、鮮魚店でよく見られる。関西の料理人も、内引きより外引きで皮を引くことが多いようである。

→内引き（うちびき）

ソフトシェルクラブ

ワタリガニの仲間で、甲羅ごと食べられるカニ。脱皮したてのものを食用にする。甲羅は横長の菱形。

日本産のガザミと似ているが別のカニである。冷凍品が多く出回り、味噌汁や鍋物、煮物、揚げ物など幅広く活用できる。

そぼろ［そぼろ］

タイや、ヒラメ、スズキなどの魚介を、煮てから当たり鉢ですり混ぜ、煮汁で煎って食紅で色付けをした粒状のもの。卵でも作り、その場合は色付けはしない。ぼんぼりともいう。細かく作ると朧《おぼろ》という。

→ぼんぼり
→朧（おぼろ）

そめおろし［染めおろし］

大根おろしに醤油を加えたもの。サバやサンマ、ブリの塩焼きに添え、脂が乗った魚に醤油が絡みやすくなり食べやすい。

そめつけ［染付］

白素地に、藍色の呉須で絵付けし、その上に透明の釉をかけて焼成した器のこと。日常使いの什器として、日本人に最も親しまれている器の一種。その絵付を中国で釉下青花とよぶので、日本でも青花ということもある。

たい［鯛］

風格、姿の美しさ、食味のよさで、魚の中では王様だろう。しかし日本料理の中での歴史は意外に浅く、現在のような人気を確立したのは江戸時代のこと。それまでは、中国の食文化にならい、コイが魚類で最も格が高い魚とされてきた。

タイは種類が多く、○○ダイとよぶいわゆる〝あやかりダイ〟が数多くいるが、学問上のタイは、マダイ、チダイ、レンコダイ、クロダイであり、本書でいうタイはマダイである。

天然ものは、徳島・鳴門のタイ、兵庫・明石のタイ、茨城・川尻のタイ、千葉・保田のタイなどの味がよいことで知られる。天然ものは1月から2月が走り、3月から4月が旬、4月半ばが名残である。

現在は養殖ものが増え、仕入れや価格が安定し、味もおいしいといわれる。平成26年（２０１４年）の農林水産省の資料では、養殖ダイの比率は75％。味はまだ天然ものの方が上だが、価格で天然ものの4分の1なので、上手に養殖ものを取り入れることが、いまの料理人には求められる技術といえよう。

養殖もののタイは、加熱すると脂が抜けやすいことや、やや脂にクセがあるために焼き物や揚げ物、煮物にすると難点が出やすい。刺身や鍋物の方が向いている。養殖もので兜煮《かぶとに》や粗煮《あらに》を仕込む場合は、胡麻油やサラダ油などを使うといった工夫をして、ぱさつきを補う必要があろう。また、特に養殖ものは鮮度の落ちが早いことも知っておきたい。

大きさは、1・2kgサイズが最も使いやすく、価格も高めである。別の言い方をすれば、このサイズ以外なら、価格が下がり、取り入れやすい。

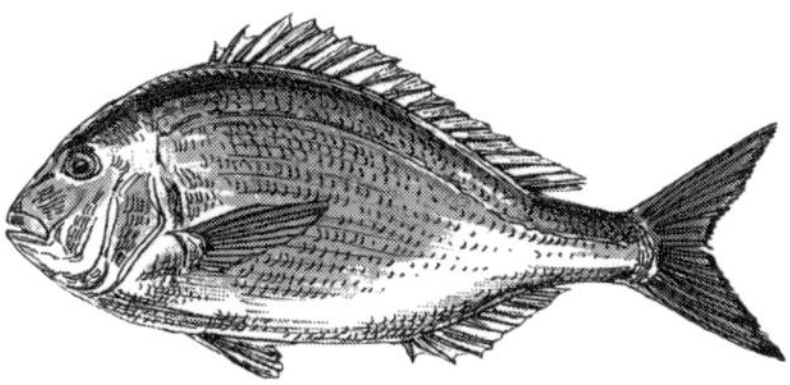

たいこ［太鼓］

カブや里芋を六方や八方にむくとき、側面を丸みを持たせてむくこと。

→六方（ろっぽう）→八方（はっぽう）

だいごみ［醍醐味］

仏教の、五味の最上とされている味のこと。醍醐は、現在のヨーグルトやチーズを指すといわれる。

だいこん［大根］

日本の食生活では重要な位置を占める野菜。世界でも、最古の野菜とされ、古代エジプトの時代に栽培されていたという。大きく分けると、大根は、ヨーロッパ大根、中国大根、日本大根に大別される。日本には中国から伝わり、春の七草の〝すずしろ〟は大根のことである。時間をかけ、地域ごとに数百の品種に分化してきたが、１９８０年代に、外観がみずみずしくて水分が多く、甘くて辛みが少ない青首大根が人気となり、主流となった。

代表的な料理はべったら漬けやたくあん、おでん、ブリ大根などで、大根そのものが主役になることはあまりないが、献立の幅は広い。大根自身がとても味がよければ、含め煮にして椀物に使う。煮るときは、下茹でをし過ぎると旨味が逃げ、その後に味が染み込みにくくなるので、茹で加減に注意し、弱火でゆっくりと含める。生で提供してもよいので、サラダ感覚で使える。また、大根は干すと甘味が増し、これを使った昔ながらの惣菜風の煮物は捨てがたい味。皮もおいしく、皮だけで作る漬け物もよいものである。

さらに、かつらむきにして刺身のあしらいにするのは、大根ならでは。干して砂糖をまぶして甘味にしたり、大根おろしをゼリーやアイスクリーム、飲み物に取り入れることもでき、意外性が高く、献立に入れると反応のよい使い方である。

宮重大根、練馬大根、守口大根、ねずみ大根、三浦大根、紫大根、河原大根、おろち大根、聖護院大根と大変種類が多く、料理法も違う。夏大根が辛いのは、気温が高いことで酵素が働きやすいためである。

だいこんおろし［大根おろし］

大根をおろしたもの。おろした大根は決して水分を絞らず、ざるなどにのせて自然に水分を落として使う。これをよく洗い、40分ほど茹でて余分なにおいや辛味を抜いて使うのが日本料理の手法である。

大根おろしは、消化を助けるものとして、薬味の意味で添えていた歴史があり、脂が強いマグロのトロやブリ、サバの刺身には必ず大根おろしを添える約束がある。大根おろしがないと、魚の脂で醤油がはじけ、味が絡まず食べにくい。中でも脂肪分が特に強いブリは、大根おろしに卵黄を加えた黄身おろしを添えることが約束。

→黄身おろし（きみおろし）

たいしょうえび［大正海老］

輸入冷凍エビとして歴史があるエビ。色はクルマエビやブラックタイガーより薄く、ホワイト系のエビよりは濃い。産地は東シナ海、黄海で、主に中国から輸入しているが、大手の外食企業が取引するようになって以来、一般の市場には出回る量が少なくなった。

たいせつにする［大切にする］

例えば、流し物を切り分けるとき、主役を生かすために両端を大きく切り落とすこと。通常はもったいないと考えるが、それを惜しむと、主役の流し物は格好よく切り分けることはできない。切れ端を和え衣やつまなどにすれば無駄はないので、端はしっかり切り落とし、素材全体を活かし切りなさいという教訓を含んだ表現である。調理場では、「大切にしろ」とよくいわれたものだ。

流し物をぴたりとまっすぐに切るには、片刃の庖丁ではうまく切れないので、柳刃庖丁などで代用してはいけない。両刃で刃の薄い庖丁を使う。

だいぜんしょく［大膳職］

明治19年（1886年）に宮内省に置かれた、天皇の食事や饗宴などを担当する役所のこと。

たいせんに［大船煮］

トコブシと大豆をともに、三日ほどかけてやわらかく煮た料理。江戸時代からある古い仕事で、覚えてほしい料理である。アワビと大豆を煮る〝福来煮《ふくらに》〟とほとんど同様の手法で酒、砂糖、醤油、味醂を使って煮て、アワビがない時季はトコブシを使ったこの〝大船煮〟を楽しませる。

11月から5月の間に提供し、特に正月料理には欠かせない。常備菜として長期間の保存もできる。トコブシが安くなる4月に、まとめて仕込むとよい。

→福来煮（ふくらに）

だいとくじふちだか［大徳寺縁高］

京都の大徳寺で使われる、点心を入れる重箱。20㎝角で深さは6・5㎝ほどである。かぶせ蓋が付く。

たいのあつかいかた［鯛の扱い方］

マダイは高級魚であり、ウロコもエラもすべてが味わえる。おろすときは、魚の最も基本となる三枚おろしにする。すべての部位が使えるということは、どの部分も生かせるようにおろす必要があるということ。例えば頭を落とすとき、マダイは兜《かぶと》の価値があり味もよいので、頭に身を付けて切り口をまっすぐに見栄えよく切り落とす。斜めに切ると、身に無駄が出る。ただし、兜の料理を作らないならば頭の落とし方を変え、頭になるべく身を残さないようにして胸ビレの付け根ぎりぎりのところで頭を落とし、上身を少しでも大きく取る。これはアマダイやカンパチなどでも同様である。

マダイは、ウロコや骨が硬くておろしにくい面があるが、切るポイントがわかりやすい魚で、例を挙げると、頭を落とすときに胸ビレの付け根からウロコ3枚めのところに庖丁を入れると、最も硬いつりがねをよけて軟骨に庖丁が入り、血が出にくく身も汚れない。同様に、頭を梨割りにする場合は、真っ二つを目指すと途中で庖丁がつかえてしまうが、中心から1㎜ほどずらす気持ちで庖丁を入れると、関節に庖丁が入り、意外にすんなりと切れる。つねに、内臓の位置や骨の構造を考えておろす観察力が必要である。

また、マダイは中骨に腎臓がしっかり付いているので、ササラ（細かく割った竹を束ねた道具）を使ったり庖丁でこすったりして、ていねいに取る。これを怠ると、身が傷んだりくさみが出る原因になる。

マダイは年間を通じて、ウロコの数が一定で、時期による内臓の移動が少ない魚。そのため、魚のおろし方を練習するにはよい素材でもある。4㎏のマダイが、味がよく扱いやすい。

↓つりがね

だいのもの［台のもの］

羊羹や金団《きんとん》、伊達巻などを盛るための道具。

たいはくごまあぶら・たいはくごまゆ［太白胡麻油］

胡麻を煎らずに搾って精製した油。香りが少ないので、天ぷら用の揚げ油やサラダ油用としてよい。

たいみそ［鯛味噌］

味噌料理のひとつ。産卵を終えたマダイを使って仕込む。焼き物にかけたり、饅頭の具にする。骨や皮を取ったマダイの身を茹でてほぐし、桜味噌や八丁味噌や砂糖、味醂などを混ぜた味噌に練り込んで作る。

だいみょうおろし［大名おろし］

魚のおろし方のひとつ。三枚おろしと似ているが、身を中骨からはずすとき、周囲に切り目を入れることなく頭から尾まで一息におろすため、中骨に身が残りやすく贅沢なおろし方とされる。そこから大名おろしの名がある。サケは身割れしにくい魚なので、大名おろしでおろす。実際はそれほど中骨に身が残ることはない。ほかには、マス、イトウなどが大名おろしに向く。

たいらがい［平貝］

タイラギともよばれる。先のとがった大きな三角形の貝で、諫早《いさはや》湾が産地として有名。東京湾にも生

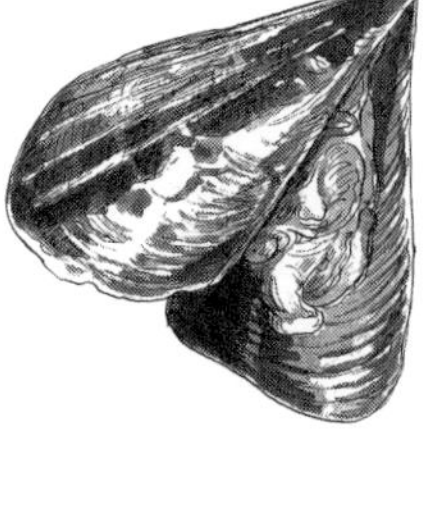

息する。ハマグリ、赤貝、アオヤギの後においしくなる。立春(2月上旬)から秋の献立に入れる。

たかつき［高坏］

食べ物を盛る足付きの食器。現在は陶磁器、漆器、銀器などで作られている。

たかのつめ［鷹の爪］

赤唐辛子の一種で、辛味がとても強い。乾燥品で出回る。形が猛禽の鷹の爪に似ていることから名が付けられたようだ。日本料理では、きんぴらやなます、漬け物によく使う。

→きんぴら

たかべじんじゃ［高家神社］

日本唯一の、料理の祖神、磐鹿六雁命《いわかむつかりのみこと》を祀った神社。安房郡南房総市千倉町にある。社名は、〝高家〟と書いて〝たかべ〟と読み、祀られている磐鹿六雁命を高倍神ともいう。社殿の前には、左右に庖丁塚がある。

磐鹿六雁命は、高倍さまとして醤抽醸造や調味料の神としても祀られている。醤には野菜を発酵させた草醤、穀物を発酵させた殻醤、魚などを発酵させた肉醤があり、これらは日本料理の基礎をなす重要な調味料であることから、磐鹿六雁命は料理の祖神とされる。

→磐鹿六雁命(いわかむつかりのみこと)

たきあわせ［炊き合わせ］

何種類も盛り合わせる煮物。いくつかの素材をそれぞれの味に煮上げ、ひとつの煮物鉢に海のもの、山のものを合わせる。関西での表現で、関東では小煮物、または小鍋仕立てという。材料ごとに出汁や調味を変えて煮るので、実力を求められる仕事である。汁は別に作って張る。

たきうち［滝打ち］

魚の尾の付け根の、細く低くなっているところ。

→魚の名所(さかなのめいしょ)

たきがわどうふ［滝川豆腐］

豆乳で生地を作り、寒天で冷やし固めた一品。流し物の中でも日本料理には特に重要な料理である。冷たくて舌ざわりがよく、夏場に喜ばれる。三杯酢で提供する。土佐酢やポン酢醤油でもよい。

天突きで押し出したとき、滝の水が流れ出たようになるところから、この名があるといわれる。

→流し物(ながしもの)

たきこみごはん［炊き込みご飯］

いろいろな材料を出汁や調味料とともに炊き込む、味付きのご飯のこと。季節ごとの材料を使い、彩りも食材も変化が出せ、女性客が日本料理店に増えたいま、喜ばれるようになっている。しかし実は、ご飯物の中では白飯が最も格が高い。というのも、米と水の味がごまかしがきかないからである。そのため、舌が肥えたお客には白飯を出す。
炊き込みご飯の具の量は、米の量の4割を目安にする。

たきのがわごぼう ［滝野川牛蒡］
最も一般的に出回っている牛蒡で、多くの牛蒡の品種のもととなっている品種。江戸時代に東京北区の滝野川、あるいは北海道空知地方の滝川市の滝野川地区が発祥という説がある。旬は秋から冬。

たく・にる ［炊く・煮る］
地域性のある表現で、関東では、米は炊くといい、野菜や魚は煮るという。炊くという字は、そもそもは焚くと書き、竈に木を並べ、強火で沸騰させる表現であった。
そのことから、米や芋類などのデンプン質を水分を加え、強火で加熱することは炊く（焚く）という。野菜や魚などの、どちらかというと中火や弱火の加減で加熱する場合は、煮るといい、表現を使い分ける。

たけかわ ［竹皮］
おにぎりやちまきといったご飯物や、肉類を包むのに欠かせない竹の皮。魚を煮るときに鍋底にこびり付かないように敷いて使う料理人も多い。宮中では、〝巻き鯉〟という料理を作るときに、皮を細く縒《よ》ってひも状にし、これでコイを巻いて鍋につるし、味噌味で炊く。
竹皮は、竹が成長するとともにはがれ落ちる外皮を活用したもので、料理用に使っているのは真竹の竹皮である。筍の外皮をむく場面を想像してみればわかるとおり、孟宗竹の竹皮は短くて実用的ではない。節と節との間が長い真竹でないと、長い皮はとれない。

→巻き鯉（まきごい）

たけぐし ［竹串］
竹を削って作る串。魚の姿焼きには最適で、魚を姿で焼く場合は、金串ではなく竹串で焼き上げたい。金串に比べると、優れている点が多く、例えば、金串に魚を打って頭を下にして立てて炭火で焼くと、魚の頭から脂や水分が下に落ち、その脂で串が汚れる。串が熱くなって持てなかったり、魚の重みで串に固定されず、魚が下に落ちることもある。しかし竹串の場合は、竹の節によって魚が下にすべり落ちることがない。また、魚の口から出る余分な脂やくさみが節を伝って外に落ち、持ち手の部分が汚れない。焼く魚の大きさに合わせて削ればさらに使いやすくなる。
魚用の竹串に使うのは、節と節の間が長い真竹である。自分で作る場合は、本来なら鉈《なた》を使うが、洋庖丁で削って作ってもよい。全体の5分の2くらいのところに節が来るように切り出すと使いやすい。小刀を動かすのではなく、小刀を固定し、竹の方を動かすのが、手早く上手に削るコツ。灰に突き刺す方を、やや太めにすると安定する。アユやアジなどの小型の魚用には全長を25㎝ほどに、タイやサバなどの魚用には長さを45㎝ほどにする。

竹串で焼いた魚は、竹の香りが移って香ばしいだけでなく、焼いた魚が長持ちする。焼いたときに、魚の生ぐさみが外に充分出て傷む原因が減るためだろう。

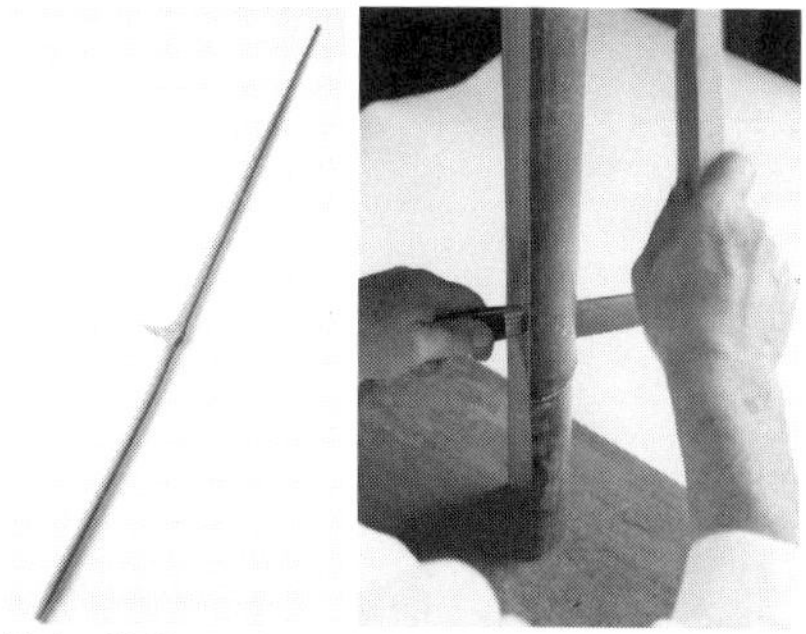
竹串　節が1ヵ所入ってる真竹を削って作る。魚の姿焼きには最適で、アユやアジなら節の上15㎝、タイなら25㎝ぐらいになるように削ると使いやすい。洋庖丁で削れる。竹は中性洗剤で洗ってから使う。

たけのこ［筍］

筍は竹の地下茎から茎が枝分かれした部分。最も代表的な筍は、中国原産の孟宗竹。孟宗竹が伝わる前には、根曲がり竹や淡竹、真竹などの筍が利用されていたという。代表的な料理は、煮《にし》染め、若筍椀、若筍蒸し、筍メバル（筍とメバルの炊き合わせ）、筍ご飯など。焼き物や刺身、酢浸しにも合う。

さまざまな野菜類の中でも、特に鮮度を大事にすることが特徴で、鮮度がよいとアクが少なく、香りもよく、やわらかい。バターや油とも相性がよい。

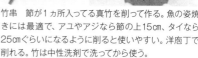

筍で最もおいしいのは、穂先や姫皮というやわらかい部分で、椀物に用いるのが最適。一方、根元は硬いが、土佐煮にしたり、バターをきかせてステーキにすると、歯応えが楽しめる料理になる。大きい筍は茹でにくく価格が安いので、すり流しなどの料理に活用するとよい。下ごしらえでは、米や米ぬかなどデンプン質を加えて5時間以上茹でてアクを抜く。

たけのこいも［筍芋］

筍の形に似た八つ頭の仲間の芋。京芋ともいう。実は粉質で、煮ると割れやすく、扱いがむずかしい芋。寒さに弱いため九州で栽培されている。

たけのこめばる［筍めばる］

春の代表的な煮物料理。筍とメバルと一緒に炊き、ご飯の友として味を濃いめにする。煮汁は多めにして提供する。メバルの旬は筍が最もおいしい時期であり、出合いものの料理である。

→メバル

たこ［蛸］

日本で消費されるタコは、マダコ、水ダコ、柳ダコ、イイダコが代表的。中でも、タコといえばマダコを指すことが多く8割を占める。中でも瀬戸内海の明石沖でとれるものは市場での価格が高い。

しかし流通しているマダコの7割以上はアフリカ産で、従来は大衆的な素材という位置づけだったタコだが、もはやそうはいえない。輸入ものも値上がりが激しい。国内では完全養殖めざして研究が進んでいる。

料理は、刺身や酢の物、和え物、煮物など。大衆的なイメージがあるタコだが、もはやそうではないので、皮をむいたり盛り付けのひと工夫をして、高級感のある提供法をしたい。輸入ものなどの茹でダコを使うときは、水洗いをし過ぎると旨味が流れ出してしまうので、最小限の洗い方にする。

↓水ダコ（みずだこ）

↓柳ダコ（やなぎだこ）

たごと［田毎］

田毎と名が付く料理は田毎蒸しが知られ、これは茶碗蒸しや白身魚の蒸し物やそばの上に鶉の卵や卵黄を落として蒸した料理。卵を月に見立て、山間にある棚田1枚1枚に映り込む月の様子から来ている。

〝田毎の月〟として信州の冠着山《かむりきやま》が知られるので、その地の棚田に由来があると考えられる。

だし［出汁］

日本料理の基本となる、調味料以前の調味料というべきもの。もともとの材料に足りない味わいを補い、風味を豊かにする目的で使い、カツオ節やサバ節、マグロ節、イワシ、煮干し、昆布、椎茸、鶏ガラといった材料を煮出して仕込む。こうした材料の質や持ち味の変化、価格の高騰などにより、この10年ほどの間に、出汁を引くための材料の使い方は大きく変化している。料亭では、水がよくなったことから、値段の高いメジマグロ節を2～3割加えて使うようになった。メジマグロの節を使うと、上品な風味が出る。

出汁の代表的な用途は、椀物と煮物である。椀物用は客ごとに直前に引き、煮物はまとめて引いておくことが理想的だが、人件費がかかる昨今は、よほどの料亭でない限り、そのような仕事はできなくなっている。まして昭和30年代頃には、一日中店でカツオ節を削るのが仕事だったこともあったが、いまでは店で削るなどできない日本料理店も少なくない。

お客の味覚の広がりや食の多国籍化により、出汁の使い方も大きく変化している。油の旨味を好むようになっているために、あっさりめの出汁にソップ出汁を加えてコクを出すことも一般的になった。

↓一番出汁（いちばんだし）

↓昆布出汁（こぶだし）↓ソップ出汁（ソップだし）

だしまきたまご［出汁巻き卵］

卵に、やや塩を強めにした吸い地を加えて生地を作り、卵焼き器で焼く料理。庶民的だが、やや高級なそば店や日本料理店で出す料理。

たすきおとし［たすき落とし］

魚をおろすときの頭を切り落とす方法のひとつ。魚の頭を料理に使うとき用の落とし方で、身が頭に残るように、頭にカマを付けて落とす。カマ下落としともいう。タイ、サバ、ハマチなどに用いる。料理に使わない場合は、頭にカマ以外の身はなるべく残さないようにして落とし、そのやり方は素落としという。

→素落とし（すおとし）

たたき

アジやイワシを三枚におろし、小骨を抜いて皮を引いて出刃庖丁で細かくし、これに小口に切ったアサツキとおろし生姜、味噌などを加えて叩いた料理。イワシを使うときは手開きの方が小骨がきれいに取れてよい。たたきは、日本料理店や料亭では出さない料理であり、また、たたき造りとはいわない。

カツオのたたきは土佐の食べ方で、カツオを三枚おろし、あるいは五枚おろしやすじおろしにし、藁でいぶして火取って切る。これにネギやニンニクを直接たたき付けるようにしてのせ、生姜と芥子を添え、酢醤油で味わう。

→手開き（てびらき）
→すじおろし

だだちゃまめ［だだちゃ豆］

山形・鶴岡市旧大山町を中心にして、古くから栽培されている枝豆。鶴岡産のだだちゃ豆は粒が小さめだが、とても香りがよい。8月から10月にかけて献立に入れる。

たちうお［太刀魚］

近海もので、鮮度がよい状態で入手しやすい魚。体が平たくて長く、1・5mにもなる。クセのない白身なので、万人好みの味。刺身や焼き物にする。

あっさりした白身として知られるが、脂が乗った腹部はかなりこってりした味で、焼き物や和え物もよいだろう。通年使える。

銀色の皮が大事なので、扱うときは、皮目にさわらないように注意すること。皮はやや硬く、隠し庖丁を入れて食べやすくする配慮が必要である。

たちまわり［立ち回り］

料理人の修業の段階で、洗い方の次の段階の下働きのこと。この段階では、まだ職人とは認められず、煮方や焼き方の技術や盛り付け、技術全般、味付けを学び、雑用も多い。

この期間に大事なことは、指示される前にほかの部署の様子を見て状況判断ができるようになることである。叱られる場面も多いが、親方や先輩に何でも聞いてよい期間。できれば3年ほど取り組みたい。この下働きを終えると、職人としての焼き方になる。

だつ

冬瓜や瓜、カボチャのワタ。さなごともいう。特に、冬瓜は、だつだけはずして粥に入れたり、にゅうめんとして使ったりする。おいしいが手間がかかり、量も少ないので、食通のお客に喜ばれる。冬瓜の実よりも料理法が多い。北海道では、タラの白子のこともだつという。

だつ

里芋の葉柄を白く栽培したもの。皮をむき、水に練馬大根や夏大根のような辛味のある大根を皮ごとおろしてたっぷり加え、弱火で約4分煮てから、煮汁ごとひと晩鍋に入れたまま放置し、水でよくさらして和え物や煮物、刺身のつまなどにする。ぬかもしくは米のとぎ汁と鷹の爪を加えて煮る方法もある。

だつには専用の品種があり、ズイキとは種類が違うが、ときとしてズイキともよぶことがあり、明確には区別されていない。

たづくり［田作り］

イワシを干したもので、乾《ほ》し鰯《か》ともいう。砂浜の熱で乾燥させ、田の肥料とする。これをよく炒り、砂糖や醤油で煮た料理が正月のお節料理の田作りである。

たつた［竜田］

紅葉の名所の、京都の竜田川を料理の表現に取り入れ、エビやカニを使ったところどころが赤い料理に付ける。紅葉から来ているため、原則として秋の料理である。

たつたあげ［竜田揚げ］

塩茹でした下味付きのクルマエビや伊勢エビに葛粉を打って叩き、揚げた料理。部分的にエビの赤い色が残るので、その様子をもみじになぞらえ、紅葉の名所として知られる竜田川の名を付けている。そのため秋の料理。そのままか、素塩を添えて食べる。

エビ以外の材料で、例えば鶏肉や魚介に醤油や酒で下味を付けて、葛粉や片栗粉をまぶした揚げ物を竜田揚げがとよぶが、それは唐揚げで、本来は右記のようにエビを叩いた揚げ物のことである。

たづなぬき［手綱抜き］

大根や人参などを螺旋《らせん》状に抜くためのむきものの道具。2つ1組で抜き、紅白を組み合わせることができる。焼き物や小鉢に添えるあしらいの鉢前として使う。むきもの用の道具にセットとして入っていることが多い。

→鉢前（はちまえ）

たで［蓼］

蓼にはいろいろな種類があり、食用にする蓼はヤナギタデで本蓼、真蓼、河原蓼ともよぶ。この本葉や若芽をすりつぶしたり刻んだりして蓼酢を作り、川魚の洗いや刺身に添える。天ぷらにもする。

紅蓼はヤナギタデの子葉のことで、刺身の根締めに使う。ほかに、赤蓼は花を使う。白蓼はアユに使う。道端にある雑草としてよく目にする犬蓼《いぬたで》は、花を天ぷらにする。

生魚や刺身に蓼を添えるのは、毒消しの作用があるからといわれる。

→蓼酢（たでず）　→洗い（あらい）
→紅蓼（べにたで）　→根締め（ねじめ）

たであらい［蓼洗い］

アユやカレイ、フッコを洗いにするとき、蓼の葉を加えた水で洗いにすること。似た仕事に山椒洗いがある。

→山椒洗い（さんしょうあらい）

たてぐし［縦串］

魚の頭から尾にかけて並行に打つ串のこと。ハモやアイナメなど、骨切りをした魚に串打ちをする方法である。必ず添え串も打つ。

→骨切り（ほねきり）
→添え串（そえぐし）

たてけん［縦けん］

大根のかつらむきを、繊維に沿って細く切る、刺身のつまのこと。白糸大根、糸切り大根ともよび、婚礼の料理では、白髪大根ともいう。

たてじお［立て塩］

魚の干物を作るときや、キュウリや茄子《なす》の下ごしらえに使う、3％前後の濃さの塩水。1ℓの水に30gの塩を溶かすと、その塩水になる。

前後というのは、食材の鮮度や用途によって濃くしたり、薄くしたりするからで、例えばアユを洗う場合は4～5％と海水程度に濃くする。

粒の塩を使わずに塩水を使うのは、材料に塩味をまんべんなく含ませるためと、魚ならば生ぐさみを抜くための目的がある。昭和30年代のなかばまでは魚を立て塩で洗っていたが、魚に腸炎ビブリオがいるという理由で、立て塩で洗わず、水洗いをするように変わった。

→腸炎ビブリオ（ちょうえんビブリオ）

たです・たでず［蓼酢］

蓼の葉を細かくすりつぶし、重湯を加えてさらに当たり、生酢を少しずつ加えて塩、薄口醤油で調味した合わせ調味料。前もって仕込んでおくときは、酢は提供直前に加えると褐色に変色しない。アユやスズキをはじめとする川魚の酢の物や焼き物、刺身、洗いによく合う。蓼には虫よけの効果があり、川魚の寄生虫を排除する作用があるとされていた。

たてづま［立てづま］

刺身に添える海藻や野菜類のこと。

→つま

だてまき［伊達巻き］

白身魚のすり身に、卵やつなぎの小麦粉や浮き粉を加え、塩や砂糖で調味して天火で焼き、巻きすで丸く形を整えたもの。口取りや折り詰に使う。

たとう［箸袋］

箸袋と書いて、たとうと読む。最近は紙でできた既製品の箸袋を使っているが、以前には和紙を三つ折りにして作っていた。折った和紙に文字を書いたり絵を描いて季節感や料理人の思いを表現したものである。祝いの場面では水引を箸袋に結んだ。

たまごどうふ［卵豆腐］

蒸し物料理のひとつ。生地は、卵1個に対し、出汁1～2の割合で仕込む。作り方は茶碗蒸しと同じで、生地を裏漉しにかけてから流し缶に移して蒸す。

流し缶で加熱して切り分けるときは、茶碗蒸しよりもやや固めに作る。椀種にする場合は、やわらかめにして卵1個に対して出汁は1・8ほどにする。新鮮過ぎる卵を使わないこと、生地を作ってから2時間ほど寝かせることがポイントである。

たまごとじ［卵とじ］

鶏肉や白魚などを薄味に煮て、溶き卵を流し入れて半熟程度に火を入れて余熱で火を通す卵料理。

たまごのもと［卵の素］

卵黄にサラダ油を加えながらよく攪拌した、酸味のないマヨネーズのような調味料。糝薯《しんじょ》の隠し味に加えたり、食材の上にのせて天火で焼いたりするときに使う。

卵白を多用する日本料理の調理場では卵黄が余りがちなことから、卵黄を活用するためにマヨネーズを作ろうとしてそれが失敗して生まれた独自の調味料と考えられる。

たまざけ［玉酒］

日本酒と水とを合わせた液体で、塩焼き用の魚にいったん塩を振った魚を洗うとき、味噌漬けにする魚を洗うとき、煮魚用の魚を下洗いするときなど、さまざまな魚の下ごしらえに用いる。野菜にはほとんど使わない。

割合は、魚の鮮度や、折り詰にする料理か否かで加減し、日本酒1対水1から、1対5までを使い分ける。玉酒の玉は、玉川（多摩川）の水を指し、それゆえ関西にはない表現である。玉酒を使って魚を洗う仕事を、玉酒洗いという。

たまじめ［玉締め］

→締め卵（しめたまご）

たまみそ［玉味噌］

味噌をベースにした合わせ調味料で、白味噌に卵黄や味醂、酒、砂糖などを加えて加熱しながら練り上げる。このまま田楽味噌として使う。木の芽や青ジソ、柚子などをそれぞれ加えると別の風味の合わせ味噌になり、ほかの料理に応用できる。

たまりしょうゆ［たまり醤油］

普通の濃口醤油よりも濃厚な醤油。大豆原料のもろみ液を味噌玉にかけるのを繰り返してたまった液を熟成させた醤油。

ためしぼう［ためし棒］

あしらいを作るときや筍の姫皮をむくときに使う道具。あしらいに使うときは、ウドや人参を巻き付けて螺旋状にするための棒と、薄切りした野菜を花びらに形づくるための棒状の道具がある。どちらも道具店では売っていないので、特注するか、自分で作る。かつてはよく使われたが、いまはあまり使われていない。

野菜を巻き付けるためし棒は、用途に合わせ、太さを指定して材木を扱う店に注文する。直径4㎜、10㎜、15㎜、30㎜の4種類、長さは30～40㎝あれば使いやすい。材質は柘植が最適。それほど高価ではない。菜箸や麺棒に巻き付けてあしらいを作る人もいるが、菜箸では均一に巻けない。そもそも本来の用途が違う。

野菜で花びらのような可憐なあしらいを作るときは、薄切りした大根やカボチャをぬれ布巾にのせ、ためし棒で周囲を押して花びらにようにふん

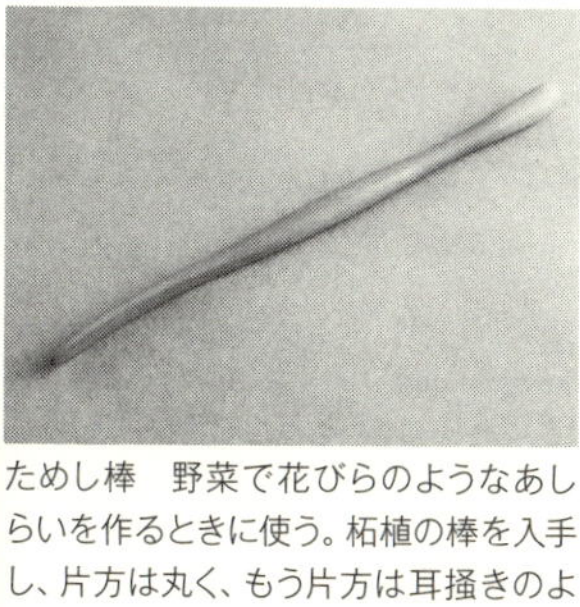

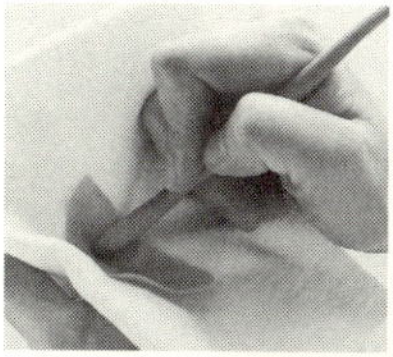

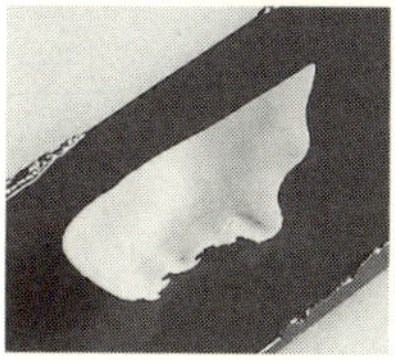

ためし棒　野菜で花びらのようなあしらいを作るときに使う。柘植の棒を入手し、片方は丸く、もう片方は耳掻きのようなへら状に削る。これを使って薄切りした野菜の端を、押して丸みを付ける。

わりしたカーブを持たせて作る。この場合のためし棒は、鉛筆ほどのサイズの柘植の木を、自分で削って使いやすい形にする。

ためぬり〔溜塗〕

漆塗りの一技法。下地に朱、ベンガラ漆、青漆、黄漆などを塗り、その上に透漆を塗ってある。このため、飴色の上塗りの下から下塗りした色が透けて見えるのが特徴。〝夏涼しく、秋さわやか、冬あたたかく、春ぬくもり〟といって一年中使うことができる。

たら〔鱈〕

北国を代表する魚。雪の舞う季節にとれ、切り身や棒ダラ、塩ダラ、すき身ダラ、タラコ、白子などの食べ方は、食文化の深みを伝えてくれる。

タラというと通常はマダラを指し、ほかに、スケトウダラ、コマイなどがある。冬の鍋物には欠かせず、さっと湯にくぐらせて霜降りにするひと手間をかけてから使うことが大切である。

日本料理では、基本的に人参と合わせて使い、和え物、昆布じめなどにする。タラは白子もおいしく、茹でたり、塩漬けにして後に塩出しをして珍味として使う。

↓霜降り（しもふり）　↓昆布じめ（こぶじめ）

たらばがに〔鱈場蟹〕

大型の、日本海から北海道でとれるカニ。缶詰にしても最高級品である。

たんざくぎり〔短冊切り〕

野菜の切り方で、切り口が長方形になるようにひと口大に切ること。生姜や大根、昆布などさまざまな素材に用い、あしらいや煮物にする。少し長くむくと、〝長熨斗《ながのし》〟という。

たんざくもり〔短冊盛り〕

短冊にかな文字を散らし描きするかのように、縦長の器に盛り付けること。料理は、縦に一文字に並べることなく、文字がところどころ優雅に流れるように配置する。

タンニン

緑茶や紅茶の茶葉、渋柿、栗や栃の実などに含まれる渋味の成分。紅茶の色の要素でもある。タンパク質を固める作用があり、お茶で魚を煮ると形が崩れにくいのはお茶のタンニンの作用である。生ぐさみを消す効果もある。

たんば〔丹波〕

丹波は、かつては兵庫県と京都府にまたがった国で、栗の産地として有名だったことから栗を使った料理に付く名前である。丹波蒸し、丹波揚げなどがある。丹波蒸しは、薄切りした栗をアマダイにのせて蒸した料理。丹波揚げは、衣を栗のいがに見立てた揚げ物のこと。

ちあい［血合い］
魚の両側面の中央部にある、色の濃い部分。マグロやカツオ、ブリなどの青魚に目立つ。血液が多くて生ぐさいので刺身にするときは取り除くが、鮮度がよい魚ならば煮ても焼いてもおいしく、調理次第では珍味ともなる。

ちぐさ［千草］
牛蒡《ごぼう》や人参を細切りして使った料理に付ける名前。千草和え、千草揚げ、千草蒸し、千草椀などがある。

ちくぜんに［筑前煮］
骨付き鶏肉をひと口大に切り、コンニャクや牛蒡《ごぼう》、椎茸、大根、人参、筍などとともに炒めて煮る料理。筑前とは福岡県と佐賀県の一部の旧国名で、筑前煮はその地の郷土料理。がめ煮ともいう。いまや日本料理の煮物の中でも代表的な料理である。がめとは亀を指し、防人《さきもり》（古代の日本の兵役で、主に東国の人間が北九州の国防に当たった）が伝えた料理といわれる。また、豊臣秀吉の朝鮮出兵の折、北九州に集まった兵士のために精が付くとされていたスッポンと野菜を煮て兵士に振るまった料理が由来など、諸説がある。

ちしゃ［萵苣］
キク科の一年草で、レタスの仲間の野菜。玉チシャ、立ちチシャ、掻きチシャの3種類があり、単にチシャというと、掻きチシャを指すことが多い。掻きチシャの葉を下からかき取ったものはチシャトウという。
→萵苣薹（ちしゃとう）

ちしゃとう［萵苣薹］
チシャとよぶ野菜の軸。チシャは、結球しないタイプのレタスの仲間の野菜で、鎌倉時代に僧が伝えた食材。掻きチシャという種類のチシャの葉を下から掻き取ったものがチシャトウで、皮をむいてさっと茹でて、昆布じめや味噌漬け、粕漬けにする。緑色が美しく、歯応えのよさも魅力。椀種や椀づま、煮物にもする。
→萵苣（ちしゃ）

ちちぶきゅうり［秩父胡瓜］
埼玉県秩父郡小鹿野町を中心に栽培されているキュウリ。昼夜の温度差が大きく、水や空気がよいことから、味と香りがよく、関東で評価が高い。生産量が限られているため入手しにくい。

ちとせ［千歳］
櫛形のこと。レモンのような球形のものを、縦に切ってさらに切り分けた形。由来は、幼女が3歳になったときに髪に使う櫛で、料理の世界ではその形を千歳《ちとせ》という。「千歳に切っておくように」などと使う。髪や髪に関わる道具や言葉は料理にとって衛生的ではなく、あまり使う言葉ではないので、本来は櫛形ではなく千歳である。

ちとせやき［千歳焼き］
カニの身を加えて焼く玉子焼き。格調の高い玉子焼きで、もともとは武家の行事の袴着の儀（七五三のこと）の本膳の献立で、おみやげとして必ず用意した料理である。

ちどり［千鳥］
三辺を内側にたわませた小さな三角形のこと。カモメを指し、あしらいとして夏に使う。大きさは、梅干しより大きくせず、キュウリ、大根、牛蒡《ごぼう》などを使って作る。

ちぬき［血抜き］
魚を冊取りしたものに行う、血を取り除く仕事。カツオは血合いがあることをよしとするが、マグロや白身魚などは血合いや血が残ることはよしとしないので、冊取りしペーパータオルや布巾などで包み、余分な血液を抜いてから保管する。
→冊取り（さくどり）

ちまき［粽］
笹の葉で、餅や生麩を甘く炊いたものや、ういろう、すしなどを包んで、藺草《いぐさ》で巻いた料理。日本料理の献立では、前菜やおしのぎとしてひと口サイズのものを供する。宮中の園遊会ではタイのちまきが出される。笹の葉は塩漬けし、塩抜きしてから使う。

ちゃかいせき［茶懐石］
→懐石料理（かいせきりょうり）

ちゃがし［茶菓子］
単価が高い献立を出す日本料理店や旅館では、小鉢や先付の前に、茶菓子を薬酒とともに提供する。この茶菓子は、干菓子や生菓子などお茶に合えばよく、春なら桜餅、柏餅、秋なら栗など、季節感豊かな菓子を小ぶりの大きさにする。
→先付（さきづけ）→薬酒（やくしゅ）

ちゃがゆ［茶粥］
煎じた茶で炊く粥のこと。前日の晩の残りの茶と残った飯で茶粥を作ったことが始まりで、飯を昼に炊く関西地方の風習でもある。奈良地方で始まったため、奈良茶ともよぶ。
→奈良茶（ならちゃ）

ちゃきん［茶巾］
茶道で茶碗をぬぐう布巾のこと。日本料理の料理人の間では、綿の布巾や絹布巾、ときによってはセロハンやラップで料理や椀種を包んだ料理を茶巾絞りとよぶ。内容は、豆や栗金団《きんとん》、魚のすり身が多い。すしの場合は、薄焼き卵を用いてすし飯を包んだものを茶巾ずしとよぶ。

→絹布巾（きぬぶきん）

ちゃこし［茶漉し］

一般的には煎茶を淹れるときに茶葉を漉す道具。日本料理では、抹茶を漉すときに用いる絹篩を指すことが多い。お茶や塩は絹を張った絹篩でふるうもので、魚に塩を振る〝振り塩〟の仕事では、8番の絹篩を使う。抹茶塩や素塩を仕込むときは、2000番の目の細かい絹篩を使う。

→篩（ふるい）→振り塩（ふりじお）

→素塩（もとじお）

ちゃじ［茶事］

茶の湯で、懐石料理を出し、濃茶と薄茶をもてなす正式な茶会のこと。口語ではお茶事ともいう。

ちゃしつのはな［茶室の花］

茶室とは茶事を行うための部屋。その茶室に使う植物は何でもよいのではなく、一定のルールがある。季節の山野草を活けることが原則で、ダリアやガーベラなど洋花は活けない。トゲのあるものも活けないが、ハマナスと箱根山椒バラは例外である。実のなる植物を置かない。なぜか、猛毒があるトリカブトの花は、持ち込んでもよいことになっている。

ちゃじななしき［茶事七式］

千利休が制定した、7つの茶事のこと。〝正午の茶事〟〝夜咄《よばなし》の茶事〟〝暁《あかつき》の茶事〟〝朝茶事〟〝跡見の茶事〟〝飯後《はんご》の茶事〟〝臨時の茶事〟の7つで、これらは季節や開く時間、必要性によって区別されている。

〝正午の茶事〟は正式の茶事であり、正午の時間に案内をする。〝夜咄の茶事〟は冬に行われる茶事で、冬至頃から立春までの夕暮れ時から行われる茶事のこと。〝暁の茶事〟の冬の茶事で、朝4時に案内をする。〝朝茶事〟は夏の茶事で、午前6時頃に案内する。〝跡見の茶事〟は正午の茶事が行われた後、茶会に参加できなかった人に、道具や趣向を見せるために行う茶事。〝飯後の茶事〟は食事後の茶事として、午前なら9時頃、午後なら1時頃に案内をする。〝臨時の茶事〟は突然のお客があったときに開く茶事である。

ちゃせんにとる［茶筅にとる］

茄子《なす》の表面に、底を切り離さないようにして縦に深く切り目を入れること。出来上がりが抹茶を立てる道具の茶筅に似た形になる。茶筅切りというよび方が普及しているが、本来は茶筅にとるという。昔は、残暑の後の実がしまった秋茄子を茶筅にとって料理をした。

茶筅は、最低でも16回、庖丁目を細かく入れるもので、32回入れることもある。この回数は、茶道の流派によって違う。

ちゃづけ［茶漬け］

もともとは、冷や飯に熱い番茶をかけた手軽で庶民の食事。冷や飯に水をかけた水飯《すいはん》が平安時代の記録にあり、鎌倉時代には湯をかけた湯漬けとよぶご飯を武士は常食したという。室町以降の茶道の発達により茶をかけるようになり、飯も、冷や飯ではなく炊き立てを用いるように変化し、江戸時代には好みのおかずをのせるようになったようである。

現在、日本料理店ではマダイやウナギ、エビといった高級感のある材料をのせ、名物としている店もある。

→湯漬け（ゆづけ）

ちゃぶりなまこ［茶振りなまこ］

ナマコを番茶に浸し、その後、出汁と調味料に数時間浸してナマコ独特の歯応えを出す仕事のこと。これを酢の物にしたり、和え物にする。

ちゃわんむし［茶碗蒸し］

蒸し物料理のひとつで、卵と出汁で生地を作り、鶏肉や銀杏、椎茸、エビなどを具として蒸す。昔は卵が高価だったため、高級な食べ物だった。基本的な茶碗蒸しの生地は、卵1個に対し、出汁2・5。卵が1個60gならば出汁は１５０㎖で、固過ぎることもやわらか過ぎることもない配合である。具に、餅や百合根、ウニやカニといったなめらかな食感の材料を使うときは、生地の口当たりのやわらかさを強調するために、出汁を増やし、2・7にする。分量でいうと卵1個に対して１６０㎖ほど。生地をやわらかくすると、蒸したときに割れやすくなるので、蒸すときの温度管理に技術が要る。

茶碗蒸しの生地は、新鮮過ぎる卵を使わないこと、生地を作ってから2時間ほど寝かせて甘味を出すことがポイント。醤油は薄口を使うこともあるが、香りのよさで濃口醤油を使う。塩や味醂も適量加える。72℃の温度で20分蒸すと、なめらかでコシのある茶碗蒸しができる。

茶碗蒸しを会席料理の献立に入れるときは、椀物か煮物に代えて出す。椀物とするときは、吸い物代わり、煮物とするときは具を多くして煮物代わりと献立に書く。ただし、茶碗蒸しは夏の献立には入れない。茶碗蒸しを吸い物代わりとするときは、やや汁気を多くして蒸す。具体的には容量比で、卵1に対し、出汁は2・6（煮物代わりのときは、卵1に対し、出汁2・5）。

茶碗蒸しは、箸で全体をかき混ぜて、茶碗に口を付けて飲むのが正式な食べ方で、本来は匙を付けなくてかまわない。

ちゃんこりょうり［ちゃんこ料理］

角界で手作りする鍋料理。あり合わせの魚や肉、野菜を鍋に入れて煮る鍋物が多種類あり、多くは修業中の弟子力士が担当するため高い技術を必要としない。味付けもさまざまで一定の決まりはなく、いわば相撲部屋で力士が作ればちゃんこ料理である。

ちゅうび［中火］

蓋をしないで、鍋の中の液体がポコポコと沸いている状態のこと。

ちゅーぼう

クロマグロの子供で、8～10kgくらいの大きさのもの。クセやくさみがなく、大変に味がよい。チューボウより小さいものはメジマグロという。関西ではチューボウのことをヨコワという。

→黒鮪（くろまぐろ）→メジ鮪（めじまぐろ）→よこわ

ちょうえんビブリオ［腸炎ビブリオ］

主に海の魚介類に付着している感染型の原因となる細菌。ヒトが生で食べることで感染し、食中毒の原因となる。この毒素は真水では生きられないので、水道水などでていねいに洗うと菌が減少する。また、中心部まで65℃で5分間の加熱処理をすると死滅する。しかし、腸炎ビブリオが産出する毒は加熱して一時的に毒性を失っても、再び毒性を取り戻す性質があり、食中毒を起こす恐れがある。

ちょく［猪口］

本膳料理の本膳に盛る料理のひとつで、なますや煮物を盛る。猪口とは器の形状から来ており、猪の口に煮ていることからこの名がある。配膳は、本膳の右奥と決まっている。

→本膳（ほんぜん）

ちょく［猪口］

底のほうにややすぼまった小容器で、猪の口のようなところからこの名がある。使い方は、⑴刺身などのつけ醤油を入れたり、添えづゆを入れる ただし、醤油のときは共猪口に、醤油に別のものを加えたものは別猪口にという決まりがある。覗《のぞ》きや、対になっていると〝子ども〟とよぶ場合もある。⑵陶磁器製の杯として珍味入れとする 文字どおり、珍しい味のものを入れて、先付などに用いる。

→覗き（のぞき）

ちょくとう［直刀］

人差し指を刃の背にかけ、中指は庖丁の小峯に引っ掛けずに持つ握り方のこと。刺身を引くときの庖丁の握り方。

→小峯（こみね）

ちりなべ［ちり鍋］

マダイやタラ、フグなどのあっさりした白身魚を主役に、水だけで煮る鍋物。主役の食材は1種類にする。魚は骨付きのままぶつ切りし、その後、ネギ、白菜、春菊、椎茸、春雨、葛切り、丁子麩などを入れて煮て、ポン酢醤油で味わう。白菜はただ切るのではなく、前もって茹でてすだれで巻いておく。そうすることで白菜の甘味が出る。

煮ると材料がチリチリと縮んだ状態になるためにチリ鍋とよばれる。

→ポン酢醤油（ぽんずしょうゆ）

ちりむし［ちり蒸し］

白身魚や野菜、豆腐、椎茸などを昆布の上にのせて蒸す料理。ポン酢醤油で食べる。薬味としてもみじおろし、さらしネギを添える。白身魚は、マダイ、アマダイ、オコゼ、メバル、カサゴ、スズキ、ヒラメ、カレイ、イサキ、キンメダイ、ムツなどほとんどの魚を使うことができる。

名前の由来は、蒸すと白身魚がチリチリとなるからという。長崎県がこの料理の発祥の地といわれる。

ちんみ［珍味］

酒肴として出す、魚介の干物や加工品、燻製品のこと。中でも三大珍味はウニ、コノワタ、カラスミである。

→日本の三大珍味（にほんのさんだいちんみ）

ちんみや［珍味屋］

魚市場では、魚を扱う店ばかりではなく、珍味屋という店がある。一般的には魚介の内臓を乾燥させたものを想像しがちだが、市場でいう珍味屋は、一般的な珍味のほかに、高級魚も扱い、ヒガイや寒ブナ、モロコ、活けの白魚、ゴリ、スッポンなどを使いたいときは珍味屋から仕入れる。かつてはハモも珍味屋から仕入れていた。

ついがさね［衝重］

白木でできた四角い折敷に台を付けた道具。食器や供物をのせるためのもので、三方の古い言い方である。

→折敷（おしき）　→三方（さんぼう）

つかいばしり［使い走り］

料理人の修業の、最も始めの段階で、うろちょろ、関西では坊主などともよばれ、主に雑用をこなして使い走りをする。

つきだし［突き出し］

→お通し（おとおし）

つくだに［佃煮］

醤油や味醂、砂糖、生姜などを加えて煮た、味の濃い保存性の高い煮物。江戸時代に幕命によって摂津の佃（現在の大阪市西淀川区佃）の漁民が江戸に移住し、佃島の漁師が、献上品である白魚などの残りを煮付けたことが始まりといわれる。よく似た技法に、釘煮という煮物もある。

→釘煮（くぎに）

つくねいも［つくね芋］

げんこつのような形をした山芋。関西では大和芋とよぶことが多い。粘りがとても強く、料理だけでなく和菓子にも使う。貯蔵性も高い。旬は秋から冬。

→大和芋（やまといも）

つくり［造り］

季節の魚介を生の状態で出す、生ものの代表的な料理。

→刺身（さしみ）

つけじょうゆ［つけ醤油］

刺身に付ける醤油のこと。生醤油が代表的だが、魚の個性や持ち味により、土佐醤油やポン酢醤油、肝醤油、梅肉醤油などいろいろなものを添える。醤油の代わりに、酢や味噌を用いた酢味噌や煎り酒、蓼酢を用いることもある。

江戸時代の料亭『八百善』の『江戸流行料理通』という本の中では、味噌や醤油、酢を用いた何十種もの刺身醤油が登場し、工夫の跡がうかがわれる。いまでは醤油がとても旨く、醤油にたよった味づくりをしがちなのか、刺身の味わい方が単調でもあり、反省したいことである。

最近、刺身を醤油ではなくて塩で食べることを新しい味わいのようにいう人がいるが、醤油が登場する前は塩と酢しかなかったので、昔もあったことを前提にしたい。

つけどこ［漬け床］

味噌や醤油を使った漬け物の地のこと。ぬか漬けの場合はぬか床という。

つけぼうちょう［つけ庖丁］

かまぼこの生地をのばしたり、味噌床を平らにするときに使う、ヘラのような道具のこと。刺身庖丁の刃がない形をしている。

つけやき［付け焼き］

材料に、醤油や味醂などを合わせた調味料で下味を付けてから焼く、または調味料を塗りながら焼くこと。焦げやすいので火加減の調整がポイントとなる。

青魚と白身魚では、調味料の味加減や浸し加減を変える。アナゴ、エビ、カマス、サケなどに用いる。

つちしょうが［土生姜］

新生姜をそのままおいておき、古くなった生姜のこと。

→生姜（しょうが）

つつぎり ［筒切り］

魚の切り方。頭を落とし、小口から骨ごと切った状態のこと。切った形が筒になるので、この名前がある。

つつぬき ［筒抜き］

素材の中心を抜く道具。さまざまな太さがあり、大きい筒抜きは直径12㎝ほどまである。煮物や飾り切りの用途によって使い分ける。かつては真鍮製が中心だったが、いまはステンレス製になった。

つつみやき ［包み焼き］

材料を、アルミ箔や竹の皮、和紙、柏の葉などに包んで蒸し焼きにする手法の料理。開いたときの風味が食欲をそそる。材料は、白身魚やエビ、カニ、松茸、キノコ類など、あっさりしたものが合う。ポン酢醤油を添えて提供することが多い。

つつむこう ［筒向］

深めの筒形の向付のこと。深向《ふかむこう》ともよび、冬に使う。覗《のぼ》きともいう。

→向付（むこうづけ）

つとどうふ ［苞豆腐］

水切りした豆腐を当たり鉢ですりつぶし、調味をして棒状に形を整え、藁や藺草《いぐさ》で包んで蒸し、小口に切って旨煮などの煮物にする豆腐の加工品。手作り豆腐を売る店の減少で、材料としての苞豆腐の生産者がほとんどいなくなっている。

つなぎ

材料をつなげるために、粘着力として加える材料のこと。小麦粉や片栗粉、卵、山芋などがある。

つの ［角］

洋菓子などで生クリームを搾り出すときに使う搾り袋のような道具。魚などをすりつぶしたり卵を使ったやわらかな生地を押し出すための道具で、主な用途は、蒲鉾の上にかける鹿の子文様を描くこと。少量の魚ぞうめんを絞り出してもよい。

角とよぶ絞り袋には、角先《つのさき》とよぶ金属を取り付けて使う。角先にはいろいろなサイズや形があり、丸穴をよく使う。料理人によって道具店に特注をして調達することもある。

日本料理では使う頻度は高くはないが、大衆的な食材の形を崩

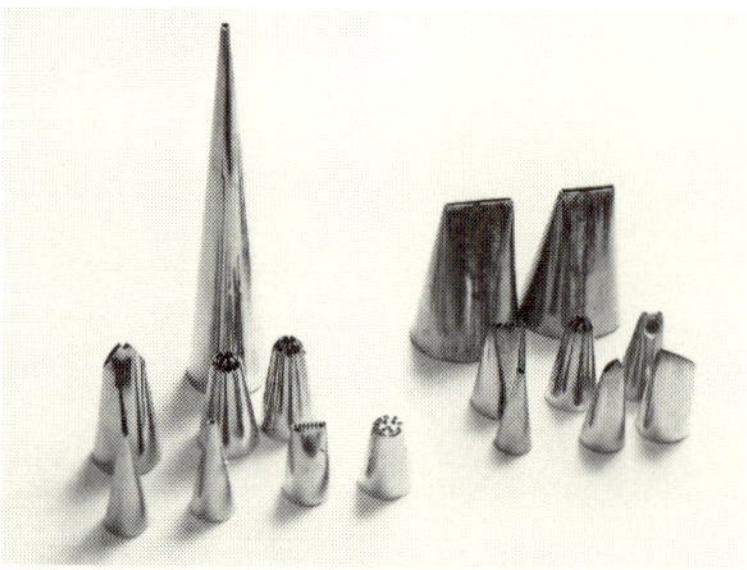

角先　材料を絞り出すときに使う角の先端に付ける口金。さなざな形があり、ホテルや旅館など、短時間で多くの準備が必要な厨房でよく使われている。

し、角で搾り出して意外な料理を仕込めるので、日本料理の調理場では、必ず準備しておくものだった。ホテルや旅館などではワサビも角を使って搾り出し、効率よく作業をしている。

→鹿の子（かのこ）

つばきあぶら・つばきゆ［椿油］

日本の主産地は伊豆諸島や九州で、古来は髪に付ける油として使われてきた。料理の世界では、油の中ではとても消化がよいことで知られ、高級てんぷら店で使われていた。

つばめしょうが［つばめ生姜］

谷中生姜を薄切りした生姜。生のまま、あしらいとして用いることが多い。

→谷中生姜（やなかしょうが）

つぶうに［粒雲丹］

塩ウニに、アルコールや調味料、酒粕などを添加したもの。塩ウニの含有率は66％以上。

つぼ［坪］

本膳料理の本膳に盛る料理のひとつで、酢の物やなますを盛り付ける。煮物を盛ることも多い。配膳は、向付の手前と決まっている。

→本膳（ほんぜん）　→向付（むこうづけ）

つぼつぼ

京都・伏見稲荷で売られているすもも形の土器を、千宗旦が図案化して千家の替紋（本来の公式的な家紋である定紋以外の家紋のこと）としたという文様。また、懐石でなますなどを盛るごく小さい器のこと。

つぼぬき［つぼ抜き］

魚の腹を開かずに、魚の口から内臓を取り出すこと。口から割り箸を差し込み、内臓を挟み、ねじりながらエラと内臓を引きはがす。腹を開かないので魚の見た目が美しく、姿焼きや姿煮はこの方法で内臓を抜く。婚礼に使うマダイは、必ずつぼ抜きで下ごしらえをすることが決まりである。

慣れると仕事が速く、魚の大きさが2kgくらいまでならこの方法で内臓を取ることが可能。アジやヤマメなどではよく用いる。道具は、昔は専用の柘植の棒があり、それを用いた。

つぼやき［壷焼き］

サザエを焼いた料理が代表的。貝殻を壷に見立てて焼くことからこの名がある。

殻ごとそのまま焼く場合と、茹でて身を取り出し、切った身を筍や銀杏、椎茸などを混ぜて殻に戻して、調味した出汁を張って焼き網で焼く方法がある。

つま

刺身や椀物に添える海藻や野菜類のこと。椀物に使うときは椀づまとよび、緑色をした野菜を使うことが多い。松菜、浜チシャ、鶯菜《うぐいすな》が代表的。刺身に使うときは、つま、あるいは立てづまとよび、食材は、海藻や野菜類、花類を使う。海藻は、とさかのり、おごのり、ワカメ、水前寺水苔《すいぜんじのり》など。野菜はウド、キュウリ、牛蒡《ごぼう》、カボチャ、人参、大根、芽ジソ、青ジソ、茗荷、生姜、蓼、防風、パセリ、岩茸などを用いる。芽ものとして、むら芽、紅蓼、芽ジソなどがある。花はキュウリの花、菜の花、菊の花、春蘭などを使う。

季節のものを使うこと、見た目に料理を引き立てる色の組み合わせをすること、また、香りや風味で料理を引き立てることも、つまの役割である。芽ものは、芽は天から出ないので天盛りのように上にのせないことに注意。根元を締めるものとして、立てづまの足元を隠すように盛る。

大根や人参などをかつらむきにし、細切りしてそれを長くまとめたつまのことは〝けん〟とよぶ。青ジソを敷いて使うとき、敷きづまとよぶことがあるが、本来は敷き葉で、つまではない。正式には掻敷として使う。

昔の仕事を調べると、けんもつまも、茹でてから使っていたようだ。例えば、大根の場合は生のままでは香りとアクが強過ぎ、刺身によっては香りを生かせない。茹でてから添える方がよい場合があるので、納得できる使い方と考えられる。

→根締め（ねじめ）　→けん　→掻敷（かいしき）

つまにつかうはな［つまに使う花］

花は、料理の化粧によく用いる。その場合、花が出回っている走りや名残の時季に使い、花の旬のときは、あまり使わないという約束がある。戦前はとてもルールが厳しく、売る側も心得ていたが、いまは逆に、飾ることをよしとする風潮の中で、従来の約束にかかわらず、一年中出回っている。しかし、時季を心得ている人から見るとかえって野暮に見えるし、料理まで安っぽくなることがあるので、使い過ぎないように心掛けた方がよい。

現在、多くの料理店が使う青ジソの花も、左記のように本来の使う時期があり、根元には芽ジソを根締めとして使って盛り付けるルールがあった。また、いくら美しいといっても、食べられないものは使わないこと。特に、水仙の花などは有害なので決して使わない。花柚子は、柚子の花によく似たミカンの花が代わりに売られていることが多い。

つまに使う花の時季は、塩桜＝通年、菜の花＝2月から3月が走り、春蘭＝3月が走り・4月が名残、花柚子＝4月が走り・5月が名残、花山椒＝5月上旬が走り・5月下旬が名残、花茗荷・夏茗荷＝6月が走り、秋茗荷＝9月が走り、キュウリの花＝6月が走り・7月が名残、青ジソの花＝6月が走り・8月が名残、花菊＝9月が走り・10月から11月が名残である。

つみれ［摘入れ］

汁物の種のひとつ。魚のすり身に、片栗粉や浮き粉、卵などをつなぎに使ってまとめ、茹でて使う。アジやサバ、イワシなど庶民的な青魚を使うことが多い。指で摘んで入れることから、この名前がある。

つめ［詰め］

すしで使う言葉。煮た穴子や貝の上に塗るタレのこと。魚介を煮るときの煮汁に調味料を足し、煮詰めて作る。葛粉で濃度を付ける場合もある。

つやに［艶煮］

煮物の一種で、味醂や砂糖を多めに使ったり、水飴を加えたりして光沢を出して煮る料理のこと。甘煮、佃煮などが相当する。

→甘煮（あまに）

→佃煮（つくだに）

つゆしょうが［つゆ生姜］

土生姜をすりおろして搾った汁のこと。椀物の吸い口に使う。

→土生姜（つちしょうが）　→吸い口（すいくち）

つよび［強火］

蓋をせず、鍋の中の液体がぐらぐらと煮立っている状態のこと。

つよびのとおび［強火の遠火］

炭火で魚を焼くときの理想の火加減のこと。

炭の火力は強いので、強火のままで魚も火に近づけて焼くと、外側は焦げ、内部は生焼けになる。反対に、弱火にして表面を焦がさないようにして火を通そうとすると表面が固まらず、内部の旨味が出てしまう。魚をおいしく焼きたければ、火力は強く、火から魚を離して皮をぱりっとさせながら身に火を通す。

つりがね

魚のカマ下の、エラと腹がつながっているエラ蓋の付け根のところ。

→魚の名所（さかなのめいしょ）

つるしぎり［吊るし切り］

アンコウをおろすときに用いる手法。アンコウは大きくて身がやわらかく、まな板の上ではおろしにくいので、口を針にひっかけて天井などからつるし、口から水を入れて重くし、アンコウを安定させて切り分ける。早い人なら2分ほどで1尾をおろす。
手順は、①背ビレを取り、胸ビレ、尾ヒレをはずす。②腹に庖丁を入れ、胃の中の残り物を出す。胃にはシタビラメやマダイが入っていることもあり、料理に活用できることがある。③口のまわりに切り目を入れて1周し、皮を引きはがせるようにする。④皮を頭から尾に向かって外側にめくりながら下に引きおろす。内臓が現れるので、先に肝を切り取り、肩をはずす。⑤中骨に沿って付いている柳身（正肉）を取り、胃をはずす。⑥布袋（卵巣）を取る。
アンコウは毒がなく、下手におろしてもどの部分もおいしく味わえるのでおろしやすい。小型のものならばまな板の上でおろす料理人もいる。可食部のことはアンコウの七つ道具という。
→鮟鱇の七つ道具（あんこうのななつどうぐ）

つるな［蔓菜］
浜チシャと同じ。
→浜萵苣（はまちしゃ）

つるぼうちょう［鶴庖丁］
古来、日本では鶴は最上の食べ物とされ、天皇が口にするものとされていた。宮中では年始に鶴庖丁という儀式があり、まな箸と庖丁を用いて鶴には一切触れずに割いたという。江戸時代の末頃まで行われており、明治3年にいったん中止され、戦後、宮内庁で再び行われるようになった。
→式庖丁（しきぼうちょう）

であいもの［出合いもの］
同じ季節に出回る食材や、相性のよい食材のこと。筍にワカメ、松茸にスダチなどが代表的な出合いものである。

ていかに［定家煮］
藤原定家に由来する煮物の名。百人一首に出てくる藤原定家の歌、「来ぬ人をまつほの浦の夕なぎに、焼くや藻塩の身もこがれつつ」にちなみ、魚を塩や酒で調味した料理に付ける。潮煮ともいう。
→潮煮（うしおに）

てっか［鉄火］
鉄火巻き、鉄火丼などすし店で多く使う言葉。ワサビの刺激があり、色が真っ赤なことから、鉄火の名がある。和食ではマグロを粗めのさいの目に切り、湯通しした三つ葉とともにワサビをきかせた醤油とともに和えるなどの料理がある。日本料理では基本的にはこの名は使わない。

てっきゅう［鉄弓］
魚を焼くときに用いる道具。火の上に鉄製の枠をかけ渡し、その上に魚などをのせて炙るときに用いる。火から10㎝ほど離れたところに串を置くので、魚を焼くときにいわれる理想の火加減、〝強火の遠火〟となる。炭を使うためガスのグリルや天火よりも使い勝手が悪く、あまり使われなくなった。

てっさ［鉄刺］

フグの刺身。

てっちり［鉄ちり］

フグのちり鍋。鉄は鉄砲のことで、当たれば死ぬことから毒を持つフグを指す。

→鉄砲（てっぽう）

でっちる

粉や卵などをこねる、練り混ぜること。そば打ちでも使う表現である。

てっぱつ［鉄鉢］

托鉢の僧が、食べ物の喜捨を受けるために持ち歩いた鉄鉢に似た形の器。

てっぱんやき［鉄板焼き］

油を敷いた鉄板の上で、肉や野菜、魚介を焼く料理。タレをかけたり、ポン酢醤油を付けながら味わう。

海外に出店している日本料理店では必ず出す定番料理であり、外国のお客は安心する料理のようである。しかし日本人向けの日本料理店では提供すると店の格が下がるという説もある。

てっぴ［鉄皮］

フグの皮を干したもの。水に浸して戻して使う。鉄皮を料理に使うときは、献立では〝矢車鉄皮〟と書く。これは、乾燥した鉄皮を戻すとくるくると丸まり、その様子が矢車（風車）に似ていることに由来する。

てっぽう［鉄砲］

フグの隠語で、当たったら命を落とすことをかけた洒落の表現。略してテツともいい、鉄刺《てっさ》はフグの刺身、鉄《てっ》ちりはフグを使った鍋料理、鉄皮《てっぴ》はフグの皮のこと。

テトロドトキシン

フグの猛毒の主成分のこと。３００℃以上に加熱しても分解されない。

てながえび［手長海老］

淡水にいる体長10㎝ほどのエビ。ジストマの心配があるので、必ず加熱をする。唐揚げや佃煮、甘露煮にする。

でばぼうちょう［出刃庖丁］

魚介をおろしたり肉類をさばいたり、骨を叩いたり切るときに使う庖丁。さまざまな大きさがあり、小さい順に、アジ切り、小出刃、出刃、大出刃とよぶ。その4種類が代表的で、材料に合わせて使い分ける。

てびらき［手開き］

イワシなどの小型でやわらかい魚を、庖丁を使わずに手で開くやり方。庖丁を使うよりも小骨が一緒にはずれ、身の表面にざらつきが出るので口当たりがよくなる。調味料のしみ込みもよく、フライや蒲焼きなどにも向く。

手順は、①流水をかけて全体をぬらしてからウロコを取る。②エラ蓋のところからウロコ2枚めに右手親指を入れる。イワシの場合、1枚めには苦肝（魚の胆嚢のこと）があるので、つぶさないように避ける。③そのまま背骨まで指で挟み、中骨を腹側に倒して折って頭をはずす。④背骨に内臓が残っているので、ていねいに取り、腹部をよく洗う。⑤腹部を子守りまで手で開き、中骨と下身の間に親指を差し込んで身をはがす。⑥上身と中骨の間も同様にして身をはがし、尾を残して背骨を折り、取り除く。

→苦肝（にがぎも）　→子守り（こまもり）

てみず［手水］

すしを握るときに手を湿らせるために用意する割り酢のこと。酢と水を同割で合わせる。

→割り酢（わりず）

てりに［照り煮］

煮汁がなくなるまで照りが出るように煮上げる甘辛い煮物。つや煮ともいう。

てりやき［照り焼き］

冬場の焼き物で、魚をタレにひと晩漬け込んで、かけながら焼き、仕上がりに味醂を刷毛などで塗ってつやを出した焼き物のこと。サワラ、ブリ、サケ、マナガツオなどを使う。白身魚ではやらない仕事である。

タレの配合は、醤油1、味醂1、酒1、ザラメ少々を基本とし、少し煮詰めて仕込む。ザラメは醤油1・8ℓに対して400gが目安。ザラメではなく、三温糖や上白糖を使う人もいる。

てんえ・てんい［天衣］

本来は、天人や天女が肩から胸に垂らしている長い布で、羽衣のこと。キュウリのかつらむきを薄い布に見立て、それを使った料理の名前に付ける。

でんがく［田楽］

材料を串に打ち、素焼きにしてから練り味噌を塗って焼く料理。

白味噌に青寄せを加え、木の芽を合わせた木の芽味噌を塗る木の芽田楽、胡麻を味噌に加えた利休田楽などがある。魚の場合は魚田という。味噌は白味噌も赤味噌も使う。材料は、豆腐、茄子《なす》、里芋、筍、アユ、マス、ヤマメ、ウグイなど。

↓青寄せ（あおよせ）↓利休（りきゅう）

でんがくみそ［田楽味噌］

豆腐や茄子《なす》、筍などに塗って焼く、田楽に使う合わせ調味料としての味噌のこと。コクがあり甘味が強く、酢を加えればぬた用に、卵黄を加えれば田楽にと、応用もしやすい。

八丁味噌を使った田楽味噌の例を挙げると、材料は、八丁味噌100g、さくら味噌500g、砂糖600g、胡麻油120㎖、サラダ油100㎖、味醂100㎖、青ジソ8束、粉山椒12g。青ジソはちぎり、すべての材料を当たり鉢に入れ、よくすり混ぜる。鍋に移して火入れをし、砂糖が溶けたらよく練り上げて冷めたら保存容器に移す。サラダ油を加えることが、コクとつやが出て、やわらかさを保つポイントである。保存は常温でも大丈夫だが、人の手が原因でカビが出やすいので、扱うときは常に手を清潔にする。

てんじょうこぶ［天上昆布・天井昆布］

煮昆布の商品名。

↓煮昆布（にこんぶ）

てんじん［天神］

梅の種を割った中にある核のこと。白梅酢に浸けると長く持ち、常備菜やあしらいにする。常備菜にするには、取り出した核を2％の濃さの塩水にひと晩浸け、皮をむいて洗い、白湯3対白梅酢1の割り酢に浸ける。

↓白梅酢（しらうめす）

てんそげ［天削げ］

割り箸の一種。箸を持つ側を大きく斜めに切ってあり、天井部（上部）が削がれていることからこの名がある。料理を挟む部分は角を削って面取りがされている。杉の柾目を正面に加工したものが、高級品とされる。

てんち［天地］

上下のこと。料理の場合は、盛り付けたときに上となる方を天、下となる方を地とよび、「芋の天地を落としておけ」など と手順を指示するときに使う。

てんつゆ［天つゆ］

出汁4、濃口醤油1、味醂1を合わせ、追いガツオをしてひと煮したもの。酒の肴として味わう酒台のお客には出汁の割合を5にしたり、塩を補うようにし、見た目の色は薄く、塩味を多少加えるとよい。割烹料理店では濃口醤油ではなく薄口醤油を使うことがある。
　高級店やお座敷天ぷらの場合、天つゆは朝まとめて出汁を引いて仕込んでおき、提供するときに温めない。温め直すと、カツオ出汁の風味が飛んでしまうためである。温かい天つゆでは揚げ立ての天ぷらが食べにくく、おろし大根や生姜を加えたときに味が落ちるという理由もある。
→酒台（さかだい）

てんぴ［天火］
オーブンのこと。かつては日本料理の厨房にはオーブンはなく、30㎝四方で高さが5㎝ほどの箱状になった焼き網に火をおこした炭を入れ、食材に上からかざして焼いたものであった。伊達巻きが代表的な料理である。天とは天井のことで、天火は上火を指していた。

でんぶ［田麩］
朧《おぼろ》、そぼろと同じもの。
→朧（おぼろ）　→そぼろ

てんぷらあぶら・てんぷらゆ［天ぷら油］
揚げ物の天ぷら用に使う油。江戸前の天ぷらは、胡麻油を使うことが高級とされ、そのほか、椿油や榧油《かやあぶら》（榧の木から搾る油で、胃にもたれにくく、香りがよい油）も使われた。
→胡麻油（ごまあぶら）

てんぷらのころも［天ぷらの衣］
天ぷらを揚げるとき、種に付ける衣。材料は、水1合、小麦粉（薄力粉）1合、卵黄1個で約10人分。ポイントは、卵黄に水を加えて充分に泡立ててコシを切って玉水を作り、水と小麦粉とを同じ容量を使うことも大切である。仕込むときは、玉水に小麦粉をさっくりと混ぜる。卵は卵白は焦げやすいので加えない。
　最近は、天ぷら用の衣を仕込まず、天ぷら粉を活用して手軽に提供するお店が増えた。確かにラクで、誰が揚げてもきれいに花が咲き、カリッと揚がる。しかし、時間が経つほどに硬くなり、実際にお客が口の中を傷付ける事例がある。これは天ぷら用の衣に、米粉を加えているためである。
　天ぷらの衣を自分で仕込むことは面倒のようだが、きちんと作れば時間がたってもカリッとして硬くなり過ぎない天ぷらができる。宴会にも提供できる。
→玉水（ぎょくすい）

でんぽうやき［伝法焼き］
焼き物のひとつ。土器にネギのせん切りを敷き、刺身のように引いたカツオやマグロをのせて焼き、醤油やおろし生姜を添える。
　伝法とは摂津の一地方（現在の大阪府）の地名で、土器を焼いていたことから付けられたといわれる。現在では、アワビやウニ、エビ、カニ、百合根を使うようになっている。

てんまるばし［天丸箸］

天ぷら用の衣を作るときに使う、木製の太い箸。箸は油には入れず、衣を付けた材料を油にすべり込ませるようにして入れる。

衣の花を咲かせるときには、天丸箸を振り払うようにして油に衣をまく。

てんもり［天盛り］

椀物や小鉢、酢の物、煮物の上にあしらうもの。花柚子、花山椒、木の芽、茗荷、柚子、生姜、牛蒡《ごぼう》、青ジソ、ネギ、カツオ節などがある。季節に合ったものをたっぷりと盛る。

といし［砥石］

庖丁などの刃物を研ぐ石のこと。庖丁を持つようになったら毎日手入れをするので、料理人には重要な道具である。

砥石には天然砥石と合成砥石がある。天然の砥石は合成の砥石と比べ、研いだ後の切れ味もよく、長く切れ味が保たれ、庖丁の光沢も穏やか。しかしかなり高額で、天然の青砥とよばれる京都産の中砥は10万円以上、仕上げ砥は30万～５００万円までであり、個人で揃えるのはとても困難だろう。また、天然の砥石で高額のものでも中に石や硬い粒子が入っている場合があり、よほど選定眼がないと購入がむずかしい。天然の砥石は、現在は宮大工や彫刻家が使っていることが多いという。

天然ものの砥石は、天草産や丹波産が粘土質が細かくて上質である。研ぐ段階に応じて、粗砥、中砥、仕上げ砥があり、天然の砥石の場合は、さらに総仕上げ砥石がある。

砥石の種類

砥石は長方形と思っている料理人が多いが、丸、三角、棒状、両端が細いものなど、研ぐ金属の用途に合わせたさまざまな形がある。中でもはさみの刃や抜き型を研ぐ場合などに使う小型の砥石は、料理人にとって必需品である。小型の砥石にも、それぞれに、荒砥、仕上げ砥があり、砥石を研ぐ砥石もある。

砥石の手入れ

庖丁を砥ぎ終わった砥石は、毎回、使用後の手入れが必要である。庖丁を研いで表面が削れているので、その都度手入れを行わないと、いつの間にか表面ががたがたになってしまう。

やり方は、まず、定規用に用意した板を当て、砥石の面が平らかどうか調べる。平らになっていない場所があれば、手入れ用の砥石で表面をこすってならす。手入れのための砥石は当て玉とよび、砥石とともに購入する。

↓当て玉（あてだま）

とうざに［当座煮］

煮物の一種で、醤油や酒で調味をしたやや味が濃い煮物。当座の間、日持ちがするという意味の名前である。味の濃さからいうと、実際は煮染めの仲間。砂糖は使わずに、塩分濃度は0・95～1・1％ほどに煮上げる。炒り煮や筑前煮も、塩分の濃さから判断すると、煮染めの仲間である。

→煮染め（にしめ）

とうじ［湯治］

土ものとよぶ陶器を、使う前にぬるま湯に浸し、後で料理の汁や油が器に染み込まないようにする準備のこと。最低でも2～3時間、できれば半日は浸しておきたい。こうしておくと、使った後に、器に付いた料理の色やにおいがすぐ取れる。洗った後は、1週間ほどかけて充分に乾燥させてからしまう。

また、料理を提供するときに、冷たい料理の場合は器を冷やすが、そのことを水湯治、氷水を使って冷やすことを氷湯治という。

とうじん［唐人］

白砂糖。料理人の符牒のひとつ。

とうせんりょうり［賜饌料理］

儀式で、帝に捧げる料理のこと。現在も宮中では使われている言葉。

どうなべ［銅鍋］

銅製の鍋。熱伝導がよく、料理がふっくら仕上がり、揚げ物にも最適。かつてに比べ、銅の価格が著しく上がったので、いまでは高価な鍋となった。

玉子焼きは銅鍋で焼くとふんわりと焼き上がり、銅鍋で青梅や蕗などを煮ると、銅鍋によって化学変化が起きて緑色が自然に鮮やかに冴える。銅鍋にこだわる料理人も少なくない。

以前は銅鍋によって発生する緑青が体に有害といわれたが、昭和58年に厚生労働省が毒ではないと発表している。

酸化によってできる黒ずみは、酸性の液体で磨くと手早く消える。傷のある梅を漬けた白梅酢を利用するととても手軽で、梅肉を使うのもよい。

→白梅酢（しらうめす）

とうのいも［唐の芋］

代表的な料理は含め煮。デンプンが少ないので、低めの温度でゆっくりと炊くとおいしく仕上がる。煮るときは出汁が必要で、カツオ節や昆布をたっぷりと使うこと。芋の味の質はエビ芋と同じで、ねっとり感や引きしまった質感が高級食材として喜ばれる。

唐の芋は直径が10㎝以上で大きく、煮物用に切り落とすと、実の付いた皮が多く出るので、それらを茹でて裏漉しし、甘味などにするとよい。茎は干してズイキにする。

本来はエビ芋と同じ根菜で、育てるときにていねいに土寄せすると細長いエビ芋になり、土寄せをしないものが唐の芋になるようである。

→芋茎（ずいき）→海老芋（えびいも）

とうばん［陶板］

陶製の板。食器として盛り付けたり、陶板焼きとしてこの上で食材を焼く道具とする。あたたまるまでに時間がかかるが、いったん熱くなるとなかなか冷めにくい。

とうみつ［糖蜜］

砂糖をベースにした、浸し汁や煮汁のこと。浸し汁は、いわゆるシロップである。糖度によって薄蜜、濃蜜があり、蜜煮を作るとき、なかなか味が入らないものは、糖度が低い薄蜜から濃蜜に浸け替えて味を含ませる。

→薄蜜（うすみつ）→濃蜜（こいみつ）

どうみょうじ［道明寺］

餅米《もちごめ》を蒸して乾燥させて焼いた粉のこと。道明寺蒸しや桜餅の皮などに使う。大阪にある道明寺で作られたのでこの名がある。天満宮に供えた神饌のお下がりを乾燥して貯蔵したことが始まりといわれる。

どうみょうじむし［道明寺蒸し］

道明寺に熱湯をひたひたになるくらい加えて生地を作り、それで材料を包んだりのせたりして蒸す料理。桜葉や柏の葉でくるんで蒸すこともあり、香りのよさも魅力となる。アマダイやマダイ、白身魚を主役の材料にする。

→道明寺（どうみょうじ）

とうらいもの［唐来物］

会席料理での、献立外の料理のひとつ。献立が出来上がった後で急によい材料が入り、お客に提供したいときの料理を唐来物という。「急に○○が入ったので、お出ししてよいですか？」などと尋ねた上で出し、常連客にサービスしたいときなど、お客をよい気分にするため喜ばれる。始めから材料が揃っていても、献立に書かず、急に特別な一品をサービスするかのように演出して供することもあり、献立にはのせない。

唐来の唐は中国を指し、中国から来た珍しい貴重なものの意味を持つ。

とおとうみ［遠江］

フグの皮のひとつ。フグの皮は3種類あり、黒っぽい表面の皮と、白くプリプリした透明な中間の皮、肌色の身皮がある。トウトウミは中間の皮で、ゼラチン状で食感がよく、刺身で出されたり、和え物で使われる。

トオトウミの由来は、トオトウミを静岡県西部の遠江《とおとうみ》、身皮を愛知県東部の三河にかけ、遠江が三河に接するからといわれている。

とおやま［遠山］

和食器の文様のひとつ。遠方から観る山の景色で、春霞を表現した絵柄である。そのため、遠山の文様の器は、春だけに使う。

とおやまつつじ［遠山つつじ］

料理に付ける名前のひとつ。初夏の山つつじの様子を表現した言葉で、ところどころに赤い色がある料理に付ける。例を挙げると、エビの小松菜和えである。

ときしらず［時知らず］

白ザケのこと。一般的に白ザケは産卵で秋に川を遡上するが、春先や夏に川を上る個体があり、これを季節はずれの意味で時知らずとよぶ。絶対数が少ないために珍重される。夏の献立に使う。

とくさ［木賊・十草・砥草］

和食器の文様のひとつ。器では、十草の書き方が多い。シダのトクサの茎を表現したすっきりした縦縞の文様で、ところどころに筋目がある。季節を問わずに使える。トクサはストロー状の節がある植物で、天然のヤスリといわれ、木製品の仕上げに使われた。

とこぶし［床節］

アワビとよく似ている貝。小型で、殻高も7～8㎝止まり。殻にできる孔がアワビよりも少ない。旬は冬で、アワビとは逆である。殻付きのまま煮付けなどにされる。トコブシと大豆を煮た大船煮は、江戸時代からある古い仕事。

→大船煮（たいせんに）

とさ［土佐］

土佐（高知県）がカツオ節の産地で名高いことから、カツオ節を使った料理や調味料、手法に付ける名。土佐漬け、土佐煮、土佐醤油、土佐酢などがある。

とさじょうゆ［土佐醤油］

刺身のつけ醤油のひとつ。醤油8に対して酒1、味醂0・3、たまり醤油1を合わせる。たまり醤油以外の材料を鍋に入れ、弱火で加熱して1割ほど煮詰め、冷めたらカツオ節とたまり醤油を加える。味醂を1にして甘さを強めると、四国や九州での土佐醤油の味になる。

とさず［土佐酢］

三杯酢にカツオ節を入れて旨味と風味を加え、ひと煮立ちさせて布漉ししたもの。名前の通り、カツオ節をきかせてあるので、貝類、ワカメ、野菜などあっさりした食材によく合う。作った土佐酢は、半年は冷蔵庫で保存できる。

材料は、出汁6、醤油1、酢1の割合で合わせたものに、薄切り生姜、カツオ節、昆布、タカノツメ、梅干し、うま味だしを各適量。これらを鍋に入れ、弱火で1割ほど煮詰めてから漉す。

仕込む過程で出る出汁がらは佃煮にしたり、粥に入れたり、漬け物代わりにしたりと、すべてお客に提供できるので無駄にならない。

→三杯酢（さんばいず）

どさんどほう［土産土法］

その土地で作ったりとれた材料を、その土地のやり方で料理するということ。郷土料理がその代表例である。

郷土料理は、その土地柄や風土に適った方法で料理され、手法や味は、先人の知恵と経験が凝縮している。地方で仕事を覚える料理人ならば必ず地元の郷土料理を勉強していなければならない。新しい料理を工夫するときの大きなヒントを与えてくれるのも郷土料理である。

地産地消という言葉が知られるようになったが、それは、その土地で作ったものを、その土地で消費するという意味で、調理法や味に話は及んではいない。

どじょうじる［泥鰌汁］

ドジョウを、小さいものは丸のまま、大きければ開き、ささがき牛蒡《ごぼう》と一緒に味噌で煮た汁物。吸い口は、山椒の粉や葉を用いる。

→吸い口（すいくち）

とそ［屠蘇］

正月の三が日用の祝儀の酒。もともとは中国の習慣といわれ、日本では平安時代に宮中でとり入れるようになり、一般に広まった。処方は『本朝食鑑』に「山椒、桔梗、大黄、防風、赤小豆…」などとあり、家々で調合したものを袋に入れて井戸の内側につるし、元旦に取り出して酒に入れ、煎じたものを飲んでいた。明治以降は〝屠蘇散〟と名付けられたものが売り出され、口当たりをよくするために味醂を加えるようになり、形式的な酒に変化していったようである。

日本料理店では器一式を用意して、儀式の酒として正月に供する。

どてなべ［土手鍋］

貝のカキの鍋料理のひとつ。鍋の周囲に合わせ味噌を土手のように塗り、出汁や調味料を加えてその中でカキや豆腐、ネギ、椎茸などを煮ながら味わう。

ととまめ

加熱調理したサケの腹子（イクラ）のこと。新潟・村上の雑煮はイクラを入れ、熱が加わったイクラが白くなって豆に似ていることからこの名がある。

どなべ［土鍋］

土製の鍋。種々の鍋料理や、ゆっくりと炊き込む料理に欠かせない。スッポン鍋に代表される鍋用の土鍋は、材質としては陶器だが、皿や鉢としての陶器とは扱いが全く違う。通常、陶器は湯治をしてから使うが、土鍋は湯治をすると割れてしまうので湯治はしない。

購入したら、まず、土鍋に白飯や米を入れ、水から弱火で1時間ほど煮てひと晩置く。そうすると割れにくくなる。使用中は、土鍋は急激な温度変化に弱いので空炊きや急に冷やすことも避ける。使い始めの2～3回は、鍋の裏底を洗ってはいけない。洗うことにより底から内部に水が入り、充分に乾かさずに火にかけると、土の中の水分が膨張し、割れてしまう。

なお、陶器のスッポン鍋は、鍋物以外に、粥を炊く、ドライアイスを仕込んで刺身を盛るなどもでき、料理が映える便利な器でもある。

→湯治（とうじ）

どびんむし［土瓶蒸し］

松茸が代表的な蒸し物。土瓶に材料を入れ、出汁を張って蒸して供する。土瓶を直火にかけて加熱する方法もある。

秋の松茸の時期だけではなく、一年を通じて楽しめ、代表的なものは、1月＝寒シジミ・白魚・寒バヤ（味噌仕立て）、2月から3月＝ハマグリ・アサリ、4月＝名残白魚・名残ハマグリ・マダイ・筍、5月から7月＝フッコ、8月＝アユ、9月から10月＝松茸、11月から12月＝寒ハゼ・百合根などである。おいしい出汁が出る旬の素材を使って四季折々の土瓶蒸しを工夫することができる。

会席料理の献立では、吸い物としても煮物代わりにもなり、吸い物代わりのときは、材料を入れて一番出汁を張り、塩分濃度を控えめにし、あまり多くの材料を取り合わせることはせずに出す。逆に煮物代わりのときには、主役の材料のほか、百合根、かまぼこ、三つ葉なども入れて濃いめに引いた一番出汁を張る。さらに、煮物仕立ての場合は塩分濃度も濃いめにし、鶏肉、クルマエビ、銀杏など、いろいろな材料を取り合わせて供する。

この吸い物代わりと煮物代わりの区別は、日本料理の約束ごとである。

とべやき［砥部焼き］

愛媛の焼きもの。砥石として使っていた白い石が、陶磁器のよい原料とわかって磁器として成功したという。気取りのないシンプルな文様と丈夫さに人気がある。

とめすじ［止節］

懐石料理の最後に出す料理に添える箸で、手で持つ側の端に節がある。

懐石料理の取り箸として使われ、唐来物《とうらいもの》や預け鉢、あるいは茶会の亭主の気分で最後に出す料理のときに持ち出される。この箸が出されると、もう料理は最後ですよという合図である。餅菓子などを取り分けるときにも用いる。

止節と書いてとめすじ、もしくはとめぶしと読む人もあり、茶道の流儀によって違う。

→唐来物（とうらいもの）　→預け鉢（あずけばち）

とめわん［止椀］

献立の最後に、ご飯とともに出る椀物のこと。これが料理の終わりですという意味がある。味噌汁で出すことが多い。

とも［共］

主材料を、同一の材料で和えたり絡めて食べる料理に使う言葉。共和え、共醤油、共酢などがある。例えば、魚介をその内臓で和えたり、内臓を醤油や味噌で調味してその味で魚介を食べたりする。アンコウやアワビ、カワハギによく用いる。

どよう［土用］

土用というと夏がイメージされがちだが、1年に4回あり、立夏（5月6日頃）の前の18日間、立秋（8月8日頃）の前の18日間、立冬（11月7日頃）の前の18日間、立春（2月8日頃）の前の18日間を指す。

夏ばかりが有名になったのは、江戸時代に平賀源内が鰻店の店頭にウナギが滋養によいと宣伝したことに由来するという。夏の土用は、卵やシジミが旬である。

とりがい［鳥貝］

黒紫色をした足を持つ貝。すし種に欠かせず、甘味があり味がよい。名前の由来は、鶏肉のようにおいしい、足の形状が鳥の首に似ているからなどといわれる。ハマグリや赤貝、アオヤギの後においしくなる。旬は立冬（11月上旬）から立春（2月上旬）の頃。

とりざかな［干肴］

干肴と書いて、とりざかなと読む。婚礼の献立に入るもので、巻き寿留女、搗栗、熨斗アワビ、昆布、カツオ節などの料理のうち三品を三方にのせて供する。

↓巻き寿留女（まきするめ）　↓搗栗（かちぐり）
↓熨斗鮑（のしあわび）　↓三方（さんぼう）

とりだし［鶏出汁］

↓ソップ出汁（ソップだし）

トリュフ

世界三大珍味のひとつ。フランス料理の高級食材とされているが、実は日本にも古くからある食材である。平成14年（2002年）に山梨県富士吉田市でトリュフが自生しているのが発見されて大きなニュースになったが、もともと以前から日本に自生している。

歴史的史実としては、1200年前の四條園流の料理書にも黒柏露《くろじょうろ》という名で記載があり、古くから日本にもトリュフがあったことがわかる。同書にあった黒柏露の料理は、醤油の原型でもある醤《ひしお》で煮たものであった。日本では長い間、トリュフは自生しないということが定説だったが、古い史料や前途の富士吉田市の発見などにより覆ったこと、さらに各地で研究家やグルメな人たちの間で採取されるようになり、日本でも自生していることは定説になっている。白トリュフも自生している。

ただし、フランスの黒トリュフはペリゴールという品種で、日本のものは和名イボセイヨウショウロという。どちらも強い香りのあるトリュフである。

とろび［文火］

ごく弱い火のこと。

とろろこぶ［とろろ昆布］

真昆布や利尻昆布を何枚も重ね、その側面を削ったもの。削ったものを広げると木目の模様が出る。細い糸状のため、ほぐすとふわふわになる。白飯にのせたり、即席の吸い物に用いる。

どんぐりたまご［どんぐり卵］

見立てものとして代表的な料理のひとつ。ウズラの卵を茹でて醤油漬けにし、芥子《けし》の実と胡麻を付けてどんぐりのように見た目を整える。

どんこ

↓椎茸（しいたけ）

とんぶり

箒草《ほうきぐさ》の実。東北地方では古くから食用にし、特に秋田県の特産品。薄い緑色で、味は淡白。キャビアと間違えそうな小さい粒で、とろろ芋にかけたり、酢の物や和え物に使う。

ながいも［長芋・長薯］

山芋の中で、形が棒状で最も入手しやすい芋。秋から冬に使う。独特のシャキシャキ感があり、代表的な料理はせん切りや叩き芋、白煮など。皮も何ともいえない風味と味わいがあり、揚げ物や揚げ煮で楽しめる。皮を利用するときは、皮を厚めにむくと見栄えがよい。煮物にするとき、酢水に浸したり面取りをする様子をよく見るが、かえって角が取れたり長芋が黒ずむ原因になるのでやらない方がよい。

せん切りにするときは、〝芋の子〟や〝芋切り〟とよばれる庖丁を使う。片刃の薄刃庖丁と違って両刃なので、ロスなく切ることができる。

→芋の子庖丁（いものこぼうちょう）

なかおち［中落ち］

→掻き身（かきみ）

ながおろし［長おろし］

式庖丁で行うときの魚のおろし方の名称。基本的に、やり方は三枚おろしと同じである。サワラ、スズキなどをおろす。

なかご［中子］

庖丁の柄の中に入っている金属部分のこと。正式には刀剣で使う名称で、江戸時代末期に庖丁でも使うようになった言葉である。

鋼《はがね》を使った庖丁は中子に錆が発生しやすく、購入後すぐの手入れが必要になる。プロ用の庖丁は、中子と柄とが接着されていないので、取り出して手入れをする。

→庖丁の購入直後の手入れ（ほうちょうのこうにゅうちょくごのていれ）

ながさき［長崎］

椀物のひとつで、鶏肉をいったん揚げてから煮て、椀種としたもののこと。

ながさきじたて［長崎仕立て］

鶏から出汁を取ったソップ出汁の椀物のこと。関東でのよび方である。スッポン仕立てともよぶ。

→ソップ出汁（ソップだし）

ながしかん［流し缶］

卵豆腐のような蒸し物、寒天寄せのような寄せ物を作るときに使う金属製の角型の箱。蒸し缶ともいう。

ながしばこ［流し箱］

羊羹を流すときに使う道具のこと。ステンレス製が多い。流し缶とは違い、下に取り外せる底板はない。

→流し缶（ながしかん）

ながしもの［流し物］

いろいろな材料を、ゼラチンや寒天を使って流し缶で冷やし固める料理。正式には3種類あり、寒天で固めるもの、ゼラチンで固めるもの、ういきょうで固めるものに分類される。ういきょうは常温で固まるためとても便利だが、香りにややクセがあり、舌ざわりがよくないので、和食ではゼラチンや寒天の流し物が主流である。

流し物は、まとめて仕込めること、材料の工夫で原価の割には料理性が高められることなどから、積極的に提供したい料理となった。ミキサーやフードプロセッサーを導入すれば、仕込みが楽で、裏漉しを使っていた昭和の時代からは隔世の感がある。現在は、筍やトマト、ワカメ、牛蒡《ごぼう》の煮物などを材料にして個性的な味わいの寄せ物も登場している。平凡な食材ながら、形を崩してなめらかな口当たりにすることで、印象も味もがらりと変わる。

さらに、流し物は、失敗が少なく、前もって盛り付けておける重宝な一品。切れ端を刺身のつまや和え衣に活用でき、すべてが無駄にならない。

→流し缶（ながしかん）

流し物の種類

滝川豆腐、胡麻豆腐が代表的である。

→滝川豆腐（たきがわどうふ）

流し物の技術

流し物はほどよい弾力を楽しむ料理。舌ざわりのなめらかさを楽しむことから、寒天よりゼラチンを使うことが多くなってきた。

ゼラチンで固める流し物の仕込みで大事なのは、ゼラチン生地の弾力を出すように仕上げることで、そのポイントは、材料とゼラチンを合わせた生地を冷やすとき、冷水を当てて常温になるまでよく練り上げ、ほどよく冷やすことにある。これを〝練り戻し〟といい、この作業を急いで、冷やし過ぎたり、また、練り上げが足りないと、弾力のない流し物になってしまう。〝練り戻し〟の仕事は、胡麻豆腐や黄身酢、吉野酢の仕込みでも同じように大切な手順である。

ゼラチンを溶かすときは、加熱し過ぎるとあとでゼラチンが固まらなくなってしまうので注意をする。

ときどき流し缶から中身を取り出すときに、角が崩れてしまうことがある。そうしたものは裏漉しにかけ、和え衣として利用すると無駄にならない。和え衣にも活用すると考えて仕込む流し物は、あえて味を薄めにしておくとよい。

流し物の基本の分量

寒天で作るときは、材料1升に対して寒天を6本、ゼラチンで作るときは、材料1ℓに、ゼラチンを10〜20gを加えることが目安となる。材料1ℓに対してゼラチン10gというのは、庖丁で切れるぎりぎりの固さで、容器で固める場合は、もっとゼラチンの量を減らしてやわらかくゆるめに仕上げると口当たりがよく、喜ばれる。

なかずいもの［中吸い物］

献立の中盤で出される口直しを目的とした椀物。味は薄めで、量が少なく、椀種も小さい。長い宴のときの献立に入れる。

ながてづくり［長手造り］

魚を刺身用に切るとき、1寸（約3・03㎝）以上の長さになる場合、そのままでは食べにくいので、2つに折ってちょうど1寸ほどの大きさになるように造ったもの。口の寸法を基準にした造り方である。カンパチのように身の大きな魚を刺身にするときに用いる手法。

なかぶし［中節］

懐石料理で、生ぐさものを盛り付けた焼き物や八寸を取り分けるときに用いる箸。中筋《なかすじ》ともいう。

長さと幅、節のある場所、厚みが流派によって決まっている。正月には青竹、秋口は胡麻竹を使ったり、青文字や白文字を使うなど、使う材質はいろいろである。

→八寸（はっすん）

なかぼね［中骨］

三枚におろしたときの背骨を中心とする骨のこと。中骨には中に脂やコラーゲンの旨味がたっぷり含まれ、煮出すと旨味が外に出て来る。

キンキやキンメダイの中骨は、骨がやわらかいので、じっくり焼くだけでおいしく食べられる。サバのように骨が硬い魚は、焼いてから揚げると簡単に砕け、全部を味わえるようになる。例外はヒラメで、骨が硬いものの、焼くだけでおいしく食べられる。カンパチやブリなどの大型の青魚の中骨は、どちらかというと煮る方がよく、大根が特に相性がよい。

中骨から出汁を取って椀物を作るときには、生のままの骨を入れて煮出すより、いったん焼いてから煮る方が、出汁の味がよくなる。

なごり［名残］

食材が出回る時季の最後のもの。終わり初ものともいい、価値があり、喜ばれる。名残の時季は、「まだあるのか」と、余韻を楽しませるように形を生かした使い方をする。走りの頃よりは多少の細工をしつつ、手をかけ過ぎないことを心掛ける。ただ、名残の食材の味は、走りや旬の頃と持ち味が同じではない。筍やフキはクセが強くなったり、トマトは風味が弱くなったり、茄子《なす》やキュウリのように身がしまって味がよくなるものがあるなど、食材によって大きな違いがあり、それぞれの個性を生かすために料理法も変わる。

　魚は名残の方が脂が乗り、味がよいものが多くなる。ハモ、サワラ、シシャモはその代表格。例外は、マダイやボラ、ブリなど。こうした、食材の数日での味の違いを知らないと、献立に生かすことができない。

なしわり［梨割り］

　魚の頭や伊勢エビを真っ二つに切り分けること。魚の頭を割るときは、正中を避け、中心を数ミリずらすと割りやすい。兜煮や鬼殻焼きで行う。
→兜煮（かぶとに）　→鬼殻焼き（おにがらやき）

なす［茄子］

　夏野菜の代表格。6月から9月に多く出回る。インドが原産で、日本には8世紀頃に中国から伝わったという。長茄子、丸茄子、会津加茂茄子、水茄子、越後加茂茄子、民田茄子、折戸茄子など、全国で50種以上と種類は多い。

　茄子は油と相性がよく、漬け物にも欠かせない。煮ても焼いてもよく、用途は極めて広い。季節によって持ち味が変わることに注目して調理法を考えると、走りの茄子はアクが少なくやわらかいので、天ぷらや茄子もみに、旬の茄子は実がしまってアクが強まるので揚げ煮やしぎ焼きに、名残の茄子は固くなるので漬け物に向く。
→折戸茄子（おりどなす）

なたね［菜種］

　アブラ菜科の野菜のことで、野菜として使ったりその実で油をとる。日本料理では、アブラ菜の花の鮮やかな黄色から、黄色い色が特徴的な春の料理に菜種と付けることがあり、例えば、炒り玉子を菜種玉子といったりする。

なたねあぶら［菜種油］

　菜種の種子から圧搾したり抽出した油。大豆油の次に消費量が多く、揚げ油によく用いられる。

なつかんぞう［夏甘草］

　ユリ科の野萱草《のかんぞう》の花の芽のこと。茹でると緑色が美しく、あしらいに用いる。

なつぢゃわん［夏茶碗］

　夏使いの抹茶茶碗。薄手で、浅く開いた形をしていたり、夏草などの絵柄のものを指す。朝顔茶碗ともいう。

なっとう［納豆］

　大豆から作る加工食品。納豆の語源は、寺の納所（禅寺で金銭や米穀などの出納を行う場所）の僧侶が大豆を貯蔵してできたからといわれる。かめや桶に入れて貯蔵する豆だからという説もある。

納豆には、味噌納豆、浜名納豆、糸引き納豆、甘納豆などがある。味噌納豆は奈良の東大寺や興福寺、京都の大徳寺、天竜寺などが有名で歴史があり、味噌や醤油に近い醸造をした食品。浜名納豆は、徳川家康が浜名の大福寺に作らせたことが始まりといわれ、『和漢三才図会』には、辛みや苦みが加わった味と表記されている。

現在最も一般的に普及している糸引き納豆は比較的に新しく、江戸時代に著述が見られる。甘納豆は、明治時代に東京で作られた菓子。

なつわん［夏椀］

夏使いの吸い物椀。絵柄が波千鳥、蓴菜など夏のものをいう。

ななくさ［七草］

春の七草と秋の七草があり、春の七草は〝七草粥〟を参照。秋の七草は、食べるものというより鑑賞用で、萩、尾花、桔梗、刈萱《かるかや》、女郎花《おみなえし》、藤袴、朝顔。刈萱や朝顔ではなく、葛と撫子を加える場合もある。

→七草粥（ななくさがゆ）

ななくさがゆ［七草粥］

正月の七日に、七種類の若菜を加えて炊いた粥のこと。奈良時代から行われていた行事で歴史は古い。若菜は、〝せり、なずな、ごぎょう、はこべら、ほとけのざ、すずな、すずしろ〟である。ごぎょうは母子草、はこべらははこべ、すずなはカブ、すずしろは大根のこと。

なべかえし［鍋返し］

煮物を調理しているときに、鍋を持ってゆすり、材料を上下に返して入れ替えること。煮汁が行き渡るが、身が崩れやすい魚などの材料のときは注意が必要。

なべつかみ［鍋つかみ］

熱い鍋を火からおろしたり動かすときに使う道具。単に〝つかみ〟ともいう。

さまざまな形や材質の、にぎやかな色をした鍋つかみが売られているが、日本料理用の鍋つかみは市販品ではなく、煮方が仕事の道具として自分で縫うようにしたい。市販されているものは、どれも厚みがある割には熱い鍋の熱を充分に遮断できず、不都合がある。手縫いに勝る鍋つかみは、さまざまな製品がある現在であっても、なかなかないようだ。

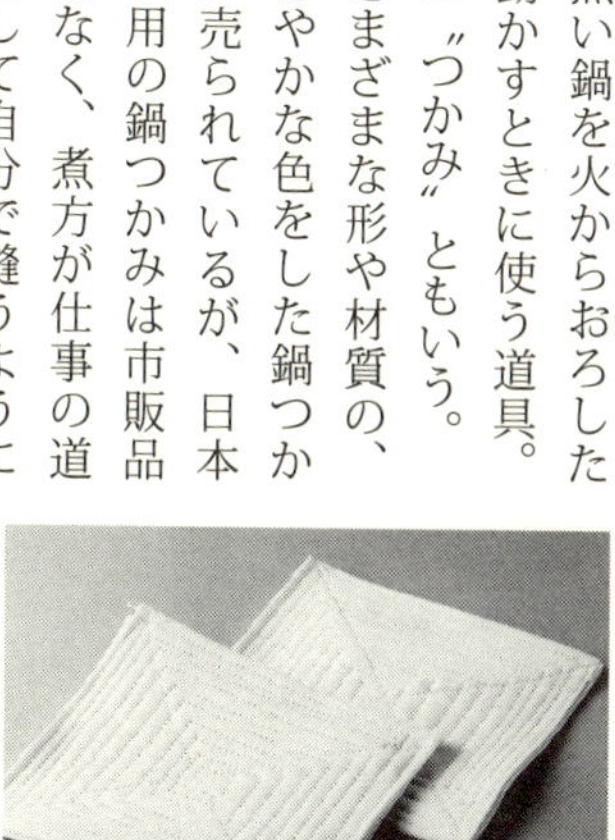

鍋つかみ　煮方が自分で縫うもの。真綿がなければ厚い木綿布をたたんで塗ってもよい。鍋の柄をくるむことが目的なので、手のひらほどの大きさでよい。

手縫いで作る場合の一例を紹介すると、材料は厚めの木綿生地と真綿を使う。厚めの綿の布で真綿をはさみ、自分の手の大きさに合わせた使いやすい大きさに一針ずつ縫う。２枚で１組とする。仕上がりの大きさの目安は15㎝四方で、使う人の手のひらをひと回り大きくしたくらいがよい。

なべてり［鍋照り］

鶏肉や魚を照り焼きにするとき、フライパンをよく熱し、タレに漬けておいた材料を入れて焼き、フライパンをゆするように動かしながら焼き色を付けること。

なべどめ［鍋止め］

煮物を調理するときに、あまり味を濃くせず、ひと通り煮たら、火から鍋をおろしてしばらくおき、味を全体にしみ込ませること。

なべはだ［鍋肌］

鍋の内側のこと。仕事ができる煮方は、つねに煮物の鍋肌をきれいに保つために布巾でこまめに拭き、鍋肌が焦げないようにする。

なべものとかいせきりょうり［鍋物と会席料理］

鍋物を会席料理の献立に入れるときは、椀物と焼き物を省き、刺身の後に持って来るようにする。これは、小鍋で１人分でもよいし、多人数分でもかまわない。献立の構成は、小鉢、前菜、刺身、鍋物、酢の物、食事・汁、香の物、水菓子、甘味となる。

気を付けたいのは、鍋物でも寄せ鍋にすると、さまざまな魚介が必要になって意外に原価がかかるということ。寄せ鍋にしなくても、刺身で出る魚のアラを活用し、野菜を上手に使うなどで、味のよい原価のかからない鍋物を工夫する。

→寄せ鍋（よせなべ）

なまこ［海鼠］

形が独特な、日本各地で見られる棘皮《きょくひ》動物。

体の色によって、アオコとアカコがあり、関東ではアカコを好む傾向がある。酢の物としてこりこりした食感が喜ばれ、内臓を塩漬けしたコノワタと生殖腺を塩漬けしたコノコは、平安時代からある酒肴である。茶振りなまこという仕事もよく知られる。大根おろしや柚子が付きもので、冬の献立に入れる。

こりこりした食感が特徴とされるが、69℃を保ち、10時間ほどかけて湯煎すると、びっくりするほどやわらかくなり、〝もちなまこ〟として供するのもよい。

→このわた　→このこ
→茶振りなまこ（ちゃぶりなまこ）

なます［膾・鱠］

本膳料理で、本膳の右上の猪口《ちょく》に盛り付ける料理のことで、塩を振ったり火を通した材料を酢で和える料理。

なますの文字には、鱠と膾とがあり、生の魚介を切って酢で味わう料理は魚ヘンの鱠であり、膾は野菜を切って酢で味わうものと、かつては使い分けがされていたようである。
↓本膳（ほんぜん）　↓猪口（ちょく）

なますぎり［なます切り］
大根を輪切りにするのではなく、斜め45度に薄切りにしてからせん切りにすること。輪切りにするとくしゃっとしてしまうが、斜めに切ると繊維が適度に入り、ほどよくしゃきっとする。

なみがえし［波返し］
魚の尾ヒレの先端のこと。
↓魚の名所（さかなのめいしょ）

なみぎり［波切り］
↓さざ波庖丁（さざなみぼうちょう）

なみのはな［波の花］
塩のこと。料理人の符牒ではなく、葬儀で清めの塩を求めるとき、「波の花をください」と使う。一般的には、季節風に吹き寄せられた塩の泡が、花吹雪のように舞い上がる美しい様子で、日本海側の冬の風物詩のこともいう。

なみはっすん［並八寸］
一般的にいわれる八寸の器ではなく、ひとまわり小さい折り箱で提供する八寸の料理のこと。予算が多くない献立に使う。

なよし
寒ボラのことで、宮中でのよび方。子はカラスミ。すしや刺身にし、九州でよく使う。
↓鯔（ぼら）　↓唐墨（からすみ）

ならちゃ［奈良茶］
もともとは奈良地方で作られていた茶粥で、東寺、興福寺から起こったとされる。江戸時代の明暦の大火の後、江戸に料理を売る店が初めてできたとき、奈良茶を売り物にし、大流行したという。

なるこゆり［鳴子百合］
山野草として知られる可憐な百合。新芽は山菜として食用でき、茹でるとアスパラガスのような風味があり、春の献立に入れる。5月には茶花として茶室に活ける。

なるとづくり［鳴門造り］
スルメイカの身に5㎜間隔で庖丁目を入れ、青ジソや海苔を巻き込んで切り分けたもの。スルメイカの仕事である。

なるとまき［鳴門巻き］
切り口が鳴門の渦のように作った料理に付ける言葉。

なんぜんじ［南禅寺］

京都の南禅寺周辺には、おいしい豆腐で知られ、特に湯豆腐を名物にした店が多い。このため豆腐を使った料理によく南禅寺の名が付けられる。南禅寺蒸し、南禅寺揚げなどがある。

なんば［難波］

鶏肉や牛肉、ハモなどをネギとともに料理したものに付ける名前。かつて大阪の難波村がネギの産地であったことから付けるようになったという。

なんばん［南蛮］

本来は、南蛮船（ポルトガル船、スペイン船など）がもたらしたものに付けられた名。料理の世界では、ネギやタカノツメを多用したり油で揚げたりした料理を南蛮とよぶことが多いが、それまでになかった異国風のものにどれも南蛮と付けたようである。

現在、酢の物の料理は全般的に人気がないが、豆アジを3度揚げして南蛮酢に漬ける料理は酒肴として酒に合い、喜ばれる料理である。

→南蛮酢（なんばんず）

なんばんず［南蛮酢］

三杯酢か加減酢に、赤唐辛子とネギを加えた合わせ酢。阿茶羅酢ともいい、揚げたワカサギや豆アジなどを漬け込む。

→阿茶羅（あちゃら）

なんぶ［南部］

黒胡麻を使った料理に付ける名前。南部せんべいといえば、黒胡麻がたっぷりと混ぜてある。料理では南部焼きが代表的で、材料に下味を付け、黒胡麻をまぶして焼き上げる。

南部は、青森、岩手、秋田にまたがる南部氏の旧領地で、寒冷地であり、胡麻が収穫できる場所。

にいなめさい［新嘗祭］

その年の米の収穫を感謝し、翌年の豊作を祈る行事。いわゆる収穫祭で、宮中をはじめ全国の神社で新嘗祭が執り行われる。陰月11月半ばの卯の日と決まっており、現在は11月23日に勤労感謝の日として祝日になっている。この日までに天皇は、自分で刈り取られた稲を伊勢神宮に奉納し、新嘗祭の日を迎えるまで、新米を召し上がらない。新嘗祭が終わって初めて、新米を口にされるならわしである。農耕民族にとって重要な神事であり、現在も、明治神宮には、この日に向けて全国から集まった農産物がお供えされ、〝宝船〟として飾られている。

日本料理の料理人の間では、この日以降、アマダイを使い始める。農家は大根や柚子、コンニャク、牛蒡《ごぼう》の収穫を始めるものであった。

にえばな［煮えばな］
煮物や汁物が、沸騰して最も甘味が出た瞬間のこと。デンプンが多い芋類の場合、充分に沸騰させた状態がおいしく、それが〝煮えばな〟である。味噌汁は、沸騰させ続けると味噌の香りが飛んでしまうため、沸騰した瞬間が〝煮えばな〟で、そのときに火を止める。お米は、炊いたとき米からご飯に変わった瞬間が〝煮えばな〟で、甘味が最も出て水分も含んだおいしい状態である。

にがうめ［苦梅］
基本的に、実を食べるのではなく花を愛でる種類の梅のこと。花が特に美しい。

にがうるか［苦うるか］
アユの内臓の塩辛。秋になり、産卵を控えた落ちアユを使って仕込む。苦味があり、辛口の酒に合う肴である。

にがぎも［苦胆・苦肝］
魚の胆嚢のこと。苦玉ともいう。苦味があり、魚を扱っている最中にうっかりつぶしてしまうと、苦味が魚の身全体に回ってしまうので注意する。
苦肝の位置は魚によってだいたい決まっていて、コイはエラ蓋からウロコ3枚め、マダイなら2枚め、イワシはエラ蓋からウロコ1枚めのところである。しかしいつも同じ位置ではなく、冬場は脂肪が乗ってその分内臓が口の方に押されるため、コイはウロコ2枚め、マダイは1枚半のところに押し上げられる。おろしながら魚を観察し、魚ごとの違い、時期による違いに注意すると、失敗がなくなる。
ちなみに生きている魚の場合には苦胆、死んだ魚は苦肝と文字の表現を使い分ける。

にかた［煮方］
料理人の仕事で、鍋ともよぶ最も実力を問われる仕事。庖丁が達者な料理人よりも、煮方が達者な料理人の方が実力があるとみなされる。その理由は、煮方が関わる料理が店の味を決定しているためである。料理人の中では、焼き方の次の段階の仕事が煮方で、煮方の次は向板という職人となる。
かつては煮方を20年勤めなければ一人前と認められないものだった。料理人によっては一生煮方を勤める料理人もいるほどで、奥が深い。
→向板（むこういた）

にがたま［苦玉］
魚の胆嚢。料理の世界では苦肝という。
→苦胆・苦肝（にがぎも）

にきりざけ［煮切り酒］

酒を鍋に入れて煮立ててアルコール分を飛ばしたもの。約1割を煮詰めて、煮物や調味料に使う。

にきりみりん［煮切り味醂］

味醂を鍋に入れて煮立て、アルコール分を飛ばしたもの。約1割を煮詰め、煮物や調味料に使う。

にきる［煮切る］

酒や味醂を鍋に入れて煮立て、アルコール分を飛ばして1割ほど煮詰めること。こうしてできた酒を煮切り酒、味醂を煮切り味醂という。これらは、強く加熱をしない煮物などの調理に使う。直火で焼くようなすき焼きの場合などは、焼いている最中にアルコール分が飛ぶので、前もって煮切る必要がない。

にこごり［煮凝り］

もともとは、フグやヒラメやカレイ、サメなど、ゼラチン質を含んだ魚の煮汁が冷えて固まったもの。魚介を煮出した汁に寒天やゼラチンを加えて冷やし固めた料理のことも指すようになった。ポン酢醤油ともみじおろしで味わう。焼き物の後に出すことが多い。

にごし［煮漉し］

豚角煮の付け合わせとして必ず組み合わせる、マッシュポテトのような料理。じゃが芋に少々の塩を加えて茹で、裏漉ししてミキサーにかけて仕込む。豚肉の料理と組み合わせることが約束で、豚肉に敷いたり、かけたりする。

じゃが芋が日本に入ってきたのが江戸時代、普及したのは明治時代なので、明治からの仕事と思われる。

にごりじる［濁り汁］

味噌汁やすり流しのこと。椀物の汁は、澄んだお清ましと、濁りのある汁に分類され、味噌汁やすり流しは、濁り汁と分類される。

→すり流し（すりながし）　→お清まし（おすまし）

にころがし［煮ころがし］

里芋を、少なめの出汁、醤油、砂糖などで調味し、鍋で転がしながら汁気がなくなるまで煮る家庭的な煮物。

にこんぶ［煮昆布］

昆布が主役の煮物。やわらかに煮た上質の真昆布を、重ねて何層にもし、美しく切り揃える。昆布の肌を荒らさないように煮上げることと、重ねた昆布を切り揃えることがむずかしく、難易度は高い。

作り方は、①昆布を鍋に入れてから、取っ手に穴を開けた木蓋をのせ、酒や水を張る。②金串を、木蓋の取っ手に開けた穴を通して落とし蓋にし、昆布が動かないように軽く固定して煮る。昆布を穴を開けた板にはさみ、竹皮などで包んで煮る方法もある。

煮昆布は日本料理店では必ず常備しておきたい料理であり、煮物、小鉢などに供するほか、料理の引きしめ役としてあしらいにしても重宝する。季節を問わずに使える一品である。

青板昆布、天井昆布、天上昆布は、煮昆布の料理名で、祝宴席では、天上に届けというほどに高く重ねて提供したことから、天上昆布の名が付けられたという。

→落とし蓋（おとしぶた）

にざる［煮笊］

→敷き笊（しきざる）

にじます［虹鱒］

北米原産のマス。世界各国で養殖され、日本には明治時代に入ってきた。体側に虹色の帯があり、降海すると一面銀色になる。塩焼きや甘露煮、バター焼き、刺身にもする。70〜80㎝の大きさになる。

にしめ［煮染め］

煮物の一種で、根菜類を少なめの煮汁でつやよく煮たもの。砂糖は入れない。塩分濃度は0・95〜1・1%ほどで、含め煮より濃く、旨煮より薄く仕上げる。炒り煮や筑前煮は、塩分の濃さから判断すると、煮染めの仲間といえる。

にじゅうしせっき［二十四節気］

1年を太陽の動きに合わせ、24に分けた季節を示す語。太陰暦（旧暦）を使用していた時代に考案された。いまでも季節感を表す言葉として用いられ、ニュースなどでよく耳にするだろう。二十四節気はすべて献立のテーマに使い、日本料理とは関わりの深い言葉である。日本料理との関わりから、二十四節季を説明する。

立春（りっしゅん）　2月4日頃

暦の上での1年の始まり。日本料理にとっては春の始まりである。

雨水（うすい）　2月19日頃

雪が雨に変わり、氷や霜がとけ始める頃。春一番が吹き、九州では鶯の声が聞かれる。

啓蟄（けいちつ）　3月6日頃

土ごもりしていた虫たちが活動を始める頃。土手に生えるヨモギやタンポポがおいしくなり、ツワブキやツクシ、野カンゾウ、フキノトウの花が出てくる頃。

春分（しゅんぶん）　3月21日頃

春の半ば。寒さがすっかり和らぎ、アオヤギや赤貝、トコブシなど貝類がおいしくなる。

清明（せいめい）　4月5日頃

万物が若返り、さまざまな花が咲き乱れる頃。山菜もたくさん出る。

穀雨（こくう）　4月20日頃

田畑の準備が整い、春の雨が穀物を潤すという意味。料理は春の名残、夏の走りの頃である。

立夏（りっか）　5月6日頃

日本料理では夏の始まり。野山に新緑であふれ、夏の気配を感じる頃。関東では富士山の早松茸《さまつ》がとれる。若アユや早走りのタコも出回り始める。

小満（しょうまん）　5月21日頃

草木などが生長して生い茂る頃。食材ではフッコ、コチ、タチウオなどの白身魚が登場する。調理場は、新生姜や実山椒、山桃の仕込みでとても忙しくなる。

芒種（ぼうしゅ）　6月6日頃

穴子やアジの季節で、露地ものの夏野菜が登場する。梅干しや煮梅など、梅類の仕込みで忙しい頃。

夏至（げし）　6月21日頃

一年中で最も昼が長い季節。日本の大部分は梅雨に入る。青梅は、夏至を過ぎると生食できるといわれる。この頃になると夏野菜が揃い、露地もののキュウリや茄子《なす》を初ものとして献立に入れる。

小暑（しょうしょ）　7月7日頃

暑さがだんだんと強くなっていくという意味。梅雨明けが近づき、本格的な暑さが始まる。夏野菜がふんだんに揃い、クルマエビやハモがぐっとおいしくなる。

大暑（たいしょ）　7月23日頃

夏の土用の頃。スイカ、白瓜、カワハギがおいしくなる。この頃の菊は苦味がなく安いので、茹でてから水にさらし、冷凍しておくと便利である。

立秋（りっしゅう）　8月7日頃

日本料理は秋に入る。しかしまだ暑さが続き、1年で一番暑い頃。夏野菜に加え、枝豆類も揃う。8月15日を過ぎると大島の天然栗が入り、クルミも顔を見せ、秋の気配が感じられてくる。8月20日頃には貝割れ菜を茹でて椀物に使う。この頃からハマグリを使ってよいとされる。

処暑（しょしょ） 8月23日頃

処暑とは、暑さが終わるという意味。秋の果物が次々と出て来る。夏野菜のキュウリやナスを漬け物で味わうとおいしい頃となる。

白露（はくろ） 9月8日頃

秋が本格的に唐来し、草花に朝露が付くようになるという意味がある。キノコや子持ちアユの料理を献立に入れる。

秋分（しゅうぶん） 9月23日頃

昼と夜の長さがほぼ同じになり、秋の七草が咲き揃う。蓮根や芋類がおいしくなり、サケが遡上してくる。新米も出る頃。台風とともにウナギが川を下り、本来の旬の冬より少し時季が早いが、味がよくなる。ナスは立秋を過ぎて50日めにおいしくなるといわれ、それがちょうどこの時分である。

寒露（かんろ） 10月8日頃

冷たい露の結ぶ頃。菊の花が咲き始め、山は紅葉の準備に入る。柿が色付き、カツオが旬を迎え、サンマを献立に入れる時季。サンマは七輪にのせ、尾を目に通して丸くして焼くものである。キノコ類も数限りなく登場する。

霜降（そうこう） 10月23日頃

霜降とは、霜が降りるという意味。北国や山間部では、霜が降り、冬野菜がおいしくなる。秋サバも魅力的な素材。この頃のキュウリは名残として使う。

立冬（りっとう） 11月7日頃

日本料理では冬の始まりとされる日。アマダイがおいしくなる。ブリやイナダなど、青魚も日増しに旨味が増す。松茸が名残として貴重になる。

小雪（しょうせつ） 11月22日頃

木々の葉は落ち、平地にも初雪が舞い始める。野鳥がおいしくなる頃である。

大雪（たいせつ） 12月7日頃

山ばかりでなく平野にも雪が降り、霜柱を踏む頃。ナマコやブリ、ボラ、サバなどがおいしくなって来る。

冬至（とうじ）　12月22日頃

一年を通して夜の長い日。この日から日が伸びるため、昔はこの日を年の始まりと考えたようである。冬至カボチャや柚子湯の慣習はいまも残っている。柚子が黄色く色付く。

冬至前の10日間に獲った野生のイノシシはとてもおいしく、全国で駆除もしているので、法令や流通が整い次第、これから使う機会が増える食材と思われる。

小寒（しょうかん）　1月5日頃

寒さのはじまりという意味。ここから節分までが寒で、寒さはこれからが本番となる。

大寒（だいかん）　1月20日頃

1年で一番寒さの厳しい頃。小寒から大寒までの15日間と大寒から立春までの15日間の合計30日間を〝寒の内〟といい、寒さを利用した食物（凍り豆腐、寒天、酒など）を仕込む時期であり、高品質の庖丁を打つ時期でもある。この寒打ち庖丁は狂いがなく、料理人にとっても魅力のある道具である。

にじゅうなべ［二重鍋］

→湯煎（ゆせん）

にしん［鰊］

イワシの仲間。春告魚ともいい、春になると産卵のために近海に近づいた魚を漁獲する。ニシンは加工品が特に重要で、塩蔵する塩カズノコ、味付けカズノコ、身欠きニシン、生干しなどは生活に欠かせない。卵を産み付けた子持ち昆布も重要。

昭和30年代までは年に１００万t近くのニシンを漁獲し、北海道の経済に活気を与えていたが、その後すっかり漁獲量は減り、現在は輸入ものが中心となっている。

料理は塩焼きが一番。味噌煮もおいしい。最近は流通の進化で、鮮度のよいニシンが入手しやすくなった。

→数の子（かずのこ）

にぬき［煮抜き］

豆腐を茹でることで、巻きすに巻いて茹でて適度に水分を抜く。関西では、煮抜き卵の略で、固茹で玉子を指す。

にはいず［二杯酢］

酢と醤油を等量で合わせた合わせ酢のひとつ。シラウオにかける場合は出汁を酢や醤油と同じ量を加えるなど、材料により加減する。カニ酢などのさっぱりしたものに合う。

にびたし［煮浸し］

魚に串を打って素焼きにしてから、少しの味醂と醤油を加えた薄めの煮汁で骨までやわらかく含め煮にする手法。アユやハゼ、ベニマスに向く。落ちアユ（子持ちのアユ）を使うことも多い。

にほんざりがに［日本ざりがに］

淡水産のエビ。ザリガニと聞くと、現在多くの人は、どこにでもいるアメリカザリガニを思い浮かべるが、在来種の日本ザリガニ（ヤマトザリガニともいう）が北海道と北東北におり、大変美味で知られる。いまは天然記念物に指定され、食用にはできない。

日本ザリガニは、天皇の料理番として知られる秋山徳蔵氏が、大正天皇即位の大礼の晩餐会の献立に日本ザリガニを取り入れ、それらを集めるために旭川の軍隊が動員されて捕獲したというのは有名なエピソードである。

にほんしゅ［日本酒］

→酒（さけ）

にほんのさんだいちんみ［日本の三大珍味］

コノワタ、カラスミ、ウニのこと。江戸時代には、肥前野母《のも》のカラスミ、尾張のコノワタ、越前のウニが天下の三珍とされていた。昭和30年代くらいまでは、コノワタよりもコノコの方がずっと価値が高かったが、いまは逆転した。

→このわた　→唐墨（からすみ）
→雲丹（うに）　→このこ

にまいおとし［二枚落とし］

刺身の手法のひとつで、銀皮が美しい魚の身の皮を残し、1回身の半分程度まで切り目を入れてから次に切り離すように庖丁を入れること。皮が付いていても食べやすい。化粧庖丁の一種である。

→化粧庖丁（けしょうぼうちょう）

にまいなべ［二枚鍋］

→湯煎（ゆせん）

にまめ［煮豆］

大豆や黒豆、花豆、インゲン豆、うずら豆などの乾燥豆を水で戻し、甘くやわらかく煮た料理のひとつ。乾燥した豆を充分に水に浸して吸水させ、弱火で煮ていく。正月料理や常備菜として重要な料理。

煮るときの大事なポイントは、乾物の豆を戻すのに充分に時間をかけること。新物の場合はひと晩でよいが、新物でない場合は、3昼夜かけて水に浸して充分に吸水させる。煮豆に大事なことは、実と皮を同じやわらかさに煮上げることなので、こうして戻してから煮ると、皮もやわらかく煮える。ただし黒豆は例外で、前もって吸水はさせない。砂糖を数回に分けて加えて煮るとよくいうが、黒豆や花豆の場合、最初から砂糖を入れてもよい。皮がやぶれることなく、しかもやわらかく煮ることができる。大豆や小豆の場合は後から加える。そうしないと豆が煮えない。

砂糖の量の加減は、煮ているときの泡の立ち方を見て判断する。砂糖が多いほど泡が小さく立つので、煮物ごとにその特徴を知っておくと、泡の大きさで、いま鍋に砂糖がどのくらい入っているかが見てわかるようになる。

よく、黒豆を煮るときに鉄釘を加えるとかお歯黒を加えるなどというが必要ない。適量の重曹を使えば色が黒くなり、用は足りる。

どの豆も、戻し汁で煮ることが重要で、かならず戻し汁を煮汁として捨てずに使う。

にもの［煮物］

煮物料理の総称。関西では炊き合わせ、関東では小煮物とよぶ。日本料理店では最大の山場になる料理で、関西では〝煮物椀〟、関東では〝椀盛〟とよばれることも多い。季節の魚介や野菜、根菜をそれぞれに煮て山のもの、海のものをバランスよく盛り合わせ、あしらいを添えて提供する。

煮物代わりとして、土瓶蒸しや柳川鍋、しゃぶしゃぶ、鍋物などを出すのも、献立に変化が出てよい。煮物は、次に出すご飯のおかずとする料理なので、必ず、食事の前というのが献立の順番上の決まりである。

煮物の種類

煮物には多くの種類、味付け、材料使いがある。煮物を学ぶとき、塩分濃度の濃淡で分類し、塩分の薄い順から、芝煮、沢煮、含め煮、煮染《にし》め、粗煮《あらに》、旨煮、スッポン煮、伽羅煮《きゃらに》の順で煮物の基本を考えるとよい。

煮物の味付けには地域性があり、砂糖や醤油、味醂などの調味料の組み合わせにしても、醤油にしても地域性があり、料理人によって違う。食材の鮮度などでも調味の仕方を変えるので、調味料の分量にこだわるのはあまり意味がない。

煮物の技術

芋類やカボチャなど、でんぷん質の材料を煮物の主役にした場合は、煮えばなのおいしさが命なので、タイミングよく仕上げることが大切。

また、材料によってアクを取る、ぬめりを取る下ごしらえをすることが当たり前と思われているものがある。牛蒡《ごぼう》や蓮根、里芋などがアクを抜く必要のある材料として知られているが、醤油の色を付けて煮るものならばアクやぬめりは旨味なので、アク抜きをしない方がおいしく仕上がる。白煮のように白く仕上げる場合には、黒ずみを防ぐ下ごしらえが必要になる。

→白煮（はくに）

魚の煮物

ブリやマダイなどを煮るときは、味醂や砂糖を使ってこってりと煮上げる。塩分の濃さからいうと、煮染《にし》めと旨煮の間で、白煮やしぐれ煮と同等である。材料は魚ばかりと限らず、ときによっては、煮汁に水や出汁は使わず、酒をたっぷりと加えて煮る。もし材料の魚に旨味が足りないときは、出汁を使う。魚が養殖もので、旨味が弱くぱさぱさしているときは、胡麻油をプラスして旨味を補うとよい。

にもののおもし［煮物の重石］

煮物をするときに、材料が動かないようにすることが目的でのせる石。材料の形を崩さず、それでいてふっくらと煮上げることが目的である。昆布やアユ、モロコやフナの魚の甘露煮を煮る仕事によく使う。

材料は、那智黒という石や、結城御影の石を磨いたもので、道具店で扱っている。那智黒とは、和歌山県那智地方で産出される硯石や碁石にするきめの細かい石のこと。いろいろな重さがあり、料理人が自分の好みで料理にかける重さを調節でき、石によって料理の味が変わらないことが特徴である。

甘露煮などは、これらの那智黒をいくつか落とし蓋にのせ、材料の様子を見ながら、ふっくらと煮上がるように、徐々に石をはずして重石を減らしながら火を入れていく。

にものわん［煮物椀］

懐石料理で、飯・汁・向付の後に出す料理。懐石料理の中で主役の一品である。会席料理の椀物とは違い、数種類の椀種を主体にし、塩と醤油で調味した吸い地を張り、大ぶりの器に盛り付ける。椀盛用の大ぶりの椀物のことでもあり、直径は13～14㎝ほどで蓋付きである。

→懐石料理（かいせきりょうり）

→椀盛（わんもり）

によせ［煮寄せ］

煮ながら寄せていく料理のこと。古くからある関東の仕事。作り方は、①ウズラや鴨の挽き肉を当たり鉢ですり混ぜる。②鍋に出汁と調味料を張り、先の挽き肉を入れる。泡立て器で全体を混ぜてから火を入れる。③挽き肉が煮えてくると固まりが徐々に上がってくるので、これをすくい取って椀種や煮物にする。煮物にするときは、もう1度調味料を加えて煮直し、味を調える。

にる［煮る・煎る・烹る］

煮る、煎る、烹るは、基本的にどれも同じ意味で、調味料や出汁を加えた水分で材料を加熱すること。漢字による使い分けは特にはない。

漢字の表現がいくつもあるのは、献立では、同じ文字を何度も使わずに書く習わしがあるためで、献立に書く際に必要であったからと考えられる。

にわとこ［骨折木］

スイカズラ科の木で、文字が示すように筋肉や骨のケガに効能があるとされる薬用植物。春に芽と花を食べる。日本料理では、芽を胡麻和え、椀づま、お浸しなどにする。身近なところにあり、庭木として植えることもある。鳥が体調が悪いときに枝をついばむとされ、鳥かごの止まり木に使われる。

にんにく［大蒜］

通常は日本料理の献立ではほとんど使わない素材。ほんのちょっとのにおいでも強烈で、ほかの料理の繊細な香りや風味を台無しにしてしまう危険があるため、精進料理には絶対に使わない。

ニンニクを使った料理を好む常連客などには、ニンニクのにおいとクセをほどよく抜いてから、あえて日本料理として供することがある。風味付けに使いたいときは、パウダー状になったニンニクで風味を補う程度に加える。

生ニンニクのにおいとクセを抜くには、水に3％の酢を加えた割り酢で下茹でし、1時間ほど鍋止めしてから水でひと晩さらすとよい。ニンニクの中心に青い芯があるとどうしてもくさみが残るので、芯がないものを選ぶ。

ぬいぐし［縫い串］

イカのように薄くて平たい材料や、焼くと丸まってしまう材料を焼くときに、身を縫うようにして串を浅く打つ手法。焼いた後も平らになる。何本かを末広に打ち、後で添え串も打つ。

→添え串（そえぐし）

ぬか［糠］

米や麦などの穀物を精白するときに出る胚芽や種皮のこと。漬け物の漬け床や、筍のアクを抜くときに茹で水に加えたり、長芋やエビ芋などの芋類を白くねっとりと煮上げるときに利用する。

→白煮（はくに）

ぬかづけ［糠漬け］

野菜や魚を漬ける漬け物。大根が有名。魚では、イワシやニシンなど全国各地に名産がある。なかでも変わっているのは、能登のフグの卵巣のぬか漬けで、猛毒のある卵巣が、ぬか漬けにして数年おくことで食べられるようになる。この仕組みは、現在の科学によってもまだ解明されていない。

ぬきいた［抜き板］

一時的に料理を並べておく板。焼き物の串を、この板の上で抜くことから抜き板の名がある。魚に塩を当てたり、食材の水気を切るときなどにも使う。真横から見ると、脚が同方向に2本下駄状に付いている。脚の幅・高さは1寸2分（約4㎝）と決まっていて、一見すると、高さのあるまな板のようである。サイズはいろいろで、幅42㎝、奥行き30㎝のものをよく使う。

抜き板は、杉や檜が材料。これらの材質には、料理が乾きにくい、傷みにくいという性質があり、料理を仮置きしておくのに向いている。まな板と似たようなものと勘違いして、抜き板で食材を切る人がいるが、決して抜き板で食材を切ってはいけない。キズが付いた板は雑菌の温床となりやすく、料理を並べられなくなる。

ぬきがた［抜き型］

野菜や豆腐などを、花の形や松、鶴などに形よく抜く道具。抜き型がないと絶対にできない形があるので、重要な道具のひとつである。かつては季節の菓子を作るのに不可欠の道具だった。由来はわからないが、料理の世界では抜き型のことを〝寒氷《かんごおり》〟とよび、道具店にも通用する独特のよび方である。

やわらかい材料を抜くときは、まな板にぬれ布巾やペーパータオルなどを敷いてその上で抜けば、1回で失敗なく抜ける。使っているうちに抜けにくくなったら、小型の砥石で切り口を研ぐ。水でぬらさずにそのまま磨いてかまわない。月や花、葉などの定番の形のほか、自分で設計図を作れば、道具店に好みの抜き型を作ってもらえる。しかし、きれいに抜けばよいというものでもなく、例えば梅は、抜き型で抜くときれい過ぎて情緒がない。料理によっては、抜き型があっても使わず、わざわざ庖丁でむくこともある。

材質は、昔は真鍮が主流だったが、いまはステンレス製がほとんど。ただしステンレスのものは切り口が曲がりやすく、真鍮製の方が切れ味がよくて使いやすいので、古い真鍮製の抜き型を持っている場合は、手入れをして大切に使いたい。真鍮製はくすみやすいが、梅肉や白梅酢で磨くと新品のようにぴかぴかになる。手入れは、クレンザーで磨き、できれば刀剣用の油を薄く塗っておく。

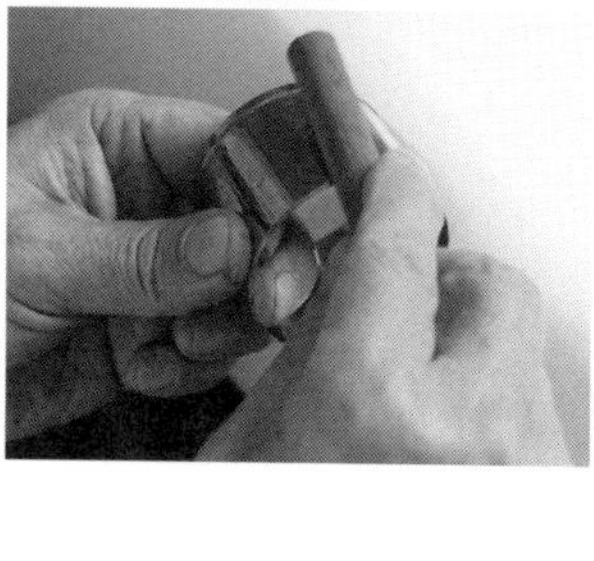

抜き型　上は、ひさご、もみじ、桜、鶴、雪輪、河原撫子などのさまざまな抜き型。小型の砥石を使い、内側と外側を砥いで手入れをする。

ぬた

酢味噌の和え衣で和えた料理のこと。ぬたは、沼田のようにどろりとしたものということから出た料理名といわれる。

マグロの端身や、アオヤギ、ホッキ貝、形が崩れた魚介を使うとよい。ネギと相性がよく、ネギのぬたの人気が高い。ネギは、２回霜が当たったものを使うと甘味が増しておいしい。

ぬのめ［布目］

魚を刺身にするとき、材料に、格子状か縦横に切り目を細かく入れること。貝類やイカといった弾力のある食材を噛みやすくするためと、脂が乗ったブリやアジ、タチウオなどに醤油の絡みをよくする目的がある。

切り目は1～２㎜ほどで、庖丁は斜め45度に入れる。深さは、皮が切れればよいのでそれほど深くする必要はない。布目庖丁ともよぶ。

ぬるまゆ［ぬるま湯］

36℃くらいの体温ほどの温度の湯のこと。

ねぎまなべ［ねぎま鍋］

ネギとマグロを具にした鍋物。マグロは脂が乗っている腹身を使うとおいしい。寒い時季に楽しむ。

ねごろぬり［根来塗り］

紀伊国（和歌山県）根来寺で作られた塗りもの。高野山の僧が、根来村に移って寺を建立し、仏具をはじめ、自分たちの使う什器などを作ったことが始まりと伝えられる。重厚な形に特徴がある。

ねじめ［根締め］

刺身を盛り付けるときに、穂ジソや浜防風、芽カンゾウといった立てづまをあしらうが、その根元のあいたところにさりげなく置くあしらいが根締めである。むら芽や赤芽、水前寺《すいぜんじ》水苔《のり》、莫大海《ばくだいかい》などを多く使う。

むら芽や赤芽などを適当に散らした盛り付けがあるが、本来は縦づまの根元に置いて、根元を上手に隠して見えなくする役割がある。華道でも根締めの言葉があり、それは料理の世界から華道の世界に伝わった言葉である。

親方に、「今日のお根締めは何ですか?」、お客に「このお根締めは水前寺水苔でございます」などという言い方をする。

ねしょうが［根生姜］

根の状態の生姜のこと。根であればすべて根生姜で、生姜の種類ではない。収穫してすぐ出荷するものは新生姜。新生姜についている前年の種生姜は古根生姜であり、ひね生姜ともいう。

→古根生姜（ふるねしょうが）

ねずみしの［鼠志野］
鼠色をした志野焼き。
→志野焼き（しのやき）

ねまがりたけ［根曲がり筍］
北海道や東北、長野や日本海側の寒冷地に分布する筍。根元が曲がって立ち上がることからこの名がある。
旬は4月から6月。エグ味がなく香りがあり、筍の中では一番味がよい。１kg当たり４０００円ほどして高価で、人気が高い。

ねみつば［根三つ葉］
土寄せによって軟化栽培をする三つ葉。香りがよく、根を付けたまま出荷する。旬は特になく、通年用いる。

ねりうに［練り雲丹］
塩ウニにアルコール等を添加して練ったもの。味醂や酒、卵黄などでのばして、和え物や焼き物に使う。

ねりまだいこん［練馬大根］
耕土が深い関東でできあがった品種の大根。長太で肉質がやわらかく、漬け物用、煮物用、早・晩生など用途に応じてさまざまな品種に分化した。三浦大根はそのひとつで、煮物用として良質だが、長く太すぎて生産者からも消費者からも敬遠されて生産が減った。

ねりもどし［練り戻し］
流し物や練り物の生地を仕込むとき、生地に弾力が出るように練り上げ、ほどよく冷やすこと。この作業を急いだり、冷やし過ぎたり、練り上げが足りないと、弾力のない流し物や練り物になってしまう。
〝練り戻し〟の仕事は、黄身酢や吉野酢の仕込みでも同じように大切な手順である。
→流し物（ながしもの）　→黄身酢（きみず）

ねりもの［練り物］
魚肉を固めたはんぺんやかまぼこ、葛粉を練り上げた胡麻豆腐、金団《きんとん》などがある。生地をよく練って腰を出し、弾力を出すことが大切である。
→金団（きんとん）

ねんぎょ［年魚］
アユの別名。アユは春に川を上り、秋になると産卵のために川を下り、河口で産卵をして1年で生涯を終えるといわれるため、このようによばれる。寿命が1年とされるので、婚礼や長寿の祝いなどの献立にはアユを使わない。
→鮎（あゆ）

のし〔熨斗〕

食品が、祝儀用の装飾となったもの。正式には熨斗アワビといい、アワビを薄く長く切って打ちながらのばして作り、武士の出陣や祝宴の席で供せられた。紙に印刷された代用品が登場してからは、まったく形式化され、本来の姿は想像しにくい形になった。

のしあわび〔熨斗鮑〕

祝儀の食品が装飾品となったもので、代表格の食品がアワビ。アワビは古くから不老長寿の効果があると信じられており、かつらむきにしたアワビを武士の出陣や帰陣に必ず供した。やがて一般の祝賀の席で、永く続く祝意を示すものとして客に供されるようになり、長い状態のものを長熨斗とよんだ。

江戸時代後期以降は、輸出品としてアワビが品薄となり、代用の模造品が登場して形骸化し、現在は印刷物としてかつての存在を伝えている。

のしうめ〔熨斗梅〕

水戸や山形には古くからある菓子。羊羹のようなもので、梅の果肉と砂糖にゼラチンあるいは寒天を加えて生地を作り、型に流して固める。現在はゼラチンから作ることが多くなったが、その方が透明度は高い。ゼラチンを梅酒でふやかすことがポイントである。

のしぐし〔熨斗串〕

エビやイカなどの、焼くと形が変わる材料をまっすぐに焼き上げるために打つ串のこと。すべてのエビやイカに行うわけではなく、黄身ずしや手綱ずし、砧巻きにするエビなど、平らに焼き上げる必要がある場合に打つ。料理によっては、熨斗串は打たずに〝つの字〟に打って焼き上げた方が、立体感が出て大きく見えてよい場合もある。

↓砧巻き（きぬたまき）

のじめ〔野じめ〕

釣り上げたタイやヒラメなどの白身魚をその場で氷水などに入れて凍死させること。魚が丸まってしまいおろしにくいが、味はとてもよい。

ヤマメなどの淡水魚を釣って魚籠《びく》に入れておくことも野じめという。

のしろ〔能代〕

秋田県のコンニャク料理のことをいう。能代はコンニャク芋の産地である。

のぞき〔覗き〕

筒状の茶碗や、深さのある茶碗に、向付の料理を盛った料理のよび方。〝深向《ふかむこう》〟〝筒向《つつむこう》〟ともいう。

↓向付（むこうづけ）　↓深向（ふかむこう）

のっぺいじる［のっぺい汁］

具だくさんの汁物。里芋や人参、椎茸などを出汁で煮て、小麦粉や片栗粉を後から加えてとろみを出す。全国に昔から伝わる郷土料理。冬場にからだが温まる。

のどぐろ

↓あかむつ

のぼりぐし［登り串］

川魚を生き生きとした姿に焼き上げるために打つ串打ちの手法。口から串を入れ、尾が上を向くように打つ。

のみつば［野三つ葉］

山野に自生している三つ葉。一般に売られている栽培ものより、葉が大きくて茎が太い。風味もより強い。3月から4月の献立に使う。

のり［海苔・川苔・水苔］

食べるのりは、一般的に海苔と表記するが、海でとれるものは〝海苔〟、四万十のりなど川でとれるものは〝川苔〟、寿のりや水前寺のりは〝水苔〟と表記する。

↓水前寺水苔（すいぜんじのり）

はいあく［灰汁］

↓灰汁（あく）

ばいり［梅里］

梅を和え衣に使った料理に付ける表現。梅和え、梅肉和えという言い方をする人もあるが、より美しく風情のある表現として梅里和えの方が、日本料理には好ましい。初夏の料理に付ける。

はかいしき［葉掻敷・葉皆敷］

器の代わりに葉を使ったことが始まりで、暑い時期は涼感を伝えるために青い葉を、秋は紅葉やいちょうの葉を、冬はぽってりした常緑樹の葉を使うことが多い。料理に敷かずに添える場合も、葉掻敷という。

はかた［博多］

数種類の材料や色のある料理を規則正しく重ねて押し、切り口を見せた料理に付ける名。切り口の模様が博多帯に似ていることから付いた。不規則に重ねて押した料理は〝千段〟という。刺身にするとき、博多造り

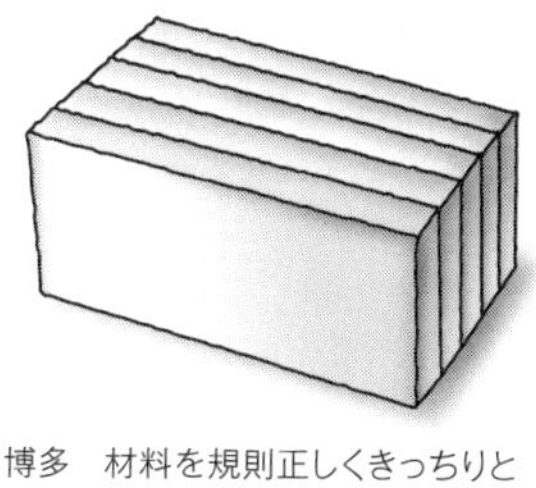

博多　材料を規則正しくきっちりと重ね、整然とした切り口の美しさを見せる料理に付ける。

とはいわず、〝博多にする〟と表現する。

→千段（せんだん）

はかま［袴］

ツクシや金時生姜の茎に生えている、硬い葉のようなもの。ツクシを食べるときは、これをはずして下ごしらえをする。徳利を置くときの台のことも指す。

はがま［羽釜］

炊飯の道具。釜の中腹に羽のような鍔《つば》がある。なるべく厚手で蓋が重いものを選ぶと熱が均一に回り、蒸らしも充分にできる。

はぎ［萩］

秋の七草のひとつで、秋を代表する植物。日本料理の料理人の間では、小枝を箸にして菓子鉢に添えたり、銀杏を半分に割ったものを萩の葉に見立てる。また、銀杏を加えて蒸した強飯を萩強飯とよんだり、同じく銀杏を加えた糝薯《しんじょ》を萩糝薯とよび、9月から10月の献立に用いる。

はぎがつお［萩鰹］

旬である10月にとれるカツオのこと。仙台ガツオともいう。脂が乗って、ワサビで食べるとおいしい。

はぎやき［萩焼き］

山口県萩市の焼きもの。毛利藩の御用窯として、朝鮮から連れて来られた陶工によって始まり、茶陶として発達した。萩焼きは低温で焼かれたやわらかい肌合いが特徴で、貫入が釉薬の表面を覆い、そこから水分が染み込むことで器の色や肌合いが変化して表情が変わる。これを〝萩の七化け〟という。

はくさい［白菜］

明治8年に清国から日本に入ってきた野菜で、比較的に新しい。現在では漬け物、鍋物、煮物などに欠かせない野菜である。

はくじ［白磁］

白色の硬い磁器。白い土に透釉をかけて焼かれたもの。冷たい感触で、青磁、青白磁などとともに春から夏にかけて用いられる。

はくせん［白扇］

料理の表現に使われる言葉で、白い材料を扇をかたどった形に付ける。大根がよく使われる。揚げ物で、卵白に片栗粉を加えて作った揚げ衣のことや、その衣で揚げた料理を白扇揚げということもある。

ばくだいかい［莫大海］

そもそもは中国・四川省の柏の木になる実。水に浸しておくと、皮を破って海綿状の果肉が出てくる。中にある種を取り出し、薄めに味を付けて用いる。日本では干してあるものを水で戻し、少し煮てから皮を取り、刺身のつまや酢の物のあしらいにする。茶事によく使う。

はくに［白煮］

エビ芋や百合根、カブ、大根、ウド、蓮根、長芋など、芋類や野菜類を色を付けずに真っ白に煮上げる煮物の手法のこと。見た目に高級感があり、食べてもおいしい。料理人によっては〝しらに〟〝しろに〟ともよぶ。

確実に白く仕上げるために大切なことは、下ごしらえに白水《しろみず》を使うことである。大根やカブは、ぬかを加えた水か白水で下茹でした後、ひと晩鍋止めをする。翌日、新たに煮汁を用意して煮含める。

大和芋やエビ芋、長芋などの場合は、白水かぬかを加えた水に最初から調味料類も入れ、その中で煮含める。そうすることで白水やぬかのデンプン質が入り込み、ねっとりとした食感が加わっておいしくなる。また、芋類やデンプン質の食材を煮るときは、出汁を使わない方が食材の持ち味が生き、素材のおいしさが引き出せる。

百合根を使うときは、栽培ものの場合はアクがないので下茹でする必要はないが、野生の百合根はアクがあるため、ていねいに下茹でしてアクを抜いてから、大和芋やエビ芋と同様にして煮る。

↓白水（しろみず）

はしあらい［箸洗い］

懐石料理の中に入る献立のひとつで、小吸い物、湯吸い物、ひとくち吸い物ともよぶ椀物。湯に近い昆布出汁で、具は季節感のある野菜の芽や木の実などを使う。この蓋が、次の八寸の取り皿となり、次に八寸を出す。

↓懐石料理（かいせきりょうり）
↓八寸（はっすん）

はしおき［箸置き］

箸の先を置く道具。平安時代以前から、神にささげる神饌料理には、柳の木を削って作った箸の両端が膳につかないように、〝みみ〟とよばれる粘土製の素焼きの箸台に置かれた。これは通常はかわらけとよばれ、これこそ箸置きの起源のようである。懐石料理では道具を簡素化するため、茶道の流派を問わず、箸置きは使わない。

箸置きは世界的に珍しい贅沢品で、季節を感じさせる箸置きを選ぶのも楽しみ。小石や木の実など、自然のものをみつけるのも風情がある。

↓神饌料理（しんせんりょうり）　↓かわらけ

はじかみ［薑］

新生姜をさっと茹で、甘酢に漬けたもの。焼き物のあしらいである鉢前としてよく用いられる。

はしきらず［端切らず］

漉《す》いたままの、端の部分を切らずに耳が付いたままになっている和紙のこと。日本料理では、塩を当てるときや紙蓋を作るとき、正月のおせち料理の錦卵を巻くときなど、さまざまな場面で和紙を使う。端切らずは丈夫で使いやすく、値段も手頃なのでおすすめである。献立を書いてもよい。

はしぞめ［箸染め］

→先付（さきづけ）

はしづけ［箸付け］

→先付（さきづけ）

はしょうが［葉生姜］

葉が付いた生姜のこと。葉があればすべて葉生姜とよび、その状態を表す表現であって生姜の種類ではない。

→生姜（しょうが）

ばじょうはい［馬上杯］

高台が高い杯のこと。

はしり［走り］

食材が出回る初めの時季のこと。このときに出回る食材を初ものという。価格が高いが、献立に入っているだけで、存在自体が喜ばれる。あまり手をかけずに提供することが走りの食材を生かすポイントで、余計な細工はせず、形を崩さないでそのものを見せるような献立にする。

例えば、果物なら、葉や産毛を付けたまま提供し、接客係が客席で皮をむくといった方法が、お客に走りの価値を印象づけることができる。魚の場合は、走りはオスの方が身がおいしい。雌は卵に栄養を取られているためである。

はぜ［鯊］

釣りの対象としても食用としても身近な魚で種類が多く、一般的には安い魚と見られているが、生態は不明で未知の魚である。養殖はしていない。仙台や関東でとれるハゼがうまく、高級魚ともいえるのではないだろうか。

9月の残暑の頃が走りで、淡白で骨がやわらかく、上品な出汁を楽しめる。秋の彼岸を過ぎると旬を迎え、旨味が乗るので、洗いがおいしい。晩秋から初冬にかけては脂が乗り、旨味が濃厚になって西京焼きがおいしい。この頃にとれると寒ハゼとよぶ。
天ぷら、から揚げ、甘露煮、昆布じめ、焼き物など料理は幅は広い。関東では干して正月料理の出汁に使う。

はたたき［刃叩き］
材料を庖丁で叩いて細かくすること。鴨やウズラなど骨付きの身や、腹骨が付いたアジを細かくするときの手法。

はち・さはち［鉢・皿鉢］
どちらも、日本料理では料理の焼き物のこと。土佐の皿鉢《さわち》料理は、これらとは別の郷土料理である。
→焼き物（やきもの）

はちく［淡竹］
孟宗筍の後に出回る筍で、時期は5月から6月。筍の中ではエグ味が少なく、しゃきっとした歯応えが持ち味。

ばちこ
ナマコの卵巣のコノコを、棒状や三味線のバチ状に固めたもの。クチコ、ホシコなどともよぶ。

はちざかな［鉢肴］
→焼き物（やきもの）

はちまえ［鉢前］
焼き物や小鉢に添えるあしらいのこと。主役が魚介や肉類などの場合は、消化を助けるようにアルカリ性のものを添える。具体的には、レモンやスダチ、酢取り生姜、梅、酢取り蓮根など。花豆や青梅もよく使う。

ばちまぐろ［バチ鮪］
→目鉢マグロ（めばちまぐろ）

はつがつお［初鰹］
カツオは回遊魚で、春先にフィリピン沖など熱帯域から黒潮に乗って日本の太平洋側の近海を北上する。この時期に関東でとれるカツオが初ガツオで、江戸時代の俳句、「目には青葉　山ほととぎす　初がつお」（山口素堂）でも知られるように、大変喜ばれた。実際は、9月になって南下を始めたカツオが本来の旬であり、味もよい。

はっさく［八朔］
旧暦の8月のこと。稲刈りの後の8月1日に、翌年の豊作を祈る農民の行事として、畑の祭りを行った。2日には大根の種まきをし、10日めに間引いたものが貝割れ菜である。婚礼のときに、それをハマグリと一緒に吸い物にして出した。

はっすん［八寸］

懐石料理で提供する料理で、八寸角の白生地の器に、山のものか里のもののどちらか、海のものか川のもののどちらかをそれぞれ人数分盛り合わせた料理のこと。懐石料理の流儀によっては、唐来物《とうらいもの》も組み合わせ、三点を盛り合わせる場合もある。基本的に、八寸は懐石料理の献立に入れる料理である。

時折、酒の肴として何品かの料理を盛り合わせ、大きめの器に盛って八寸として会席料理の献立に入れている様子を見かけるが、それは前菜とよぶ方が適切。八寸は、器や料理にきちんとした定義があるので、それに沿わない場合は、八寸の名前を使わない方がしっくり来るように思われる。

→懐石料理（かいせきりょうり）
→唐来物（とうらいもの）

はっすん［八寸］

茶懐石の茶事で、取肴を盛る用具。元来、縦横八寸（約26㎝）の方形の杉のへぎ盆であるところから、この名が生まれた。今日では塗りや陶磁器の八寸角程度のものも、塗八寸や八寸皿などとよび、会席では前菜や口替わりが盛られる。

はっちょうみそ［八丁味噌］

愛知県岡崎市特産の豆味噌。旨味が強く、暗褐色。3年越しのものを良品とする。

はつね［初音］

エンドウ豆で作るすり流しのこと。色合いがとてもさわやかな汁物である。エンドウ豆を当たり鉢ですりつぶしたりフードプロセッサーで砕き、裏漉ししてから出汁で伸ばし、水溶き片栗粉で軽くとろみを付けてのどごしをよくして提供する。

緑汁というよび方をする人があるが、献立では、正月に〝初音〟、立春の頃には〝鶯《うぐいす》〟と表現する。

椀などで、梅の枝に鶯が止まっている絵柄のこともはつねという。

→すり流し（すりながし）

はっぽう［八方］

八角形、もしくは八面体のことで、料理では、八角形に切り出すむきもののこと。里芋やカブ、クワイなどをむくとき、天地を落として、断面が八角形になるように周囲をむく。八の字を逆さにすると〝人を支える〟につながることから、武士の時代には八角にむいて戦勝祈願をしたという。

はないた［花板・華板］

調理場で、献立を考え、刺身を引き、料理全体の味をチェックする役割を持つ職人で料理長のことである。カウンターのある店ならカウンターに立つ。お客によばれれば座敷で挨拶をする。仕入れや器の選択、活けてある花の管理など、仕事は多岐に渡り、料理に全責任を持つ。店によっては花板が煮方を務めることもある。

はなかんぞう［花甘草］

ユリ科の野萱草《のかんぞう》の花のつぼみのこと。茹でると緑色が美しい。あしらいに用いる。芽カンゾウ同様に入手しにくくなっている。

↓芽甘草（めかんぞう）

はなさきがに［花咲蟹］

北海道の味覚として有名な夏場のカニ。茹でるとみごとな真紅になる。

はなざんしょう［花山椒］

4月から5月頃にとれる山椒の花。香りを楽しむもので、吸い口にしたり、酢に浸けてあしらいにする。春（1月から4月）に使う。

はなじそ［花じそ］

穂ジソの花が開き始めたもの。花穂ともよび、刺身のつまに使われる。本来の旬は夏から盛夏。

↓つま

はなつききゅうり［花付き胡瓜］

花が付いているキュウリで、キュウリは8㎝ほどの大きさ。花を食べる〝花丸キュウリ〟に対し、これはキュウリを食べるものでキュウリを塩で磨いてから使う。献立では〝花付き胡瓜〟と表現する。刺身のあしらい、焼き物のあしらいに使う。

↓花丸胡瓜（はなまるきゅうり）

はなびらもち［花びら餅］

初釜に欠かせない、京都の伝統的な生菓子。白味噌のあんを、甘く煮た牛蒡《ごぼう》とともに求肥《ぎゅうひ》に包んである。もともとは宮中の雑煮からヒントを得た菓子で、宮家では正月の料理に〝菱葩《ひしはなびら》〟として口にされる。牛蒡を手前にし、袋状になっている方を手前にして置く。袋を奥にすることは、福が去るとして嫌う。

↓菱葩（ひしはなびら）

はなふぶき［花吹雪］

3月から4月初めまでに使う盛り付けの表現。料理の世界では花といえば桜を指し、いろいろな材料を、桜の花びらが吹雪いた様子に見立てて盛り付けた料理に付ける。桜吹雪とはよばないことに注意する。秋ならば吹き寄せとする。

↓吹き寄せ（ふきよせ）

はなほ［花穂］

→花じそ（はなじそ）

はなまるきゅうり［花丸胡瓜］

添え物のひとつ。花が付いている3～4㎝ほどのキュウリのことで、向付の立てづまによく用いる。茶事で使うときは、キュウリを磨かずに自然のまま出し、キュウリは残して花を食べてもらう。茶事では、朝に行う懐石料理の向付などによく添える。花付きキュウリは花を食べるもので、別のもの。

→向付（むこうづけ）

→つま　→つまに使う花

→花付き胡瓜（はなつききゅうり）

バナメイえび［バナメイ海老］

タイで多く養殖されるクルマエビ科のエビ。丈夫で短期間に育ち、近年ブラックタイガーから切り換えて生産が増えている。

はなゆず［花柚子］

5月頃の、白い花を付けたまだ開かない柚子の蕾のこと。吸い口に使う。最近は、柚子ではなく、ミカンの花の蕾が出回っていることが多い。

→吸い口（すいくち）

はねぎり［羽根切り］

魚の身を、斜めに切り付ける切り方のこと。斜めに対してまっすぐに切り落とすことは、〝定規に切る〟という。

→定規に切る（じょうぎにきる）

はぶた［葉蓋］

器の蓋に、植物の葉を蓋代わりとして使ったもの。朴、梶、柏、楢《なら》、蓮など無毒の大きな葉を使う。平安時代に料理に、葉を蓋として使った記録がある。向付で使うことが多く、煮物では使わない。7月7日の前後1週間は、梶の葉を筒向《つつむこう》の先付の蓋とし、その葉に朱墨で詞を書く。かつて梶の葉は手紙などの紙の代用だった。

→向付（むこうづけ）

はぶたえ［羽二重］

羽二重は、緻密で光沢のある上質な生地のことで、その肌ざわりに似た、肌理《きめ》が細かく、なめらかなものに付ける名前。

はまぐり［蛤］

栗に似ていることからこの名がある。二枚貝を代表する貝で、殻は対になっているもの以外は決して合わないので、夫婦和合の象徴として婚礼の献立には欠かせない。現在は国産品がたいへん高価になり、韓国などからの輸入ものが主流。かつてはかます（藁で編んだ袋）で袋1杯の単位で安く売っていた。

桑名のハマグリが有名で、焼き物によい。ただし、吸い物にはあまり向いていない。急に寒くなるような頃、おいしくなり、旧暦の3月3日頃に味が最高になる。ただし、急に温かくなるような気候になったら献立には入れない。焼きハマグリ、酒蒸し、椀物、潮汁、和え物、時雨煮、土瓶蒸しなどにする。1月から4月の献立に使う。

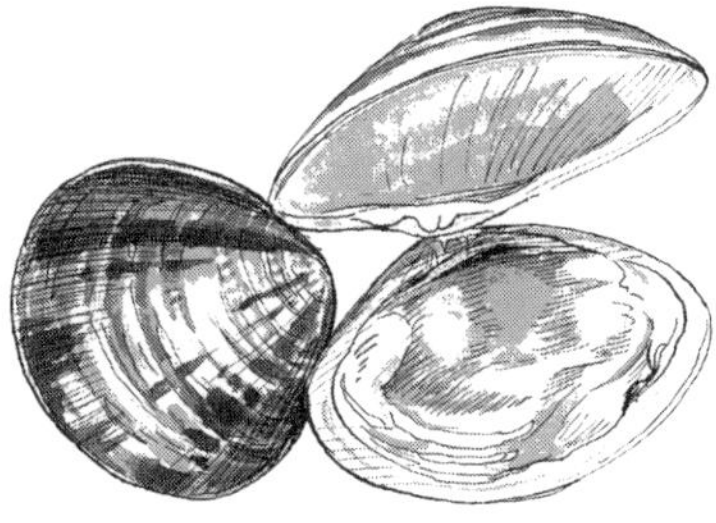

はまじめ［浜じめ］
→活けじめ（いけじめ）

はまちしゃ［浜萵苣］

椀づまや煮物のあしらいによく使う野菜。日本原産のツルナ科の多年草で、海岸の砂地に自生したものを指す。若葉はやわらかく、これを摘んで、茹でて和え物に使ったり、茶懐石の汁の青味にする。姿や色に何ともいえない品格がある。

現在では畑で栽培しているものが主流で、自生している浜チシャより、色や風味は劣る。

辛味があるので、生では出さず、必ず茹でて、ひと晩水にさらして辛味を抜いてから使う。献立では、正月はつるなと書き、それ以降はつる菜、春の彼岸が過ぎると浜チシャとする。

一年中あり、4月から5月のものが芽吹きで最もよい。

はまどびん［蛤土瓶］
ハマグリを主役にした土瓶蒸しのこと。2月から3月のハマグリが旬の頃に供する。会席料理の献立では、吸い物にも煮物代わりにもなる。

はまぼうふう［浜防風］
→防風（ぼうふう）

はまやき［浜焼き］
マダイの姿焼きのこと。もともとはとりたての魚を浜辺で焼く漁師料理だったといわれる。祝儀の膳で提供する、尾頭付きのマダイの塩焼きのことも浜焼きという。
日本料理らしいとてもロマンチックな表現であり、料理を美しく表現しようとする先人の工夫を感じる料理名である。

はも［鱧］
関西から西で好まれる長い白身の魚。特に、大阪の天神祭りや京都の祇園祭りには欠かせない魚で、季節の風物詩でもある。
ハモは梅雨の水を飲んで旨くなるといわれ、梅雨明けに脂が乗って旬を迎える。料理の幅が広く、しかも生命力が旺盛であり、内陸の京都で重宝された魚だったことは想像にかたくない。牡丹ハモ、ハモずし、ハモ鍋、ハモざく、落としなどがよく知られる料理である。
　小骨が多いことから必ず骨切りが必要で、それを経てからさまざまな料理にする。最近は骨切りの機械が開発されて扱いやすくなり、徐々に取扱量が増えている。
→牡丹鱧（ぼたんはも）　→鱧の落とし（はものおとし）
→骨切り（ほねきり）

はものおとし［鱧の落とし］
骨切りしたハモをひと口大に切り、さっと熱湯をくぐらせて氷水に取り、梅肉醤油、煎り酒などで食べる料理。
→骨切り（ほねきり）
→煎り酒（いりざけ）

はや
ウグイのこと。真冬は洗いにして蓼酢味噌で食べる。
→うぐい　→洗い（あらい）

はやこういか［早甲烏賊］
甲イカのことで、秋口にとるものを指す。
→甲烏賊（こういか）

はやばしり［早走り］
走りの前に食材が出回る時季のこと。早走りの代表格の食材は、その代表は、何といっても5月の松茸で、〝早松茸〟と書き、〝さまつ〟と読む。江戸時代には、富士山の五合目のものが価値があったという。ほかに、8月1日の銀杏や栗などがある。栗は伊豆大島産である。

はやぼりたけのこ［早堀り筍］
早走りとして、まだ地中にある筍を、11月頃に収穫した鹿児島産の筍。品種は孟宗竹が主流。アクが少なく、風味がよい。
→早走り（はやばしり）
→孟宗竹（もうそうちく）

はやわん［早椀］
汁先付、もしくは椀先付ともよぶ、飲んで味わう先付のこと。カニのすり流しやハモ出汁の冬瓜のすり流しなどを夏場に供すると喜ばれる。
→汁先付（しるさきづけ）

はらす
サケのカマ下から腹にかけ、2～3㎝の幅に切った内臓の周りの脂の乗った身のこと。マグロのトロに当たる部分。1本のサケから2本ほどしか取れない貴重品である。焼き物や和え物、ご飯物に使い、とても旨い。

はらたけ［原茸］

洋食で使うマッシュルーム、シャンピニオンのこと。日本にも古くからあったものの食用にはされなかった。原茸は香りよりも歯応えを楽しむキノコで、生食や油で炒める料理に向いている。キノコのうち生食できるのは、マッシュルーム以外には松茸と天然のえのき茸。

はらのせ［腹の背］

ヒラメやカレイを五枚おろしにしたときの、下身の背側の身のこと。

はらのはら［腹の腹］

ヒラメやカレイを五枚おろしにしたときの、下身の腹側の身のこと。最も傷みやすく、おろしたら先に使いたい部分。

ばらびき［ばら引き］

こけ引きとよぶ道具を使ってウロコを引く方法のこと。ウロコが硬くて大きい魚に向く方法で、マダイ、キンメダイ、キンキが代表的である。

やり方は、頭を片手でしっかりと押さえ、尾から頭に向かってこけ引きを動かす。頭やエラの周辺、ヒレの付け根はウロコが特に硬いので、ていねいに引く。このとき、ヒレの先端の骨に気を付けて作業をする。背ビレでけがをしやすいので、背ビレは奥、腹側を手前にして置くと安全である。

はらびらき［腹開き］

魚をおろすとき、腹部から庖丁を入れて、背中を付けたまま中骨と身を切り離す方法のこと。干物や、ウナギや穴子を開くときに行う手法である。

関東は武士が腹を切ることを連想するから腹開きを嫌うと伝わるが、現在はあまり気にしなくなっている。ただし、年配者は嫌う人が多い。腹開きをすると背ビレが中央にきて背ビレの始末がしにくくなることが欠点。

はらみ［腹身］

魚の背身に対しての言葉で、腹側の身のこと。カツオなどを節取りしたときの腹節。雌節ともいう。

→節取り（ふしどり）

はり［針］

針海苔、針生姜、針ネギなど、食材を細く切ったものを表現する言葉。しかし、見た目には確かに似ているが、針は決して食べられないもので、危険でもある。そうしたものを料理名に付けることは、本来はあり得ない。細く切ったものは、金糸か錦糸などの表現を使うことが基本である。

料理が大衆化した明治以降に、どこかで間違って伝わってしまったようだ。

→金糸（きんし）

はりうち［針打ち］

材料を下ごしらえする際に、食材に含まれている余分な成分を抜くために、全体を針で細かく刺す仕事のこと。またはその道具。

針打ちは、材料によく味が入るようにするためにも行う。梅や金柑を蜜漬けにしたり、魚を味噌漬けにする、里芋を煮るなどの場合である。焼き物の魚の皮目の針打ちは、焼いたときに皮がふくらんで破裂しないようにする目的がある。

はりはりなべ［はりはり鍋］

クジラと水菜を取り合わせる鍋料理。関西が本場である。クジラは、尾や舌などを薄切りにして使う。出汁はカツオと昆布。醤油や味醂、酒で調味をする。薬味は、クジラのにおい消しに生姜を用いる。

はる［張る］

汁を椀物などの器に入れること。

はんげつぎり［半月切り］

野菜の切り方の一種。大根や人参、カブなどの皮をむき、縦に半分に切って小口から切ること。半月に似ている形からこの名前がある。

ばんすい［ばん水］

ミョウバンを加えた水のこと。水1ℓに30gのミョウバンを溶いて作る。野菜の色止めや野菜の保存に使う。食材を保存するときには、ばん水で食材を洗う。そうすると、野菜の光沢が出て、何もしないより3倍ほど長持ちする。板ウニも身がしまって形が美しく保たれる。

→明礬（みょうばん）

はんだい［飯台］

酒を飲まないお客の献立のこと。これに対し酒を飲むお客の献立を〝酒台〟という。酒を飲まない〝飯台〟のお客には、甘味を生かすのが大事で、間に合うときは、料理の甘味を強めて仕上げて提供する。

→酒台（さかだい）

ハンディタイプのガスバーナー

ハンディガス、ハンディバーナーともよばれる、最近普及した道具。カートリッジ式のガスボンベを取り付けるものが主流で、材料を炙ったり焦げ目を付ける。

デザートの表面を焼いて香ばしくキャラメル化させたり、魚や肉を炙ったりなど、アウトドア料理の人気なども相まって急速に普及しているが、日本料理の場合、ガスのにおいが料理に付きやすく、意外に風味を損ねている場合があるので、できれば使わない方がよい。

ビーツ

ボルシチに欠かせない西洋の根菜。砂糖大根ともよばれ、甘味が特徴である。繊維が多くて生で食べると食感がよいので、ピクルスやサラダとして生食したり、ボルシチにして煮込むといった料理法が主流。味が日本人の味覚にはあまり合わないため、酢や醤油に漬け込んだり砂糖煮にするとよいだろう。色がとても印象的なので、あしらいとしてもよい。やや硬いが、大根のかつらむきの要領で皮をむく。焼き物や前菜などでも使える。

また、ビーツは、色を抽出して、飲み物やゼリーにしてもよい。ビーツから紫色の色素を取り出すのはとても簡単で、薄切りして熱湯で茹でればよい。色を抽出した汁はクセがなく、使いやすい。

ひいれ［火入れ］

旨煮や含め煮といった煮物を、より日持ちをさせるために仕上がってからも途中で熱を加える仕事。だいたい3日に1回の割合で鍋で煮返す。そのため、煮物の担当者は、休みであっても火入れの仕事をしに厨房に出る。やり方は、煮物を鍋に入れ、最初に強火で、次に弱火にして20分ほど火にかける。必要に応じて水を加えながら煮る。

火入れは煮物の保存性を高めるための仕事だが、そもそも、料理のときや火入れのときに、手が汚れていてはいけない。料理に取り掛かるとき、異なった手順の調理に取りかかるときは、その都度、指先から肘まで洗い、雑菌の混入を防ぐことが鉄則である。

ひがい［鰉］

琵琶湖から流れ出る瀬田川の名産の川魚で、関西で使う魚。明治天皇のお好みの魚だったことから、魚へんに皇の字が当てられるようになった。唐揚げにしてネギや唐辛子を加えた酢醤油で味わうとおいしい。塩焼きや甘露煮もよい。旬は夏で、5月から7月。

ひがんとにほんりょうり［彼岸と日本料理］

太陽が真東から昇り真西に沈み、昼夜が12時間ずつになる日が彼岸の中日で、春は春分の日、秋は秋分の日という。中日の春分の日の前後3日ずつが春の彼岸、秋分の日の前後3日ずつは秋の彼岸である。

料理人にとって彼岸はとても大事な区切りで、さまざまな決まり事には、彼岸を境にするものが各種ある。これは、かつて冷蔵庫も病原菌の科学的な裏付けもなかった時代に、衛生面や健康を考えた上で料理を作ってきた先人の知恵と経験が反映されている。

例えば出汁。椀物など、吸い地に用いる一番出汁は、春の彼岸と秋の彼岸を境にして出汁の材料を変えることになっている。春の彼岸から秋の彼岸までは夏場で、昆布の量を控える。春を過ぎると昆布の風味を控える方が好まれ、また、昆布と使うと出汁が傷みやすくなる。夏場の折り詰めの煮物は、昆布は使わないことは当然、出汁も使わず、水から煮て塩分を強めに使い、さわやかな味に仕上げる。秋の彼岸から春の彼岸は冬場で、夏場とは逆に昆布とカツオ節を多めに使う。これと関連して、昆布じめは原則として秋の彼岸から春の彼岸までの料理手法と心得る。

食材の使い方も変わる。春の彼岸を過ぎたら、ゴリは洗いにする、ハゼは秋の彼岸前は使わない、アワビは秋の彼岸まで、蓮根は、秋の彼岸から春の彼岸の間に使うといった約束事が食材によって存在する。これは、食材の持ち味を生かすと同時に、食中毒を発生させないための口伝である。

会席料理の献立に魚の焼き物を使う場合は、春の彼岸から秋の彼岸までは塩焼きが基本で、秋の彼岸から春の彼岸までは、照り焼きや味噌、味醂を使った西京漬けにする。ただしウナギの蒲焼きだけは例外。煮物は、秋の彼岸を過ぎたら、カツオの雌節でコクのある出汁を引き、醤油や砂糖も濃いめに使う。煮物は、必然的に煮染《にし》めが多くなる。

あしらいも、彼岸によって使い分けるものが多々ある。大根を使うあしらいは、かつらむきにした大根を細く切って作る〝滝打ち〟や〝白糸〟は春の彼岸から秋の彼岸まで使う夏のものだが、冬は寒々しいとして使わない。また、細く切った生姜や牛蒡《ごぼう》などを金糸、錦糸、絹糸などとよぶが、春の彼岸から秋の彼岸までは絹糸、秋の彼岸から春の彼岸の間は金糸、または錦糸と繊細に表現を変える。

→一番出汁（いちばんだし）　→金糸（きんし）

ひき［疋］

絹織物の長さの単位。着物の生地は1反、2反と数え、古代日本では2反が1疋だったようである。薄切りした大根などが布のようにしなかやかに見える料理に、疋という言葉を料理名として使うことがある。

ひきさかずき［引盃］

茶事で用いる盃で、専用の盆にのせて運ばれ、客人が順番に引いて手にすることからこの名がある。日本料理店では、銘々の折敷にあらかじめ配しておくこともある。

ひきづくり［引き造り］

刺身の作り方の一種で、庖丁の刃の元の部分から引いて切る。切り口の角がピンと立っていることが望ましい。身の薄い魚ややわらかい魚に用いる。

ひきづつ［引き筒］

魚ぞうめんや卵ぞうめんを絞って出す道具。小田巻き突き、押し筒ともよぶ。筒の先端に穴が開いた真鍮製の板を付け、外側の金属製の丸い筒に生地を入れ、突き棒で押し出すと細い麺となって出て来る。熱湯に入れて茹で上げる。必要に応じて、穴の数や麺の太さを変え、細いものは直径1㎜ほどである。

引き筒で魚ぞうめんや卵ぞうめんを仕込むのは大変手間がかかるが、フードプロセッサーの登場で仕込みはラクになっている。しかし現在でも、単価が高い献立のときには、当たり鉢を使って仕込まないとおいしさが出ない。

ひしお［醤］

調味料の原点のひとつで、現在の味噌のようなもの。大豆や麦といった穀類を醗酵させたものから生じた。ひしほっかともいう。

ひしのみ［菱の実］

夏の池や沢に繁殖する水草の実。名の通り菱形で、秋に実となり、茹でて食べる。素朴な味で、茶事に使われる。

ひしはなびら［菱葩］

宮中の正月のお祝いで主体となる一品。白い餅を炙り、そこに小豆色の菱餅を炙って重ね、牛蒡《ごぼう》の砂糖煮と甘い白味噌をのせ、二つ折りにしたもの。初釜に欠かせない、京都の伝統的な生菓子の花びら餅は、菱葩《ひしはなびら》が原型である。

→花びら餅（はなびらもち）

びしゃだま［びしゃ玉］

半熟にとどめた煎り卵。つなぎとして、蒸し物や焼き物に使う。湯煎をしながら仕込む。戦前は卵の価値が高く、高級なものだった。

ひず［氷頭］

サケの頭の軟骨。氷のように透き通って見えることからこの名前がある。薄切りにして酢の物にしたものはひずなますと称し、酒客に喜ばれる。塩辛い場合は塩抜きをして使う。

ひすい［翡翠］

緑色の材料を、翡翠のように深みと透明感のある美しい緑色に仕上げる料理に付ける名。翡翠煮、翡翠揚げなどがある。材料は、銀杏、冬瓜、茄子《なす》、エンドウ豆を使うことが多い。

ひすいあげ［翡翠揚げ］

新銀杏やそら豆、枝豆などに薄衣を付けて揚げた料理。美しい緑色が翡翠に似ていることからこの名前がある。

びぜんやき［備前焼き］

岡山県備前市の焼きもの。瀬戸、常滑、信楽、越前、丹波とともに、わが国の六古窯《ろっこよう》のひとつ。陶土がよいため釉をかけない無釉焼きじめが特徴。それによる赤味の強い土の味わいや、窯変でできた雅趣のある色や肌合い、景色が魅力。地味だが存在感と力強さがある。

ひだかこんぶ［日高昆布］

三石昆布ともいい、北海道日高山脈の両側の沿岸でとれる。幅を細く長い昆布で、煮出し用に使われる。

ひたしじ［浸し地］

お浸しや、椀物の青味などに下味を付けるための合わせ調味料のこと。漬け地、漬け汁、浸し汁など、料理人によって言い方は変わる。カツオ節が入る場合は、漬け地とよばれる。

ひたししょうゆ［浸し醤油］

お浸しなどに使う合わせ醤油のこと。出汁6に対し、醤油1を合わせる。塩分は1％が目安。

ひたしもの［浸し物］

和え物の料理のひとつで、通常は和え物の材料は水気を切ることが常識であるが、お浸しは、材料を茹で、調味をした浸し汁に浸して味を付ける料理。

浸すのではなく、水気を切った材料に、醤油をかけるものと思っている人がいるがそれは間違い。味を調えた浸し汁に浸すことから、浸し物、またはお浸しという。浸すだけではなく、追いガツオをして風味を出す。炒り胡麻を振ってもおいしい。

↓追い鰹（おいがつお）

びっくりみず［びっくり水］

↓差し水（さしみず）

ひとしお［ひと塩］

魚や野菜に、薄く塩を振ること。余分な水分を抜くために行い、材料によってはひと晩置き、その後焼いたり酢の物にするなど調理をする。塩の程度は、蒔き塩に相当する。

↓蒔き塩（まきじお）

ひとつは［一つ葉］

切り三つ葉の葉が開いていないもの。それ単体では売っていないので、切り三つ葉からより分け、吸い物の吸い口などに使う。とても香りがよい。椀物の落とし梅に入れる。

↓切り三つ葉（きりみつば）

↓落とし梅（おとしうめ）

ひどり［火取り］

刺身の手法のひとつ。ヒラメやコチ、カマス、白ギス、ハゼ、アイナメ、フッコなどの白身魚やサバで行う仕事で、魚の皮目に焼いた金串を当てて焼き目を付け、余分な脂肪分を落とした後に氷水で冷やして引きしめる。

この手法は、養殖のヒラメなどを翌日にも使うときに有効だ。養殖のヒラメは当日は天然ものと差がないほど味がよいが、翌日になると味が落ちる。そういうとき、火取っておくと味の劣化がなく、商品として供することができるためである。

この手法を焼き霜とよぶ人が多いが、焼いたものは霜とはよばないので、〝火取り〟という表現を使う方がふさわしいと考えられる。霜という言葉は、魚などに湯をかける仕事の、霜降りという表現に使う。

→霜降り（しもふり）

ひどる［火取る］

魚の皮だけに火を入れ、身まで熱を入れないこと。焼くということではなく、材料を火に近づけ、熱を移し取るような火の入れ方をする。

代表的な例は、メジマグロやタチウオ、カツオ、コチ、カマス。魚に串を打ち、熱源に当てる。身の平らな塩ギス、アイナメ、イシダイ、ヒラメなどは、焼いた金串を皮に当てて間接的に火を入れる。

ひな［雛］

2月から4月の料理に使う料理名。正式には五色で、菱餅のように重ねた色使いのものに付ける。形も菱形がよい。

ひねしょうが［ひね生姜］

→古根生姜（ふるねしょうが）

ひねりごま［ひねり胡麻］

炒り胡麻をつまみ、指先をひねってつぶしたもの。和え物や刺身を盛り付けた最後にのせる。ほんのひとつまみで、胡麻の香りが立つ。胡麻は使う都度に炒ることが基本。

ひばり

そら豆を使った緑色の料理に付ける名前。代表がそら豆のすり流しで、立夏を過ぎて少し暑くなってきた頃に供する。

ひむろ［氷室］

氷室を模した形の名前。変形の五角形で、直角2等辺三角形の鋭角2カ所を切り落とすか、正方形を作り1辺を切り落として作った形のこと。1～1.5㎝の厚さを持たせ、立てて刺身のつまやあしらいにする。

また、夏場に出す、ひんやり感や冷たさを感じさせる料理に付ける名前でもある。大根おろしで和えて氷室和え、冷やした出汁を椀に張って氷室椀などとする。暦の上での氷室開きは6月1日で、6月1日から7月末までの献立に使う。

ひむろびらき〔氷室開き〕

旧暦の6月1日のこと。現在なら、7月上旬に当たる。季節の風物詩で、金沢では加賀藩が徳川家に雪氷を献上するため、冬に詰めておいた雪をこの日に切り出した。現在の金沢では、7月1日に氷室饅頭を食べて1年の健康を祈願する伝統行事になっている。

ひめます〔姫鱒〕

紅ザケが陸封されたもの。塩焼きが美味。

ひゃくみぜん〔百味膳〕

神事で使われる膳のこと。百々《もも》取《と》り膳ともいう。

→百々取り膳（ももとりぜん）

ひょうしぎぎり〔拍子木切り〕

野菜などを、3～4㎝の長さ、5～10㎜ほどの棒状に切り分けること。日本料理では、拍子木切りではなく、算木という表現がある。

→算木（さんぎ）

ひょうていたまご〔瓢亭卵〕

京都の南禅寺近くにある料亭『瓢亭』の八寸で提供される名物の半熟卵のこと。高橋家の名品である。『瓢亭』は400年ほど前、南禅寺境内で腰掛茶屋としてのれんを掲げたのが始まりと伝えられ、旅人から茶菓子以外に何か出して欲しいと要望され、放し飼いにしていた鶏の卵を茹でて旅人に出したという。見た目には普通の半熟卵だが、かすかな醤油味が付いている。

ひら〔平〕

本膳料理の本膳に盛る料理のひとつで、主に煮物を盛る。配膳の位置は、本膳の左奥と決まっている。平という名は器の形状から来ていて、平椀の略であり、お平ともよぶ。器は、煮物椀よりも浅めの、蓋付きの塗り椀である。

→本膳（ほんぜん）

ひらぐし〔平串〕

小さめの魚の切り身を、2本の串で末広、または並行に串を打つこと。

ひらたねなし〔平種無〕

新潟県原産の柿。渋柿の代表的な品種で、種がなく、人気がある。

ひらづくり［平造り］

刺身の作り方の一種で、最も代表的な切り方。庖丁の刃の元の部分から松葉先までを使って弧を描くように引きながら切り、そのまま身を右側に送る。切り口の角がピンと立つように、切り口の面はつややかに切る。四條流では宝形造りという。

→松葉先（まつばさき）
→宝形造り（ほうけいづくり）

ひらまさ［平政］

ブリとよく似ている、アジ科の大型の魚。冬のブリ、夏のヒラマサといわれ、夏は高級魚として珍重される。天然のヒラマサはブリより身が緻密で、上品な脂があり、すし種や刺身が特に美味。塩焼き、照り焼き、味噌漬け、蒸し物にもする。夏から秋が旬。

ひらめ［鮃］

左ヒラメに右カレイとよばれ、見分けが付きにくいが、頭を左にしたとき、魚の腹が手前に来るものがヒラメである。冬に旬の魚で、特に寒の時期は最も味がよい。

刺身、洗い、薄作り、昆布じめ、すし、煮付け、焼き物、酢の物と用途が大変広く、頭や中骨、卵巣、皮もおいしく味わうことができる。エンガワという、背ビレと尻ビレの付け根にある身はコリコリとした食感が独特で、特に好まれる。産地は青森が多く、流通しているヒラメの半分は養殖もの。養殖魚の中ではほとんど天然ものとの差が少ない。最近は、低温でヒラメを眠らせ、ストレスを感じさせないようにして輸送するようにもなり、流通技術の発達によっても味がますます向上している。

ただ、天然ものはおろした身が1週間持つのに対し、養殖ものは当日しかおいしさが持たない。当日だけに使うなら養殖もので充分である。

養殖のヒラメは天然ものより脂が多く、その脂を感じさせないように、例えば、昆布じめや火取りなどにすると、舌の肥えたお客にも差がわからない。しかも、数日持つ仕事なので、覚えておきたい。

ヒラメは、かつては、〝3月ヒラメは猫またぎ〟といって避けられていた。これは、3月になるとヒラメが毒ヒトデや毒を持った貝類を餌にして食べるために、人間が味わうと危険という意味がある。

→縁側（えんがわ）

ひらめのあつかいかた［鮃の扱い方］

幅が広く身が薄いヒラメやカレイは、上身・下身ともに中骨を境に背側・腹側と節ごとに切り分ける五枚おろしが基本。上身の背側を〝背の背〟、腹側を〝背の腹〟、下身の背側を〝腹の背〟、腹側を〝腹の腹〟と専門的にはよぶ。

ヒラメでやっかいなのは小さくて硬いウロコ。尾の付け根など細かいところをていねいに取らないと、刺身にしたときなどウロコが身に移ってしまうので細心の注意を払う。ウロコを取るには、あまり小刻みに庖丁を動かすとかえって皮を傷めてしまうため、大胆に動かす方がうまくいく。皮も美味で、上手にウロコを取り、皮も活かす。

ヒラメには、エンガワとよぶ、背ビレと尾ヒレに沿った食通に喜ばれる筋肉がある。おろすときは、これを身に付けたままおろす方法と、骨に残しておいて身をおろし、後から縁側だけをおろす方法とがあり、後者の方が見栄えよくおろせるが、身に付けて一緒におろす方が効率がよい。

ヒラメのおろし方は、実は五枚おろしだけではない。ヒラメを刺身として主に使うときは五枚おろしがよいが、焼き物や蒸し物といった刺身以外の料理にする場合は、三枚おろしにする方が料理にしたとき格好がよく、商品力がある。関西では三枚おろしをよく用いる。

ひりょうず・ひりゅうず・ひろうす［飛龍頭］

水切りをして崩した木綿豆腐に、蓮根やキクラゲ、人参、銀杏などを入れてまとめ、油で揚げた豆腐の料理。がんもどきと基本的には一緒で、精進料理から来ている。煮物やおでん種にする。

ひれ［鰭］

魚には胸ビレ、背ビレ、尻ビレ、腹ビレ、尾ヒレがあり、最もよい出汁が出るのは尾ヒレである。胸ビレや背ビレは尾ヒレに比べるとやや劣る。ヒレを使う一品は、いったんヒレを干してから焼き、日本酒の熱燗を注いでヒレ酒とするのがよく知られる。干したヒレに熱い湯を注いで、魚の出汁が出たところを味わう〝湯注ぎ〟もなかなか洒落た一品で、食事のしめくくりによい。

キンキやキンメダイ、タイといった赤い魚のヒレは、出汁が出る上に色がよくて商品力がある。サバ、アジなどのヒレも使える。

→鰭酒（ひれざけ）　→湯注ぎ（ゆつぎ）

ひれざけ［ひれ酒］

魚のヒレを天日で干しておき、軽く焼いて焼き目を付け、熱燗を注いで、ヒレを出汁や香りを楽しむ酒のこと。中でもトラフグのヒレ酒が有名だが、すべてのフグがよいというわけではない。皮が有毒とされるヒガンフグやマフグ、ショウサイフグ、ゴマフグなどのヒレは使ってはいけない。

キンメダイやキンキなどのヒレも使う。ヒレは尾ヒレが最も出汁が出る。

びわたまご〔琵琶卵〕

茹で卵の黄身を裏漉しして茶巾にしぼり、うずら卵のひと回り大きいほどに丸めたもの。夏の仕事である。

びんちょうまぐろ〔ビンチョウ鮪〕

犬吠埼から北で育ち、4kgくらいまで育つマグロ。身割れがしやすいので、昭和30年代は、頭を落として2日間ほどつるしてから使った。身は桜色。旬は真冬で、冬至から節分の頃まで味がよい。いまではほとんど出回らなくなってしまった。

ビンナガマグロと名前が似ているが別で、ビンチョウの方が小さく、味がよい。旬は冬で、立冬（11月上旬）から立春（2月上旬）の期間。

びんながまぐろ〔ビンナガ鮪〕

ツナ缶の材料となるマグロで、ビンチョウマグロと混同されがちだが別のマグロ。15〜20kgに育つ。ビンチョウマグロよりも味にコクがない。

→ビンチョウ鮪（びんちょうまぐろ）

フードプロセッサー

食材を、容器の中でカッターの刃を動かして砕く道具。フードプロセッサーは歴史が浅い道具で、もともとはフランスで1960年代に生まれた。

流し物や寄せ物、はんぺんや糝薯《しんじょ》などの練り物、野菜をペースト状にして和え衣にする下ごしらえなどは、かつては当たり鉢で人手と時間をかけて仕込んでいたが、いまやフードプロセッサーがあれば1人で短時間ででき、日本料理の調理場では欠かせない機器となった。当たり鉢に比べれば、なめらかさやねっとり感は違うものだが、当たり鉢にこだわって料理の幅が狭くなるより、便利な機器を取り入れて料理の幅を広げる方が現実的だろう。

使い方として気になるのは、使用前後のきちんとした手入れである。まず、使用前は、いったん洗い、レモンやリンゴ、生姜の皮などを機器にかけ、余分なにおいを取り、使用したら、再び、レモン、リンゴ、生姜などの皮を入れ、細かくなるまで攪拌してにおいを取る。これらの食材はにおいが残っても気にならず、料理を邪魔しない。量は、容量が4ℓくらいだったらレモン2個分、レモンを絞った残りなら5個分ほど。それらがペースト状になるまで機器を回し、そのまま10〜20分置く。その後ていねいに洗い、充分に乾燥させて保管する。魚など動物性の食材を機器にかけた後は、よく洗浄しないとにおいが残るので注意したい。

ちなみに、フードプロセッサーは材料を砕くもの。ミキサーは、より大きな塊を粉砕するものである。

ふかがわめし［深川飯］

アサリと野菜を一緒に炊き込んだご飯のこと。江東区にある深川は、昔は海辺でアサリがよくとれたという。

ふかむこう［深向］

筒状の茶碗や、深さのある茶碗に向付の料理を盛ったもの。主役の材料を置くだけで、何かを敷くことはない。冬に使う。“筒向《つつむこう》”、“覗《のぞ》き”ともいう。

↓向付（むこうづけ）

ふき［蕗］

全国の山野に自生する山菜。数少ない日本原産の野菜で、独特の香りと苦味がある。

一般的に出回るのは愛知早生蕗で、江戸時代から栽培されている歴史の長い品種。山野に自生する野生の蕗は山ブキという。自生のフキにはほろ苦さ、力強い香り、春らしい緑色がある。それに比べると栽培のフキは苦味や香りが弱い。フキの花の蕾はフキノトウ。春の献立に入れる。

料理は、煮物、フキ飯、漬け物、和え物、椀種など。フキの代表的な煮物は、青煮、伽羅《きゃら》ブキ、当座煮である。

↓青煮（あおに）　↓伽羅蕗（きゃらぶき）

↓当座煮（とうざに）

ふきよせ［吹き寄せ］

11月初めから12月初めまでの間に使う料理用語。形や調理法が違ういろいろな材料を集めてひと盛りにする盛り付けの形式で、風で木の葉が吹き寄せられた様子を表現し、もみじやいちょう、柿の照り葉などの形や色合いを取り入れて盛り付ける。冬が深まった時期ならば木枯らし、春ならば花吹雪とする。

ふぐ［河豚］

いわずと知れた高級魚。鉄刺《てっさ》、鉄《てっ》ちり、フグ汁など何にしてもおいしい。

養殖も盛んで、仕入れは安定している。旬は立冬（11月上旬）から立春（2月上旬）。フグの種類は40種類以上あり、中でも王様はトラフグの天然もの。「これだけ日本酒に合い、酒の味を活かす魚はない」というのは、天皇の料理人で知られる秋山徳蔵氏の言葉である。

卵巣の毒はテトロドトキシンといい、よく知られているが、種類によって毒を持つ箇所が違うので、フグを扱うにはきちんと勉強をし、免許を取ら

なければいけない。例えば、皮はトラフグやゴマフグには無毒だが、ショウサイフグやクサフグには強い毒を持つものがある。白子も安全と一般的にはいわれるが、種類によって毒があるので注意する。

毒のない白子は、白子豆腐やふぐ素麺、唐揚げ、茹でてホワイトソースと絡めたりポン酢醤油をかけたりなど、さまざまな味わい方がある。春の彼岸頃に塩漬けにすると、10月頃においしい珍味になる。中でも白子酒は、白子の料理として最高位。白子を裏漉しして熱々にした日本酒を注いで供する。

最近では〝みがき〟とよぶ毒をはずした部位が出回るようになり、フグ調理師免許がなくても扱えるようになった。毒が除いてあって安全で、フグをさばくときに出る汚物の処理が必要ない。また、通常はさばいてから食べ頃になるまで3日ほど要するが、みがきならすぐ使えることが大きなメリットである。

→白子（しらこ）　→テトロドトキシン

ふくさにする［袱紗にする］

料理を食べやすくするために、隠し庖丁を表だけではなく裏側にも入れること。風呂吹き大根や漬け物などで行う。

→隠し庖丁（かくしぼうちょう）

ふくさみそじたて［袱紗味噌仕立て］

赤味噌と白味噌を合わせた味噌汁のこと。単に味噌を2種類使うと、合わせ味噌仕立てとなる。2種類の材料は、同量合わせることが原則である。袱紗とは茶事や慶弔ときに用いる布で、特に茶事で隅を合わせて畳む所作があり、そこから合わせる意味が生まれている。

ふくさもり［袱紗盛り］

丸皿や角皿に、料理を円形にまとめて盛り付けること。ちょうど、袱紗で物を包むような形になることに由来する。丸皿に、料理を四角に配置する場合にも袱紗盛りという。

ふくしゅ［副種］

椀物で、主種を引き立てる脇役のこと。例えばカニ糝薯《しんじょ》の椀物の場合、主種はカニ糝薯、副種は芽甘草、客種は生姜である。

→主種（しゅしゅ）　→客種（きゃくしゅ）

ふくちゃ［福茶］

長寿を祝う献立などで、最初に出すお茶。結び昆布や小梅、搗栗《かちぐり》を入れる。穂が付いた餅米を香ばしく煎り、破裂させたものを入れることもある。

ふくづくり［福造り］

身のやわらかいマグロやシマアジ、タチウオ、サバの腹身を、角に引いて刺身にする方法。角という言葉は〝角が立つ〟といって料理の世界では嫌い、四角が5つ含まれる福の字を当てるため、角造りとはいわず、福造りと表現する。

ふくにとる［福に取る］

食材を真四角に切ることで、福留めともいい、四條流の表現。日本料理では、角の表現は角が立つとして嫌い、別の表現に置き換える習慣がある。そのため四角は、福の文字に四角が5つもあることから、〝福に取る〟と表現したようである。色紙《しきし》というよび方が一般的に知られているが、こちらが正式なよび方。

→四條流（しじょうりゅう）

ふぐひき［河豚引き］

フグの身を薄く引くための庖丁。見た目には柳刃庖丁と似ているが、柳刃より高品質の刃を使うため、薄いながらもしなやかで、値段も高価である。料理人の庖丁技術を見せるためともいえる庖丁。

ふくまめ［福豆］

節分でまく、煎った大豆。大豆を甘辛くやわらかく煮た豆を指すこともある。

ふくめに［含め煮］

煮物の一種で、沢煮より塩分が濃く、煮染《にし》めよりは薄い煮物のこと。塩分は0・9％ほどである。野菜や芋類、栗、筍などをたっぷりめの煮汁で、時間をかけて煮て味を含ませる。大根おろしを使ったおろし煮やおでん、煮浸しなどの煮物は、塩分の濃さの意味で、含め煮と同じ分類になる。

さまざまな野菜を含め煮に使うが、八ツ頭は含め煮には向かない。夏場の含め煮は、冷やして〝冷やし煮物〟として提供もする。

ふくらに［福来煮］

伝統的な仕事で、アワビと大豆をふっくらと煮たもの。アワビのやわらかさと、大豆がアワビの旨味を吸収した味わいは、地味ながらしみじみとおいしい。アワビに塩気があるので、醤油の量は様子を見て使う。

長期保存が可能で、冷蔵庫で半年持つため、常備菜として仕込むのに適する。秋、アワビが安くなった頃を見計らって仕入れて煮ておく。

ふくりん［覆輪］

何かの材料に、別の材料をかけて覆うこと。覆輪とは、刀剣の柄と刀身との間にある鐔《つば》の縁取りで、断面の模様から、料理の名前に転用されたと考えられる。

ふくわいちご［福羽いちご］

明治時代に、新宿御苑に勤務していた福羽逸人博士が苦心の末に育成したイチゴ。イチゴはいまでこそさまざまな品種が作り出されたが、このイチゴをもとに今日の主要品種〝女峰〟とよのか〟が誕生し、重要な品種である。

昭和30年代はイチゴはまだまだ高級品で、日本料理店でイチゴといえば、福羽イチゴのことだった。酸味が強く、三角錐の形がとてもきれいで、生クリームをかけて提供したものだ。現在でも戦前生まれの料理人ならばよく覚えているだろう。

ふしおろし［節おろし］

大型のカツオを五枚におろすときのおろし方のこと。腹側の身を雌節、背側の身を雄節とよび、カツオ節にするときのおろし方でもある。

ふしどり［節取り］

三枚におろしたカツオの片身を、血合いの部分から背側と腹側に分けること。4本の節となり、背側を雄節、腹側を雌節という。

ふちだか［縁高］

折敷よりも縁が高い塗りの器のことで、お昼の点心や茶の湯の菓子を盛り付ける。点心用の大徳寺縁高や松花堂がよく知られている。

→大徳寺縁高（だいとくじふちだか）
→松花堂（しょうかどう）

ふっこ［福子］

小型のスズキで50〜60㎝ほどのサイズのものを指す。刺身、焼き物、椀物に使う。

意外に価格が高くなく、8月上旬だけが高いので、その時期をはずせば使いやすい。養殖はしていないが、出回り量は安定している。7月下旬に出回るものは土用フッコという。東京の魚市場では常磐もののフッコの値段が高い。

9月を過ぎると味が落ちるので、8月までの献立に入れたい。時折、異様に脂のにおいが強いものがあり、見分けることはむずかしい。洗いにするときは、5月から6月に氷洗い、6月から8月に洗い、8月半ばは湯洗いにする。そのときは、蓼酢、蓼味噌、蓼醤油を添えること。

→鱸（すずき）→洗い（あらい）
→氷洗い（こおりあらい）→湯洗い（ゆあらい）

ぶっつけじお［ぶっつけ塩］

魚を焼く直前に材料にぶつけるようにして振る塩のこと。少し雑なくらいに魚に当てるため、この名がある。量は、魚の大きさや脂の乗り具合で変える。カボスやレモンで食べる魚のときは多少塩が多くてもよい。

ふでしょうが［筆生姜］

→生姜（しょうが）

ぶどう豆［葡萄豆］

黒豆をやわらかく煮た料理。通常の黒豆の煮豆と違い、重曹を使わずに煮るので、色が真っ黒にならず、やや紫がかった色に煮上がる。色から、ブドウの名が付いたと思われる。正月の献立に供する。

ふな［鮒］

コイと並び、冬の三珍のひとつともいわれる古くから重要な食用魚。甘露煮や雀焼きが一般的で、寒ブナは洗いにする。琵琶湖のゲンゴロウブナの子付きなますが美味で知られる。これは山吹膾《なます》ともいい、宮中でも使う料理。なれずしも代表的なフナの料理で、そのままだけでなく、鍋料理に入れたり、湯注ぎに入れたりする。５月から7月と立冬（11月上旬）から立春（2月上旬）の献立に入れる。

→山吹膾（やまぶきなます）　→湯注ぎ（ゆつぎ）

ふなもり［舟盛り］

魚の頭と尾を残し、身をはずして刺身に引いたり焼いて盛り付ける料理のこと。

→姿盛り（すがたもり）

ふまいこうごのみ［不昧公好］

風流茶人として名高い、松江藩の七代目藩主・松平不昧《ふまい》公にゆかりのある料理のこと。代表格はスズキの奉書焼き。茶事で石州派では奉書焼きを不昧公好みと表現する。不昧公の墓所は東京の護国寺にある。

→奉書焼き（ほうしょやき）

ふゆうがき［富有柿］

岐阜原産の柿。甘柿の代表種で、ふっくらとして丸い。

ブラックタイガー

クルマエビ科の中で最大級の大きさ。東南アジアで養殖が盛んに行われている。フライや天ぷらなど、加熱すると鮮やかな赤に発色し、味もよい。

ぶり［鰤］

アジ科で、古くから日本人に親しまれてきた魚。冬の定置網漁は季節の風物詩で、西日本では正月料理に欠かせない。北日本がサケ文化圏ならば、西日本はブリ文化圏といえるだろう。成長するにつれ、名前がモジャコ、ワカシ、フクラギ、イナダ、メジロ、ワラサ、ハマチ、ブリなどと変わる代表的な出世魚。能登ではフクラギ、ガンドなど呼び名が大きく変わる。

北陸で12月から2月にかけてとるブリは寒ブリとして喜ばれ、３貫目（11kg）以上のものを本物の味と地元の人は評価する。日本料理店でも家庭料理でも、照り焼き、塩焼き、ブリ大根、刺身、すし種として楽しむ。塩漬けにしたブリを藁で巻いた〝巻き鰤〟は北陸の名産のひとつ。
一般的に出回っているブリは8割以上が養殖もの。生ぐさみが強いので、塩を振ってクセを抜いたり、熱湯にくぐらせて霜降りにする下ごしらえが重要である。関東では、逢瀬（茨城県）産が美味。また、ブリ、ヒラマサ、カンパチをブリの近縁の高級魚としてブリ御三家という。
→霜降り（しもふり）

ふりじお［振り塩］
食材に、直接塩を振りかける塩の振り方。手で塩をつまんで上から振るやり方と、絹を張った篩の8番を使って振る方法がある。
茶漉しを使うときは、茶漉しに細かくてサラサラした塩を入れ、茶漉しを持たない方の手で軽くこぶしを作り、高さ30㎝ほどの位置で茶漉しにコンコンとこぶしを当て、少しずつ塩を落とす。そうすると均一に塩が落ちる。力加減がむずかしそうだが、すぐ慣れる。
比較的に脂の少ない魚介類の焼き物の下ごしらえに使うことが多く、イカ、サヨリ、帆立、サバ、ブリ、カンパチ、アジ、シマアジ、イシダイ、マダイ、白魚などなどは振り塩をしてから焼く。食材をバットや台に並べる前に振り塩をし、食材を並べたら食材の上から再度振り塩をする。食材を玉酒で洗って拭いてから焼く。
→篩（ふるい）　→玉酒（たまざけ）

振り塩　比較的に脂の少ない魚介の下ごしらえで塩を振る方法。絹篩（8番）に精製塩を入れ、その縁を片方の手で軽く叩きながら塩を振り落とす。材料を並べたら再び塩を振る。

ぶりだいこん［鰤大根］
煮物として知られる料理だが、北関東の正月料理のひとつで、ブリと大根、すし飯を和えたすしの料理のことでもある。ブリはぶつ切りし、大根はなた割りしてからそれぞれ酢と塩を振って洗い、ひと晩干す。これを酢の味を付けたすし飯とともに、松の実、柚子なども加えて和える。ブリは茨城県の久慈浜や逢瀬《おうせ》でとれる常磐ものを使う。

ふりゆず［振り柚子］
柚子をおろし金でおろし、細かくなった皮を茶筅などを使って料理に振りかけること。

ふるい［篩］
粉状のものを通す道具。底の形を見ると、面として平らになっているのが裏漉し、底が一段くぼんでいるのが篩である。

篩には、ステンレスや銅などの金属製と絹製、竹製がある。主な用途は、金属製の篩は小麦粉や道明寺粉などをふるうときに使う。塩やお茶は絹を張った絹篩でふるう。特に塩は、金属の篩にかけると錆をよぶので、必ず絹製の篩を使う。魚に塩を振るときなど、振り塩の仕事があるが、そのときは8番の絹の篩にかける。抹茶塩や素塩を仕込むときは、２０００番の目の細かい絹を張った絹篩を使う。

篩の洗い方は、裏漉しに準じる。金属製のものは丈夫で、中性洗剤を付けてたわしで洗う。絹製ならば、馬毛の裏漉しと同様で、中性洗剤やたわしを使ってはいけない。塩を振り、手のひらに力を入れないようにして、周囲から中心に向かってていねいに表面を洗い、水で流す。

→振り塩（ふりじお）　→素塩（もとじお）

→裏漉し（うらごし）

ふるねしょうが［古根生姜］

種として植えて翌年掘り出した親生姜のこと。ひね生姜ともよび、食用に使える。

→生姜（しょうが）

ふろふき［風呂吹き］

大根やカブを茹でて、味噌をかけた料理。由来は、山東京伝著の江戸後期の随筆『骨董集』によると、ふうふうと湯気が立つところに息を吹きかけて冷ましながら食べる様子が、蒸し風呂で客に息を吹きかけて垢すりをする職人の様子に似ているからと書かれている。

椀に盛ったとき、風呂から湯気が立ち登っている様子に似ているからという説もある。

ペーハー［pH］

一般的に、人間の味覚は、酸性の食品をおいしく感じ、アルカリ性の食品はまずく感じる傾向がある。pHは、7より大きいとアルカリ性、小さいと酸性で、通常、おいしさを感じるのは4から6の間である。酢や醤油の調味料は酸性であり、これらを使うと味が酸性になり、おいしく感じさせることに役立つ。

へぎおり［へぎ折］

薄く削った片木で作った簡単な折り箱。

へぎきり［へぎ切り］

→そぎ造り（そぎづくり）

へぎゆず［へぎ柚子］

黄柚子をへいで吸い口にするときのよび方。正式のよび方は州浜柚子。

→州浜柚子（すはまゆず）

べたじお［べた塩］

魚全体に塩をたっぷり当てること。強塩、まぶし塩ともよぶ。

→強塩（ごうじお）

べっこう［鼈甲］

つややかな鼈甲色に仕上げた料理に付ける名前。鼈甲あん、鼈甲煮などがある。鼈甲の色は醤油で出すことが多い。

べっこうたまご［鼈甲卵］

生卵を数日間かけて冷凍し、卵黄を取り出して味噌に漬け込んだもの。酒の肴によい。卵白は冷凍しても常温になれば戻るので、卵白として使うことができる。

べにしお［紅塩］

ローズソルトという南米産のピンク色をした岩塩を、素塩の要領で当たり鉢で細かにした塩。

→素塩（もとじお）

べにしの［紅志野］

志野焼きのひとつ。淡い火色が特徴で、志野の器の中でも、いっそうあたたかみを感じさせる。

べにずわいがに［紅楚蟹］

ズワイガニよりも深海にすむカニで水分が多く、一般的にはズワイガニよりもやや味が劣るが、厳選されたものはズワイガニに劣らない食味のものもある。兵庫の地域ブランド、香住《かすみ》ガニはベニズワイガニである。解禁は9月。

ズワイガニの減少とともに、注目されるようになり、缶詰でよく出回っている。

べにたで［紅蓼］

蓼の若芽。刺身の根締めに使う。本来の旬は初夏から盛夏。

→蓼（たで）→根締め（ねじめ）

べんがらこんにゃく［紅がら蒟蒻］

赤コンニャク、近江コンニャクともいう、滋賀県近江八幡の名物。ベンガラ（酸化鉄）で赤い色を付けたコンニャクで、その色合いを楽しむ。織田信長が赤の長襦袢をまとって踊ったとされる奇祭、〝佐義長祭〟では毎年奉納される。

食べ方は普通のコンニャクと同じで、煮物や鍋の具材、刺身

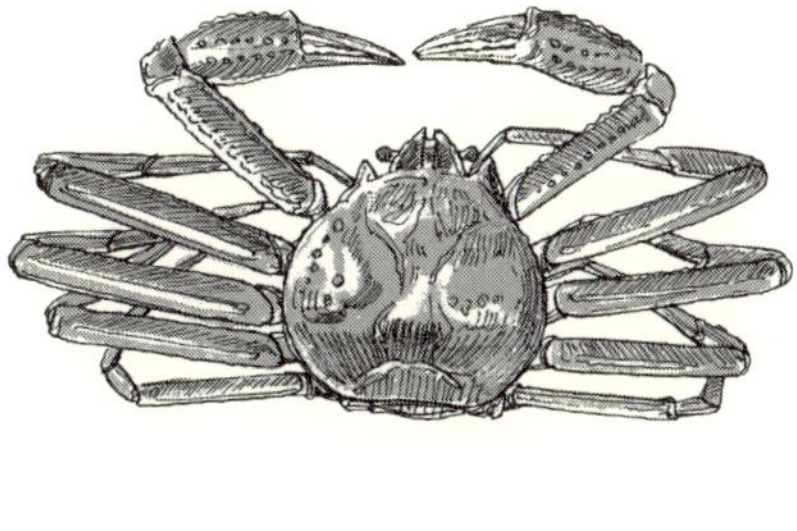

コンニャクなどにする。

ほうきん［砲金］

金、銅、真鍮、錫の合金でできた金属のことで、戦前の鍋はこの材質のものが多くあった。

↓唐金（からかね）

ほうけいづくり［宝形造り］

刺身の切り方のひとつ。魚の身を四角に切ることで、四條流のよび方である。見た目は平造りと同じ。6月のフッコの身を2㎝角に引く洗いが代表的で、イカ、マグロ、カンパチなどにも用いる。

↓四條流（しじょうりゅう）

ほうしょ［奉書］

上質の楮ですいた純白な和紙で、公家や武士の正式の書類に使ったり、贈答品を包むときに使われ、全国各地にある和紙の中では、最も格が高いとされる。越前や四国の奉書が有名。

日本料理でも大切な紙であり、奉書を使った奉書焼き、火床《ほどや》焼き、杉板焼きなど各種の焼き物に欠かせない。奉書で包むことで食材の消化がよくなるともいわれる。科学的な根拠ははっきりしないが、おそらく、食材の生ぐさみと余分な脂肪分を奉書が吸収し、胃腸の負担が減ると考えられる。

↓奉書焼き（ほうしょやき）　↓火床焼き（ほどやき）

↓杉板焼き（すぎいたやき）

ほうしょやき［奉書焼き］

魚や野菜を奉書紙に包み、酒と水を適量合わせた酒霧を吹き付けて天火で焼いた料理。

特に知られているのが、風流茶人として名高い、松江藩の七代目藩主・松平不昧《ふまい》公が好んだといわれるスズキの奉書焼き。奉書で魚を包み焼きすることは、夏がスズキの旬である関東ではやや暑苦しいが、島根・松江のスズキは旬が冬なのでふさわしいといえよう。

↓酒霧（さかぎり）

ほうちょう［庖丁］

料理人にとって、武士の刀に相当する大切な道具。日本料理で使う庖丁には、刺身庖丁、柳刃庖丁、フグ引き庖丁、ウナギ裂き庖丁、骨切り庖丁、打ち物庖丁、切りつけ庖丁、薄刃庖丁、唐傘庖丁、牛刀などがあり、最近では、洋庖丁も普及した。

庖丁の選び方

すべての庖丁を揃える必要はなく、必要に応じて揃える。初心者用の庖丁を卒業するのは、ヒラメやタイ、カツオを自分できちんとおろせるようになった頃。そのとき、自分の経済状況で買える、できるだけよいものを手に入れる。高価だからよい庖丁とは限らず、バランスが取れた、庖丁を握って指をかけたところに重心が来るものを選ぶ。

揃える庖丁は、刺身庖丁、柳刃庖丁、出刃庖丁、薄刃庖丁、洋庖丁。洋庖丁は両刃なので、マナガツオやアマダイ、サワラなど、身割れしやすい魚をおろすときに重宝する。いったん購入した庖丁は、手入れ次第で50年以上、70年くらいまで使える。また、関東では使う料理人自身が庖丁を揃え、関西では店の主人が庖丁を揃えるという習慣の違いがある。

庖丁の部位名称

庖丁には部分を特定するよび方があり、松葉先、小峯、峯、鯉口、中子などがある。松葉先は刃先の先端。小峯は庖丁の刃が柄に向かって直角に曲がる部分のこと。峯は庖丁の背の部分である。鯉口は庖丁の刃が柄に差し込まれた、柄の楕円形の部分のこと。中子は庖丁の柄の中に入っている金属部分。

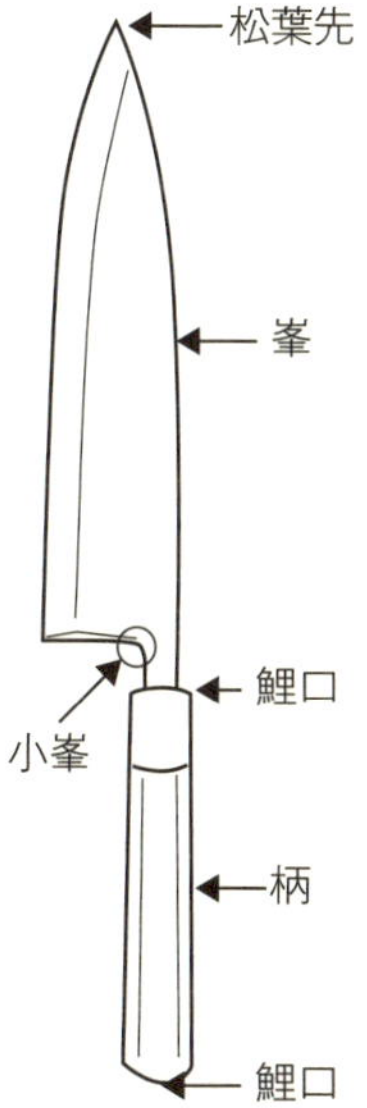

購入直後の手入れ

庖丁は傷みやすい部分が決まっていて、それを先に手入れしておくと、長く使える。

中子は、柄と中子との間のすき間から水が入るので錆びやすい。新品の庖丁の中子には最初に錆止めが塗ってあるが、徐々に効果がなくなるので、購入直後に柄から刃をはずし、中子に漆を塗る。中子から小峯、その先端まで、2ヵ所ある鯉口にも塗り、ひと晩乾かし、5000番ほどの目の細かいサンドペーパーをかける。

毎日の手入れ

庖丁を使う前後には、クレンザーでさっと磨く必要がある。クレンザーを水でぬらしたタオルに付け、折ったタオルで庖丁をはさみながら洗い、すぐに水気を拭き取る。タオルがぬれていれば、庖丁の刃を当てて動かしてもタオルが切れることはなく、しっかり洗える。

切る前後には、庖丁をその場で洗って拭いてから使うことを習慣にすると、庖丁に匂いが付かず、錆を防ぐ。

一日の終わりには、クレンザーを付けたタオルでていねいに洗い、水気を拭いて新聞紙に包む。

年に1回の庖丁の手入れ

どの庖丁も、梅雨前の湿度の低い晴れた日を選んで、

1年に1回の手入れを習慣にする。

ていねいに研いだ後、柄を上にして傾け、日に直接当てて鯉口から水を抜いて乾かしてから、刀剣の手入れ用の油をやわらかい布に数滴落として刃を拭いてなじませる。刀剣用の油は、調理場にある食用油より酸化しにくく伸びもよく、長く使える。その後、刃の両面に打ち粉をし、余分な油を取って檀紙《だんし》(和紙)で拭き、最後に定規代わりにした檜の板に刃を立ててのせ、狂いがないかを確認する。

この定規代わりの板は、板に目の細かいサンドペーパーをかけて作る。材質は檜がよい。刀剣用の油も打ち粉も和紙も、庖丁専門店で手に入る。庖丁は、新聞紙に包み、楠木《くすのき》の箪笥にしまって保存する。楠木は防虫効果が高く、理想的である。

ほうちょうおさめ［庖丁納め］

料理人の引退式のこと。昭和26年(1951年)、萬屋《よろずや》調理師会の浜口市松が、東京・築地の料亭『春日』で初めて行った。袴を着用し、衣冠束帯の装束で、神主からお払いを受けたと伝えられる。浜口市松は、丹羽文雄の小説『庖丁』のモデルとなった料理人である。

ほうちょうづか［庖丁塚］

料理人にとって大切な道具である庖丁と、素材である魚鳥を供養するための場所。

庖丁塚は、多くの調理師会によって建立されており、魚鳥を供養する石碑などとともに建立されていることが多い。例えば、萬屋調理師会は明治38年(1905年)に埼玉県さいたま市大宮区の氷川神社に建立し、庖丁塚としては日本最古と伝えられている。その石碑には〝庖仙〟と刻まれ、この文字は、宮内庁大膳で司厨長を務めた秋山徳蔵氏によるものである。

ほうとう

小麦粉で作る具を入れた汁物のこと。特に山梨の郷土料理で知られ、カボチャも入れることが特徴である。汁は味噌汁か澄まし汁。小豆やキノコなど、野菜類を入れる。

ぼうふう［防風］

茎が赤く、青くさい香りとほろ苦さがある植物。刺身のつまや椀物のあしらいとして使われる。防風は、畑で栽培したものが防風で、砂地で自生したものは浜防風とよんで区別する。浜防風は希少となり、基本的に採取禁止となった。

防風の季節は初夏。それに対し、浜防風は春で1月から4月に使う。

→つま

ほうろく［焙烙］

素焼きの土器のこと。色は赤くて厚手。胡麻を炒ったり、茶を煎じるなど調理の下ごしらえに使う。料理として、焼き物の鍋代わりに、松茸や白身の魚、銀杏、芋類をのせて焼く焙烙焼きや焙烙蒸しもある。それらの用途に合わせ、さまざまな大きさの器が生産されている。

ほうろくやき［焙烙焼き］

焙烙という、素焼きの平たい鍋のような器に材料を入れて蒸し焼きにする料理。エビや貝類、白身魚、キノコに合う。焙烙に塩や小石を敷き、その上に松葉をたっぷりと置いてから材料を並べ、直火か天火で焼く。蓋を取ったときの香りも魅力である。

焙楽焼きと書くこともあり、その場合は、松茸やマダイなどの高級な材料を使う。

ほおずきゆ［ほおずき湯］

7月7日の七夕のときに飲むもの。ほおずきの根を干して煎じ、湯を加える。甘味の前に提供することが多い。血の道に効果があるとされる。苦味があり、どちらかというと食通のお客に出す。

ほおにく［頬肉］

魚の頭の頬にある肉のこと。頬身ともいう。よく使う部分なので引きしまっていて味もよい。マダイやマグロ、アンコウなどを賞味する。

ほおばやき［朴葉焼き］

飛騨高山の郷土料理に登場する料理。その地で多い朴の木の葉が朴葉で、それに味噌を塗り、薬味類を加えて炭火で食材を焼く。朴葉の香りに趣がある。

ほぐす

日本料理の、ウズラの身を切り分けるときの表現。鶏はさばく、魚はおろすといい、これに対して、ウズラはほぐすという。豚や牛といった四つ足を切り分けるときは解体するという。

ほしがれい［星鰈］

滅多に手に入らない超高級魚で、見た目は黄松皮ビラメとよく似ている。カレイ・ヒラメ類の中では最も高価。

天然ヒラメよりも高価なことが多く、一般的な店やスーパーなどには入らない。旬は7月で、本当においしいのはわずか1週間ほど。主に日本料理店やすし店などで使われる。

→松皮びら（まつかわびら）

ほしこ［干し子］

→ばちこ

ほじそ［穂じそ］

シソの若芽で、熟していない実を付けたもの。刺身のつまに使われる。本来の旬は夏から残暑。

↓つま

ほしなぜん［保科膳］

継ぎ目や綴《と》じ目がある器の正面は、〝丸前角向《まるまえかくむこう》〟と教えられるが、保科膳は手前と奥とに継ぎ目や綴じ目があり、どこが正面と決めないようになっている。この器のことを〝保科膳〟という。

これは、名君で名高い、会津松平家初代の保科正之が、使用人がしきたりを間違えることで死ななくてはならない状況を作り出さないために決めたと伝わっている。四角い器で、四方のどれもが正面のことを、四方高位《しほうこうい》ともよぶ。

ほそづくり［細造り］

↓糸造り（いとづくり）

ほそびき［細引き］

イカや魚を細く切るときに使う表現。糸切り、糸作り、細切りともいう。

ほたてがい［帆立貝］

北日本を代表する平らな二枚貝。貝柱が食用とされる。養殖ものが多く、市場の90％は養殖もの。そのおかげで仕入れ量や値段が安定し、取り入れやすくもなった。

刺身やすし種、焼き物、揚げ物などに使うが、好塩菌や大腸菌がいるので、殻をていねいに洗うことが重要。生で提供する場合には表面を金串などで焼いて殺菌処理をする。加熱する方が甘味が増す。貝ひもは茹でてから酢の物や和え物にする。走りは10月、旬は11月から1月で甘味がいっそう強まる。名残は2月。

ほたるいか［ホタル烏賊］

春先を象徴する小さなイカ。発光することで有名で、そこからホタルイカの名前があり、富山湾の名物である。茹でてもやわらかく、全体に甘味がある。ジストマがいる危険性が高いので、目や肝は取る方がよい。生食するときは、冷凍処理をしたものかどうかの確認が必要。

↓ジストマ

ぼたん［牡丹］

イノシシの肉のこと。由来は、花札に牡丹の花と猪が書いてある札があり、ここから来ているといわれたり、大皿に肉を並べると色が鮮やかで牡丹のようだからという説がある。馬肉が桜肉とよばれることに対応したという説もある。

専門店で扱う食材であり、日本料理店ではイノシシを出すことはほとんどない。

↓桜（さくら）

ぼたんえび［牡丹海老］

北海道南部から土佐湾にかけての太平洋岸に分布する日本固有種のエビ。タラバエビ科で、身に甘味があり生食する。春の献立に入れる。

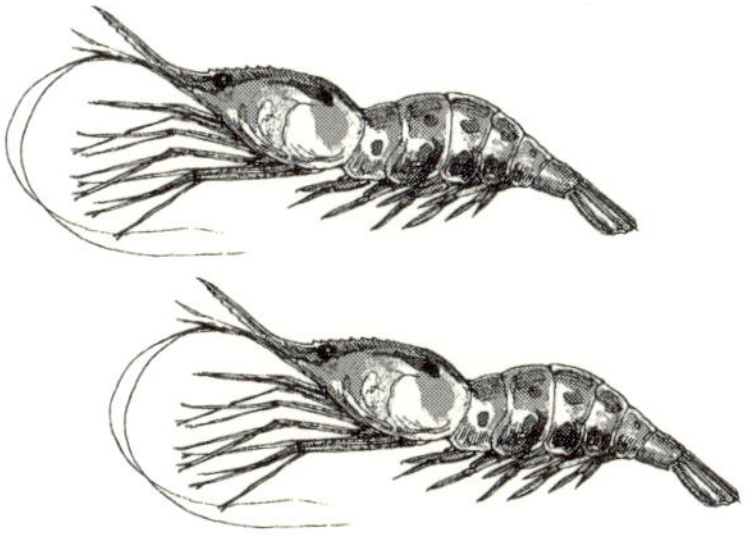

ぼたんはも［牡丹鱧］

ハモを骨切りをし、葛粉を刷毛でまんべんなく付けて熱湯や出汁で茹でて椀種にし、吸い物で提供する料理。ハモの葛打ちである。骨切りしたハモが花びらのように開いて美しく、夏の大輪牡丹に例えてよぶ。夏の椀物。

↓鱧（はも）　↓骨切り（ほねきり）
↓葛打ち（くずうち）

ぼっか

長さは1m近くある、直径10㎝ほどの極太の大ウナギのこと。利根川でとれる。

ほっきがい［北寄貝］

殻は厚くてふっくらした黄褐色。正式名称はウバガイ。東北以北の重要な食用貝で、人気もある。生食や酢味噌和え、焼き物、味噌汁などで味わうほか、ホッキ飯やホッキカレーなどのご当地メニューも最近はよく知られる。ややクセがあるがおいしく、旬は冬から春にかけて。

ほていちく［布袋筍］

鹿児島で6月から7月に収穫される食用の筍。大名竹の次においしいとされ、別名に、コサンダケ・ゴサンチクがある。

ほどやき［火床焼き］

松茸などを酒でぬらした奉書で包み、火鉢や囲炉裏の炭に埋め、間接的に火を通す焼き方。いつの時代の料理なのか、関東の仕事などかは不明だが、どこか遊び心のある仕事である。隠し焼きともいう。

ほねきり［骨切り］

ハモやアイナメの調理に欠かせない仕事で、小骨が多い魚を、皮のぎりぎりのところまで細かく一定間隔で庖丁を入れて食べやすくすること。骨切り庖丁を使う。ハモの骨切りは、1寸（約3・03㎝）に33回の細かな切り目を入れるといわれる。大分県では、コハダを骨切りして焼いて食べる食文化があるという。

↓骨切り庖丁（ほねきりぼうちょう）

ほねきりぼうちょう［骨切り庖丁］

ハモの骨切りに用いる庖丁で、重くて長く、庖丁の重みを利用して切る。

量的に多くのハモの骨切りをするときには、この庖丁を使う方が、断然仕事が早い。アイナメの骨切りにも使う。

ほねせんべい［骨せんべい］

小魚の骨やヒラメのヒレを陰干しにして、カリカリになるまで揚げた料理。塩を振って食べる。小魚は、アジやキス、アナゴ、ウナギなどを使う。

ほまれにむく［誉にむく］

生姜やウドなどを、短い円柱状にむくこと。

ぼら［鯔］

スズキ目・ボラ科に分類される魚。魚よりも、卵巣から作るカラスミがよく知られる。世界中の熱帯や温帯域の沿岸に棲んでおり、意外に身近な魚である。旬は秋から冬で、とりわけ寒ボラは美味。東京湾が汚れていなかった昭和30年代までは高級魚とされていた時代があった。

ボラは成長とともに名前の変わる出世魚。オボコ、イナ、ボラ、トドメと名前が変わる。世馴れていないことを意味するオボコ、粋で格好いい様子を意味するイナセ、最終的にはの意味のトドのつまりなど、生活に密着した言葉がボラから生まれ、現在も使われていることから、いかにボラが身近だったかがわかる。とても縁起がよい魚でもあり、関東では子供が生まれて100日めのお食い初めに使われた。

料理は、刺身や洗い、鍋物、味噌汁、塩焼き、煮付け、揚げ物など幅広い。冬の三珍のひとつであり、フナ、コイとともに評価は高い。また、ボラの臍として腹部分の身が珍味で美味。皇室ではボラのことをなよしという。

↓唐墨（からすみ）↓鯔の臍（ぼらのへそ）
↓なよし

ぼらのへそ［鯔の臍］

ボラの卵巣に付いた腹部分の身のこと。脂がありコクもあるので塩焼きにするととても美味。魚の中でも最高に味がよいとされ、料亭で出す料理。

この身は、ボラをさばいたとき、卵巣をカラスミに仕込むとき持つための取っ手のようなもので、形は三角。ウロコを付けたままで20gほどの小さい身である。オスにもあるが、メスの方がおいしい。ボラをさばく10月20日頃から約1カ月ほどの間に出回る。

↓鯔（ぼら）

ほりかわごぼう［堀川牛蒡］

京都の堀川で作られたという牛蒡。京野菜として知られる。

聚楽第の跡地に生じたともいわれ、聚楽牛蒡ともよばれた。
数年で植え替えるために太くて表面が松の皮のようにごつい。中心部の空洞に肉などを詰めて煮物にする。

ポリフェノール

植物や野菜の色素、苦味や渋味の成分。ブドウやブルーベリーの赤い色素のアントシアニンもポリフェノールの一種。すりおろしたリンゴが茶褐色になったり、時間がたった緑茶や紅茶が褐色になるのは、それらに含まれるタンニンのせいで、タンニンもポリフェノールの一種である。ポリフェノールには抗酸化作用があり、血管を丈夫にするといわれている。

ホワイトリカー

無色透明な蒸留酒の総称で、甲類焼酎と分類されている酒である。代表的な使い方は果実酒の仕込みだが、酒の中でも保存性が高く、無色透明のため、日本料理の仕事の中では、魚を味噌漬けするときに味噌床に加えたり、長期保存する常備菜の漬け地に加えることがある。

魚を味噌床に漬けるときはガーゼ等の布に包んで漬け込むので、そのときのガーゼはホワイトリカーで洗ってから使用する。漬け地がない料理は、ホワイトリカーをスプレーに入れて料理に吹きかけるとよい。

ホワイトリカーは、甘い料理、酸っぱい料理、どんなものに添加しても、持ち味を邪魔せず、料理の味を変化させない。消アルコールは消毒効果が高いと思われるが、違和感のある香りが残る。

ほんかれぶし［本枯れ節］

カツオを掃除し、燻して水分を抜いてからカビ付けを繰り返した節のこと。カビ付けをする前のものは荒節である。

↓鰹節（かつおぶし）

ほんじょうぞうしゅ［本醸造酒］

米を3割以上削って精米したものを原料にした日本酒。米を4割以上削って仕込む酒は特別本醸造酒と表示する。添加する醸造アルコールの量は、原料に用いる白米の総重量の10％未満で、普通酒に比べて少ない。

ぽんずしょうゆ［ポン酢醤油］

柑橘酢を生かした、きりっとした合わせ酢。白身の魚に合い、鍋物や揚げ物にも欠かせない。ニンニクを加えて仕込むと、カツオのたたきやステーキによい。橙《だいだい》酢は9月に絞るため、かっては9月に仕込みをするものだった。カボスを使ってもよい。

材料は、橙酢1、出汁4、醤油1の割合で合わせ、うま味調味料、うま味だし、梅干し、生姜の皮、タカノツメ、カツオ節、昆布、味醂を各適量。すべての材料を合わせ、1週間から10日ほど常温で寝かせてから漉す。仕込んだポン酢醤油は、冷蔵保存すれば半年は味が変わらない。漉して残ったカツオ節や昆布は、そのまま食べてもおいしく、漬け物代わりにもなる。上質のポン酢醤油を仕込むときは、血合い抜きのカツオ節を使う。

ほんぜん［本膳］

本膳料理で、式三献の次に出す料理のこと。本膳は、ひとつの膳に、汁、飯、猪口《ちょく》、平《ひら》、坪《つぼ》、向《むこう》、香々が並ぶ。猪口には、煮た料理が盛られる。平には煮物が盛られる。飯は、室町時代は白飯ではなく、クチナシで染めた飯か玄米の飯だった。坪は、酢の物や和え物である。向には、なますや和え物や貝類を盛る。香々は、奈良漬けなど古漬けを盛る。

本膳とは武家でのよび方で、農家などでは、一の膳とよんだ。この本膳から、汁、飯、向を取り出したものが懐石料理の膳となったと考えられる。

→本膳料理（ほんぜんりょうり）
→式三献（しきさんこん）

ほんぜんりょうり［本膳料理］

本膳料理とは、もてなしを目的とした日本料理の正式な膳立てである。武家作法として室町時代に発達し、婚礼や五節句といった正式なお祝いやもてなしの場で供する、格式を重んじる料理であった。

昭和30年代までの北関東の本膳料理は、式三献の料理、本膳、脇膳、向膳、後段の宴で構成されていた。

現在はほとんど作られることはなくなったが、当時は、初孫が生まれたときや白寿の祝い、成人の祝いなどで格式のある家では本膳料理を用意していた。

本膳料理には現在の会席料理と茶懐石の要素の両方が含まれ、これをもとにそれぞれの形式が時代に合わせて変化して確立し、現在に至ると思われている。本膳料理は現在の日本料理にとって重要な構造を持っており、これらを基本として献立を理解することが、日本料理として献立を作成する上での基本の知識になる。

→脇膳（わきぜん）→向膳（むこうぜん）
→後段の宴（ごだんのうたげ）

ほんだま［本玉］

赤貝のこと。赤貝に似た貝に、佐藤貝やサルボウなどがあり、それらと区別するために本玉とよんでいる。サトウ貝やサルボウ、韓国産の赤貝は、場違いという意味から〝バチ〟ともよばれる。

→赤貝（あかがい）

ホンビノスがい［ホンビノス貝］

アメリカ大西洋側が原産の、ハマグリに似た二枚貝。アメリカではクラムチャウダーに使われる。２０００年代に出回るようになり、安価なことからハマグリの代用として使われるようになった。東京湾などで繁殖している。

ほんぶし〔本節〕

カツオを節おろしにして作るカツオ節のこと。これに対し、三枚におろしたときのカツオの身は亀節という。

→節おろし（ふしおろし）

ぼんぼり

お雛様のぼんぼりに由来し、桃色に染めたそぼろのこと。転じて、桃色の料理を指す。

作り方は、①残り物の白身魚に強塩をし、ひと晩置く。②①を、酢を少量加えた熱湯で茹でて水にさらして塩抜きをする。③布巾でよく水分を絞ってばらばらにする。④全体量の20～40%ほどの砂糖と食紅少々を加えて二枚鍋でていねいに煎り、最後に塩を加える。

砂糖を加えず、和え衣として使うこともある。

→そぼろ

ほんまぐろ〔本鮪〕

→黒鮪（くろまぐろ）

ほんます〔本鱒〕

桜マスのこと。学術的にマスというと桜マスを指す。

→桜鱒（さくらます）

ほんみつ〔本蜜〕

味醂のアルコール分を抜いて砂糖を加えたもの。つやを出すときに使い、例えば、タイの兜煮《かぶとに》を煮た際に仕上げとして加える。

ほんやき〔本焼き〕

鋼《はがね》で打った庖丁のこと。家庭用の庖丁の刃がステンレス製やセラミック製が多いことに対し、プロの庖丁の刃は鋼でできている。鋼とは鉄に炭素を加えた金属でそれで打った庖丁を本焼きという。

本焼きは日本刀と同じ材質で、切れ味が違う。鋼を鉄に張り合わせて刃とする庖丁もよく使われ、その庖丁は霞《かすみ》とよび、研いだときに出る模様のことも霞という。本焼きには霞はない。

→霞（かすみ）

まいたけ〔舞茸〕

東北では松茸より珍重され、天然もののキノコの中ではとても香りもよく美味。秋田のきりたんぽには欠かせない。

幻のキノコだったが、１９７０年代に人工栽培に成功し、広く出回るようになった。幅広い料理に向く。

まえもり〔前盛り〕

主役の料理の前にあしらう料理のこと。焼き物では鉢前という。

↓鉢前（はちまえ）

まかじき［真梶木］

↓梶木（かじき）

まかない

従業員用食事のこと。日本料理店では立ち回りが担当し、調理長、接客係、同僚など、店のスタッフのために作る。

営業前は、うどんやにゅうめん、ちらしずし、魚の干物を焼いたもの、冷奴、ポテトサラダ、肉をさっと焼いたものなど、比較的あっさりした食事を用意し、カレーや、ソースをかけたり胡椒や辛味をきかせた刺激のある味の料理は避ける。椀物や煮物などの繊細な味を判断するときに、そうした食事が舌を狂わせてしまう。また、刺身などの生ものは予算に見合ったとしても避ける。万が一腹痛でも起こしたら、営業に差し支えるためだ。

まかないというのは、単なる食事係ではなく、食材の扱いや料理の基本技術について試される場でもある。洋食を献立に入れることが増えているようだが、和食を提供する店ならば、和食を中心にし、必ず煮物を取り入れて、勉強の場としたい。

↓立ち回り（たちまわり）

まきえ［蒔絵］

漆に、漆の絵の具で模様を描き、その上に金粉や銀粉を蒔いて固め、研ぎ出す技法。これを平蒔絵《ひらまきえ》とよび、漆を塗って高く盛り上げてから金粉や銀粉を蒔いたものは高蒔絵《たかまきえ》という。

まきごい［巻き鯉］

コイを骨切りして結糸で中心を1カ所巻き、1回火取りをして、白味噌味で炊く料理。端午の節句の本膳料理で出すものだった。現在でも宮中では、行事のときに出している。日本料理店で味わえる場合もある。

↓結糸（ゆわいそ）　↓火取り（ひどり）

まきじお［蒔き塩］

尺塩ともよび、文字が示すように、一尺、約30㎝の高さから塩を振る方法。脂がある魚介を焼き物にするときに下ごしらえとして振り、カレイ類、カマス、キンキ、キンメダイ、サケ、アマダイなどが例となる。

やり方は、片手に塩を持ってその手のひらを上に向ける。もう片方の手を手首で交差させ、手首を軽く叩き合わせ、塩を持った手の指の間から塩をこぼす。種まきと同じやり方で、蒔き塩とはそこから由来している。

蒔き塩をするときは、まず、食材を並べるところに塩を蒔き、その上に食材を並べ、再び塩を蒔く。焼き物にするときは、玉酒で洗い、拭いてから焼く。最初から上手にはできないので、黒い紙の上で練習するとよい。

→玉酒（たまざけ）

蒔き塩　約30cmの高さから塩を落とし、脂の多い魚介の下ごしらえに用いる。塩は、持った手の指の間からこぼすように落とす。

まきす［巻き簾］

細く切った竹をすだれのように糸でつないだ道具。すしを巻いて形を整えたり、茹でた野菜を巻いて水切りをするとき、蒸し器に敷くときなどに使う。竹の皮の表面が出ている方が表。敷物として使うときは、目を縦にする。

まきするめ［巻き寿留女］

平安時代の本膳料理に登場する古い仕事。祝い肴や婚礼の料理にも使う。スルメイカの旨味と、渦巻き模様の美しさが魅力。作り方は、スルメイカに振り塩をし、天日に干してから巻いて時間をかけて焼く。これを端から小口に切って使う。冷蔵庫で長期保存ができ、10年以上持つ。ほかのイカではきれいな渦巻きにならない。

まこ［真子］

魚の卵のこと。魚の卵巣はビタミンが豊富で、栄養面からも魅力的な食材。フグとカマスを除けばたいがいの卵が食べられる。

味のよさでよく知られているのはサケ、ボラ、タラ、ムツ、マダイ、ハモ、マスの卵である。スズキやヒラメも味がよく、鮮度のよいものは必ず使いたい。

→イクラ　→唐墨（からすみ）
→睦子（むつこ）　→ますこ

まこんぶ［真昆布］

北海道の函館から室蘭に至る内浦湾が主産地の高級昆布。上品な香りがあり、出汁によい。硬いので煮物には向かない。おぼろ昆布や白板昆布、昆布茶は真昆布を使う。

→朧昆布（おぼろこぶ）
→白板昆布（しろいたこぶ）

まさご［真砂］

しらたきやイカ、ひじきなどにタラコなどの魚卵をまぶした料理。ただし、砂を料理名にすることはないので、本来は料理名ではないはずで、間違って伝わったと考えられる。勢《せ》子《ご》という表現を使い、〝勢子和え〟などとする方が料理名にはふさわしい。

→勢子和え（せごあえ）

ましこやき［益子焼き］

栃木県益子町の焼きもの。料理店の器としてもよく使われる。大正時代に起きた、民芸陶器の代表的な窯場で、柿釉、黒釉、なまこ釉などをかけた素朴な味わいの厚手の器で人気がある。現代は、さまざまな陶芸家を受け入れ、窯元の数は４００ともいわれ、現代陶芸の発信地である。

ます［鱒］

サケ科の硬骨魚。サケと同様に産卵のため故郷の河川に戻り、春に産卵する。サケよりもマスは脂がある。代表的なマスは、サクラマスで、ほかに、カラフトマス、ギンマス、ベニマス、マスノスケなどがある。淡水にすむのは、イワナ、川マス、ニジマス、姫マス、ビワマスなどである。

→桜鱒（さくらます）　→虹鱒（にじます）
→姫鱒（ひめます）

ますこ

マスの卵巣で、サケの卵巣であるイクラより味がよいことで知られる。イクラより鮮度が落ちやすく、粒が小さくてほぐしにくいことからスジコの状態で塩漬けにすることが多い。味噌漬けにすることもある。マスは春に産卵するので、春に北海道やデパートなどで入手できる。

ますのすけ

サケ・マスの中で最も大きくなるもの。英語ではキングサーモンという。身はやや紅い。

まだけ［真竹］

孟宗竹より旬は遅く、5月から6月に味わう筍。日本に野生種があったとされる。やや苦味があるが、味はよい。竹皮として料理を包むのに使う皮は、真竹の皮である。

→孟宗竹（もうそうちく）

まつかさづくり［松笠造り］

2～5㎜ほどの幅の格子状に、斜めに切り目を入れる切り方。イカによく用いる。多少手間がかかるが、刺身の見栄えがぐっとよくなる。

まつかぜ［松風］

昔は、シギやツグミで作った料理だったが、いまでは寺の精進料理で、自然薯で作る焼き物を指す。

表面に芥《け》子《し》の粒を振ることが特徴で、口取りとして持ち帰る料理として出された。松風とはうら寂しい意味を表し、寂しさを表現するため、盛り付けをするときは付け合わせは添えない。冬の季語でもあるので、冬の料理である。現在はそれほどありがたみがないが、芥子は昔は薬であり、高価だった。

→口取り（くちとり）

まつかわづくり［松皮造り］

刺身の手法のひとつで、魚の皮を引かず、皮を上にして抜き板などにのせ、布巾をかぶせて熱湯をかけて皮だけを霜降りにしたもの。マダイが代表的で、マダイを霜降りにすると赤松の木の肌に似ていることに由来する。

→霜降り（しもふり）

まつかわびら［松皮びら］

北茨城より北の、常磐や三陸、仙台沖でとれる高品質のカレイ。カレイだが、北茨城では松皮ビラということがある。

大型で、味の面ではホシガレイに並ぶおいしさで、昔から高級魚だった。夏は洗い、冬は煮付けにする。現在は滅多にとれないため幻の魚とよばれる。雄は眼がない側が黄色いので黄松《きまつ》皮《かわ》という。冬が旬である。

→星鰈（ほしがれい）

マッシュルーム

和名は原茸。平安時代の献立に見られる歴史のあるキノコで、世界では最も生産量が多いキノコ。香りよりも歯応えを楽しませ、生食や油で炒める料理に向いている。生食できるキノコは、マッシュルームのほかは、松茸と栽培もののえのき茸である。

まつたけ［松茸］

独特の香りのよさが珍重される、高級食材。赤松の林にしか生えず、栽培ができないために希少価値が高い。能登産が最大級、伊那産が良質で、岩手から広島まで出る。江戸時代には富士山の青木ヶ原産の価値が高かったという。

特に八十八夜の頃（5月の初め）に出る松茸は早松茸、夏松茸と書いて〝さまつ〟と読み、高値で取引される。椀物や刺身で提供する。その後、9月に入ると価格はひと段落し、取り入れやすくなり、11月末まで出回る。

近年は中国や韓国、メキシコ、モンゴル、カナダなどの海外産の松茸が多く輸入されるようになり、手頃な価格のものが出回るようになった。風味もなかなかで、鮮度がよければ国産ものとの差は意外に少ない。中国産は6月から10月まで入る。

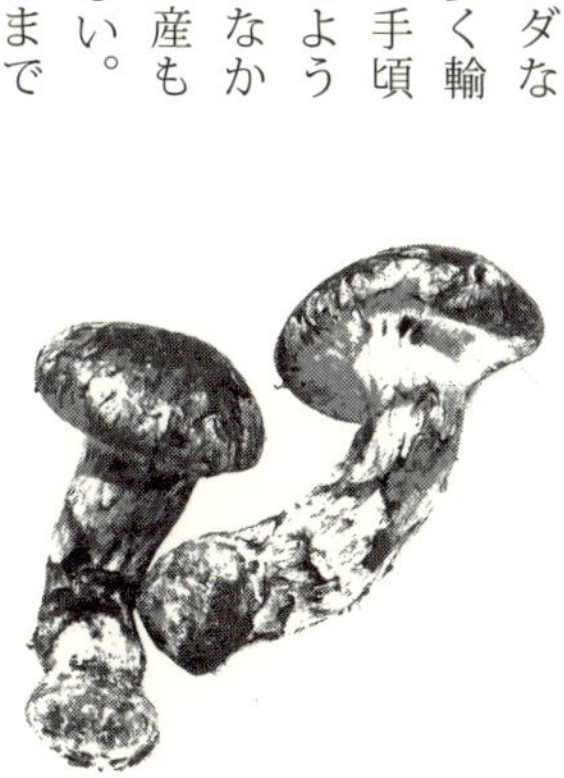

まつな〔松菜〕

正月料理に欠かせない、椀づまやあしらい、青味に使う野菜。茶事では椀物や刺身のつまに使う。つまものの中で最も高価で、高い献立に入れる。意外に知られておらず、使いこなしていない野菜のひとつ。

アカザ科の一年草で、海辺の砂地に自生し、松葉に似た鮮やかな実を持つので、この名がある。高価で珍しいものだったが、いまは栽培ものがある。茹でると紫色に変わり、水にさらしてアクを抜いてから使う。冬（11月から1月）に使う。

まつば〔松葉〕

松の木の葉のこと。針をつなげたような形で、2本のもの、3本のもの、5本のものなどがある。

まつばあげ〔松葉揚げ〕

揚げ物のひとつで、材料に下ごしらえをし、そうめんや茶そばを1～2㎝ほどに切って衣にして付け、揚げたもの。材料は、白身魚やエビが向く。

まつばおろし〔松葉おろし〕

三枚おろしの要領で魚をおろしながら、尾を切り離さずに尾の付け根の部分をつなげたまま中骨だけを切り取る。こうしておろした形が二股になり、松葉に似ていることから松葉おろしの名がある。

比較的小型の魚をおろすときのやり方で、キスやメゴチの松葉おろしがよく知られる。

まつばさき〔松葉先〕

庖丁の刃先の先端部分のこと。刀剣では切っ先というが、庖丁では松葉先である。

→庖丁（ほうちょう）

まどをあけない〔窓を開けない〕

料理人が使う言葉で、盛り付けた料理と料理の間に、器の地が見えている状態のこと。窓があいたようにぽっかりと空間ができてしまっていることで、格好がよくない。これを避けるために、盛り付けたら、器を1周回してみて必ず確認をし、さらに真上から見て〝窓が開いていない〟ことを確かめる必要がある。

まないた〔まな板〕

材料を調理する台。木製の場合、材料は檜や朴の木、柳、翌檜《あすなろ》などである。特に檜は、殺菌効果があるとされ理想的。関東の日本料理店で使うまな板は、流しに合わせて切るので一般家庭などに比べるととても大きく、厚みも10㎝以上ある。このまな板は主に刺身を引くためで、ほかに、野菜用、薬味用、水菓子用、漬け物用などと少なくとも5枚をそれぞれの専用に用意して使い分け、食材の匂いが移ることを避ける。

まな板は必要に応じて表面を削り、表面を平らに手入れすると同時に清潔さを保つ。そのため、２００人を収容するような店なら20日に1回、40人ほどを収容する店なら40日に1回、大工さんに調理場に来てもらってまな板に鉋をかけてもらう。１年に1回というように間をあけると、傷が深く匂いが奥まで浸透するのか、たくさん削ることになり、かえって早くまな板が減ってしまう。

木製のまな板の手入れは、仕事が終わった後の毎日の手入れと、週に1回に行う徹底した手入れがある。

毎日の手入れ

まな板をクレンザーで磨いて熱湯をかけ、酢をかけて磨いて再び熱湯をかけ、水気を切って日光に当てて干す。洗うときの水は、浄水器を使って塩素を除去したものではなく、塩素が含まれた水道水に切り替え、殺菌効果を利用する。

週に1回の手入れ

前途の〝毎日の手入れ〟の手順に漂白剤で殺菌する手入れが加わるのでゴム手袋をする。手順は、①クレンザーでまな板の表面をこすり、汚れを浮き上がらせる。②10分ほど放置してから、熱湯をたっぷりとかける。③漂白剤の原液を小さい容器に入れ、たわしに付けながら表面を磨く。時間をかけるとまな板が黒ずむので、手際よく掃除する。④再び熱湯をかけ、表面をよく洗い流す。⑤まな板と同質の木片で表面の水気をこそげ取る。⑥生酢を充分にかけ、表面をたわしでこすって洗う。⑦再び漂白剤をたわしに付けながら洗い、熱湯をかける。⑧木片で表面の水気をこそげ、生酢をかけて10～15分ほど放置する。⑨熱湯をかけ、木の板で表面をこすり、水分を取り除く。⑩生酢をかけて表面をよく洗う。⑪熱湯をかけ、水分を蒸発させる。⑫直射日光に干す。

まないたざら［まな板皿］

まな板の形を写したような、長方形で板状の足付き皿。

まないたびらき［まな板開き］

正月に行う東京の料理人の庖丁式。茨城県霞ヶ浦産のコイを使う。浅草の報恩寺や日本料理店で行われる。

まながつお［鯧・真名鰹・真魚鰹］

用途の広さを誇る魚がある一方、マナガツオは調理の幅が大変狭いことが特徴の魚。身は平たく、どことなくユーモラスな顔つきをしている。深海魚のため養殖はできず、高級魚に入る。旬は冬。腹がコバルト色なのは新鮮な証拠である。身のきめの細かさが秀逸で、独特の香りを持つ。

鮮度のよいものは刺身にし、西京味噌に漬け込んだ西京焼きも代表的な料理。頭や中骨、ヒレすら西京漬けでおいしく味わえ、幽庵焼きもおいしい。しかし、塩焼きにはせず、内臓も使わない。立冬（11月上旬）から立春（2月上旬）の献立で使う。
カツオとは無関係である。

まながつおのあつかいかた［マナガツオの扱い方］

味噌漬けにするのが最もよく、この魚ならではのおいしさを堪能できる。身に限らず頭も中骨もヒレさえも西京漬けにしておいしい。

おろすときは、味噌漬け用としての切り方を第一に考える。通常は平べったく幅のある魚は五枚におろすが、味噌漬け用としてはそれでは身が小さくなってしまって見栄えがよくないので、三枚おろしが基本。また、骨が大変やわらかく、おろしていても身と骨の境がわかりにくい。身を中骨からはずすときは、骨まで庖丁が入ってしまわないように注意する。

身も骨もやわらかいが、皮だけは厚いので、味噌漬けにするときは皮に細かく1～2㎜間隔の切り目をていねいに入れ、味がしみ込むようにする。皮を取ってしまうとおいしくない。

ごく鮮度がよいものなら刺身にする。刺身として味わう場合は五枚におろして身を引く。

まなばし［魚菜箸］

まな箸は、魚菜箸と書き、魚を盛り付けるときに使う箸で、刺身の盛り付けには欠かせない。竹製で、先端が細くなっている。

現在は金属製が多く出回っているが、盛り付けに金属製のまな箸を使うのはあまりよくない。金属製の箸は魚の身がすべりやすく、正確な盛り付けができないからである。金属製の魚菜箸というのは、カウンター席でお客に見せるために使う道具として普及したようである。

マヨネーズ

酢と食用油、卵黄を分離しないように攪拌し、塩や胡椒で味付けしたソース。生野菜やエビやカニなどを味わうときに向く。日本料理では、明治・大正時代から取り入れられたようで、最初は水野菜として、ウドやキャベツ、セロリ、人参に添えて出していたという。

現在はさまざまな種類のマヨネーズが市販され、栄養面や健康面をアピールするものが揃っているが、自家製として作る方が奥深い味づくりができる。例えば醤油を加えたマヨネーズを手作りすれば、日本料理で違和感のない調味料として和え物や小鉢料理に取り入れられる。

作り方は、①塩3gとうま味調味料適量、酢20㎖を先に混ぜておく。②①に卵黄1個を加えて混ぜ、サラダ油1ℓを少しずつ注ぎ入れながら全体が乳化するまでよく攪拌する。③ツノが立つ状態になったら、醤油10㎖を加えて混ぜ、味を調える。

→水野菜（みずやさい）

まる［丸］

スッポンの異名。中国で円菜、団魚などとよぶため、あるいは甲羅が丸いために丸とよばれるという説がある。いまは人気があるが、江戸時代までは大衆的な食材であり、格の高い食材ではなかった。

→すっぽん

まるじたて［丸仕立て］

丸とはスッポンのことで、鶏のスープにスッポンや酒を加えた汁を使った料理を指す。スッポン汁仕立てとはいわないことに注意する。

まるじゅう［丸十］

サツマ芋のこと。薩摩藩島津家の家紋が丸に十であったことに由来する。

まるた［丸太］

丸々としたウグイのこと。

→うぐい

まるなべ［丸鍋］

丸はスッポンのことで、丸鍋はスッポンの鍋のこと。スッポン鍋とはいわない。

日本料理店では、丸鍋にはスッポンのほかに一文字に切ったネギと一文字麩だけを入れる。出汁は、卵を産まなくなった老鶏2羽、水6升、酒6升、生姜100g、青竹を6時間ほど火にかけ、半分になるまで煮出して取る。青竹は味がよくなることから加える。青竹の節のあるところを15㎝ほどに切ったものを2本用意し、2つに割って使う。

→丸（まる）→すっぽん

→一文字（いちもんじ）

まるまえかくむこう［丸前角向こう］

継ぎ目や綴《と》じ目がある器の正面を指す言葉で、丸盆は綴じ目が手前に来るようにし、四角い膳は向こう側に綴じ目が来るように置いて使う。茶事でも、一般の食事でもルールは同じである。

まわしぎり［回し切り］

牛蒡《ごぼう》を笹がきにするときに、数本をまとめて俎板にのせ、それらを同時に転がしつつ、庖丁を寝かせながらていっぺんに笹がきにしていく切り方のこと。

まわり

宮中の料理のひとつで、何品も1種類ずつ盛り合わせた料理。もともとは女房言葉で、主菜の〝まわり〟に並べる料理であったともいわれる。

本格的な料理の前に出し、会席料理で出す前菜と同様の役割を果たしているが、マダイの皮を引いたときの皮を焼いて一品にする、キスの骨を焼いて一品にするなど、どんな食材も捨てずに料理して盛り合わせる。材料を無駄にしない料理という考えが根底にあるようだ。

まんじゅう［饅頭］

そもそもは小麦粉を丸めたものを意味する。味噌、肉あんを入れて煮物や椀物に使ったり、あんを入れて甘味にする。鎌倉時代に中国から渡来した食べ物といわれている。

まんだい

アカマンボウのこと。庖丁ではおろしにくい魚で、たこ糸を使っておろす変わった魚。味噌漬けや刺身によく、とても美味。旬は11月上旬から2月上旬。常磐が南限。

まんねんづけ［万年漬け］

干し大根や昆布、生姜、スルメなどを細かく刻み、醤油と酢を煮詰めた地に漬け込んだ漬け物。その名のとおり、何年でも貯蔵に耐える。同じものではないが、何年も持つほかの料理を献立に入れるとき、この名を使うことがある。

まんびき

魚のシイラのこと。何でも食べる悪食のため、魚としての格が低くてあまり好かれない。そのため、日本料理の献立には使わない。

みがき［磨き］

食材をていねいに洗った状態のこと。

みがき［身欠き］

魚の食べられない部分や有害の部分をすべて取り除いて、食べられる状態にする下ごしらえのこと。また、下ごしらえを済ませた状態のものを指す。身欠きニシンの場合は、ニシンの身欠きを乾燥させたもの。

みがきごま［磨き胡麻］

皮を取って乾燥させた胡麻のこと。胡麻は、下ごしらえの手順で、収穫後に水に浸して皮をふやかし、何度も水を替えて洗って皮を取り除く。その処理をした状態のもの。

みざんしょう［実山椒］

山椒の実の未熟なもの。船場汁やウナギの椀物の吸い口に使ったり、佃煮にする。吸い口に使うときは、そのままでは香りが強過ぎるので、数カ所を針打ちして水に5～6分ほど浸してから使う。夏（5月から7月）に使う。

↓針打ち（はりうち）

みじんぎり［みじん切り］

せん切りにした材料を、小口から刻んで細かくすること。

→せん切り（せんぎり）

みず［水］

日本料理にとって水はとても重要なもの。椀物にしても煮物にしても、魚や野菜を洗うのにも清浄な水がなければ作りようがない。O－157の発生以降、しばらくは東京の水は塩素濃度が高く、おいしくなかったためか、浄水器を取り付けたり、水を購入したりと、水にこだわることが当然のようになった。しかし、さまざまな有料な水や、浄水器を通した水が、いつも水道水よりよいとは限らない。

例えば、出汁を引く水として、アルカリイオン水が最適ではない。タンパク質はアルカリ性で分解するので、出汁を引くには、弱酸性の水の方がよいと考えられる。つまり、からだによいとされる水や、味がよいとされる水が、料理によいとは限らない。

出汁用の水にこだわるとしたら、浄水器の水を使うか、もっとよいのは、水道の水を溜め、かめや琺瑯《ほうろう》の器などに2日ほど寝かせてから使うという方法がある。塩素は下に沈むので、上澄みをすくって使う。最近は東京の水道水の質が格段によくなって商品として売り出すほどになり、抵抗なく使えるようになった。米を炊く水も、溜めておいた水道水を使うとよりおいしく炊ける。

また、魚の下ごしらえをするときや、夏の弁当に詰める煮物を仕込むときなどは、意識して水道水を使いたい。浄水器にかけた水やアルカリイオン水などは殺菌効果が期待できないが、塩素を含む水道水は、万が一の食中毒予防や雑菌の殺菌効果が期待できる。ただし、お茶やコーヒー用の水は、浄水器にかけた水の方がよい。

みずあらい［水洗い］

魚の下ごしらえの、水洗いをしながらおろす過程。魚が調理場に届いたら、作る料理に合わせてウロコやエラ、腹ワタを取り、おろしてから冷蔵庫にしまう。ここまでの魚の処理を〝水洗い〟という。この作業の後は、魚に水が触れることは厳禁となる。

みずがい［水貝］

アワビの夏の料理。アワビを殻からはずし、ひと口大に切って、キュウリやウドなどとともに海水程度の塩水に浮かべる。そのまま味わっても、生姜醤油かワサビ酢で食べてもよい。アワビは新鮮なものほど硬く、そのコリコリした歯応えを楽しむために、身が硬いクロアワビを使う。歯応えがよい割に消化がよく、年配者にも提供できる。茨城県大洗町の郷土料理と聞いている。

→鮑（あわび）

みずがし［水菓子］

果物のこと。昔は果物を菓子とよんだのでこの言葉がある。室町時代の献立に、すでに水菓子として果物を出す献立が登場していた。現在は、果物ばかりではなくシャーベットやゼリーも水菓子として献立に入れ、トマトや大根といった野菜系の食材も使うことが普通になった。果物を出すときは、メロンはワタを付けたままにする、梨は〝有の実庖丁〟で切る、上質なブドウやイチゴは洗う必要はない、などの決まりがある。

切った梨やリンゴを塩水に浸す場合が多く見受けられるが、それをするのは柿だけ。かえって黒ずむので、梨やリンゴを切ったら、レモン汁を加えた水にくぐらせることが基本である。

水菓子を用意するのは簡単と、見習いの人に切らせる場合があるが、庖丁の洗い方が不充分だったり、まな板の匂いが移ったりして大失敗をすることがよくある。専用のまな板を用意すること、庖丁をていねいに洗うことをきちんと教えてからでなければ任せてはいけない。

→有の実庖丁（ありのみぼうちょう）

みずきり［水切り］

材料の水分を取り去ること。

みずしお［水塩］

塩が現在のように精製されていなかった時代は、塩がかます（藁で作った袋）に入っていたため、土ぼこりや藁やアクが混じっていた。そのままでは使えないので、卵白で練って水を加えて煮立て、汚れなどを取り除き、飽和食塩水にして使い、その水のことを水塩とよんだ。

手順は、塩1升に卵白2個分を加えて練り、水2升で煮立てる。卵白で練ることは、〝でっちる〟といった。煮立てることで卵白に塩の汚れが付いて浮くので、その卵白を取り除き、溶け切らずに底に沈んだ塩分はそのままにして、布で漉して笠間焼きのかめで保管して調味に使った。現在は精製度の高い塩が各種あり、わざわざ水塩を用意する必要はない。

水塩の主な用途は吸い物の調味で、すでに塩が溶けているので、吸い物の調味に使うと、カツオ節の香りが逃げないうちに塩味がなじむ利点がある。竹柄杓で1滴ずつ落として味を決めるようにした。

みずたき［水炊き］

鶏肉を主役にした、博多の鍋物。鶏ガラを煮出して出汁を取り、その出汁で、ネギや椎茸、白菜などの野菜とぶつ切りにした鶏肉を煮て、ポン酢醤油やもみじおろしで食べる。

水炊きというので出汁はあっさりしていると思われがちだが、正式な水炊きは、大量の鶏ガラを水と酒で長時間とろ火で煮出した、白くて濃厚な出汁を使う。

みずだこ［水蛸］

前長が3mにも達する世界最大のタコ。北海道や東北で水揚げされる。マダコよりも水分が多くてやわらかいので、刺身やしゃぶしゃぶもおいしい。熱い油に通すといっそうやわらかくなる。

マダコの旬が夏に対し、水ダコは冬で、11月後半から5月に出回り、北海道の正月に欠かせない。

みずひき［水引き］

祝儀の品や進物を包んで結わえる紙でできたひも。料理では、焼いたマダイに飾ったり、鰭《ひれ》飾りに使う。祝儀では紅白や金銀、不祝儀では黄白か黒白を組み合わせる。紅白で用いるときは、右紅左白といって、右に紅、左に白を配することが基本である。

→右紅左白（うこんさはく）

みずやさい［水野菜］

ウドやキュウリなどを生で出すときの献立の表記で、生野菜とせず、水野菜と書く。いわばサラダのことである。大正時代や第二次世界大戦前の献立にすでにこうした表記が見られる。

みそに［味噌煮］

出汁に味醂や酒、砂糖、味噌を加えてややクセのある魚を煮る料理。サバやイワシなどの青魚に向く。野菜の大根やコンニャクも合う。必ず生姜を加えて煮るもので、魚を煮るときは細く打った生姜を天盛りにしてもよい。

大衆的な料理と思われているが、中でもサバの味噌煮はとてもむずかしく、煮物としては技術が要るために料理屋では格が高い料理である。

みぞれ［霙］

雪がとけたように降る様子がみぞれに似ていることから、料理では、氷をかいたものや大根おろし、すりおろしたカブを使った料理に付ける名前。正式には11月23日の新嘗祭以降から春の彼岸までの間に用いる。霙仕立て、霙汁、霙和え、霙鍋などがある。

みぞれあえ［霙和え］

大根おろしを使った和え物の表現で、11月下旬から春の彼岸までに用いる。夏場に供するときはおろし和えとする。宮重と表現する場合もある。

→おろし和え（おろしあえ）
→宮重（みやしげ）

みぞれす［霙酢］
三杯酢や加減酢などに、大根おろしを水気を軽く絞って加えた合わせ酢。カキなどの貝類に向く。

みぞれに［霙煮］
大根おろしを加えた煮物のことで、冬場の献立での表現。夏はおろし煮という。
→おろし煮（おろしに）

みだい［身鯛］
頭をはずしたマダイのこと。マダイは頭だけでも需要があるため、別々にして売っている。

みつ［蜜］
砂糖やハチミツ、水飴など甘味の調味料を溶かした液体のこと。材料を仕込むときに浸けたり煮たり、料理や甘味にかけたり絡めたりする。

みついしこんぶ［三石昆布］
→日高昆布（ひだかこんぶ）

みつに［蜜煮］
砂糖と水を合わせて薄蜜や濃蜜などの地を作り、それで材料を煮たり浸したり、煮含めて甘く仕上げたもの。青梅、金柑、黒豆、サツマ芋などを材料にする。
材料により、始めは砂糖が少ない薄蜜から使い、徐々に砂糖を多くした濃蜜で仕上げることがある。
→薄蜜（うすみつ）→濃蜜（こいみつ）

みつば［三つ葉］
数少ない、日本原産の野菜。栽培が始まったのは江戸時代。栽培されたものと野生のものを利用する。栽培されているものは、糸三つ葉、切り三つ葉、根三つ葉などがある。

みつはっぽう［蜜八方］
調味をした出汁で、蜜を含ませたいときに使う地のこと。糖度は10％ほどで薄蜜の一種。濃蜜に浸け込む前に使う。
→薄蜜（うすみつ）→濃蜜（こいみつ）

みなづきわん［水無月椀］
水無月（6月）の献立で取り入れる椀物のひとつ。葛を練って三角にし、小豆をのせた椀物を入れる。その椀物を水無月椀という。

みなみまぐろ［南鮪］

南半球だけにいるマグロ。クロマグロ（ホンマグロ）に匹敵するおいしさがあり、インドマグロともいう。クロマグロに次いで価値が高く、インドネシアやニュージーランドで漁獲されたものを日本が多く輸入している。養殖技術が進み、オーストラリアで養殖されたミナミマグロが輸入されている。

クロマグロよりも流通量が少なく、すし店以外で食べる機会は少ない。中トロのおいしさは、クロマグロ以上と評価されることもある。

→黒鮪（くろまぐろ）

みね［峯］

庖丁の背の部分のこと。

→庖丁（ほうちょう）

みねおかどうふ［嶺岡豆腐］

酪農の発祥地である嶺岡牧場（千葉県南房総市）にちなんだ料理で、いわゆるチーズのこと。簡単にいえば、牛乳と生クリームを葛で寄せたもの。千葉県の嶺岡牧場は、八代将軍吉宗が牛を放牧して酪農を始め、偶然にチーズができたという。

みのあげ［蓑揚げ］

カボチャやサツマ芋、牛蒡《ごぼう》などをせん切りにして水にさらし、水気をよく拭き取ってから材料に付けて揚げる料理。揚げたときの形をミノムシに見立てる。風情のある秋の料理である。

みのやき［美濃焼き］

美濃地方（岐阜県東部一帯）で焼かれる焼きものの総称。織部や志野、黄瀬戸、瀬戸黒は、どれも美濃焼きである。

みほのまき［三保の巻き］

キュウリのかつらむきで生姜を巻いた料理のことを指す。江戸時代からあったようである。

みみ

イカや貝類の縁の部分を示す言葉。例を挙げると、イカの胴体の先の三角形の部分やアワビの縁のひらひらした部分など。

みやしげ［宮重］

宮重とは大根のこと。大根を使った料理に付ける名前で、宮重巻き、宮重蒸しなどがある。地上に現れると淡緑色になるため青首大根とよばれ、いま最も多く出回る大根である。

もともと宮重大根という大根があり、形がよく肉質もやわらかくて甘味があり、煮物、漬け物、干し大根にもよい。ルーツは尾張とされ、江戸に渡って練馬大根に、京都に渡って聖護院大根になったといわれる。

→宮重大根（みやしげだいこん）

→宮重巻き（みやしげまき）

みやしげだいこん［宮重大根］

愛知県で育成された品種。食味がよく、生食、煮物、漬け物、切り干しなど用途も多い。これを基本として、現在の主流である青首とよばれる大根が生まれた。

みやしげまき［宮重巻き］

大根をかつらにむき、エビかカニを巻いた料理。中に、かつらむきにした生姜を一緒に巻き込むこともある。中心に巻く具は、合えば何でもかまわない。

→宮重（みやしげ）

みやじま［宮島］

しゃもじの調理師用語。18世紀の終わり頃、僧が収入のない広島県の宮島の島民に産業をと、楽器の琵琶の形からしゃもじを作ることを考案したと伝えられている。

料理人にとっては、ご飯をよそうだけでなく、裏漉しの仕事をするときにしゃもじはなくてはならない道具。裏漉しを用意するときは必ず宮島も一緒に用意する。

みやだい［宮台］

本来は、神輿《みこし》をのせる台のこと。日本料理では、主役の食材を見栄えよく盛ったり、器を高さを出して配置するために、杉の白木地を井戸型に組んだ小さな台を使う。これを宮台といい、道具店に注文をして作ってもらう。

椀物や煮物などでは、大根で宮台を作り、主種を置くことも多い。主種が沈んでしまわない高さに大根を器に合わせて切り、昆布と塩と酒、うま味だしを加えて含め煮にしておく。それを宮台として置き、主種をのせる。

→主種（しゅしゅ）

みやばしら［宮柱］

宮殿の柱のことで、篠よりも太い、ある程度太さがある円柱形のむきもののこと。

→篠（しの）

みやま［深山］

濃い緑色が美しい、初夏から秋にかけての料理に使う名前。深山和え、深山蒸し、深山揚げなどがある。

みやまいらくさ［深山刺草］

あいこともよばれる、とても味がよい山菜。

→あいこ

みやむかえ［宮迎え］

神輿《みこし》を置く台のこと。日本料理では、料理を盛り付ける台のこと。

↓宮台（みやだい）

みゆず［実柚子］

柚子の花が終わった頃の、小さな柚子の実のこと。初夏に使う。針打ちをして水に入れ、適度に香りを逃がしてから吸い口にする。

↓吸い口（すいくち）

みょうばん［明礬］

野菜のアク抜きをしたり、茄子《なす》の色止めに使う物質。ほかには、野菜の色止めや保存性を高めるために用いられる。ミョウバンは自然界にあるものなので、口に入っても安全である。欠点は、収れん性があるため、茄子など皮が硬くなること。この性質を利用して、アユをばん水に浸し、腹がくずれないようにして出荷することがあるという。

↓ばん水（ばんすい）

みりん［味醂］

蒸した餅米から米糀《こめこうじ》を作り、焼酎を加えて糖化させたもの。正月のお屠蘇は、これが原料となる。調味料として使うときは、砂糖に準じた使い方をするが、その甘味に品格がある点が砂糖と違った特徴。高価な材料や、砂糖では材料の持ち味を殺してしまう場合に、味醂で甘味を取る。例でいえば、エビ芋やタイの兜煮《かぶとに》などである。味醂には、煮物や焼き物の場合、料理につやを出す役割もある。

日本料理では、ほとんどの料理の調味に、味醂は醤油と等量使うという原則がある。天つゆ、丼つゆ、麺つゆは代表格で、その味に対して、材料や好みによって砂糖を加減し、味を決めていく。

味醂はアルコールが含まれているため煮切る仕事が必要だが、すべての料理で必要ではない。すき焼きの割り下やウナギのタレや焼肉のように高温で熱する工程がある料理は、前もって煮切る必要はない。

味醂を入れるタイミングは、ウナギや天丼などのタレのように濃厚なものは、最初に入れる。それと対照的に、アワビの塩蒸しやウドの白煮などで仕上がり際にほんの1滴ほど入れる場合があり、これはつや出しのためで、このことを〝味醂を切る〟と表現する。

みるがい［ミル貝］

大きくて長い水管を生食する貝。正式名称はミルクイ。歯触りがよく、上品な甘味があり高級なすし種にする。旬は立冬（11月上旬）から立春（2月上旬）の頃。

むかえばな［迎え花］

料理店の玄関で、目に付くところに活けてある花のこと。季節の、多くの種類の花を華やかに活ける。

万が一、料理店で不幸があったときは、白一色にして活ける。

むかご［零余子］

山芋の根の付け根に生じる小さな芋の芽。塩で炒ったり、飯に炊き込んでり、汁の実、天ぷらなどに使う。深まる秋を感じさせる食材。

むきもの

大根や人参・芋類を、鶴や亀・花などのめでたい姿に形づくり、料理に飾るもの。むきものと彫刻は似ているが、彫刻が刃物を手前から奥へと動かすことに対し、むきものは、刃物を奥から手前へ引く違いがある。むきものは、四條流の仕事では350種ほどある。大掛かりで凝った芸術作品のようなむきものが登場したのは近年のことで、あくまで料理の添え物であるのが本分。江戸時代に長崎から関東へと伝わり、関東では、水戸市吉田村に民芸として最初に伝わった。

料理人がこの仕事に取り組むと、のめり込んで本来の料理の仕事が手薄になりやすいため、若手や経験の少ない料理人にこの仕事を教えるタイミングには配慮がいる。

むこう［向］

↓向付（むこうづけ）

むこういた［向板］

脇板の補佐をする仕事の料理人のこと。

↓脇板（わきいた）

むこうぜん［向膳］

本膳料理で、脇膳の次に出す膳のこと。本来は、本膳料理の中の主役。持ち帰ってもらうための料理で、保存がきく、〝巻き寿留女〟や紅梅など、干したり焼いたりした料理を盛る。
↓本膳料理（ほんぜんりょうり）
↓巻き寿留女（まきするめ）

むこうづけ［向付］

本膳料理の一品で、飯椀と汁椀の向こう側に盛り付けることからこの名がある。料理は白身魚の昆布じめや和え物、なますを出す。魚を1種類だけ使い、加減酢や吉野酢・黄身酢・煎り酒などを敷いて供する。会席料理の刺身のように、魚を何種類も盛り合わせたり、付け醤油を別の皿で添えることはしない。ブリやマグロなどはあまり使わない。

器は陶器か磁器で、趣のある器を使うことも特徴。この器自体も向付とよぶ。器は5寸前後の深めの皿や鉢が多く見られる。向付は懐石料理では華となる器で形もさまざま。花、魚、扇、葉、割山椒など見どころが多く、数ある器のうちでも最も変化に富む。とても印象に残る器であり、もてなされる側も楽しみにしている器なので、季節ごと、料理の個性ごとに積極的に揃えたい。

また、器の形状により、平たい向付に盛ると平向《ひらむこう》、深い器に盛ると深向《ふかむこう》や筒向《つつむこう》、深めの器に盛ると椀向《わんむこう》、蓋のある器に盛って蓋向《ふたむこう》とよび方を変えることもある。

もともと向付は、本膳料理の形式を部分的に取り出し、懐石料理で取り入れられた。本膳料理として取り入れる場合は、盛り付けは清楚にして、華美にはしないこと、魚介は白身などあっさりした味わいの素材を使うこと、醤油を添えず、煎り酒や芥子酢味噌を料理の下に敷いてあっさりとした味わいにする。懐石料理は茶人が作る料理という定義なので、技巧を凝らした料理にはしない。

→本膳料理（ほんぜんりょうり）
→会席料理（かいせきりょうり）
→懐石料理（かいせきりょうり）　→深向（ふかむこう）

むしがれい［虫鰈］

体に虫食いを連想させる斑紋があるカレイ。三陸や常磐でとれ、養殖ができないため、昔もいまも超高級品である。11月上旬から2月上旬の献立に入れる。

むしかん［蒸し缶］

流し缶と同じ。

→流し缶（ながしかん）

むしもの［蒸し物］

調理法のひとつで、最近では、素材の栄養を逃さない、脂を落とすといった体によいイメージが強まり、蒸し物料理はますます人気がある。蒸し物料理の仕込みには、かつては蒸籠やアルミ製の鍋が必要だった。いまは1回に大量に調理ができるスチームコンベクションオーブンを導入する店が増え、手軽に蒸し物料理を仕込めるようになった。

→スチームコンベーションオーブン

蒸し物の種類

代表的な蒸し物は、塩蒸し、酒蒸し、土瓶蒸し、焙烙《ほうろく》蒸し、茶碗蒸し、小田巻き蒸し、ちり蒸し、かぶら蒸し、豚の角煮、強飯などがある。以前には日本料理店ではそばまんじゅうや酒まんじゅうなどの甘味も自店で仕込んでいた。かまぼこや糝薯《しんじょ》も蒸し物である。

蒸し物料理というと秋冬の料理の印象があるが、一年を通じて作り、提供する料理で、意外に幅が広い。

蒸し物の技術

卵を蒸し物の生地に用いるとき、卵の鮮度がよ過ぎると生地に気泡ができやすく、表面がつったように仕上がる傾向がある。蒸し物に使うときは、買ってから数日たった卵の方が表面が〝つる〟ことなく、きれいに蒸し上がる。

卵の蒸し物の生地は、どれも仕込んでから2時間以上、できれば半日寝かせることが必要で、これを怠ると、どうしても気泡ができてしまう。

蒸し物と温度

蒸し物を作るときの火加減や加熱時間は、材料によって変わる。蒸し物に使う代表的な材料は、卵、白身の魚や肉類、芋類や大根、カブ、蓮根などの野菜、餅米《もちごめ》などで、これらを材料によって大まかに卵、タンパク質、デンプン質と分類して加熱温度や時間を調節する。一般的に、タンパク質は70℃を越えると凝固するといわれるが、実際はもっと複雑で、料理によって1℃単位で温度を調節しないと、それぞれの料理に最適のなめらかさややわらかさのある仕上がりにならない。

例えば、茶碗蒸しや、魚を使ったかぶら蒸しや糝薯《しんじょ》の蒸し物などは75℃が適温だろう。卵豆腐や汲み豆腐ならば71℃か72℃で加熱をする。蒸し物で温度管理が最もむずかしいのは汲み豆腐で、茶碗蒸しよりさらになめらかでやわらかく仕上げるので、71℃という卵が固まるぎりぎりの温度を保って40分間かけて蒸すとよい。72℃にすると蒸し時間は28分と短くなるが、どうしても表面に気泡ができてしまう。

たった1℃とはいえ、仕上がりにはっきりと違いがあり、温度がちょっと高いとスができてしまい、なめらかさが出ない。こうした蒸し物を調理するには、湯気の動きで鍋の中の温度を見分ける技術が必要になる。例えば、蒸篭の蓋を開けたとき、65℃ならば湯気はゆらゆらと上がり始める。70℃になると湯気が濃くなる。90℃では湯気がまっすぐ上がるようになる。このような違いに気付けば、温度を判断できるようになる。

火力の調節も重要で、芋類やとうもろこし、餅米といったデンプン質の材料を蒸すときは強火が鉄則で、温度は沸騰した状態に近い90℃が理想的。デンプン質の材料を蒸す場合は強火、糝薯や卵料理のようにタンパク質の材料なら中火が原則である。ただし、使用機器等によって条件が変わってくるので、料理人が各自で微妙な温度設定を確定すること。

→卵豆腐（たまごどうふ）　→汲み豆腐（くみどうふ）

蒸し物の器

最近は、厚手のぽってりした陶器に人気があり、茶碗蒸しなども、厚手の陶器で蒸しているケースがよく見受けられるが、これはあまりよいやり方ではない。茶碗蒸しや卵蒸しは磁器の器で蒸す方が、上手になめらかに出来上がる。

煮物や焼き物、揚げ物など、多くの加熱調理が、熱伝導が遅い調理機器を使う方がおいしくなるといわれていることに対し、蒸し物だけは逆である。これは、磁器の方が陶器より熱伝導がよいことが理由。熱伝導がよいと気泡ができにくくなり、その結果、なめらかに蒸し上がるためだ。厚手の陶器を器にすると、熱伝導が悪い分、気泡ができやすい。

また、熱伝導をよくするという理由から、茶碗蒸しは、それぞれの器に提供時の蓋をしながら蒸すとよい。その際、布巾をかけて蓋裏の水蒸気を落ちないようにすると作り方で紹介されることがあるが、それよりも、蓋かアルミホイルなどを直接器にかけて熱を早く対流させる方が、よりなめらかに蒸し上がる。

むすびみつば［結び三つ葉］

切り三つ葉を少し叩き、2～3本をまとめて1回結んだもの。吸い物や茶碗蒸しにあしらうことが多い。

ムチン

納豆や山芋やオクラなどのねばねばの成分。正体は水溶性の食物繊維で、便秘や腸の病気の予防に効果があるとされる。

むつ［鯥］

日本近海ではムツと黒ムツが知られる。小さいものは総菜魚だが、大きくなると高級魚となる深海性の魚。見た目は目玉が大きく歯が鋭いため美しくはないが、旬に脂が乗ったものはとてもおいしい。鮮度がよければ刺身、塩焼きや照り焼き、煮付けなど用途は広い。旬は冬。卵巣のムツコもとても美味。

銀ムツとよばれるのはメロで、正式の和名はマジェランアイナメ。いわゆる〝あやかりムツ〟である。

→むつこ

むつこ［鯥子］

ムツの卵。かつては料亭でよく出されたが、ほとんどなくなってしまい、幻の味といえよう。フキやウドが出る春先が旬で、それらとともに含め煮にする料理が定番。単独では使わない。味や形はタラコに似ている。中華料理でもよく使う。

むらさき

醤油のこと。かつては陰《かげ》とよんでおり、明治以降にむらさきとよぶようになったといわれる。椀物にほんの1滴加えると、〝むらを切る〟という。

むらさきにんじん［紫人参］

最近出回るようになった色の美しい人参。中心部はやや黄色く、外側にいくほど紫になる。とても甘く、糖度が高いが、水分が少ないので、生食には向かない。甘煮味噌漬けによい。

むらめ［むら芽］

紫のシソの若芽。刺身の根締めに使う。本来の旬は初夏から盛夏である。

→根締め（ねじめ）

めおとなみ［夫婦波］

お見合いの席で出す料理に添えるつま。昔からある仕事で、かつらむきにした大根と金時人参に切り目を入れてくの字に切ったもの2つを組み合わせる。いったん組み合わせると簡単には離れず、しかし離そうとすれば簡単に組み合わせを解くことできる。結び切りではないためお見合いの席によいとされ、婚礼では使わない。

《夫婦波の作り方》

①幅7㎝のかつらむきの大根を用意して半分に折り、わの部分を上にして端を斜めに切り、切り目を1本入れて切り離す。2枚で1組。

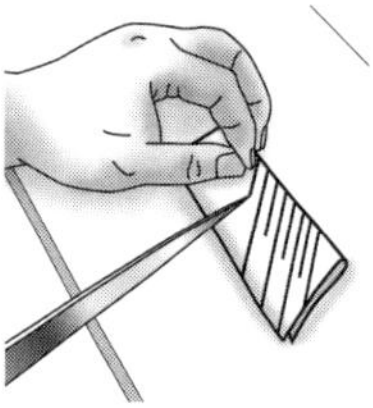

②折っていた大根を開き、右手にくの字、左手に逆くの字に持ち、右手に持った方を左手側の切り目にくぐらせる。途中で左手に持っていた側を右側の切り目に通し、形を整える。

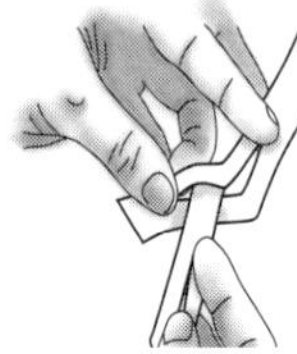

③出来上がり。

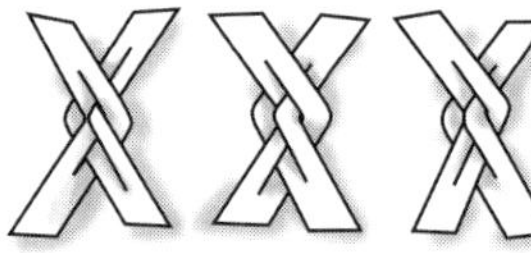

正式には干したスルメで作り、杯に入れて提供する。その場合は、スルメに酒霧を吹き、炙ってやわらかいうちに切って形を整える。

大根やスルメ以外に、金時人参やキュウリ、牛蒡《ごぼう》で作って刺身に添えたり吸い物に入れたりする。刺身にあしらうときは、小さめに作って刺身の上にふんわりのせたり、軽く曲げて添えることもある。椀に入る大きさが基本で、横巾は1寸2分（約3㎝）、縦は2寸4分（約7㎝）である。

→酒霧（さかぎり）

めかじき［女梶木］

→梶木（かじき）

めかんぞう［芽甘草］

ユリ科の野萱草《のかんぞう》の新芽のこと。新春や早春の献立で、芽吹きを表すあしらいとして刺身に使う。芽が出る＝めでたいという意味でおせち料理にも使う。国産品は1本約300円と高価で単価の高い献立でしか使えなくなっていることもあり、このあしらいに関して知らない若い料理人が増えている。

使うときは、塩でもんでから茹でる。色褪せが早いため、茹でて2～3時間以内に使う。

→芽吹き（めぶき）

めし［飯］
懐石料理の献立の一汁三菜で出すもの。飯は白飯であり、流儀によって一文字や山形、丸型などに盛られ、食べ切ることができる量しか入れない。

めじまぐろ［メジ鮪］
クロマグロの子供で、８kgくらいまでの大きさのものを指す。それより大きく10kgくらいのものはチューボウである。クセやくさみがなく、大変に味がよい。
→黒鮪（くろまぐろ）　→ちゅーぼう

めそっこ
羽田沖でとれる体長20cm以下、重さ50g前後の生後1～2年の若穴子。メソともよぶ。関東のすし種用の煮穴子や天ぷらに向いていると喜ばれる。

めばちまぐろ［目鉢鮪］
ミナミマグロに次いで価値が高いマグロ。身は鮮紅色で、刺身、すし種、照り焼きなどにする。スーパーや魚店、出前のすしや回転すし店などで使われる。
生のものは、初冬の頃が美味。国内で扱うマグロの中では最も量が多く、カツオが不漁のときは代用とされることも多いために価格は上昇している。
→南鮪（みなみまぐろ）

めばる［目張］
カサゴ科の魚。流通量が減ったために高級魚になりつつある。プリプリした白身で身の骨離れがよく、煮付けが定番の料理。唐揚げも美味。脂が乗るのは春で、春の献立には、必ず、筍と煮た〝筍メバル〟を入れたい。
→筍メバル（たけのこめばる）

めぶき［芽吹き］
芽吹きとは、植物の新芽が出ること。春を迎える象徴の言葉であり、日本料理では、２月に供する料理の名前に使う。

めぶし［雌節］
カツオの腹節のこと。背部のほうの節は雄節という。
→鰹節（かつおぶし）

めふん
意外に知る人が少ない珍味。サケの腎臓を塩漬けしたもので、北海道の地方料理のひとつ。珍味の中でも最高の味とされ、高級品。イカと和えても美味。

めゆず［芽柚子］

吸い口の一種で、柚子の一芽二葉（茎の先端にある芽の部分と、すぐ下の2枚の若葉を摘み取ったもの）を摘んで、3月から4月の椀物に使う。

→吸い口（すいくち）

メロン

日本でのネットメロンは、明治17～18年（１８８４～８５年）頃、宮内省の福羽逸人子爵がイギリスから種子を取り寄せて、試作したのがはじまりといわれる。約10年かけて温室栽培に成功し、その当時の富豪や政府の高官の間で趣味の温室メロン栽培が流行。営利目的の本格的な栽培は、大正13年（１９２４年）に静岡県の遠州地方で始まったといわれる。

現在、メロンの最高品質とされるのが静岡産のクラウンメロンの中の〝富士〟というランクのもの。糖度が14度ととても甘い。富士に認定されるのはクラウンメロン１０００個に1個の割合という。

→福羽いちご（ふくわいちご）

めんじつあぶら・めんじつゆ［綿実油］

綿花を採取した後の種子を圧搾して得られる油。サラダ油として主に使われる。揚げ油や、ツナ缶などの加工品にも用いられる。

→サラダ油（サラダあぶら）

めんとり［面取り］

煮物に使う野菜の角を削って形を整えること。煮崩れを防ぐために行う下ごしらえといわれるが、面取りをすることで面と角が増えてかえって煮崩れが起きやすくなるという可能性もある。本来はなくてもよいのに、料理人の技術を見せることを目的としてあえてこの仕事をしている場合も見られる。風呂吹き大根は、面取りをしないことが基本である。

→四方面取り（しほうめんとり）

もあげ［藻揚げ］

青ジソをせん切りにして水に放してアクを抜き、素揚げしたもの。天盛りに使ったり、吸い口に使う。冷蔵庫で保存すれば1年は持つ。

→吸い口（すいくち）

もうそうちく［孟宗竹］

大きくて肉厚、やわらかくえぐみが少なく最も知られるタケノコ。中国が原産で、流通している筍の多くを占める。煮物や和え物、揚げ物など用途は広い。一般的な旬は1月から4月で、正月に使う筍である。

もちごめ［糯米・餅米］

搗《つ》いて餅にすることができる米のこと。もち米には、糯米と餅米の表記がある。〝糯〟は、米や粟《あわ》、黍《きび》など、粘りが強くて搗いて餅にすることができる分類上の穀物や雑穀を指す。一方で〝餅〟は、餅米を蒸して臼でついた後、さまざまな形にし、そのままか加熱して食べられる状態になったものをいう。

もちづき［望月］

正円のこと。その形から月になぞらえたよび方。大根を煮物にむくときなどで使う。

もっそう［物相］

抜き型のこと。おしどり、もっさともよばれた。本来は木製で、これにご飯を詰めて抜いた。型でご飯を抜いたものを物相ご飯といい、幕の内弁当や茶事でよく使われる。

物相には四季によりさまざまな型があり、近年ではステンレス製がよく使われるようになった。盛相と書くこともある。

もとじお［素塩］

天ぷらなど、塩を付けて食べる料理に添えるための塩。

塩とうま味調味料を7対3で合わせ、小麦粉のような軽やかな粉になるまで当たり鉢で充分すり合わせ、絹篩でふるう。絹篩は、目が2000番以上の細かいものを使いたい。

かつては年末の乾燥した日に、2～3年分をまとめて仕込んだ。湿気を嫌い、天気の悪い日には決して仕込みはしなかったものである。保存は、二重蓋の容器に入れ、冷蔵庫に置く。山椒塩や抹茶塩も同様にして作る。

いまのようにうま味調味料を使わなかった時代には、昆布に霧を吹き、かます（藁で編んだ袋）に入れておき、浮いてきた白い粉を塩に加えて当たり鉢ですり合わせて仕込んだ。

→篩（ふるい）

もとぞろえこぶ［元揃え昆布］

乾燥させた昆布を束ねるときの切り方で、昆布の根元を揃えて長さ90㎝に揃えて束ねたもの。

もみじ［紅葉］

鹿肉のこと。もみじが鹿を意味するのは、古今和歌集の「奥山に紅葉踏み分け鳴く鹿の声聞く時ぞ秋はかなしき」の歌からの引用とする説と、花札の鹿に紅葉《もみじ》の絵札からという説がある。

もみじおろし［紅葉おろし］

穴を開けた大根に種を抜いた赤唐辛子を差し込み、しばらくおいて赤唐辛子がふやけてからおろした薬味。白身魚の刺身や、ちり鍋に添えることが多い。おろしたらすぐ使う。赤おろしともいう。赤唐辛子ではなく、人参を差し込んでおろしたものをもみじおろしという人もいる。

もみじだい［紅葉鯛］

晩秋の、紅葉の頃にとれるマダイのこと。春の桜ダイよりもウロコが赤く、脂も乗って味がよい。
→桜鯛（さくらだい）

ももとりぜん［百々取り膳］

大宮氷川神社（埼玉県さいまた市）が、新嘗祭《にいなめさい》の翌日に宮中に納める神事の膳のこと。最近は、〝百味膳《ひゃくみぜん》〟ともいう。

横長で足付き、縁高の膳にさまざまな食物をのせ、特徴は、普段は食べない、いわば非常食のような自然からとれるものばかりを100種類ほど集めていることである。トチの実やムカゴ、〝赤マンマ〟〝トコロ〟などをのせる。〝赤マンマ〟は彼岸花の根で、そのままでは食べられないが、毒を流せば食用にできる。〝トコロ〟は、葉は山芋そっくりで実は生姜に似ている。乾燥させて苦味を抜けば食用になる。今も土手などに生えている。

現代はさまざまな食べ物がある時代だが、その一方で、いざというときに食べられるものは何があるかという知識はどんどん失われている。この膳は、食べ物に感謝を捧げる意が込められているのと同時に、不測の事態の際の知恵を後世に残すためのものと考えられる。

→新嘗祭（にいなめさい）

もものほうちょう［桃の庖丁］

桃の皮をむくときに使う、桃用の皮むき庖丁。会席料理では、本来、桃は皮をむかずに、お客自身か接客係、もしくは芸者さんに皮をむいてもらうものだった。そのときに使う専用の庖丁で、刃渡りは10㎝ほどの薄い片刃。特注して入手する。

もりあし［盛り足］

→盛り際（もりぎわ）

もりぎわ［盛り際］

料理を盛り付けるときに使う用語で、盛り付けた料理の、器との境の輪郭のこと。盛り足、裾ともいう。料理を盛り付けるときは、盛り際が整っていることも大切である。

もりつけにつかうしょくぶつ［盛り付けに使う植物］

植物の葉や花、皮には、料理の盛り付けに使うものが多種ある。

例を挙げると、春は椿、梅、桃、桜、筍の皮、白山吹、青竹、ゆずり葉、シダ、ウルイ、ワサビ、楓、ヒノキなど。山吹は、白山吹はよいが、黄色の山吹は実がならないことを意味するので使わない。夏は、柏、藤の葉、菖蒲、山帽子、朝顔、夕顔、朴葉、ホオズキ、柿の葉、楓など。秋は桑の葉、イチョウ、菊、撫子、フジバカマ、萩、柿、栗の葉、紅葉している葉など。栗のイガは、ケガをしてはいけないので使わない。冬は裏白、松葉、南天、寒椿、山茶花、柊《ひいらぎ》、枯れ柏の葉など。

もりつけにつかわないしょくぶつ

［盛り付けに使わない植物］

花や植物の中には、部屋に活けたり、料理に添えたりしてはいけない植物がある。例を挙げると、アジサイ（花、枝、葉、蕾、根）、ヤツデ（葉）、水仙（根、花、葉）、鈴蘭（花、葉）、ダリア、馬酔木《あせび》（花、葉）である。中でもヤツデには猛毒がある。アジサイは活けたものをさわるのも危険で、ダリアは決して活けてはいけない。水仙や鈴蘭は、活けるのはよいが、必ず手をよく洗うこと。

注意を要するのはヒノキと笹の葉である。ヒノキは仏事に使うものであり、笹の葉は、飾り切りした笹を添えるのはよいが、敷くことは切腹をイメージするので料理に敷いてはならない。

ニラと水仙の葉を間違え、水仙の葉を玉子とじにするなどで中毒を出す例がときどき聞かれる。決してあってはならないが、意外と間違えやすく、春先にしばしばニュースになる。

もりばし

［盛り箸］

盛り付けに使う箸。先端が細く、細かな材料を扱いやすい形状をしている。魚を盛り付けるのに最もふさわしいのは竹製のまな箸で、軽く、魚の身がすべらず、塗り物に傷を付ける心配もない。

盛り箸は竹製が中心だが、近年、先端が金属製が出回り、それを使う料理人が増えた。しかし、金属製の盛り箸では、高価な漆器の器を傷付けてしまうので、盛り箸として使用してはいけない。また、金属と食材の組み合わせによっては化学変化を起こすこともあり、柚子を金属製のまな箸で取ると、柚子が黒ずむという例がある。

盛り付けの際に薬味や根締めを盛るときは、箸はまな板に対して垂直に立てて使うことが基本である。

↓魚菜箸（まなばし）　↓根締め（ねじめ）

もろきゅう

若採りした小型のキュウリ。または、もろみを付けて食べるキュウリのこと。

もろみ

［諸味・醪］

醤油を醸造するときの半熟成状態のもの。小型のキュウリに添え、もろきゅうとして食べる方法がよく知られる。

↓もろきゅう

やえづくり

［八重造り］

↓すだれ庖丁（すだれぼうちょう）

やかたもり

［家盛り］

アワビやサザエなどの身をはずし、殻に戻して盛る手法のこと。貝盛りともいう。

やきかた［焼き方］

調理場で、焼き物と揚げ物を担当する職人。立ち回りという雑用が多い仕事の次の段階で、この段階から、料理人の職人として扱われる。この次に脇鍋となる。

やきしお［焼き塩］

→煎り塩（いりじお）

やきしめ［焼き締め］

器物を釉をかけずに高温で焼成すること。備前焼きなどがそれにあたる。

やきじゅんさい［焼き蓴菜］

じゅんさいを上火の天火でじっくりと時間をかけて焼き、椀物のつまにしたり、八寸に入れたり、味噌汁に使う仕事。5月末から6月に使う。ハンドタイプのバーナーでは香ばしさが出ない。古くからあり、秘中の秘とされる仕事のひとつ。

→天火（てんぴ）　→つま　→八寸（はっすん）

やきもの［焼き物］

焼き物とは、本来は鍋や釜、油を使わずに、火で直接に食材を加熱した料理法のひとつ。もしくは、焼いた魚や肉、野菜など、献立の一品をいう。焼き物だけではなく、皿鉢《さわち》、鉢肴《はちざかな》ともいう。

焼く方法には、串などを打って直接火にかざす直火焼きと、鍋やフライパン、天火を使って間接的に焼く方法がある。直火焼きは、炭火であったものが昭和40年代にガス火が主流となり、いまは電化厨房も珍しくなくなった。現在は炭火も見直され、炭火を取り入れる店が増え、熱源は多様化している。

焼き物の種類

基本となるのは塩焼きで、照り焼き、黄身焼き、白焼き、西京焼き、ウニ焼き、奉書焼き、杉板焼き、柚庵焼き、塩釜焼き、蒲焼きなど。松茸の焙烙《ほうろく》焼き、朴葉焼き、火床《ほど》焼きなども日本料理には伝統のある手法である。素材は、季節の魚の焼き物を供することが多いが、最近では、お客の要望もあり、牛肉のステーキなど、肉類をよく使うようになっている。

牛肉を献立によく入れるようになったのは、１９９０年代の輸入牛肉の自由化により、国内の牛肉のブランド化が進んで質が向上し、使う側にとって選択肢が増えたことが背景にある。魚よりも価格が安く、調理技術も高いものを要せずに提供できることも、店側にとってはメリット。貝類の焼き物も根強い人気がある。健康志向のため、キノコや筍、椎茸、下仁田ネギなどの野菜をステーキのように焼き、バター醤油で仕上げる一品を献立に加えることも増えている。その反面、白焼きの仕事が少しずつ減る傾向にある。

焼き物と季節

焼き物は、季節によって、材料だけでなく手法を変える。

塩焼きは3月から10月頃で、アユ、カレイ、スズキ、アイナメ、カマスなどを使う。田楽は10月から2月頃の焼き物で、豆腐、八つ頭、茄子《なす》を使う。魚田は10月から2月頃の料理で、ヤマメや若アユ、ウグイなどを焼く。西京焼きは11月から2月頃の焼き物で、アマダイ、マナガツオ、サワラなどが主な材料である。照り焼きは12月から2月頃で、冬場の代表的な焼き物。ブリ、メカジキ、サワラなどを使う。

ただし、もちろん冬でも塩焼きでおいしい魚があり、基本的には新鮮な魚であれば塩焼きにするのが一番美味な食べ方である。

↓西京焼き（さいきょうやき）

焼き物の下ごしらえ

魚の焼き物は、できれば前日のうちに塩を振る下ごしらえをし、ひと晩放置する。塩の脱水作用を利用して余分な生ぐさみを抜き、旨味を引き出すためである。焼く直前で初めて塩を振るのはアユくらいで、ほとんどの魚介は、あらかじめ塩を当てておかないと、魚介の生ぐさみがきちんと抜けない。

脂が少ない魚介なら振り塩、脂が多いものなら蒔き塩をする。塩の量は、魚の脂が多いときは塩も多くし、逆に脂が少なかったら、塩を減らす。塩をした魚介は、玉酒で洗ってから焼き物にする。汗をかく夏場や、酒とともに焼き物を出すような場合は、塩をちょっと強めに振る方が食欲をそそる味わいになる。また、病気などで塩分を控えめにしているお客なら、直前だけに塩を振れば、より少ない塩分で食べられる。

養殖の魚は独特のクセがあり、下ごしらえの工夫をしたいところだが、塩の加減でクセが抜けることは期待できないので、養殖ものも天然ものも、塩の振り方は同様にする。

↓振り塩（ふりじお）　↓蒔き塩（まきじお）
↓玉酒（たまざけ）

焼き方の技術

熱源と器具の性質を把握し、素材の水分を逃さないように強火で手早く焼く。一般的に表三分裏七分といわれるが、表四分裏六分のつもりで焼いた方が仕上がりがよい。このとき、手早く、焦がさずに、香ばしさを引き出すように焼くこと。

旅館やホテルのように大量に仕上げなければいけない

ときは、フライヤーで揚げたり、コンベクションオーブンでまとめて焼く方法を選ぶ。コンベクションオーブンは、まとめて調理することができ、温度やスチームのコントロールができる。
→表三分裏七分（おもてさんぶうらしちぶ）
→コンベクションオーブン

焼き物のあしらい

焼き物の場合、あしらいのことは鉢前という。焼き物に添えるあしらいは、料理を飾るためというより、料理をよりおいしくし、消化を助け、殺菌などの効果を狙うための食べ物。また、あしらいが目立ち過ぎると、肝心の料理が負けてしまうので注意する。

主役が魚介や肉類などのときの焼き物のあしらいは、消化を助けるアルカリ性のものを鉢前として添える。酸味があるものが多く、レモンやスダチ、酢取り生姜、梅、酢取り蓮根などがよく使われる。
→鉢前（はちまえ）

やきものばら［焼き物腹］

魚をお頭付きで姿焼きをするとき、盛り付けたときに裏側になる方に庖丁で切り目を入れて内臓を取り出すこと。隠し庖丁ともいう。ただし、祝儀用の料理のときは、腹に切り目を入れず、つぼ抜きにすることが決まりである。
→隠し庖丁（かくしほうちょう）
→つぼ抜き（つぼぬき）

やくしゅ［薬酒］

日本料理で、食事の最初に出される飲み物のことで、梅酒がよく出される。盃に日本酒を注ぎ、梅や桜、菊、萩の花びらなどを浮かべて四季を楽しむこともする。薬酒と表現すると薬効を期待される場合があるので、献立では、〝やくしゅ〟とひらがなで表記している。

やくみ［薬味］

料理に添えたり和えて料理の味や香りを引き立て、味覚を刺激する香辛料のこと。ネギや大根、生姜、柚子、山椒、芥子、茗荷、青ジソ、ワサビが代表的であり、刺身やすし、そうめんなどに欠かせない。もともとは、薬味という言葉が示すように薬であり、消化を助け、解毒や殺菌、食中毒防止の意味を持っていた。

やつがしら［八つ頭］

唐の芋が変化した芋で、ひとつの芋からたくさんの芽が出る性質があり、さらに、親芋と子芋が分球せずに結合するため独特の塊状になる。味は、実が詰まり、ほっくりとしておいしく、煮物やお節料理に使わる。慶事の料理にしか使わないことも特徴で、仏事には使わない。

料理では煮物、中でも旨煮にすることが多く、ひびが入り、しかし角が崩れずに炊いたものをよしとする。

炊いている最中に独特のぬるみや泡が上がってくるが、これが旨味でもあるので、散らすように鍋の表面をなで、吹きこぼれないようにして強火で炊く。また、炊くときに出汁は不要。出汁を使わないことで、八つ頭らしい味を楽しめる。

八つ頭は、食べると世間の頭になるといわれ、縁起物であった。味もよいことからかつては高級食材として、お節料理に欠かせず重要だったが、現在は、独特な形から、ロスが出やすく原価計算がしづらい根菜として、敬遠されやすくなっている。

→唐の芋（とうのいも）　→旨煮（うまに）

やつこいも［八つ小芋］

八つ頭の孫芋。八つ頭はひとつの芋から多くの芽が出る性質があり、さらに、親芋と子芋が分球せずに結合して独特の塊状になっている。この親芋から出ている芋が孫芋で、通常は八つ小芋という。

→八つ頭（やつがしら）

やなかしょうが［谷中生姜］

形が独特で、薄く切ったものはつばめ生姜とよび、生のままあしらいに使われる。東京の谷中でとれたことから名前がある。初夏の風物詩として大切な生姜。葉生姜とよばれる生姜は、谷中生姜が多い。

→生姜（しょうが）

やながわなべ［柳川鍋］

ドジョウと牛蒡《ごぼう》を卵とじにした料理。柳川鍋というと夏の料理と思われがちだが、ドジョウ以外にシラウオや牛肉、フグの白子、茄子《なす》、穴子などを使ってもよく、決して夏だけの料理ではない。

柳川の言葉は、筑後柳川（現在の福岡県柳川市）が水郷であり、とても味のよいドジョウがとれたため、あるいは笹がきにした牛蒡が柳の葉に似ているためなどの諸説がある。

やなぎがれい［柳鰈］

→笹鰈（ささがれい）

やなぎだこ［柳蛸］

体長1mを越す大型のタコ。見た目は水ダコに似てやわらかく、値段が安いので使いやすい。茹でたりおでん種にして食べるが、マダコほど桜煮には向かない。東北や北海道でもとれるとされるが、常磐でもとれる。旬は秋から春。

→桜煮（さくらに）

やなぎだる［柳樽］

2本の長い柄を付けた塗り物の酒を入れる樽のこと。酒の1升と一生を掛け、祝儀の際などに、縁起物としてよく用いられる。

婚礼の際は、あらかじめ、日本酒を新郎の家で8合入れておき、新婦の家でのちに2合を加え、1升とする習慣があった。その際には、〝家内喜多留〟と書き、〝かないきたる〟と読んだ。

やなぎばし［柳箸］

柳の木から作った丸箸のこと。両端の先端を丸くする。祝いごとに使い、特に、正月には必ずこの箸を使う。そのため祝い箸ともいう。

この箸は平安時代からあり、長い間親しまれている。柳は神仏の霊が宿る霊木で、魔よけになると信じられていた。しなりがよくて折れにくいこと、色が白くて清楚なことから、柳で作る習慣があったという。

やなぎばぼうちょう［柳刃庖丁］

魚の下ごしらえに使う庖丁で、柳庖丁ともいう。先端が細く、魚のすきごけをしたり、冊取りをするときに使う。刺身庖丁とは別で、刺身を引くときは先端が四角い、専用の庖丁を使う。

→すきごけ　→冊取り（さくどり）
→刺身庖丁（さしみぼうちょう）

やはたまき・やわたまき［八幡巻き］

下味を付けた牛蒡《ごぼう》などを芯にして、アナゴやウナギを巻いて、照り焼きにした料理。

由来は、愛媛の八幡浜の名産のアナゴと牛蒡を組み合わせ、伊予の伊達家の殿様に食べさせたことがきっかけという。ほかに、京都近郊の八幡村（現在は京都府八幡市）が、牛蒡の産地として有名だったという説、また、東京深川の八幡様周辺には鰻店が多くあり、八幡といえばウナギを指した説など諸説がある。

やま［山］

料理の品切れのこと。料理人の符牒で、「ブリかまはもうヤマです」などと、料理人同士やスタッフとの間で使う。

やまいも［山芋］

里芋とともに、日本では古くから栽培されてきた野菜。一般的に出回るのは、棒状の長芋、こぶし状の大和芋、平らで扇のような形をしたいちょう芋などがあり、中国から日本に伝播したとされる。

日本の山野に自生する自然薯は別種で、これはもともと日本に野生の植物としてあった根菜である。

→長芋（ながいも）　→大和芋（やまといも）
→公孫樹芋（いちょういも）　→自然薯（じねんじょ）

やまうろこ［山うろこ］

正方形を半分に切った、三角形のむきもの。三角形の文様のことでもあり、海から見た山をモチーフにしている。蒔絵によく見られる。波の向こうに山を描き、山は三角で表現している。
吉祥文様のひとつで、漁を終えて帰って来る船が、陸が近づいて山が見えて来たときの安心感がテーマになっているともいう。蒔絵だけでなく、文箱、家紋などにも見られる。
季節を問わずに使うことができる。

やまかげちゅうなごんふじわらまさともきょう［山蔭中納言藤原政朝卿］
日本の料理中興の祖とされる人物。藤原の鎌足の七世の子孫の藤原越前守高房の第六子で、藤原時代に帝の料理を任される大膳職を継いだ。以来、この人物の子孫が宮中の大膳職をつとめた。古来の料理法に海外の料理法を加え、日本料理の礎を築いたといわれ、日本料理では知っておかなければいけない存在である。
この人物が起こした日本料理が四條流であり、山蔭中納言藤原政朝卿は四條中納言である。
↓四條流（しじょうりゅう）

やまぐすり［山薬］
漢方の生薬で、自然薯のこと。

やまごぼう［山牛蒡］
キク科の植物で、モリアザミの名でよばれる。別にヤマゴボウ科の山牛蒡《ごぼう》があるが、根を食用にすることはない。モリアザミともいわれるこの山牛蒡は、デンプン質が多く、漬け物に向く。葉をヨモギのように搗《つ》いて、餅などに使うこともある。旬は秋から冬。

やまだしこんぶ［山出し昆布］
↓真昆布（まこんぶ）

やまぢゃわん［山茶椀］
鎌倉時代の日用雑器。その素朴な味わいが、江戸時代中期の元禄のころから茶人の間で愛好された。現在でも地下鉄工事などのときに出てくることがある。

やまつつじ［山躑躅］
山に自生する赤いつつじ。俳句の季語では春を表現し、赤い色の春の料理の料理名に使う。5月より少し遅くに花が咲く。

やまといも［大和芋・大和薯］
山芋は地域によって芋の種類が違い、関西ではこぶし状のつくね芋を、関東では、偏平でいちょうの葉のような形をしているいちょう芋を大和芋ということが多い。秋から冬の食材。
煮物が代表的な料理法で、中でも白煮が代表的。白煮とは素材の色を生かして、余分な色を付けずに煮る手法のことで、いかに白く、崩さずに煮上げるかがポイントである。おろし芋や麦とろなども、大和芋をおいしく味わう料理。皮もおいしく、揚げ物や鼈甲煮になる。

大和芋の下ごしらえで、アクを取るために酢を加えた水で茹でたり水でさらす人もいるが、その手順は必要ではない。かえって、煮物が黒ずんだり、煮上がったときに角が取れる原因になる。切った大和芋は白水《しろみず》に入れ、そのまま砂糖や必要な調味料を加えて煮上げるとよい。白水で煮ることでアクが抜けて白くなる。煮ていると、アクやぬめりで泡立ってくるが、それがおいしさでもあるので、取らずに散らしながら煮る。また、出汁を使わずに煮ることもポイントである。

→つくね芋（つくねいも）→公孫樹芋（いちょういも）
→鼈甲（べっこう）→白水（しろみず）

やまどり［山鳥］

焼き物としておいしい野鳥。味はよいが、婚礼では決して使わない。これは、山鳥は、雌雄が基本的に別々に暮らすという伝承があり、ひとり寝の表現に使われるからである。百人一首で柿本人麿が詠んだ、「あしびきの　山鳥の尾の　しだり尾の長々し夜を　ひとりかも寝む」が有名である。

やまどりたけ［やまどり茸］

イタリア料理でよく使われるキノコのポルチーニで、イタリア料理だけでなくフランスでも高級キノコとして珍重される。日本でもとれ、銀茸ともよばれるが、あまり使われていない。

やまぶきあえ［山吹和え］

卵を茹でて裏漉しして衣とし、材料を和えた料理。5月から6月の仕事で、卵の黄色を楽しませる。フナとその卵を酢味噌で食べる、〝山吹なます〟が代表的。

やまぶきなます［山吹膾］

寒ブナとその卵を和えた料理。人日《じんじつ》の節句で、本膳料理に出す料理のひとつ。フナの卵は紫色をしているが、酒煎りしてばらばらにほぐすと、加熱によって鮮やかな山吹色になることから命名されたのだろう。寒ブナは高級食材で、寒の時期にはぜひ献立に入れたい料理である。

→本膳料理（ほんぜんりょうり）

やまぶしたけ［山伏茸］

修験者の山伏が身に付ける丸い飾りに似ていることから名前が付いたキノコ。天然ものは、梅雨や秋雨の頃に出る。現在は人工栽培されるようになり、この30年ほど出回るようになった。

やまめ［山女］

サケ科の淡水魚で、桜マスの陸封型。体の側面に8～10個の小判型の斑紋がある。泳ぐ姿が美しく、一方で警戒心が強く釣り人に魅力がある魚であることから、〝渓流の女王〟の名を持つ。

体長は30㎝未満で、一般に出回っているのは養殖もの。料理は、塩焼き、味噌焼き、甘露煮などにする。春の献立に入れる。アマゴと似ているが、肉の色や斑点の数が違う。

→天魚（あまご）

やまもも［山桃］

和歌に桃と読まれているものは山桃で格調の高い食材。日本料理では、蜜漬けにして焼き物の鉢前（焼き物や小鉢に添えるあしらい）や甘味に使う。傷みが早く、上手に漬けることはなかなかむずかしい。梅よりも多くの砂糖を使って漬ける。中に小さな白い虫がいるので、水ではなく、焼酎で洗うこと。

山桃の木は西日本にあり、東京に山桃が入ってきたのは昭和30年代である。

やまゆり［山百合］

日本料理の世界では、花ではなく山百合の根のこと。アク抜きをして使う。コシがあり、金団《きんとん》にして婚礼の硯蓋に入れる。

→硯蓋（すずりぶた）→百合根（ゆりね）

やりいか［槍烏賊］

槍の穂先を思わせる形状をした大型のイカ。脚が極端に短い。身は薄いが上品な甘味と食感があり、細作りなど生食にする。干物にも加工される。冬から初夏にかけて献立に入れる。

やわらかに［柔らか煮］

加熱すると固くなる材料を、時間をかけてやわらかく煮る料理。イカ、タコ、アワビ、サザエ、鶏肉などを煮るときに用いる手法で、中でもタコのやわらか煮、豚の角煮は代表的だろう。

タコを大根やビール瓶で叩くとやわらかく煮えるというが、それは根拠がない。また、炭酸水や番茶を加えて煮る人がいるが、その必要はない。

タンパク質が中心の材料は、煮始める最初はどんどん固くなり、さらに煮ていくと肉をまとめているコラーゲンが分解してゼラチン化し、いっそうやわらかくなる性質がある。このことを利用して、蒸し器の中で煮汁が煮詰まらないようにして煮たり、湯煎の状態を保って加熱することがポイントである。

ゆあらい［湯洗い］

魚の洗いの一種。活けのマダイやコイ、フッコを薄く引いてから、44℃ほどのやや熱い加減の湯の中でさっと振り洗いをし、身に弾力を出してから提供する。脂肪分の多い魚に用いる手法である。

→洗い（あらい）

ゆうあん［幽庵・祐庵・柚庵］

江戸時代の近江の茶人、北村祐庵に由来する料理に付ける名。祐庵は茶事に深く、味覚が鋭いことで有名で、祐庵好みの料理に付けられる。代表的な料理は、付け焼きの一種である祐庵焼き。

ゆうあんやき［幽庵焼き・祐庵焼き・柚庵焼き］

付け焼きの一種で、茶人の北村祐庵から出た名前。醤油、味醂、酒を合わせたかけ醤油に材料を浸して焼く。

調味料には、柚子などの柑橘類を加えることもあり、柚庵焼きと表現することがある。淡白な白身魚に向く手法でカマスを使うことが多い。

→付け焼き（つけやき）

ゆうやく［釉薬］

焼きものにかけて焼く釉《うわぐすり》のこと。これにより吸水性がなくなり、表面を硬くなめらかにすることができる。色によって白釉、黒釉、灰釉《かいゆう》などという。

ゆがく［湯がく］

食材を熱湯の中に入れて火を通すこと。あおる、茹でる、湯取るも同様である。

ゆかり［縁］

梅酢で漬けた赤ジソを、乾燥させて粉にしたもの。ゆかり粉ともいう。現在は、食品会社の登録商標であり、商品名である。

ゆきわ［雪輪］

雪の結晶の六角形を文様にしたもので、着物では格の高いフォーマルな文様として知られる。器の文様にもよく用いられている。

料理では、蓮根の皮を厚くむくと雪の結晶のような形になり、それを雪輪蓮根とよぶ。雪輪の型で大根のかつらむきなどを抜き、椀物などにも使う。雪を表現するので冬の料理である。型は、料理人が設計図を起こし、道具店に特注して作る。

ゆこうず［柚香酢］

加減酢にすりおろした柚子や刻んだ柚子を加えた合わせ酢。ナマコの酢の物や大根のはりはり漬けによい。

→加減酢（かげんず）

ゆじ［油滋］

普茶料理の揚げ物のこと。筍、人参、芋類に下味を付け、天ぷらのように揚げる。お寺の料理で、材料を日持ちさせる手法であり、前日の煮物を活用することもある。おいしいので、日本料理で献立に入れることがあり、その場合も油滋と書く。

ゆしも［湯霜］

刺身の手法のひとつで、皮がおいしい魚にする仕事。魚の皮を引かず、皮目を上にして抜き板などにのせ、布巾をかぶせて熱湯をかけて皮だけに火を通す。これによって生ぐさみが消えて皮がいっそうおいしくなる。
マダイやスズキ、キスで行い、マダイの場合は松皮造りとよび方が変わる。皮霜、霜降りと意味は同様である。
↓松皮造り（まつかわづくり）
↓皮霜（かわしも）↓霜降り（しもふり）

ゆず［柚子］

奈良時代にはすでに栽培されていた、日本の代表的な調味用柑橘類。

関東では、柚子といえば黄柚子を指し、一年を通して使う。夏に出回る青柚子は未熟果のことで、関東の日本料理では使わない。やむを得ず青柚子を使うときは〝鴨頭《こうとう》〟と表現して使う習慣がある。それに対し、関西の日本料理では、夏場に青柚子を使う。

黄柚子は保存がむずかしいといわれるが、冷蔵庫で３℃で長期保存でき、これは地下の室《むろ》と同じである。黄柚子は、冬の早い時期は切り分けて使い、新年になったらへいで、州浜柚子として使う。

↓鴨頭（こうとう）↓州浜柚子（すはまゆず）

ゆすらうめ［ゆすら梅］
春に梅に似た花を付ける木。花の後に、直径１㎝ほどの実を付け、食用になる。酸味が強く、初夏の献立に使う。

ゆせん［湯煎］
鍋を二重にして間接的に加熱する方法。外側の鍋には湯を入れ、内側の鍋には材料を入れ、湯に浮かべながら火を通す。黄身酢やびしゃ玉、コノコ塩を仕込むときに用いる。二枚鍋、二重鍋ともいう。
↓黄身酢（きみず）↓びしゃ玉（びしゃだま）
↓このこ塩（このこじお）

ゆつぎ［湯注ぎ］
マダイやアマダイなどの中骨やヒレを火にかけて少し焦がし、熱い湯を注いだもの。食事の最後の方で、魚の出汁が出たところを供すると喜ばれる。この料理を骨湯と表現することがあるが、決して美しい表現ではない。日本料理の世界では、湯注ぎという。

ゆづけ［湯漬け］
夏は飯を水に浸け、冬は湯に浸けた飯のこと。
水飯《すいはん》というものが『源氏物語』常夏の巻に出ており、平安時代にも食べられていた。湯漬けの出し方や食べ方の作法は『貞丈雑記《さだたけざっき》』に室町時代の故実として登場する。戦国時代には出陣の際に食べる食事や戦陣での実用食だった。それ以降は茶漬けにとって代わっている。
↓茶漬け（ちゃづけ）

ゆでる［茹でる］
食材を熱湯の中に入れて火を通すこと。あおる、湯がく、湯取るも同様である。

ゆとう［湯桶］
懐石料理で出す献立のひとつ。しめくくりの料理で、湯の子（お焦げ）や炒った米に湯を注いで薄塩を加えてある。もともとは、ご飯を釜炊きしたときの、釜にくっ付いたご飯を使った。番茶やほうじ茶でお茶漬けにする場合もある。

ゆどおし［湯通し］
材料を茹でて火を通すこと。湯引きよりも長めに湯に入れる。
→湯引き（ゆびき）

ゆどる［湯取る］
食材を熱湯の中に入れて火を通すこと。あおる、湯がく、茹でるも同様である。

ゆのみじゃわん［湯呑み茶碗］
お茶を淹れる器のひとつで、食事のとき、白湯やほうじ茶、番茶を淹れて出すもの。

ゆば［湯葉］
豆乳を沸かしたときに表面にできる膜をすくい揚げたものが生湯葉で、汲み上げ湯葉ともいう。生湯葉を乾燥させたものは干し湯葉。どちらも煮物や椀種に用いる。

ゆびき［湯引き］
鍋に沸かした熱湯の中で材料を引っ張るようにして動かし、表面に軽く熱を入れてから氷水に取る仕事。野菜や魚、魚の皮で行う。ハモの湯引きがよく知られ、ハモの場合は骨切りしながら切り落としたハモを、熱湯にくぐらせて氷水に取る。
似た仕事に湯通しがあるが、湯通しの方が湯に通す時間が長い。
→湯通し（ゆどおし）

ゆぶり［湯振り］
サバの味噌煮や、タイの兜煮《かぶとに》などで行う下ごしらえの手法。材料をいったん振りざるに入れ、湯に通して表面を熱で固め、すぐ氷水に入れてウロコや汚れを洗う。湯を通すことで魚のウロコが立ち、取り残しがなくなる。

ゆりね［百合根］
晩秋の頃においしい根菜。ユリ科の植物で、球根に苦味がないものや少ないものを食用にしている。国内の産地では、新潟の佐渡島産が最高で、なめらかなデンプン質を持ち、甘味とほろ苦さに特徴がある。昨今出回っているのは、栽培ものが中心で自生している野生のものではなく、クセもほろ苦さも少なくなった。その分、独特のおいしさがなくなったともいえるが、アクを抜く手間がかからず、扱いやすくなった。旬は秋から冬。

基本の扱いは、ほぐしてあしらいやご飯物、茶碗蒸しの具、和え物、揚げ物、焼き物などにする。形が悪いものは、裏漉ししたりすり流しにすれば無駄にならない。金団《きんとん》や甘味もよい。細工をして丸のまま使うととても格調が高く、技術の高さも感じさせる。面倒がられて扱われなくなっているが、意外に簡単で商品力も高くなるので取り入れたい。

価格が高いと思われているが、昭和30年代から価格が変わっておらず、相対的には価格が安定しており、実際に作って出せば、自店の魅力にできる可能性がある。

→金団（きんとん）

ゆわいそ［結糸］

筍の皮や経木を薄くした薄板を繊維の方向に沿って細く裂き、こよりのようにねじって細く紐状にしたもの。

湯葉をつるしたり、〝巻き鯉〟のコイを巻いたりするときに使う。ちまきを巻くときに使うイグサも、ゆわいそという。

つるしたり巻いたりするには糸や紐があるが、こうした天然の素材は、料理の味が変わらないことがメリットである。

→経木（きょうぎ）→巻き鯉（まきごい）

→藺草（いぐさ）

ゆをする［湯をする］

活けのクルマエビやシラウオ、小魚を、湯に入れて熱を通すこと。湯が煮立ったところで火を止めてから材料を入れ、しばらく置く。そうするとほどよく熱が通り、固くならずに火が入る。

ゆをみせる［湯を見せる］

食材を熱湯に短時間通して、材料の色や香りをいっそう引き出すこと。トマトや三つ葉などで行う。青い野菜の場合は色出しという。

→色出し（いろだし）

ようまい［用任］

出張料理のこと。仕出しとは違い、商家や旧家などで婚礼や法事があるとき、調理に必要な道具を持参して、2日前くらいから仕込みを始め、料理を作る。近所の人も手伝いに来て、一緒に本膳料理や精進料理なども作った。器は、依頼された家にあるものを使った。江戸時代からあったやり方のようで、昭和30年代まで続いた。祝儀も含まれるためとても利益が大きい仕事であった。

よこぐし［横串］

魚の頭から尾にかけて並行に打つ串に対し、直角に打つ串のこと。この串を打たないと、焼いている最中に身が落ちてしまうことがある。アナゴやウナギなどの細長い魚によく使う。

よこけん［横けん］

大根のかつらむきを、繊維に沿って細く切る、刺身のつまのこと。白糸大根、糸切り大根ともよび、婚礼の料理では、白髪大根ともいう。

繊維に平行に切る縦けんよりもやわらかくなり、盛り付けたときの曲線が美しくなる。白糸大根、糸切り大根ともよび、婚礼の料理では、白髪大根ともいう。

→縦けん（たてけん）

よこわ

クロマグロの子供で、メジマグロの6kg以上の大きさのもの。関西でのよび方で、関東ではチューボウとよぶ。脂がすっきりとしておいしく、刺身やすし種によい。旬は春と夏。

→ちゅーぼう

よしの［吉野］

奈良県吉野が葛粉の名産地であることから、葛粉を使った料理に付ける名前。

材料を薄葛を引いた汁で煮る吉野煮、葛粉を加えてとろみを出した吉野あん、葛粉をまぶして揚げた吉野揚げ、三杯酢か加減酢に水溶きした葛粉を加えて湯煎にかけ、とろりとさせた吉野酢などがある。

よしのあん［吉野あん］

→吉野（よしの）

よしのじたて［吉野仕立て］

葛粉を使って濃度を付けた椀物や煮物のこと。片栗粉を使った場合にも使う。

よしのず［吉野酢］

→吉野（よしの）

よしわらうど［葦原独活］

料理に付ける吉原という表現は、遊郭で知られる浅草の吉原が由来と思われているが、吉ではなく川に生えている植物の葦《よし》が由来。その葦の枯れた風情と料理が似ていることから名が付いたといわれる。

この料理はウドでだけ作り、ウドの皮をむいてから絹糸で切り、油で炒めて醤油で調味する。天盛りとして、木の芽を茹でてのせることが約束。献立には入れず、お客が料理人の腕を見るために注文する一品である。

切るときに絹糸を使うのは、庖丁では出ない何とも風情のある様子を出す目的で、糸を利き手の親指と人差し指に絹糸を渡し、手は動かさずにウドを上下に動かして切る。

→絹糸（きぬいと）

よせたまご［寄せ卵］

締め卵の口語での言い方。

→締め卵（しめたまご）

よせなべ［寄せ鍋］

寄せ鍋は、関東の日本料理では、16種の魚介を入れる。そのうち貝は、アオヤギ、ハマグリ、アサリ、ミル貝、トリ貝、ホタテの貝柱、小柱。このほかは、ハゼ、キス、クルマエビ、スミイカ、トコブシ、アナゴ、カニ、ウニ、シャコなどである。決して寄せ集めではなく、江戸前の材料を使ったとても贅沢なもので、当然、直前の予約では間に合わない。ほかには、生麩、三つ葉、白菜、茹でた菊菜、ネギを入れる。魚のアラや骨は使わない。

中でも白菜の下ごしらえが大事で、白菜の芯の白い部分を使い、大きな葉のまま下茹でして巻きすで巻き、半日置いて味わいを熟成させる。こうしてから鍋で煮ると、白菜の甘味と旨味が出てよりおいしくなる。出汁は吸い地を少し濃いめにする。

日本料理店では、献立上の構成では、煮物代わりとして出す料理である。

→あら

よせむこう［寄せ向］

12月半ば過ぎの暮れの時期の懐石・会席料理の献立で、例えば一組のお客が5人ならば、全員に異なった意匠の器で、向付を供すること。出したときの雰囲気にとても気品がある提供法である。ただし、よい向付の器が各種揃っていないとできない。

新年に行う茶会の初釜の料理では、同じものが欠けずに揃っていることが大切なので、こうした趣向は決して取り入れない。

→向付（むこうづけ）

よせもの［寄せ物］

寒天やゼラチンを使って冷やし固めた料理。流し物と似ているが、流し物は流動状の生地を流して固めるもの。それに対して寄せ物は、さまざまな材料を寒天やゼラチンでひとつに寄せて固めたものをいう。代表は羊羹である。

→流し物（ながしもの）

よせる［寄せる］

寒天やゼラチン、葛粉を使って材料を凝固させることで、集めてひとかたまりにすること。〝固める〟という表現は使わない。

よつほどき［四つ解き］

スッポンのおろし方のこと。スッポンの甲羅をはずし、足ごとに4つの身に切り分ける。甲羅は出汁を引くのに使う。身をさらに半分に切り分けると八《や》つ解《ほど》きという。

よびしお［呼び塩］

保存用に塩を強く含ませた食品や笹などを、塩抜きをするときに、塩分が抜けやすくするために使う塩水のこと。塩分濃度は材料によって違うが、1～1・5％程度。

→塩抜き（しおぬき）

よりうど［より独活］

ウドの皮をむき、斜めに切って水に放して丸めたもの。繊維の性質から、自然にくるりと丸くなる。〝より○○〟はもともとはウドだけの表現であり、人参やキュウリをかつらむきにし、斜めに切ってくるりと巻いた〝より人参〟や〝よりきゅうり〟は、本来の表現ではない。生姜をよったものは、清明《せいめい》という名と、四條流の料理書に記述がある。

よりつき［寄付］

茶会で最初に通される部屋で、足袋を履き替えるなど身支度をする。待合という場合もある。

よわび［弱火］

蓋をしないで、鍋の中の液体が煮立たない加減で沸いている状態のこと。

らうすこんぶ［羅臼昆布］

北海道の釧路から羅臼にかけて分布する昆布。風味も旨味も強く、真昆布に並んで、出汁を引くのに向く高級昆布。

らっきょう［辣韮］

日本では古くは薬用にされていた野菜。主に甘酢漬けにする。産地は沖縄と鳥取が有名。初夏の食材である。独特のクセがあるので、日本料理店や旅館では普段は使わないが、クセがあるために喜ばれるのも事実。シャキシャキした食感も魅力だ。常連の方や気心の知れたお客、好みがわかっているお客に出す食材と心得たい。

塩漬けにしたものを、おかかや梅肉といったさっぱりめの食材と和えたり、クルミや胡麻、納豆といった個性のある材料とも和えてもよい。

らでん［螺鈿］

漆を塗った上に、文様に合わせて切って磨いたアワビなどの貝殻を貼ったり、嵌入《かんにゅう》（象眼を入れること。装飾技法のひとつ）として研ぎ出したもの。酸に弱いので、梅や柑橘類を盛るときには注意する。

らんぎり［乱切り］

野菜の切り方の一種。大根や人参、牛蒡《ごぼう》、蓮根などを、回しながら斜めのひと口大に切ること。

らんちゃ［蘭茶］

婚礼やお祝いなどの、慶事の席で供するお茶。塩漬けにした春蘭の花に湯を注ぎ、かすかな塩気と春蘭の香りを楽しませる。山が減り、人工林が増えた現在では春蘭がなくなってしまい、代わりに桜漬けを使った桜湯を使うようになった。

春蘭は別名をじじばば、またはじんじばんばともいい、それが転じて長寿の表現ともなったようだ。

らんちゅう［卵中］

千利休が考案したといわれる箸で、赤杉の角材を、両端は細く丸みを持たせて削った箸。割り箸ではなく最初から分かれている。

持ちやすく、食べやすい形といわれ、使い切りの箸として、正式には和紙で帯をしない。高級料亭で使われることが多い。

りきゅう［利休・利久］

千利休にちなんだ料理の名前で、胡麻を使った料理に付ける。焼き物や揚げ物、煮物などがあり、利休よりも利久の文字を使う方が多いようである。

胡麻は、白胡麻をそのままではなく、当たり鉢ですりつぶして使う。黒胡麻を粒のまま、すりつぶさずに料理に使うと、南部という名前になる。また、円の下を3分の1～4分の1ほど切り落とした形のことも指す。

→南部（なんぶ）

りきゅうばし［利休箸］

懐石料理で使われる箸。角箸の角に丸みを持たせて、端を丸細にしてある。赤杉の柾目から作られ、水気をたっぷり含ませてから使う。箸洗いのときにはこの箸を使う。

→懐石料理（かいせきりょうり）

→箸洗い（はしあらい）

リコピン

トマトやスイカの赤い色素に代表される、野菜や果物に含まれる色素成分のこと。強い抗酸化作用が期待されている。

りしりこんぶ［利尻昆布］

真昆布と形態がよく似た、高級昆布。北海道の利尻島や礼文島が生産地。肉厚で、出汁昆布に使われる。真昆布よりも濃厚な風味があり、旨味も強いと評価されている。

→真昆布（まこんぶ）

リノールさん［リノール酸］

植物油に含まれる脂肪酸のひとつで、強く加熱すると酸化して油がべた付く性質がある。胡麻油や菜種油、紅花油に多く含まれる。

りゅうひこぶ・りゅうひこんぶ［龍皮昆布・竜皮昆布］

昆布の加工品で、昆布を砂糖で甘くやわらかく蒸したもの。菓子代わりに用いたり、魚を巻いたり、和え物に混ぜるなど用途は広い。求肥昆布ともいうが、それはもともとは餅菓子の商品名である。

りょうあじでにる［両味で煮る］

煮物の味付けの表現で、甘味と鹹味が別々に感じないように煮ること。簡単にいうと甘辛く煮るということになるが、煮物の仕事の観点から語るとそんな単純ではない。甘味より塩味の方がずっと先に材料に浸透するので、そこを考えて、最終的にバランスよく味を含むように調味料を入れる順や量、火加減を考える必要がある。さらに材料の状態、その土地やお客の好み、その日の天候や温度などを加味して仕上げる、繊細な味付けである。

りょうづまおり［両褄折り］

魚の切り身を焼くときに打つ串の打ち方のひとつ。身の薄い魚や細長い魚の身の両側を内側に巻いて打ち、盛り付けたときに立体感を出す。皮目は外側にする。片側だけを巻くと、片褄折りという。

りょうば［両刃］

刃が片方だけ付いている庖丁を片刃ということに対し、刃が両方に付いていると両刃という。まっすぐ切る仕事に向き、すし切り庖丁や菜切り庖丁は片刃である。

りょうぼそ［両細］

懐石料理の八寸で、精進ものと生ぐさものを取るとき、使い分けをするための箸。節はなく、両側が細く削られている。柳の両細の箸は本膳料理のときに使われる。

→八寸（はっすん）→本膳料理（ほんぜんりょうり）

りょくちく［緑筍］

筍は、春が旬のものが多い中、夏が旬の筍。えぐみがあまりなく、アク抜きの下処理はしなくてよい。さっと茹でてそのまま食べたり、皮ごと蒸し焼きすることができる。

産地は鹿児島県が主力で、8月の後半から10月にとれる。

りんかけ［輪掛け］

あん玉やイチゴなどに、砂糖衣をかける仕事のこと。

りんご［林檎］

起源は8000年前といわれているものの、日本での栽培は明治時代と意外に新しい。戦後に接ぎ木の技術の進歩や品種改良が進んで広がった。

さまざまな品種があり、主力はふじで、全体の50％を占める。ふじはデリシャスと国光を掛け合わせたもの。そのほか、紅玉とゴールデンデリシャスを掛け合わせたつがる、東光とふじを掛け合わせた千秋がよく出回っている。

現在は、ふじとつがるを掛け合わせたシナノスイート、つがると千秋を掛け合わせた秋映え、千秋とゴールデンデリシャスを掛け合わせたシナノゴールドなどもあり、それぞれのおいしさを競っている。

るいべ

凍らせたサケを薄く切って刺身にしたもの。北海道で作られていた保存食で、サケに潜むアニサキスなどの寄生虫は冷凍することで死ぬため、理にかなった手法である。ルイベとはアイヌ語で、溶ける食べ物という意味がある。一時は流行の食べ物となり、サケだけでなく、タラやギンダラ、タコ、イカ、帆立貝などでもよく作っていた。酢味噌がよく合う。

↓アニサキス

ルチン

そばに含まれる成分としてよく知られるようになった物質。一般的にはフラボノイドとよばれ、抗酸化作用があって血管を丈夫にするという。

るり［瑠璃］

茄子《なす》の紫色を帯びた美しい青い色を生かした料理に付ける名。瑠璃漬け、瑠璃煮などがある。

れいわん［冷椀］

夏場に供する、冷やした椀物のこと。6月1日から8月2日の立秋の頃まで出し、梅を使った〝落とし梅〟の冷椀が多い。塩分をやや強めにする。

↓落とし梅（おとしうめ）

レモン［檸檬］

柑橘類の中でも酸の含有量が高く、さわやかな酸味と香りを持ち、料理の調味料や薬味に欠かせない。その主たる成分のクエン酸にはアルカリ性の汚れを落とす効果があり、とても用途が広い食材であると同時に、道具ともいえる。

例えば、フードプロセッサーの掃除に果汁を絞った残りの皮を入れて回すと、機器のにおいが消える。かつては、まな板を洗うときにもレモンを多用した。また、冷蔵庫に入れるとにおいが消える。1200ℓの冷蔵庫なら、20個分使う。

生食する貝類の下ごしらえや、野菜の下ごしらえでもレモンは役立つ。蓮根や牛蒡《ごぼう》やウドなどの黒ずみを止める効果もある。果物のアクを抑えたいときは、氷水1ℓにレモン1個分の搾り汁を加えて用意し、そこにくぐらせるとよい。

色出しの効果もあり、アオヤギ、トリ貝、ホッキ貝、ミル貝などの貝類を湯通しして水洗いし、レモン汁を加えた水で洗うと、貝の色がよく出る。

近年は国産品が多く出回るようになった。

れんこん［蓮根］

ハスの肥大した地下茎。中国原産とされるが、エジプト原産の説もある。日本には奈良時代に渡来したという。

本来は、秋から春の彼岸までの時期に使う野菜で、料理は、揚げ物や煮物、蒸し物、酢の物など。秋以降の蓮根はコシが強くなるので、すりおろして蒸し物や団子にして揚げ物にするとよい。産地により特性が違い、初夏の霞ヶ浦産（茨城）のものは、生で刺身として食べられる。金沢の加賀蓮根は、デンプン質が多いため煮物に向く。

すぐに変色するものの、料理によっては、アクを抜かない場合も多くある。炒め煮や揚げ物にする場合は、アクを抜くことで蓮根らしいおいしさが失われてしまうのでアクは抜かない。すりおろして蒸し物にする場合も同じく、洗わずに蒸す。蒸し物にするときは、食感を残すよう、蒸し過ぎに気を付ける。この逆に、蓮根が黒ずむことを生かし、真っ黒に煮上げることもある。

蓮根を白く仕上げて、しゃきしゃきした食感を楽しませる酢の物やサラダなどにする場合は、アクとデンプンをきちんと抜く。酢を加えた水で蓮根を下煮して、水4〜6対酢1の割合の割り酢に浸す手順が基本。酢の量は、蓮根のアクの強さによって変える。
→割り酢（わりず）

ろっぽう［六方］
六角形、もしくは六面体のことで、料理では、六角形に切り出すむきもののこと。里芋やカブ、クワイなどをむくとき、天地を落として、断面が六角形になるように周囲をむき、これを〝六方にむく〟、または〝六方むき〟という。
→天地（てんち）

わかくさやま［若草山］
淡い緑色がきれいな料理に付ける名前。初夏の料理で用いる。濃い緑色の場合は、深山という表現に変わる。
→深山（みやま）

わかさがれい［若狭鰈］
→笹がれい（ささがれい）

わかさぐじ［若狭ぐじ］
ひと塩をしたアマダイのこと。もともとは、福井県若狭地方でとれたアマダイに、浜で塩を振ったものを指した。
→甘鯛（あまだい）

わかさじ［若狭地］
酒をベースに少量の醤油を合わせた地のこと。若狭グジにかけながら焼いたところから、この名がある。
正式には、酒1・2ℓ、出汁200㎖、梅干し3粒、生姜の皮20g、昆布30gを土鍋でことことと煮出し、1割ほど煮詰まったら血合抜きのカツオ節を20g加える。醤油を数滴落として仕込み、塩分が足りないときは塩を加える。

わかさやき［若狭焼き］
アマダイや小ダイの内臓を取り出して、ひと塩をして焼いたもの。アマダイが特に有名。アユでも行う仕事である。焼き上がりに、酒や酒に醤油を合わせた調味料をかけ、これは若狭地という。関東では、若狭焼きを興津干し、興津焼きとよぶ。

わかたけわん［若竹椀］
筍とワカメと取り合わせた、筍料理の代表のひとつ。筍とワカメの出合い物の味を楽しむ春の椀物の定番で、古くからある仕事。筍は孟宗竹を使う。出汁はカツオだけで引く。

わかめ［若布］
北海道から九州まで、海岸に多く発生する身近な海藻。種類も多い。汁の実や和え物に使う。やわらかいものが喜ばれ、特に新ワカメとよばれる春先の若いものを良品とする。

わきいた［脇板］
花板の補佐をする役割の職人。花板が盛り付ける刺身を引いたり、全体の采配の補助をしたりする。脇板の次に、花板となる。
↓花板（はないた）

わきぜん［脇膳］
本膳料理で、本膳の次に出す膳のことで、吸い物膳ともいう。この膳では、椀盛と焼き物を出し、椀盛は、必ず貝で出汁を取ることが約束で、ハマグリやシジミを使う。椀種は、5種類を盛る。
脇膳は武家のよび方で一般的には、二の膳という。
↓本膳料理（ほんぜんりょうり）↓椀盛（わんもり）

わきなべ［脇鍋］
料理人の、煮方の補佐役をする仕事。煮物に使う材料の下ごしらえや、カツオ節を削り、出汁を引く手伝いをする。いつも同じ出汁を引くには10年以上かかるといわれ、観察力と経験、頭脳を必要とする。この次は煮方になる。

わさび［山葵］
刺身になくてはならない薬味。ワサビは、9月から10月が走りで、柚子が黄色くなる11月から1月にかけてが旬で、2月から3月は名残。この時季に旬のマグロやブリ、イナダ、寒ビラメなどは、どれもワサビでおいしく食べられるものばかりである。

ワサビがおいしくないのは、4月末から7月。花が咲くので根が弱り、香りが落ちる。以前は、4月にはワサビは使わなかったが、5月から6月になると生姜が出て、ワサビがなくても困らなかった。その頃おいしくなるアジやイサキ、フッコ、カツオは、生姜でこそおいしい。

産地は長野と伊豆が有名で、漬け物には長野産、香りを楽しむには伊豆産のものがよい。そもそも、ワサビの栽培は江戸時代に現在の静岡市で始まり、当時は、家康が愛好したことから門外不出であったといわれる。江戸時代には四国にはワサビは自生していなかったようである。そのため四国では、生姜やニンニクをふんだんに使う独特の食文化が発達したようだ。

ワサビは、保存容器に入れて毎日水を替えて保管する。これを〝守《も》りをする〟という。また、生姜と一緒に保存してはいけない。一緒に袋などに入れておくと、ワサビがぶよぶよになってしまう。

ワサビは葉に近い部分は香りがよく、根の部分は旨味と辛味が強い。おろすときは、上下を交互におろして混ぜるのがよい。おろし立てがおいしいのでできれば使う直前におろすこと。おろす道具は、鉄分を嫌うワサビには、鮫皮のものが最も好ましいが、時間がかかるので、陶器製でも金属製でもよい。

わさびず［山葵酢］

三杯酢か加減酢に、すりおろしたワサビを加えたもの。エビや貝類の酢の物によく合う。

わじまぬり［輪島塗］

石川県輪島地方で産する日本の代表的な漆器。古くからのすぐれた技法が受け継がれているため、丈夫で美しい。

わたぎせ［綿着せ］

白っぽくふわりとした料理に付ける名前。秋に菊の花に霜が当たらないよう、綿をかぶせた様子に由来する。そのため、秋の彼岸から春の彼岸までの間に使う表現である。

わたりがに［渡り蟹］

甲羅が菱型のカニで、標準的な和名はガザミ。関東では夏が旬、瀬戸内や九州では冬が旬と対照的である。抱卵している雌が高価で人気。酢の物、味噌汁、鍋物、揚げ物などに使う。

わらう［笑う］

弾力のある生地や調味料を練るときに、練り方が足りなくて腰が抜けた状態になること。黄身酢や羊羹、吉野酢などの仕込みのときに使う言葉。

わらび［蕨］

日本国内の山野に自生する植物。古くから、こぶし状の若芽を食用にしている。藁が燃える炎から名があるという。

アクが強いので、アルカリの灰アクや重曹を使ってアク抜きをし、お浸し、煮物、和え物などにする。アク抜きをしてから乾燥させたり、塩を振って貯蔵もする。現在ではハウスでの促成栽培が進み、正月には出回っている。

わらびこ〔蕨粉〕

ワラビの根を砕いてデンプンを取った粉。ワラビ粉は葛粉よりも歴史が古く、日本では最も古いデンプンの粉として使われてきた。春のワラビ餅が代表的。現在はすっかり高価になり、本物のワラビ粉は、吉野葛の10～20倍の値段が付く。

わりざんしょう〔割山椒〕

2つの意味があり、(1)山椒が熟した実が割けて、赤い果肉が出たもの。(2)山椒の実が割れたときの姿をした器のことで、向付の器や小鉢としてよく用いられる。

→向付（むこうづけ）

わりした〔割り下〕

すき焼きを調味するときの合わせ調味料。醤油1升に対し、味醂1升、砂糖380gを合わせて作る濃厚なもので、焼いた牛肉に絡めながら食べる。関西の割り下は、出汁も加わるため煮汁といったものである。

わりじょうゆ〔割り醤油〕

→加減醤油（かげんしょうゆ）

わりず〔割り酢〕

水と酢とを一定の割合で合わせた液体。材料を洗ったりしめたり、漬け込むといった、表に出ない仕事に使い、下調理になくてはならない。家庭料理では酢水といった言い方をするが、日本料理では割り酢という。

すしを例外として、日本料理では酢を生酢で使うことはなく、必ず何かで割って使う。基本となるのが、水と割ることで、その割合は、酢と水を同割で合わせた1対1から、酢1対水8くらいまである。

通常の料理の下ごしらえで多用するのは1対1から、1対8くらいの割り酢。酢1対水7の割り酢は、上品な酢の物にするときの、野菜の下味を付ける場合によく用いる。漬け物のベースともなる。

わんだね〔椀種〕

吸い物の主役となる具のこと。

わんづま〔椀づま〕

椀物に添える海藻や野菜類のこと。緑色をした野菜を使うことが多く、松菜、浜チシャ、鶯菜《うぐいすな》が代表的。見た目に料理を引き立てる色があり、香りや風味が料理を引き立てることも椀づまの役割である。

わんづゆ［椀づゆ］

→吸い地（すいじ）

わんむこう［椀向］

→向付（むこうづけ）

わんもの［椀物］

吸い物と汁物の総称。一般的に椀物というと吸い物が代表的のように思われるが、会席料理、懐石料理、本膳料理における椀物は、吸い物ばかりではなく味噌汁もある。決して吸い物とひとくくりにはできず、出汁の種類や器の大きさなどにもいろいろな決まりがある。

会席料理では、先付の後、刺身の前に吸い物とよぶ椀物を出し、食事のときには汁物とよぶ椀物を出す。吸い物は、いまではお椀ともよばれるが、昭和までは吸い物椀とよんでいた。また、食事と一緒に出す汁は、味噌汁と決まっているが、例外もある。

懐石料理では、一汁三菜として飯とともに汁、向付、煮物椀、焼き物を出す。一汁三菜の汁は味噌汁と決まっている。煮物椀は、懐石料理の中で主役の一品で、数種類の椀種に塩と醤油で調味した吸い地を張り、大ぶりの器に盛り付ける。その後箸洗いという椀物を出す。箸洗いは湯に近い昆布出汁で、小吸い物、湯吸い物、ひとくち吸い物ともよぶ

本膳料理では、式三献立の次の本膳で、飯とともに汁を出す。汁は、会席料理や懐石料理と同様に味噌汁である。本膳の次の脇膳には椀盛という椀物と焼き物を出す。椀盛は、具が5種類で、汁の出汁はハマグリなどの貝と決まっている。

→吸い物（すいもの）→汁（しる）
→煮物椀（にものわん）→箸洗い（はしあらい）
→小吸い物（こずいもの）→椀盛（わんもり）

椀物の出汁

昆布とカツオ節で引く。材料は、4ℓの水に対し、カツオ節80g、昆布を50gが基本であるが、季節によって出汁の材料の分量を変え、一年中同じではない。春の彼岸から秋の彼岸までは夏場の時期で、昆布の量を控える。秋の彼岸から春の彼岸の冬場は、昆布とカツオ節を多めに使い、昆布の旨味が印象に残る風味にする。

出汁用の昆布は、いまは養殖ものが圧倒的で、天然ものはほとんど姿を消したので、産地にこだわることは以前ほど意味がないように思われる。

→一番出汁（いちばんだし）

椀物の構成

椀種は、主種、副種、客種を組み合わせる。主種は主

役で椀種のこと。副種は脇役であしらいを指す。客種はつまや吸い口ともよぶ。これらは山のもの、野菜のもの、海のものを組み合わせる。主種は、吸い物の場合は1種類と決まっている。

椀物には、必ず吸い口と椀づまを添えるものと思われることが多いが、必ずしもそうとは限らない。料理によって、椀種や出汁を生かすために、あえて使わない場合もある。料理として意味がないのに使うのは、ほかの食材の邪魔をし、原価もかかるので無駄なことである。

↓主種（しゅしゅ）　↓あしらい

↓つま　↓吸い口（すいくち）

椀物の塩分

椀物の塩分は、季節によって濃度を微妙に調節する。一年を通すと、0・8%と表現しているが、四季によって変える。厳密に説明すると、春と秋は0・8%（125分の1）、夏と冬は0・83%（120分の1）が目安となる。

この塩分は、椀種によっても変わり、椀種が、味噌をくるんだ団子の場合、その味が加わる分吸い地は薄めにして、塩分は0・5%まで少なくする。一方で、焼いた魚を椀種とする場合、魚にしっかりと塩味を付け、吸い地の塩分は0・76%（130分の1）前後にする。

夏場に吸い地を冷やして供する〝冷椀〟〝冷やし椀〟は、暑い日は濃いめの方が飲みやすいことを心得ておく。

椀物の調味

吸い地の味付けをするには、塩を2回に分けて入れる。最初に1回めの塩を入れて味を決め、出汁が煮立つ直前に最後の塩を入れ、醤油を1滴加える。このやり方で味を決めると、最もよい味わいを提供できる。出汁が煮立つ直前に加える最後の塩がポイントである。

わんもり［椀盛］

本膳料理の脇膳に入れる椀物。武家のしきたりを伝える小笠原流の作法では、具は5種類で、汁の出汁はハマグリなどの貝と決まっている。具は、例を挙げると、クルマエビ、皮をむいたタコ、ウド、ハマグリ、セリなど。

一年を通してハマグリを多く使い、冬場は関東のもの、初夏は桑名のものを使ったようである。町衆の本膳の場合はシジミを使うことが多かったらしい。

現在は、大きめの器を使い、具を多くした椀物を椀盛とし、売り物にしている店もある。

↓本膳料理（ほんぜんりょうり）

↓脇膳（わきぜん）

主要参考文献

●秋山徳蔵『味の散歩』三樹書房
●秋山徳蔵『舌』中央公論新社
●秋山徳蔵『味』中央公論新社
●阿部狐柳『日本料理秘密箱』柴田書店
●遠藤十士夫『和食の調理・道具づかいコツのコツ』旭屋出版
●遠藤十士夫『和食・会席料理の「献立」の立て方・書き方』旭屋出版
●遠藤十士夫『料理人のための和食の器★扱い方ハンドブック』旭屋出版
●川上行蔵『料理文献解題』柴田書店
●倉橋柏山『伝え残したい日本料理のコツ』ゆまにて出版
●河野友美『おいしさの科学　味を良くする科学』旭屋出版
●佐藤秀美『おいしさをつくる熱の科学』柴田書店
●志の島忠『料理の口伝』世界文化社
●関谷文吉『魚味礼讃』中央公論新社
●中村幸平『新版・日本料理語源集』旭屋出版
●畑耕一郎『プロのためのわかりやすい日本料理』柴田書店
●福田浩　松井今朝子・　松下幸子『江戸の献立』新潮社
●本山荻舟『飲食事典』平凡社
●湯木貞一・辻静雄『吉兆料理花伝』新潮社
●渡辺実『日本食生活史』吉川弘文館
●『からだにおいしい野菜の便利帳』高橋書店
●『食材図典　生鮮食材編』小学館

●『実用百科事典　1料理　栄養』主婦の友社
●『ブリタニカ国際大百科事典小項目電子辞書版』ブリタニカ・ジャパン
●『プロ調理師の実践講座3巻　器の選び方　盛りつけのポイント』主婦の友社

主要参考資料（電子版）

●農林水産省「食材の流通と変化」
http://www.maff.go.jp/j/keikaku/syokubunka/culture/syokuzai.html
●公益社団法人農林水産・食品産業技術振興協会「福羽逸人がはじめた促成栽培」
https://www.jataff.jp/senjin2/13.html
●東京都福祉保健局「食品衛生の窓」
http://www.fukushihoken.metro.tokyo.jp/shokuhin/index.html
●茨城県大子町観光協会「蒟蒻神社」
http://www.daigo-kanko.jp/?page_id=830
●茨城県霞ケ浦環境科学センター「霞ケ浦への招待」
http://www.pref.ibaraki.jp/soshiki/seikatsukankyo/kasumigauraesc/04_kenkyu/introduction/kahology_top.html
●横浜魚河岸 web site「旬魚余話」
http://www.shinkokai.co.jp/shun/magazine-frame.html
●キリン食生活文化研究所「日本の食文化と偉人たち」
http://www.kirin.co.jp/csv/food-life/know/activity/foodculture/23.html

ゆびき［湯引き］……320
ゆぶり［湯振り］……320
ゆりね［百合根］……320
ゆわいそ［結糸］……321
ゆをする［湯をする］……321
ゆをみせる［湯を見せる］……321
よ
ようまい［用任］……321
よこぐし［横串］……321
よこけん［横けん］……322
よこわ……322
よしの［吉野］……322
よしのあん［吉野あん］……322
よしのじたて［吉野仕立て］……322
よしのず［吉野酢］……322
よしわらうど［葦原独活］……322
よせたまご［寄せ卵］……323
よせなべ［寄せ鍋］……323
よせむこう［寄せ向］……323
よせもの［寄せ物］……323
よせる［寄せる］……323
よつほどき［四つ解き］……323
よびしお［呼び塩］……324
よりうど［より独活］……324
よりつき［寄付］……324
よわび［弱火］……324
ら
らうすこんぶ［羅臼昆布］……324
らっきょう［辣韮］……324
らでん［螺鈿］……324
らんぎり［乱切り］……324
らんちゃ［蘭茶］……325
らんちゅう［卵中］……325
り
りきゅう［利休・利久］……325
りきゅうばし［利休箸］……325
リコピン……325
りしりこんぶ［利尻昆布］……325
リノールさん［リノール酸］……325
りゅうひこぶ・りゅうひこんぶ
［龍皮昆布・竜皮昆布］……326
りょうあじでにる［両味で煮る］……326
りょうづまおり［両褄折り］……326
りょうば［両刃］……326
りょうぼそ［両細］……326
りょくちく［緑筍］……326
りんかけ［輪掛け］……326
りんご［林檎］……326
る
るいべ……327
ルチン……327
るり［瑠璃］……327
れ
れいわん［冷椀］……327
レモン［檸檬］……327
れんこん［蓮根］……328
ろ
ろっぽう［六方］……328
わ
わかくさやま［若草山］……328
わかさがれい［若狭鰈］……328
わかさぐじ［若狭ぐじ］……328
わかさじ［若狭地］……329
わかさやき［若狭焼き］……329
わかたけわん［若竹椀］……329
わかめ［若布］……329
わきいた［脇板］……329
わきぜん［脇膳］……329
わきなべ［脇鍋］……329
わさび［山葵］……329
わさびず［山葵酢］……330
わじまぬり［輪島塗］……330
わたぎせ［綿着せ］……330
わたりがに［渡り蟹］……330
わらう［笑う］……330
わらび［蕨］……330
わらびこ［蕨粉］……331
わりざんしょう［割山椒］……331
わりした［割り下］……331
わりじょうゆ［割り醤油］……331
わりず［割り酢］……331
わんだね［椀種］……331
わんづま［椀づま］……331
わんづゆ［椀づゆ］……332
わんむこう［椀向］……332
わんもの［椀物］……332
わんもり［椀盛］……333

もとじお［素塩］307
もとぞろえこぶ［元揃え昆布］307
もみじ［紅葉］307
もみじおろし［紅葉おろし］307
もみじだい［紅葉鯛］307
ももとりぜん［百々取り膳］308
もものほうちょう［桃の庖丁］308
もりあし［盛り足］308
もりぎわ［盛り際］308
もりつけにつかうしょくぶつ
［盛り付けに使う植物］308
もりつけにつかわないしょくぶつ
［盛り付けに使わない植物］309
もりばし［盛り箸］309
もろきゅう 309
もろみ［諸味・醪］309
や
やえづくり［八重造り］309
やかたもり［家盛り］309
やきかた［焼き方］310
やきしお［焼き塩］310
やきしめ［焼き締め］310
やきじゅんさい［焼き蓴菜］310
やきもの［焼き物］310
やきものばら［焼き物腹］312
やくしゅ［薬酒］312
やくみ［薬味］312
やつがしら［八つ頭］312
やつこいも［八つ小芋］313
やなかしょうが［谷中生姜］313
やながわなべ［柳川鍋］313
やなぎがれい［柳鰈］313
やなぎだこ［柳蛸］313
やなぎだる［柳樽］313
やなぎばし［柳箸］314
やなぎばぼうちょう［柳刃庖丁］314
やはたまき・やわたまき
［八幡巻き］314
やま［山］314
やまいも［山芋］314
やまうろこ［山うろこ］314
やまかげちゅうなごんふじわらまさともきょう
［山蔭中納言藤原政朝卿］315
やまぐすり［山薬］315
やまごぼう［山牛蒡］315
やまだしこんぶ［山出し昆布］315
やまぢゃわん［山茶椀］315
やまつつじ［山躑躅］315
やまといも［大和芋・大和薯］315
やまどり［山鳥］316
やまどりたけ［やまどり茸］316
やまぶきあえ［山吹和え］316
やまぶきなます［山吹膾］316
やまぶしたけ［山伏茸］316
やまめ［山女］316
やまもも［山桃］317
やまゆり［山百合］317
やりいか［槍烏賊］317
やわらかに［柔らか煮］317
ゆ
ゆあらい［湯洗い］317
ゆうあん［幽庵・祐庵・柚庵］317
ゆうあんやき
［幽庵焼き・祐庵焼き・柚庵焼き］318
ゆうやく［釉薬］318
ゆがく［湯がく］318
ゆかり［縁］318
ゆきわ［雪輪］318
ゆこうず［柚香酢］318
ゆじ［油滋］318
ゆしも［湯霜］318
ゆず［柚子］319
ゆすらうめ［ゆすら梅］319
ゆせん［湯煎］319
ゆつぎ［湯注ぎ］319
ゆづけ［湯漬け］319
ゆでる［茹でる］320
ゆとう［湯桶］320
ゆどおし［湯通し］320
ゆどる［湯取る］320
ゆのみじゃわん［湯呑み茶碗］320
ゆば［湯葉］320

みず［水］……293
みずあらい［水洗い］……293
みずがい［水貝］……293
みずがし［水菓子］……294
みずきり［水切り］……294
みずしお［水塩］……294
みずたき［水炊き］……294
みずだこ［水蛸］……295
みずひき［水引き］……295
みずやさい［水野菜］……295
みそに［味噌煮］……295
みぞれ［霙］……295
みぞれあえ［霙和え］……295
みぞれす［霙酢］……296
みぞれに［霙煮］……296
みだい［身鯛］……296
みつ［蜜］……296
みついしこんぶ［三石昆布］……296
みつに［蜜煮］……296
みつば［三つ葉］……296
みつはっぽう［蜜八方］……296
みなづきわん［水無月椀］……296
みなみまぐろ［南鮪］……297
みね［峯］……297
みねおかどうふ［嶺岡豆腐］……297
みのあげ［蓑揚げ］……297
みのやき［美濃焼き］……297
みほのまき［三保の巻き］……297
みみ……297
みやしげ［宮重］……297
みやしげだいこん［宮重大根］……298
みやしげまき［宮重巻き］……298
みやじま［宮島］……298
みやだい［宮台］……298
みやばしら［宮柱］……298
みやま［深山］……298
みやまいらくさ［深山刺草］……298
みやむかえ［宮迎え］……298
みゆず［実柚子］……299
みょうばん［明礬］……299
みりん［味醂］……299
みるがい［ミル貝］……299

む

むかえばな［迎え花］……299
むかご［零余子］……300
むきもの……300
むこう［向］……300
むこういた［向板］……300
むこうぜん［向膳］……300
むこうづけ［向付］……300
むしがれい［虫鰈］……301
むしかん［蒸し缶］……301
むしもの［蒸し物］……301
むすびみつば［結び三つ葉］……303
ムチン……303
むつ［鯥］……303
むつこ［鯥子］……303
むらさき……303
むらさきにんじん［紫人参］……303
むらめ［むら芽］……304

め

めおとなみ［夫婦波］……304
めかじき［女梶木］……304
めかんぞう［芽甘草］……304
めし［飯］……305
めじまぐろ［メジ鮪］……305
めそっこ……305
めばちまぐろ［目鉢鮪］……305
めばる［目張］……305
めぶき［芽吹き］……305
めぶし［雌節］……305
めふん……305
めゆず［芽柚子］……306
メロン……306
めんじつあぶら・めんじつゆ
［綿実油］……306
めんとり［面取り］……306

も

もあげ［藻揚げ］……306
もうそうちく［孟宗竹］……306
もちごめ［糯米・餅米］……306
もちづき［望月］……307
もっそう［物相］……307

ほっきがい［北寄貝］279
ほていちく［布袋筍］279
ほどやき［火床焼き］279
ほねきり［骨切り］279
ほねきりぼうちょう［骨切り庖丁］280
ほねせんべい［骨せんべい］280
ほまれにむく［誉にむく］280
ぼら［鯔］280
ぼらのへそ［鯔の臍］280
ほりかわごぼう［堀川牛蒡］280
ポリフェノール 281
ホワイトリカー 281
ほんかれぶし［本枯れ節］281
ほんじょうぞうしゅ［本醸造酒］281
ぽんずしょうゆ［ポン酢醤油］281
ほんぜん［本膳］282
ほんぜんりょうり［本膳料理］282
ほんだま［本玉］282
ホンビノスがい［ホンビノス貝］282
ほんぶし［本節］283
ぼんぼり 283
ほんまぐろ［本鮪］283
ほんます［本鱒］283
ほんみつ［本蜜］283
ほんやき［本焼き］283
ま
まいたけ［舞茸］283
まえもり［前盛り］283
まかじき［真梶木］284
まかない 284
まきえ［蒔絵］284
まきごい［巻き鯉］284
まきじお［蒔き塩］284
まきす［巻き簾］285
まきするめ［巻き寿留女］285
まこ［真子］285
まこんぶ［真昆布］285
まさご［真砂］285
ましこやき［益子焼き］286
ます［鱒］286
ますこ 286
ますのすけ 286
まだけ［真竹］286
まつかさづくり［松笠造り］286
まつかぜ［松風］286
まつかわづくり［松皮造り］287
まつかわびら［松皮びら］287
マッシュルーム 287
まつたけ［松茸］287
まつな［松菜］288
まつば［松葉］288
まつばあげ［松葉揚げ］288
まつばおろし［松葉おろし］288
まつばさき［松葉先］288
まどをあけない［窓を開けない］288
まないた［まな板］288
まないたざら［まな板皿］289
まないたびらき［まな板開き］289
まながつお［鯧・真名鰹・真魚鰹］289
まながつおのあつかいかた
［マナガツオの扱い方］290
まなばし［魚菜箸］290
マヨネーズ 290
まる［丸］291
まるじたて［丸仕立て］291
まるじゅう［丸十］291
まるた［丸太］291
まるなべ［丸鍋］291
まるまえかくむこう
［丸前角向こう］291
まわしぎり［回し切り］291
まわり 291
まんじゅう［饅頭］292
まんだい 292
まんねんづけ［万年漬け］292
まんびき 292
み
みがき［磨き］292
みがき［身欠き］292
みがきごま［磨き胡麻］292
みざんしょう［実山椒］292
みじんぎり［みじん切り］293

びんちょうまぐろ［ビンチョウ鮪］…… 265
びんながまぐろ［ビンナガ鮪］…… 265

ふ

フードプロセッサー…… 265
ふかがわめし［深川飯］…… 266
ふかむこう［深向］…… 266
ふき［蕗］…… 266
ふきよせ［吹き寄せ］…… 266
ふぐ［河豚］…… 266
ふくさにする［袱紗にする］…… 267
ふくさみそじたて
［袱紗味噌仕立て］…… 267
ふくさもり［袱紗盛り］…… 267
ふくしゅ［副種］…… 267
ふくちゃ［福茶］…… 267
ふくづくり［福造り］…… 267
ふくにとる［福に取る］…… 268
ふぐひき［河豚引き］…… 268
ふくまめ［福豆］…… 268
ふくめに［含め煮］…… 268
ふくらに［福来煮］…… 268
ふくりん［覆輪］…… 268
ふくわいちご［福羽いちご］…… 268
ふしおろし［節おろし］…… 269
ふしどり［節取り］…… 269
ふちだか［縁高］…… 269
ふっこ［福子］…… 269
ぶっつけじお［ぶっつけ塩］…… 269
ふでしょうが［筆生姜］…… 269
ぶどう豆［葡萄豆］…… 270
ふな［鮒］…… 270
ふなもり［舟盛り］…… 270
ふまいこうごのみ［不昧公好］…… 270
ふゆうがき［富有柿］…… 270
ブラックタイガー…… 270
ぶり［鰤］…… 270
ふりじお［振り塩］…… 271
ぶりだいこん［鰤大根］…… 271
ふりゆず［振り柚子］…… 271
ふるい［篩］…… 271
ふるねしょうが［古根生姜］…… 272
ふろふき［風呂吹き］…… 272

へ

ペーハー［pH］…… 272
へぎおり［へぎ折］…… 272
へぎきり［へぎ切り］…… 272
へぎゆず［へぎ柚子］…… 272
べたじお［べた塩］…… 273
べっこう［鼈甲］…… 273
べっこうたまご［鼈甲卵］…… 273
べにしお［紅塩］…… 273
べにしの［紅志野］…… 273
べにずわいがに［紅楚蟹］…… 273
べにたで［紅蓼］…… 273
べんがらこんにゃく［紅がら蒟蒻］…… 273

ほ

ほうきん［砲金］…… 274
ほうけいづくり［宝形造り］…… 274
ほうしょ［奉書］…… 274
ほうしょやき［奉書焼き］…… 274
ほうちょう［庖丁］…… 274
ほうちょうおさめ［庖丁納め］…… 276
ほうちょうづか［庖丁塚］…… 276
ほうとう…… 276
ぼうふう［防風］…… 276
ほうろく［焙烙］…… 276
ほうろくやき［焙烙焼き］…… 277
ほおずきゆ［ほおずき湯］…… 277
ほおにく［頬肉］…… 277
ほおばやき［朴葉焼き］…… 277
ほぐす…… 277
ほしがれい［星鰈］…… 277
ほしこ［干し子］…… 277
ほじそ［穂じそ］…… 277
ほしなぜん［保科膳］…… 278
ほそづくり［細造り］…… 278
ほそびき［細引き］…… 278
ほたてがい［帆立貝］…… 278
ほたるいか［ホタル烏賊］…… 278
ぼたん［牡丹］…… 278
ぼたんえび［牡丹海老］…… 279
ぼたんはも［牡丹鱧］…… 279
ぼっか…… 279

はねぎり［羽根切り］252
はぶた［葉蓋］252
はぶたえ［羽二重］252
はまぐり［蛤］252
はまじめ［浜じめ］253
はまちしゃ［浜萵苣］253
はまどびん［蛤土瓶］253
はまぼうふう［浜防風］253
はまやき［浜焼き］253
はも［鱧］253
はものおとし［鱧の落とし］254
はや 254
はやこういか［早甲烏賊］254
はやばしり［早走り］254
はやぼりたけのこ［早掘り筍］254
はやわん［早椀］254
はらす 254
はらたけ［原茸］255
はらのせ［腹の背］255
はらのはら［腹の腹］255
ばらびき［ばら引き］255
はらびらき［腹開き］255
はらみ［腹身］255
はり［針］255
はりうち［針打ち］256
はりはりなべ［はりはり鍋］256
はる［張る］256
はんげつぎり［半月切り］256
ばんすい［ばん水］256
はんだい［飯台］256
ハンディタイプのガスバーナー 256
ひ
ビーツ 257
ひいれ［火入れ］257
ひがい［鰉］257
ひがんとにほんりょうり
［彼岸と日本料理］257
ひき［疋］258
ひきさかずき［引盃］258
ひきづくり［引き造り］258
ひきづつ［引き筒］259
ひしお［醤］259
ひしのみ［菱の実］259
ひしはなびら［菱葩］259
びしゃだま［びしゃ玉］259
ひず［氷頭］259
ひすい［翡翠］259
ひすいあげ［翡翠揚げ］259
びぜんやき［備前焼き］260
ひだかこんぶ［日高昆布］260
ひたしじ［浸し地］260
ひたししょうゆ［浸し醤油］260
ひたしもの［浸し物］260
びっくりみず［びっくり水］260
ひとしお［ひと塩］260
ひとつは［一つ葉］260
ひどり［火取り］261
ひどる［火取る］261
ひな［雛］261
ひねしょうが［ひね生姜］261
ひねりごま［ひねり胡麻］261
ひばり 261
ひむろ［氷室］261
ひむろびらき［氷室開き］262
ひめます［姫鱒］262
ひゃくみぜん［百味膳］262
ひょうしぎぎり［拍子木切り］262
ひょうていたまご［瓢亭卵］262
ひら［平］262
ひらぐし［平串］262
ひらたねなし［平種無］262
ひらづくり［平造り］263
ひらまさ［平政］263
ひらめ［鮃］263
ひらめのあつかいかた
［鮃の扱い方］264
ひりょうず・ひりゅうず・ひろうす
［飛龍頭］264
ひれ［鰭］264
ひれざけ［ひれ酒］264
びわたまご［琵琶卵］265

ぬかづけ［糠漬け］240
ぬきいた［抜き板］240
ぬきがた［抜き型］241
ぬた 242
ぬのめ［布目］242
ぬるまゆ［ぬるま湯］242
ね
ねぎまなべ［ねぎま鍋］242
ねごろぬり［根来塗り］242
ねじめ［根締め］242
ねしょうが［根生姜］242
ねずみしの［鼠志野］243
ねまがりたけ［根曲がり筍］243
ねみつば［根三つ葉］243
ねりうに［練り雲丹］243
ねりまだいこん［練馬大根］243
ねりもどし［練り戻し］243
ねりもの［練り物］243
ねんぎょ［年魚］243
の
のし［熨斗］244
のしあわび［熨斗鮑］244
のしうめ［熨斗梅］244
のしぐし［熨斗串］244
のじめ［野じめ］244
のしろ［能代］244
のぞき［覗き］244
のっぺいじる［のっぺい汁］245
のどぐろ 245
のぼりぐし［登り串］245
のみつば［野三つ葉］245
のり［海苔・川苔・水苔］245
は
はいあく［灰汁］245
ばいり［梅里］245
はかいしき［葉掻敷・葉皆敷］245
はかた［博多］245
はかま［袴］246
はがま［羽釜］246
はぎ［萩］246
はぎがつお［萩鰹］246
はぎやき［萩焼き］246
はくさい［白菜］246
はくじ［白磁］246
はくせん［白扇］246
ばくだいかい［莫大海］247
はくに［白煮］247
はしあらい［箸洗い］247
はしおき［箸置き］247
はじかみ［薑］248
はしきらず［端切らず］248
はしぞめ［箸染め］248
はしづけ［箸付け］248
はしょうが［葉生姜］248
ばじょうはい［馬上杯］248
はしり［走り］248
はぜ［鯊］248
はたたき［刃叩き］249
はち・さはち［鉢・皿鉢］249
はちく［淡竹］249
ばちこ 249
はちざかな［鉢肴］249
はちまえ［鉢前］249
ばちまぐろ［バチ鮪］249
はつがつお［初鰹］249
はっさく［八朔］249
はっすん［八寸］250
はっすん［八寸］250
はっちょうみそ［八丁味噌］250
はつね［初音］250
はっぽう［八方］250
はないた［花板・華板］250
はなかんぞう［花甘草］251
はなさきがに［花咲蟹］251
はなざんしょう［花山椒］251
はなじそ［花じそ］251
はなつききゅうり［花付き胡瓜］251
はなびらもち［花びら餅］251
はなふぶき［花吹雪］251
はなほ［花穂］252
はなまるきゅうり［花丸胡瓜］252
バナメイえび［バナメイ海老］252
はなゆず［花柚子］252

ながしもの［流し物］……224
なかずいもの［中吸い物］……225
ながてづくり［長手造り］……225
なかぶし［中節］……225
なかぼね［中骨］……225
なごり［名残］……225
なしわり［梨割り］……226
なす［茄子］……226
なたね［菜種］……226
なたねあぶら［菜種油］……226
なつかんぞう［夏甘草］……226
なつぢゃわん［夏茶碗］……226
なっとう［納豆］……226
なつわん［夏椀］……227
ななくさ［七草］……227
ななくさがゆ［七草粥］……227
なべかえし［鍋返し］……227
なべつかみ［鍋つかみ］……227
なべてり［鍋照り］……228
なべどめ［鍋止め］……228
なべはだ［鍋肌］……228
なべものとかいせきりょうり
［鍋物と会席料理］……228
なまこ［海鼠］……228
なます［膾・鱠］……228
なますぎり［なます切り］……229
なみがえし［波返し］……229
なみぎり［波切り］……229
なみのはな［波の花］……229
なみはっすん［並八寸］……229
なよし……229
ならちゃ［奈良茶］……229
なるこゆり［鳴子百合］……229
なるとづくり［鳴門造り］……229
なるとまき［鳴門巻き］……229
なんぜんじ［南禅寺］……230
なんば［難波］……230
なんばん［南蛮］……230
なんばんず［南蛮酢］……230
なんぶ［南部］……230

に
にいなめさい［新嘗祭］……230
にえばな［煮えばな］……231
にがうめ［苦梅］……231
にがうるか［苦うるか］……231
にがぎも［苦胆・苦肝］……231
にかた［煮方］……231
にがたま［苦玉］……231
にきりざけ［煮切り酒］……232
にきりみりん［煮切り味醂］……232
にきる［煮切る］……232
にこごり［煮凝り］……232
にごし［煮漉し］……232
にごりじる［濁り汁］……232
にころがし［煮ころがし］……232
にこんぶ［煮昆布］……232
にざる［煮笊］……233
にじます［虹鱒］……233
にしめ［煮染め］……233
にじゅうしせっき［二十四節気］……233
にじゅうなべ［二重鍋］……236
にしん［鰊］……236
にぬき［煮抜き］……236
にはいず［二杯酢］……236
にびたし［煮浸し］……237
にほんざりがに［日本ざりがに］……237
にほんしゅ［日本酒］……237
にほんのさんだいちんみ
［日本の三大珍味］……237
にまいおとし［二枚落とし］……237
にまいなべ［二枚鍋］……237
にまめ［煮豆］……237
にもの［煮物］……238
にもののおもし［煮物の重石］……239
にものわん［煮物椀］……239
によせ［煮寄せ］……239
にる［煮る・煎る・烹る］……239
にわとこ［骨折木］……240
にんにく［大蒜］……240

ぬ
ぬいぐし［縫い串］……240
ぬか［糠］……240

てっちり［鉄ちり］ 211
でっちる 211
てっぱつ［鉄鉢］ 211
てっぱんやき［鉄板焼き］ 211
てっぴ［鉄皮］ 211
てっぽう［鉄砲］ 211
テトロドトキシン 211
てながえび［手長海老］ 211
でばぼうちょう［出刃庖丁］ 211
てびらき［手開き］ 212
てみず［手水］ 212
てりに［照り煮］ 212
てりやき［照り焼き］ 212
てんえ・てんい［天衣］ 212
でんがく［田楽］ 212
でんがくみそ［田楽味噌］ 213
てんじょうこぶ
［天上昆布・天井昆布］ 213
てんじん［天神］ 213
てんそげ［天削げ］ 213
てんち［天地］ 213
てんつゆ［天つゆ］ 213
てんぴ［天火］ 214
でんぶ［田麩］ 214
てんぷらあぶら・てんぷらゆ
［天ぷら油］ 214
てんぷらのころも［天ぷらの衣］ 214
でんぽうやき［伝法焼き］ 214
てんまるばし［天丸箸］ 215
てんもり［天盛り］ 215
と
といし［砥石］ 215
とうざに［当座煮］ 216
とうじ［湯治］ 216
とうじん［唐人］ 216
とうせんりょうり［賜饌料理］ 216
どうなべ［銅鍋］ 216
とうのいも［唐の芋］ 216
とうばん［陶板］ 217
とうみつ［糖蜜］ 217
どうみょうじ［道明寺］ 217
どうみょうじむし［道明寺蒸し］ 217
とうらいもの［唐来物］ 217
とおとうみ［遠江］ 217
とおやま［遠山］ 218
とおやまつつじ［遠山つつじ］ 218
ときしらず［時知らず］ 218
とくさ［木賊・十草・砥草］ 218
とこぶし［床節］ 218
とさ［土佐］ 218
とさじょうゆ［土佐醤油］ 218
とさず［土佐酢］ 218
どさんどほう［土産土法］ 219
どじょうじる［泥鰌汁］ 219
とそ［屠蘇］ 219
どてなべ［土手鍋］ 219
ととまめ 220
どなべ［土鍋］ 220
どびんむし［土瓶蒸し］ 220
とべやき［砥部焼き］ 220
とめすじ［止節］ 221
とめわん［止椀］ 221
とも［共］ 221
どよう［土用］ 221
とりがい［鳥貝］ 221
とりざかな［干肴］ 221
とりだし［鶏出汁］ 222
トリュフ 222
とろび［文火］ 222
とろろこぶ［とろろ昆布］ 222
どんぐりたまご［どんぐり卵］ 222
どんこ 222
とんぶり 222
な
ながいも［長芋・長薯］ 223
なかおち［中落ち］ 223
ながおろし［長おろし］ 223
なかご［中子］ 223
ながさき［長崎］ 223
ながさきじたて［長崎仕立て］ 223
ながしかん［流し缶］ 223
ながしばこ［流し箱］ 223

たんざくもり［短冊盛り］……198
タンニン……198
たんば［丹波］……198
ち
ちあい［血合い］……199
ちぐさ［千草］……199
ちくぜんに［筑前煮］……199
ちしゃ［萵苣］……199
ちしゃとう［萵苣薹］……199
ちちぶきゅうり［秩父胡瓜］……199
ちとせ［千歳］……199
ちとせやき［千歳焼き］……200
ちどり［千鳥］……200
ちぬき［血抜き］……200
ちまき［粽］……200
ちゃかいせき［茶懐石］……200
ちゃがし［茶菓子］……200
ちゃがゆ［茶粥］……200
ちゃきん［茶巾］……200
ちゃこし［茶漉し］……201
ちゃじ［茶事］……201
ちゃしつのはな［茶室の花］……201
ちゃじななしき［茶事七式］……201
ちゃせんにとる［茶筅にとる］……201
ちゃづけ［茶漬け］……202
ちゃぶりなまこ［茶振りなまこ］……202
ちゃわんむし［茶碗蒸し］……202
ちゃんこりょうり［ちゃんこ料理］……202
ちゅうび［中火］……203
ちゅーぼう……203
ちょうえんビブリオ
［腸炎ビブリオ］……203
ちょく［猪口］……203
ちょく［猪口］……203
ちょくとう［直刀］……203
ちりなべ［ちり鍋］……203
ちりむし［ちり蒸し］……204
ちんみ［珍味］……204
ちんみや［珍味屋］……204
つ
ついがさね［衝重］……204
つかいばしり［使い走り］……204
つきだし［突き出し］……204
つくだに［佃煮］……204
つくねいも［つくね芋］……205
つくり［造り］……205
つけじょうゆ［つけ醤油］……205
つけどこ［漬け床］……205
つけぼうちょう［つけ庖丁］……205
つけやき［付け焼き］……205
つちしょうが［土生姜］……205
つつぎり［筒切り］……206
つつぬき［筒抜き］……206
つつみやき［包み焼き］……206
つつむこう［筒向］……206
つとどうふ［苞豆腐］……206
つなぎ……206
つの［角］……206
つばきあぶら・つばきゆ［椿油］……207
つばめしょうが［つばめ生姜］……207
つぶうに［粒雲丹］……207
つぼ［坪］……207
つぼつぼ……207
つぼぬき［つぼ抜き］……207
つぼやき［壷焼き］……207
つま……208
つまにつかうはな［つまに使う花］……208
つみれ［摘入れ］……209
つめ［詰め］……209
つやに［艶煮］……209
つゆしょうが［つゆ生姜］……209
つよび［強火］……209
つよびのとおび［強火の遠火］……209
つりがね……209
つるしぎり［吊るし切り］……209
つるな［蔓菜］……210
つるぼうちょう［鶴庖丁］……210
て
であいもの［出合いもの］……210
ていかに［定家煮］……210
てっか［鉄火］……210
てっきゅう［鉄弓］……210
てっさ［鉄刺］……211

ぞうに［雑煮］…183
そえぐし［添え串］…183
そえもの［添え物］…183
そぎづくり［そぎ造り］…183
そげ…184
そだてしごと［育て仕事］…184
ソップだし［ソップ出汁］…184
そとこ［外子］…184
そとびき［外引き］…184
ソフトシェルクラブ…184
そぼろ［そぼろ］…184
そめおろし［染めおろし］…185
そめつけ［染付］…185

た

たい［鯛］…185
たいこ［太鼓］…186
だいごみ［醍醐味］…186
だいこん［大根］…186
だいこんおろし［大根おろし］…186
たいしょうえび［大正海老］…187
たいせつにする［大切にする］…187
だいぜんしょく［大膳職］…187
たいせんに［大船煮］…187
だいとくじふちだか［大徳寺縁高］…187
たいのあつかいかた［鯛の扱い方］…187
だいのもの［台のもの］…188
たいはくごまあぶら・たいはくごまゆ
［太白胡麻油］…188
たいみそ［鯛味噌］…188
だいみょうおろし［大名おろし］…188
たいらがい［平貝］…188
たかつき［高坏］…189
たかのつめ［鷹の爪］…189
たかべじんじゃ［高家神社］…189
たきあわせ［炊き合わせ］…189
たきうち［滝打ち］…189
たきがわどうふ［滝川豆腐］…189
たきこみごはん［炊き込みご飯］…189
たきのがわごぼう［滝野川牛蒡］…190
たく・にる［炊く・煮る］…190
たけかわ［竹皮］…190
たけぐし［竹串］…190
たけのこ［筍］…191
たけのこいも［筍芋］…191
たけのこめばる［筍めばる］…191
たこ［蛸］…191
たごと［田毎］…192
だし［出汁］…192
だしまきたまご［出汁巻き卵］…193
たすきおとし［たすき落とし］…193
たたき…193
だだちゃまめ［だだちゃ豆］…193
たちうお［太刀魚］…193
たちまわり［立ち回り］…194
だつ…194
だつ…194
たづくり［田作り］…194
たつた［竜田］…194
たつたあげ［竜田揚げ］…194
たづなぬき［手綱抜き］…195
たで［蓼］…195
たであらい［蓼洗い］…195
たてぐし［縦串］…195
たてけん［縦けん］…195
たてじお［立て塩］…195
たです・たでず［蓼酢］…196
たてづま［立てづま］…196
だてまき［伊達巻き］…196
たとう［箸袋］…196
たまごどうふ［卵豆腐］…196
たまごとじ［卵とじ］…196
たまごのもと［卵の素］…196
たまざけ［玉酒］…197
たまじめ［玉締め］…197
たまみそ［玉味噌］…197
たまりしょうゆ［たまり醤油］…197
ためしぼう［ためし棒］…197
ためぬり［溜塗］…198
たら［鱈］…198
たらばがに［鱈場蟹］…198
たんざくぎり［短冊切り］…198

すぎおり［杉折］……170
すきごけ……170
すぎさし［杉刺し］……170
すきびき［すき引き］……170
すきやき［鋤焼き］……171
すけっと［助っ人］……171
すごもり［巣篭もり］……171
すじ……171
すじおろし……171
すしきりぼうちょう［すし切り庖丁］……171
すじこ［筋子］……171
すじめ［酢じめ］……172
すずき［鱸］……172
すずきのあつかいかた［鱸の扱い方］……172
すずさんしょう［鈴山椒］……172
すすめざかな［進め肴］……172
すずめやき［すずめ焼き］……172
すずりぶた［硯蓋］……173
すだち……173
すだれぼうちょう［すだれ庖丁］……173
すだれぼね［すだれ骨］……173
スチームコンベクションオーブン……174
すっぽん……174
すっぽんじたて［すっぽん仕立て］……174
すっぽんに［すっぽん煮］……175
すでしめる［酢でしめる］……175
すどる［酢取る］……175
すに［酢煮］……175
すのはたらき［酢の働き］……175
すのもの［酢の物］……176
すはま［州浜］……176
すはまいちもんじもり
［州浜一文字盛り］……176
すはまだい［州浜台］……176
すはまもり［州浜盛り］……176
すはまゆず［州浜柚子］……177
すびたし［酢浸し］……177
すびて［酢押］……177
すぶき［酢拭き］……177
すまし［清まし］……177
すみ［炭］……177
すみいか［墨烏賊］……178
すみかざり［炭飾り］……178
すみきり［角切］……178
すみず［酢水］……178
すみそ［酢味噌］……178
すやき［素焼き］……178
すりごま［すり胡麻］……178
すりながし［すり流し］……178
すりばち［擦り鉢］……179
する［擦る］……179
するめいか［鯣烏賊］……179
ずわいがに［楚蟹］……179
せ
ぜいご……179
せいじ［青磁］……180
せいろう［蒸籠］……180
せきはん［赤飯］……180
せごあえ［勢子和え］……180
せごし［背越し］……180
せたしじみ［瀬田蜆］……180
せとやき［瀬戸焼き］……180
せのせ［背の背］……181
せのはら［背の腹］……181
せびらき［背開き］……181
せみ［背身］……181
ゼラチン……181
セレベス……181
せわた［背腸］……181
せんぎり［せん切り］……182
ぜんさい［前菜］……182
ぜんざい［善哉］……182
せんだいがつお［仙台がつお］……182
せんだいみそ［仙台味噌］……182
せんだん［千段］……182
せんちゃ［煎茶］……182
せんばじる［船場汁］……182
せんぼんしめじ［千本しめじ］……183
せんろっぽん［千六本］……183
そ
そうざいこんだて［総菜献立］……183
ぞうすい［雑炊］……183

じょうしんこ［上新粉］……157
しょうじんだし［精進出汁］……157
じょうぞうす［醸造酢］……157
しょうちゅう［焼酎］……157
じょうはくとう［上白糖］……158
じょうびさい［常備菜］……158
しょうぶゆ［菖蒲湯］……158
じょうへい［床兵］……158
しょうみ［正身］……159
じょうみ［上身］……159
じょうよ［薯蕷］……159
じょうよむし［薯蕷蒸し］……159
しょうろ［松露］……159
しょくざいのくらい［食材の位］……159
しょくじ［食事］……160
しょくぜんしゅ［食前酒］……160
しょくべに［食紅］……160
しょたいしごと［所帯仕事］……160
しょっつる［塩魚汁］……160
しらあえ［白和え］……160
しらうお［白魚］……161
しらうめす・しらうめず［白梅酢］……161
しらえび・しろえび［白海老］……161
しらが［白髪］……161
しらがゆ・しろがゆ［白粥］……161
しらこ［白子］……161
しらしめあぶら・しらしめゆ［白絞油］……162
しらに・しろに［白煮］……162
しらやき［白焼き］……162
しる［汁］……162
しるさきづけ［汁先付］……162
しろあん［白あん］……162
しろいたこぶ［白板昆布］……163
しろうお［素魚］……163
じろうがき［次郎柿］……163
しろうり［白瓜・越瓜］……163
しろうるか［白うるか］……163
しろかわあまだい［白皮甘鯛］……163
しろぎす［白鱚］……163
しろざけ［白酒］……163
しろざけ［白鮭］……163
しろしょうゆ・しろじょうゆ［白醤油］……163
しろばいがい［白蛽貝］……164
しろぶかし［白ぶかし］……164
しろみず［白水］……164
しんけいじめ［神経じめ］……164
しんけいぬき［神経抜き］……164
しんしゅうみそ［信州味噌］……164
しんしゅうむし［信州蒸し］……165
しんじょ［糝薯］……165
しんしょうが［新生姜］……165
しんせんりょうり［神饌料理］……165
しんたまねぎ［新玉ねぎ］……165
じんばそう［神馬草］……165

す

すあげ［素揚げ］……165
すあらい［酢洗い］……166
すいがさ［吸い傘］……166
ずいき［芋茎］……166
すいくち［吸い口］……167
すいじ［吸い地］……167
すいじはっぽう［吸い地八方］……167
すいしょう［水晶］……167
すいしょうたまご［水晶卵］……167
すいせん［水仙］……167
すいぜんじな［水前寺菜］……167
すいぜんじのり［水前寺水苔］……167
すいちょう［翠調］……167
すいのう［水嚢］……168
すいもの［吸い物］……168
すいものわん［吸物椀］……168
すえひろぎり［末広切り］……168
すえひろぐし［末広串］……168
すおとし［素落とし］……169
すがたずし［姿鮨］……169
すがたつ［スがたつ］……169
すがたもり［姿盛り］……169
すがたやき［姿焼き］……169
すぎいた［杉板］……169
すぎいたやき［杉板焼き］……170

しおのはたらき［塩の働き］……143
しおばんちゃ［汐番茶］……143
しおびき［塩引き］……143
しおみがき［塩磨き］……143
しおむし［塩蒸し］……143
しおやき［塩焼き］……143
しおをする［塩をする］……144
しおをなめさせる［塩をなめさせる］……144
じかだき［直炊き］……144
じかに［直煮］……144
しがらきやき［信楽焼き］……144
しきざる［敷き笊］……144
しきさんこん［式三献］……144
しきし［色紙］……145
しきぼうちょう［式庖丁］……145
しぎやき［鴫焼き］……145
しぐれに［時雨煮］……145
しじみ［蜆］……146
しじょうりゅう［四條流］……146
ジストマ……146
したきり［舌切り］……146
したて［仕立て］……146
しちごさんもり［七五三盛り］……147
じづけ［地漬け］……147
しどけ……147
しなのがき［信濃柿］……147
しなのむし［信濃蒸し］……147
じねんじょ［自然薯］……147
しの［篠］……147
しのぎ［鎬］……148
しのだ［信田］……148
しのにとる［篠にとる］……148
しののめ［東雲］……148
しのびしょうが［忍び生姜］……148
しのやき［志野焼き］……148
しばえび［芝海老］……148
しばに［芝煮］……149
しばふね［柴舟］……149
しぶかわに［渋皮煮］……149
しぶきり［渋切り］……149
じぶに［治部煮］……149
しほうこうい［四方高位］……149
しほうざら［四方皿］……149
しほうめんとり［四方面取り］……150
しまあじ［縞鰺］……150
しまあじのあつかいかた
［縞鰺の扱い方］……150
しまえび［シマ海老］……150
しめたまご［締め卵］……151
しめる［絞める］……151
しもつかれ……151
しもふり［霜降り］……151
しもふりしめじ［霜降りしめじ］……151
じゃがいも［じゃが芋］……151
じゃかご［蛇籠］……152
しゃかしめじ［釈迦しめじ］……152
しゃくしお［尺塩］……152
じゃこてん［じゃこ天］……152
じゃのめ［蛇の目］……152
じゃばら［蛇腹］……152
しゃぶしゃぶ……153
しゅうこうぼうちょう［舟行庖丁］……153
じゅうそう［重曹］……153
じゅうづめ［重詰め］……153
しゅしゅ［主種］……154
しゅとう［酒盗］……154
しゅん［旬］……154
しゅんけいぬり［春慶塗り］……154
じゅんこめず［純米酢］……154
じゅんさい［蓴菜］……154
じゅんまいしゅ［純米酒］……155
しゅんらん［春蘭］……155
しょうが［生姜］……155
しょうがす［生姜酢］……156
しょうがつりょうり［正月料理］……156
しょうかどう［松花堂］……156
じょうぎ［定規］……156
じょうぎにきる［定規に切る］……157
しょうごいんかぶ［聖護院蕪］……157
しょうじ［障子］……157

さかなのわた［魚の腸］……126
さかに［酒煮］……126
さかびたし［酒浸し］……126
さかむし［酒蒸し］……126
さかやき［酒焼き］……126
さきづけ［先付］……126
さくどり［冊取り］……127
さくら［桜］……127
さくらじまだいこん［桜島大根］……127
さくらだい［桜鯛］……127
さくらづけ［桜漬け］……127
さくらなべ［桜鍋］……128
さくらに［桜煮］……128
さくらにく［桜肉］……128
さくらばづけ［桜葉漬け］……128
さくらます［桜鱒］……128
さくらむし［桜蒸し］……128
さくらめし［桜飯］……128
さくらゆ［桜湯］……128
さけ［鮭］……129
さけ［酒］……129
ささうち［笹打ち］……129
ささがき［笹掻き］……129
ささがれい［笹鰈］……129
さざなみ［さざ波］……130
さざなみぼうちょう［さざ波庖丁］……130
さしがつお［差し鰹］……130
さしこみ［差し込み］……130
さしみ［刺身］……130
さしみず［差し水］……131
さしみぼうちょう［刺身庖丁］……131
ざつきすいもの［座付き吸い物］……131
さつきます［五月鱒］……132
さつきわん［皐月椀］……132
ざっせつ［雑節］……132
さつまいも［薩摩芋］……133
さといも［里芋］……133
さとうのはたらき［砂糖の働き］……134
さとうのわりあい［砂糖の割合］……134
さなご……135
さば［鯖］……135
さばのあつかいかた［鯖の扱い方］……136
さばのみがきわん［鯖のみがき椀］……136
さまつ［早松茸・夏松茸］……136
さゆ［白湯］……136
さより［針魚］……137
さらす［晒す］……137
サラダあぶら・サラダゆ
［サラダ油］……137
ざらびき［ざら引き］……137
ざる［笊］……137
さるなし……138
さわに［沢煮］……138
さわら［鰆］……138
さわらび［早蕨］……138
さんかいなべ［山海鍋］……138
さんがつびらめはねこまたぎ
［三月鮃は猫またぎ］……138
さんぎ［算木］……139
さんしゅう［三州］……139
さんしょう［山椒］……139
さんしょうあらい［山椒洗い］……139
さんしょうみそ［山椒味噌］……140
さんばいず［三杯酢］……140
さんぺいじる［三平汁］……140
さんぼう［三方・三宝］……140
さんま［秋刀魚］……140
さんまいおろし［三枚おろし］……141

し

しいざかな［強肴］……141
しいたけ［椎茸］……141
しお［汐］……141
しおうに［塩雲丹］……141
しおがま［塩釜］……141
しおこし［潮漉し］……142
しおだし［塩出し］……142
しおたまご［塩卵］……142
しおで［牛尾菜］……142
しおぬき［塩抜き］……142

こきみ［古稀味］111
ごくせん 111
こぐち［小口］111
こくびゃく［黒白］111
こくわ 111
こけひき［こけ引き］111
こしあぶら 111
ごしき［五色］112
こしぶくろ［漉し袋］112
こしらいいた［こしらい板］112
ごじる［呉汁］113
ごす［呉須］113
こずいもの［小吸い物］113
こずいものわん［小吸物椀］113
ごせっく［五節句］113
ごぜんしるこ［御膳汁粉］114
こそで［小袖］114
ごだいしらこ［五大白子］114
ごだいらんそう［五大卵巣］114
ごだんつき［後段付き］114
ごだんのうたげ［後段の宴］114
こち［鯒］114
こづけ［小付け］115
こつざけ［骨酒］115
こっぱ 115
こつむし［骨蒸し］115
こつゆ［骨湯］115
こなざんしょう［粉山椒］115
こなべじたて［小鍋仕立て］115
こにもの［小煮物］115
このこ 115
このこじお［このこ塩］116
このわた 116
こはく［琥珀］116
こはくさん［コハク酸］116
こばち［小鉢］116
こひき［粉引］116
こぶし［粉節］116
こぶじめ［昆布じめ］116
こぶだし［昆布出汁］117
こぶみず［昆布水］117
ごぼう［牛蒡］117
こぼく［古木］118
ごまあぶら・ごまゆ［胡麻油］118
ごまいおろし［五枚おろし］118
ごまじる［胡麻汁］118
ごまず［胡麻酢］118
こまもり［子守り］119
ごまよごし［胡麻よごし］119
ごみ［五味］119
こみなと［小湊］119
こみね［小峯］119
こみねにぎり［小峯握り］119
こめのとぎかた［米の研ぎ方］120
こわめし・こわいい［強飯］120
こんだて［献立］120
こんだてはきすう［献立は奇数］121
こんにゃく［蒟蒻］122
こんぶ［昆布］122

さ

サーモントラウト 122
さいきょうみそ［西京味噌］122
さいきょうやき［西京焼き］123
さいのめ［さいの目］123
さいばし［菜箸］123
さいまきえび［才巻海老］123
さおもの［棹物］123
さかあらい［酒洗い］123
さかいり［酒煎り］123
さかぎり［酒霧］124
さかしお［酒塩］124
さかずき［杯］124
さかだい［酒台］124
さかなのいぶくろ［魚の胃袋］124
さかなのかわ［魚の皮］125
さかなのてんねんものとようしょくもの［魚の天然ものと養殖もの］125
さかなのほぞん［魚の保存］125
さかなのめいしょ［魚の名所］126

くさをくううつわ［草を喰う器］…… 99
ぐじ…… 99
くしちどり［櫛千鳥］…… 99
くず［葛］…… 99
くずうち［葛打ち］…… 99
くずすいせん［葛水仙］…… 99
くずたたき［葛叩き］…… 100
くずをひく［葛を引く］…… 100
ぐそくに［具足煮］…… 100
くたにやき［九谷焼き］…… 100
くちがね［口金］…… 100
くちがわり［口替わり］…… 100
くちこ…… 101
くちとり［口取り］…… 101
くちなおし［口直し］…… 101
くちなし［梔子］…… 101
くま［熊］…… 101
くみだしちゃわん［汲出茶碗］…… 101
くみどうふ［汲み豆腐］…… 101
くもこ［雲子］…… 102
くらかけ［鞍掛け］…… 102
くり［栗］…… 102
くりぬき［くり抜き］…… 102
グルタミンさん［グルタミン酸］…… 102
くるまえび［車海老］…… 102
くろざとう［黒砂糖］…… 103
くろぞめ［黒染め］…… 103
くろだい［黒鯛］…… 103
くろまぐろ［黒鮪］…… 103
くろもじ［黒文字］…… 103
くわ［桑］…… 104
くわやき［鍬焼き］…… 104

け

けがに［毛蟹］…… 104
げざかな［下魚］…… 104
けしょうじお［化粧塩］…… 104
けしょうぼうちょう［化粧庖丁］…… 104
けずりばこ［削り箱］…… 105
けん…… 105
けんさきいか［剣先烏賊］…… 105
けんざん［乾山］…… 105
げんじゆず［源氏柚子］…… 105
けんそくなます［犬足膾］…… 106
けんちん［巻繊］…… 106
けんちんむし［巻繊蒸し］…… 106
げんぺい［源平］…… 106

こ

こい［鯉］…… 106
こいぐち［鯉口］…… 106
こいくちしょうゆ［濃口醤油］…… 107
こいこく［鯉こく］…… 107
こいちゃ［濃茶］…… 107
こいのいしだたみ［鯉の石畳］…… 107
こいみつ［濃蜜］…… 107
こういか［甲烏賊］…… 107
こうぎょ［香魚］…… 107
こうげんかぶ［高原かぶ］…… 107
こうこう［香々］…… 107
こうごう［香合］…… 108
ごうじお［強塩］…… 108
こうしゅう［甲州］…… 108
ごうせいず［合成酢］…… 108
こうだい［高台］…… 108
こうたけ［香茸］…… 108
こうだて［甲立て］…… 109
こうちやき［交趾焼き］…… 109
こうとう［鴨頭］…… 109
こうのもの［香の物］…… 109
こうばこがに［香箱蟹］…… 109
こうひ［香皮］…… 109
こうやどうふ［高野豆腐］…… 109
こうるか［子うるか］…… 110
こおりあらい［氷洗い］…… 110
こかく［小角］…… 110
こがねに［黄金煮］…… 110
こがねむし［黄金蒸し］…… 110
こがねやき［黄金焼き］…… 110
こがらし［木枯らし］…… 110
こがらしあげ［木枯らし揚げ］…… 110
こがらみ［子絡み］…… 111

きっしょうもんよう［吉祥文様］……86
きどり［木取り］……86
きぬいと［絹糸］……87
きぬいと［絹糸］……87
きぬかつぎ［衣被ぎ］……87
きぬきせ［絹着せ］……87
きぬずれ［衣擦れ］……87
きぬたまき［砧巻き］……88
きぬぶきん［絹布巾］……88
きのめ［木の芽］……88
きのめあえ［木の芽和え］……88
きのめみそ［木の芽味噌］……88
きのめやき［木の芽焼き］……89
きはだまぐろ［黄肌鮪］……89
きぶた［木蓋］……89
きまつかわびらめ［黄松皮鮃］……89
きみおろし［黄身おろし］……89
きみず［黄身酢］……89
きみに［黄身煮］……89
きみむし［黄身蒸し］……90
きみやき［黄身焼き］……90
きも［肝］……90
きもず［肝酢］……90
きゃくしゅ［客種］……90
きゃくとしてのマナー
［客としてのマナー］……90
ギヤマン［義山］……91
きゃらに［伽羅煮］……91
きゃらぶき［伽羅蕗］……91
ぎゅうにくのみそづけ
［牛肉の味噌漬け］……91
ぎゅうひ［求肥・牛皮］……91
ぎゅうひこぶ［求肥昆布］……92
きゆず［黄柚子］……92
きょういも［京芋］……92
きょうぎ［経木］……92
ぎょうとく［行徳］……92
きょうやき［京焼き］……92
ぎょくすい［玉水］……92
ぎょぞうめん［魚素麺］……93
ぎょでん［魚田］……93
ぎょどうもり［魚道盛り］……93
きよぶき［清拭き］……93
きよまさにんじん［清正人参］……93
きよみずあらい［清水洗い］……93
きらず［雪花菜］……94
きりかけぼうちょう［切り掛け庖丁］……94
きりつけほうちょう［切りつけ庖丁］……94
きりみつば［切り三つ葉］……94
ぎんあん［銀あん］……94
ぎんがわづくり［銀皮造り］……94
きんかんたまご［金柑卵］……94
きんき……94
きんきのあつかいかた
［きんきの扱い方］……95
きんぎょく［錦玉］……95
きんし［金糸・錦糸］……95
きんしゅう［錦秋］……95
ぎんじょうしゅ［吟醸酒］……95
きんつぎ［金継ぎ］……95
きんときしょうが［金時生姜］……96
きんときにんじん［金時人参］……96
きんとん［金団］……96
きんなおし［金直し］……96
ぎんなん［銀杏］……97
きんぴら……97
きんぷら［金ぷら］……97
ぎんぷら［銀ぷら］……97
きんめだい［金目鯛］……97
きんめだいのあつかいかた
［金目鯛の扱い方］……98

く

グアニルさん［グアニル酸］……98
くいきり［喰い切り］……98
くいつみ［食積］……98
ぐいのみ［ぐい呑み］……98
くうやむし［空也蒸し］……98
くぎに［釘煮］……98
くさ［草］……99

かなぐし［金串］……72
かなごし［金漉し］……72
かのこ［鹿の子］……72
かのこづくり［鹿の子造り］……73
かのこぼうちょう［鹿の子庖丁］……73
かばやき［蒲焼き］……73
かぶ［蕪］……73
かぶと［兜］……73
かぶとに［兜煮］……74
かぶとやき［兜焼き］……74
かぶらぼね［蕪骨］……74
かぶらむし［かぶら蒸し］……74
かぼす……74
かま［鎌］……74
かましたおとし［かま下落とし］……75
かまどびらき［竈開き］……75
かみかいしき［紙掻敷・紙皆敷］……75
かみじお［紙塩］……75
かみなりじる［雷汁］……76
かみなりどうふ［雷豆腐］……76
かみなりぼし［雷干し］……76
かみぶた［紙蓋］……76
かみわけ［髪分け］……76
かめいどだいこん［亀戸大根］……76
かめぶし［亀節］……77
かもじ……77
かもなべ［鴨鍋］……77
かよいぼん［通い盆］……77
からあげ［から揚げ］……77
からいり［空煎り］……77
からかさぼうちょう［唐傘庖丁］……77
からかね［唐金］……78
からくさ［唐草］……78
からしすみそ［芥子酢味噌］……78
からしみず［芥子水］……78
からすみ［唐墨］……78
からつやき［唐津焼き］……79
かればす［枯れ蓮］……79
カロテノイド……79
かわえび［川海老］……79
かわがに［川蟹］……79
かわしも［皮霜］……79
かわじりだい［川尻鯛］……80
かわじりふっこ［川尻福子］……80
かわらからしな［河原芥子菜］……80
かわらけ［土器］……80
かわりごろも［変わり衣］……80
かんうちぼうちょう［寒打ち庖丁］……80
かんごおり［寒氷］……81
かんすい［甘水］……81
かんてん［寒天］……81
かんなべ［燗鍋］……81
かんのんびらき［観音開き］……81
かんぱち［間八・勘八］……81
かんぱちのあつかいかた
［間八の扱い方］……82
かんぶつ［乾物］……82
かんみ［甘味］……83
がんもどき［雁擬き］……83
かんろに［甘露煮］……83

き

きあげ［生揚げ］……83
きあまだい［黄甘鯛］……84
きくな［菊菜］……84
きくみざけ［菊見酒］……84
きさらぎしんじょ［如月糝薯］……84
きじしゅ［雉酒］……84
きじやき［雉焼き］……84
きす［鱚］……84
きず［生酢］……85
きすうもり［奇数盛り］……85
ぎすけに［儀助煮］……85
ぎせいどうふ［擬製豆腐］……85
きせつとあじ［季節と味］……85
きせわた［着せ綿］……86
きそぬり［木曽塗り］……86
きちじ［喜知次］……86
きっこう［亀甲］……86
きっしょうもじ［吉祥文字］……86

おみきいか［御神酒烏賊］……59
おもてさんぶうらしちぶ
［表三分裏七分］……59
おやこ［親子］……59
オランダ……59
オランダけし［オランダ芥子］……59
おりづめ［折り詰］……59
おりどなす・おりとなす［折戸茄子］……59
おりべ［織部］……59
オレインさん［オレイン酸］……60
おろしあえ［おろし和え］……60
おろしがね［おろし金］……60
おろしに［おろし煮］……61
おんせんたまご［温泉卵］……61
おんやさい［温野菜］……61
か
かいがらやき［貝殻焼き］……61
かいこざんしょう［懐古山椒］……61
かいし［懐紙］……61
かいしき［掻敷・皆敷］……61
かいせきりょうり［会席料理］……62
かいせきりょうり［懐石料理］……62
かいせきりょうりのあじのながれ
［会席料理の味の流れ］……63
かいとうげ［海藤花］……63
かいどく［貝毒］……63
かいやき［貝焼き］……63
かいよせ［貝寄せ］……63
かいわれな［貝割れ菜］……63
かえしぼうちょう［返し庖丁］……63
かえり［返り］……63
かえりあじ［返り味］……64
かおり［香り］……64
かおりとにおい［香りと匂い］……64
かがぶときゅうり［加賀太胡瓜］……64
かがみびらき［鏡開き］……64
かき［牡蠣・蛎］……64
かき［柿］……64
かきあげ［かき揚げ］……65
かきしぶ［柿渋］……65
かきたまわん［かき玉椀］……65
かきのは［柿の葉］……65
かきぼうちょう［柿庖丁］……65
かきみ［掻き身］……66
かきみだい［掻き身鯛］……66
かぎわらび［鉤蕨］……66
かくぎり［角切り］……66
かくしぼうちょう［隠し庖丁］……67
かくしやき［隠し焼き］……67
かくに［角煮］……67
かけばん［懸盤］……67
かけやき［かけ焼き］……67
かげんじょうゆ［加減醤油］……67
かげんず［加減酢］……67
かさねもり［重ね盛り］……68
かさまやき［笠間焼き］……68
かざりぎり［飾り切り］……68
かざりぐし［飾り串］……68
かじか［鰍］……68
かじき［梶木］……68
かしわで［柏手］……68
かしわむし［柏蒸し］……69
かすじる［粕汁］……69
かすづけ［粕漬け］……69
かすづけやき［粕漬け焼き］……69
かずのこ［数の子］……69
かすみ［霞］……69
かすみじたて［霞仕立て］……69
かたくち［片口］……69
かたくり［片栗］……70
かたくりこ［片栗粉］……70
かたづまおり［片褄折り］……70
かたば［片刃］……70
かちぐり［搗栗・勝栗］……70
かつお［鰹］……70
かつおぶし［鰹節］……71
かっぽう［割烹］……71
かつらむき……71
カテキン……72

うま……45
うまだし［旨出汁］……45
うまに［旨煮］……45
うまみじお［うま味塩］……45
うまみちょうみりょう［うま味調味料］……45
うみはらかわせ［海腹川背］……45
うみぶどう［海葡萄］……46
うめ［梅］……46
うめじょうゆ［梅醤油］……46
うめす・うめず［梅酢］……46
うめだごぼう［梅田牛蒡］……47
うめびしお［梅醤］……47
うめわん［梅椀］……47
うらごし［裏漉し］……47
うらじろ［裏白］……48
うるか……48
うろこ［鱗］……48
うわみ・したみ［上身・下身］……48
うんしゅうあえ［温州和え］……48

え

えごま［荏胡麻］……48
えちごみそ［越後味噌］……49
えどまえ［江戸前］……49
えどみつば［江戸三つ葉］……49
えどりょうり［江戸料理］……49
えびいも［海老芋］……49
えら［鰓］……50
えんがわ［縁側］……50
えんすいうに［塩水雲丹］……50
えんぺら……50

お

おいがつお［追い鰹］……50
おうぎぐし［扇串］……50
おうす［お薄］……51
おうな［媼］……51
おうみしょうが［近江生姜］……51
おおうらごぼう［大浦牛蒡］……51
おおしお［大潮］……51
おおば［大葉］……51
おかあげ［おか上げ］……52
おかべ［岡部・お壁］……52
おきうろこ……52
おきつだい［興津鯛］……52
おきつやき［興津焼き］……52
おきな［翁］……52
おきなに［翁煮］……53
おきなまき［翁巻き］……53
おきなむし［翁蒸し］……53
おぐら［小倉］……53
おぐらしるこ［小倉汁粉］……53
おこぜ［虎魚］……53
おこぜのあつかいかた［虎魚の扱い方］……53
おことじる［お事汁］……54
おこわ……54
おしき［折敷］……54
おしずし［押しずし］……54
おしながき［お品書き］……54
おしのぎ［お凌ぎ］……54
おじや……55
おすまし［お清まし］……55
おせちりょうり［お節料理］……55
おだまきむし［小田巻き蒸し］……56
おちあゆ［落ち鮎］……56
おちこいも［落ち子芋］……56
おちゃをひく［お茶を碾く］……56
おてまえ［お点前・お手前］……56
おとおし［お通し］……56
おとしうめ［落とし梅］……56
おとしぶた［落とし蓋］……57
おとめ［乙女］……57
おどりぐし［踊り串］……57
おにおろし［鬼おろし］……57
おにがらやき［鬼殻焼き］……57
おにすだれ［鬼すだれ］……58
おはぐろ［お歯黒・鉄漿］……58
おはらぎ［小原木］……58
おひたし［お浸し］……58
おぶし［雄節］……58
おぼろ［朧］……58
おぼろこぶ［朧昆布］……58

いたかいしき［板掻敷・板皆敷］……31
いたずり［板ずり］……32
いたどり［虎杖］……32
いたまえ［板前］……32
いために［炒め煮］……32
いちごづくり［苺造り］……32
いちじゅうさんさい［一汁三菜］……32
いちばんだし［一番出汁］……33
いちもんじ［一文字］……33
いちもんじづくり［一文字造り］……33
いちもんじもり［一文字盛り］……33
いちやぼし［一夜干し］……33
いちょういも［公孫樹芋・公孫樹薯］……34
いちょうぎり［公孫樹切り］……34
いっぽんしめじ［一本しめじ］……34
いとがき［糸掻き］……34
いとこに［従兄弟煮］……34
いとづくり［糸造り］……34
いとみつば［糸三つ葉］……34
いなかじるこ［田舎汁粉］……34
いなかに［田舎煮］……35
いのしし［猪］……35
イノシンさん［イノシン酸］……35
いもがら［芋がら］……35
いもずし［芋鮨］……35
いものこぼうちょう［芋の子庖丁］……35
いりざけ［煎り酒］……35
いりじお［煎り塩］……36
いりに［煎り煮］……36
いろだし［色出し］……36
いろどめ［色止め］……36
いわいこ［祝い粉］……36
いわいざかな［祝い肴］……36
いわいばし［祝い箸］……36
いわいまめ［祝い豆］……36
いわかむつかりのみこと［磐鹿六雁命］……37
いわし［鰯］……37
いわた［岩田］……37
いわたけ［岩茸］……37
いわな［岩魚］……38
いわなのあつかいかた
［岩魚の扱い方］……38
いんしょくじてん［飲食事典］……38
インドまぐろ［インド鮪］……38

う

うかい［鵜飼い］……38
うかし［浮かし］……39
うきず［鵜傷］……39
うぐい［石斑魚］……39
うぐいす［鶯］……39
うぐいすな［鶯菜］……39
うぐいすぼね［うぐいす骨］……40
うこん［鬱金］……40
うこんさはく［右紅左白］……40
うじ［宇治］……40
うしおじる［潮汁］……40
うしおに［潮煮］……40
うじはし［宇治橋］……40
うしびて……41
うすいた［薄板］……41
うすくちしょうゆ［薄口醤油］……41
うすづくり［薄造り］……42
うすばぼうちょう［薄刃庖丁］……42
うすみつ［薄蜜］……42
うずみどうふ［埋み豆腐］……42
うすらい［薄氷］……42
うちこ［内子］……42
うちびき［内引き］……42
うちみず［打ち水］……43
うちもの［打ち物］……43
うつ［打つ］……43
うどんすき……43
うなぎ［鰻］……43
うなぎぼうちょう［鰻庖丁］……44
うなもと……44
うに［雲丹・海胆］……44
うにやき［雲丹焼き］……44
うねりぐし［うねり串］……44
うのはな［卯の花］……44

あてじお［当て塩］……17
あてだま［当て玉］……17
あてる［当てる］……17
アトランティックサーモン……18
あなご［穴子］……18
アニサキス……18
あぶらぎり［油切り］……18
あぶらに［油煮］……18
あぶらぬき［油抜き］……18
あぶらひれ［油鰭］……19
あぶらもの［油物］……19
あま［甘］……19
あまえび［甘海老］……19
あまご［天魚］……19
あまざけ［甘酒］……19
あまず［甘酢］……19
あまだい［甘鯛］……19
あまだいのあつかいかた
［甘鯛の扱い方］……20
あまに［甘煮］……20
あまみそ［甘味噌］……20
あみがさゆず［編笠柚子］……21
あみたけ［あみ茸］……21
あめだき［飴炊き］……21
あめに［飴煮］……21
あやめかぶ［あやめ蕪］……21
あゆ［鮎］……21
あゆのあつかいかた［鮎の扱い方］……22
あら……23
あらい［洗い］……23
あらいかた［洗い方］……23
あらだき［粗炊き］……23
あらに［粗煮］……24
あらぶし［荒節］……24
あらまき［粗蒔き］……24
あらみじんぎり［粗みじん切り］……24
あられぎり［あられ切り］……25
ありたやき［有田焼き］……25
ありのみ［有りの実］……25
ありのみぼうちょう
［有りの実庖丁］……25
ありま［有馬］……25
アルミなべ［アルミ鍋］……25
あわせず［合わせ酢］……26
あわせみそ［合わせ味噌］……26
あわび［鮑］……26
あわゆき［淡雪］……27
あん［餡］……27
あんかけ……27
あんきも［鮟肝］……27
あんこう［鮟鱇］……27
あんこうなべ［鮟鱇鍋］……28
あんこうのななつどうぐ
［鮟鱇の七つ道具］……28
アントシアニン……28
あんにん［杏仁］……28
あんばい［塩梅］……28
あんぴ［鮟皮］……28
あんぽがき［あんぽ柿］……29

い

いいむし［飯蒸し］……29
いか［烏賊］……29
いかけや［鋳掛け屋］……29
いかだ［筏］……29
いぐさ［藺草］……29
イクラ……29
いけ［活け］……30
いけじめ［活けじめ］……30
いけづくり［活け造り］……30
いこみ［射込み・鋳込み］……30
いしがきだい［石垣鯛］……30
いしかりなべ［石狩鍋］……30
いしかわいも［石川芋］……30
いしだい［石鯛］……30
いしづき［石突き］……31
いしもち［石持］……31
いしやき［石焼き］……31
いせえび［伊勢海老］……31
いそべ［磯辺］……31

よくわかる日本料理用語事典

索引

あ

あいこ …… 5
あいづみしらずがき［会津身不知柿］…… 5
あいそ …… 5
あいでば［相出刃］…… 5
あいなめ［鮎並］…… 5
あいものや［合物屋・相物屋］…… 6
あえごろも［和え衣］…… 6
あえもの［和え物］…… 6
あおじそ［青じそ］…… 6
あおだいこん［青大根］…… 7
あおに［青煮］…… 7
あおみ［青味］…… 7
あおめ［青芽］…… 7
あおやぎ［青柳］…… 7
あおゆず［青柚子］…… 8
あおよせ［青寄せ］…… 8
あおりいか［障泥烏賊］…… 8
あおる …… 8
あかあまだい［赤甘鯛］…… 8
あかうめす・あかうめず［赤梅酢］…… 8
あかおろし［赤おろし］…… 8
あかがい［赤貝］…… 9
あかじ［娃嘉鯭］…… 9
あかじそ［赤じそ］…… 9
あかだし［赤出汁］…… 9
あかなべ［赤鍋］…… 9
あかね［茜］…… 9
あかねそう［茜草］…… 9
あかむつ［赤鯥］…… 9
あかめ［赤芽］…… 10
あかめいも［赤目芋］…… 10
あがり［上がり］…… 10
あがりざけ［上がり酒］…… 10
あく［灰汁］…… 10
あくあらい［灰汁洗い］…… 11
あくぬき［アク抜き］…… 11
あくみず［灰汁水］…… 11
あげだし［揚げ出汁］…… 11
あげなべ［揚げ鍋］…… 11
あげに［揚げ煮］…… 11
あけびのめ［木通の芽］…… 11
あげもの［揚げ物］…… 12
あさあさだいこん［あさあさ大根］…… 13
あさがおちゃわん［朝顔茶碗］…… 13
あさくらに［朝倉煮］…… 13
あさじあげ［浅茅揚げ］…… 13
あさり［浅蜊］…… 13
あじ［鯵］…… 14
あじしお［味塩］…… 14
あじのあつかいかた［鯵の扱い方］…… 14
あじのたいひこうか［味の対比効果］…… 14
あしらい …… 15
あじろがた［網代形］…… 15
あすかのこんだて［飛鳥の献立］…… 15
あずきな［小豆菜］…… 15
あずけばち［預け鉢］…… 16
アスタキサンチン …… 16
アスパラガス …… 16
あぜまめ［畦豆］…… 16
あたり［当たり］…… 16
あたりごま［当たり胡麻］…… 16
あたりばち［当たり鉢］…… 16
あたりめ［当たり目］…… 17
あたる［当たる］…… 17
あちゃら［阿茶羅］…… 17
あつもの［羹］…… 17

遠藤《えんどう》 十士夫《としお》

昭和15年茨城県生まれ。15歳から料理の修業を始め、昭和42年に『ひらの』（東京・湯島）の料理長に就任。昭和53年から平成11年まで日本興業銀行青山クラブ料理長。平成11年より料理研究所青山クラブ代表。現在、各種セミナー、コンサルティング活動などを通して、日本料理の指導で活躍中。最近は台湾にも指導範囲を広げている。著書に『身近な素材で作る 四季の皿小鉢・お通し310』『根菜の和食・小鉢314』『和食の常備菜の事典』など多数。

内閣府認定公益社団法人 日本全職業調理士協会会長
内閣府認定公益社団法人 日本料理研究会取締役
四條司家最高勲位料理指南役
宮内庁御用達萬屋調理師会会長
料理研究所青山クラブ　東京都板橋区赤塚2-37-17

装丁・デザイン／國廣正昭
佐藤暢美
構　　成／城所範子
制　　作／土田　治

よくわかる
日本料理用語事典

発行日――平成30年2月3日　初版発行
監　修――遠藤《えんどう》十士夫《としお》
制作者――永瀬正人
発行者――早嶋　茂
発行所――株式会社　旭屋出版
〒107―0052
東京都港区赤坂1―7―19 キャピタル赤坂ビル8階
電　話　03―3560―9065（販売）
郵便振替口座番号　00150―1―19572
印刷・製本――株式会社シナノ

※定価はカバーに表記しています。

ISBN978-4-7511-1311-0　C2077